天津社会科学院法学文库

天津社会科学院学术著作出版资助项目（2022年度）

国际犯罪学前沿问题综述

（2019—2020）

赵希　龚红卫　刘志松　编著

法律出版社
LAW PRESS·CHINA
北京

图书在版编目(CIP)数据

国际犯罪学前沿问题综述. 2019－2020 / 赵希, 龚红卫, 刘志松编著. -- 北京 : 法律出版社, 2022
ISBN 978－7－5197－6861－4

Ⅰ. ①国… Ⅱ. ①赵… ②龚… ③刘… Ⅲ. ①犯罪学－世界－文集 Ⅳ. ①D917－53

中国版本图书馆 CIP 数据核字(2022)第 172740 号

国际犯罪学前沿问题综述(2019—2020)
GUOJI FANZUIXUE QIANYAN WENTI ZONGSHU
(2019—2020)

赵　希
龚红卫 编著
刘志松

策划编辑 许　睿
责任编辑 许　睿　朱颖超
装帧设计 李　瞻

出版发行 法律出版社
编辑统筹 司法实务出版分社
责任校对 王　丰
责任印制 胡晓雅
经　　销 新华书店

开本 710 毫米×1000 毫米　1/16
印张 23　　**字数** 387 千
版本 2022 年 11 月第 1 版
印次 2022 年 11 月第 1 次印刷
印刷 唐山玺诚印务有限公司

地址:北京市丰台区莲花池西里 7 号(100073)
网址:www.lawpress.com.cn
投稿邮箱:info@lawpress.com.cn
举报盗版邮箱:jbwq@lawpress.com.cn
销售电话:010－83938349
客服电话:010－83938350
咨询电话:010－63939796

书号:ISBN 978－7－5197－6861－4
定价:98.00 元

当代西方犯罪学的三大发展趋势及对我国犯罪防控的启示*

（代序）

当代西方犯罪学呈现从宏观犯罪学到微观犯罪学、从静态犯罪学到发展犯罪学、从社会犯罪学到生物社会犯罪学的三大发展趋势，转变后的犯罪学更为强调犯罪的微观情境性预防、阶段性精准预防以及犯罪学与生物科技的融合。这种转变从根本上呼应了风险社会背景下西方社会新的犯罪防控策略，即犯罪防控体系进化到新的多元治理体系，犯罪防控思想中由复归主义转变为预防主义以及对犯罪现象的诠释从思辨性到实用性。我国经由刑事立法的推动，刑罚处罚范围不断扩张，刑事法网不断严密，在此背景下，西方犯罪学的发展趋势对我国犯罪学发展具有借鉴性和启示意义，即应致力于发展“预防性犯罪学”，以社区、校园、城市热点地区的犯罪预防为主要的微观着力点，探寻多维度织密犯罪防控网格的具体机制，同时需要警惕犯罪防控过度工具化所带来的负面作用。

一、当代西方犯罪学的三大发展趋势

（一）由宏观犯罪学到微观犯罪学

从思考犯罪发生发展机制的视野的宏大或者微观的区别出发，犯罪学理论可以划分为宏观犯罪学与微观犯罪学两大阵营。宏观犯罪学成为“二战”后犯罪学的主流理论，尽管其中涉及的各种理论角度各异，将犯罪产生的根本原因

---

* 参见赵希：《当代西方犯罪学的三大发展趋势及对我国犯罪防控的启示》，载《国外社会科学前沿》2021 年第 7 期。

定位为社会结构、社会分配、社会文化发展失衡等多种因素,但总体来说这些理论看待犯罪现象多从宏观角度出发,其中较为典型的理论是紧张理论、标签理论、冲突理论等犯罪学理论。

罗伯特·K. 默顿(Robert K. Merton)的紧张理论认为特定的社会文化结构性因素会对个体施加压力从而导致越轨和犯罪行为。基于文化目标(culture goals)和制度化手段(institutionalized means)二者的关系处理当中,人们的行为模式存在遵从(conformity)、创新(innovation)、仪式主义(ritualism)、逃避主义(retreatism)以及反叛(rebellion)。其中创新、反叛这样的行为模式有可能会通过非法手段来实现自己的目标,从而导致越轨和犯罪行为。[1] 标签理论的先驱者埃德温·莱默特(Edwin Lemert)认为,制度在"创造"异常行为中扮演着重要角色,社会控制导致了异常行为。[2] 标签理论具有两个一般性假设:第一个假设是,社会控制机构如警察、法院等通过不同的标准如种族、行为举止、衣着等对个体进行分类,通过这样的"类型化"过程对个体赋予不同属性。社会控制机构具有很大的自由裁量权,经常武断地给他们认为是罪犯的人贴上"标签"。第二个假设是,上述控制机构的类型化会促生犯罪行为。[3] 冲突理论认为,犯罪是社会冲突的产物,其思想渊源可以追溯到马克思的阶级冲突观点,即资本主义社会中资产阶级和无产阶级之间存在不可调和的矛盾和冲突,这些矛盾和冲突是引发犯罪的重要原因。冲突理论认为权力分配不均衡、文化和社会差异冲突是产生犯罪的原因。冲突理论关心的主要问题集中于如下几点:政府在犯罪性环境的产生当中所起的作用;个人或者群体的权力与制定和适用刑法之间的关系;偏见在刑事司法活动中所起的作用;资本主义的市场经济与犯罪率之间的关系等。[4] 从这几个代表性理论出发,宏观犯罪学将犯罪问题定位为社会发展过程中因政治、经济、文化发展不均衡所产生的社会疾病,其深邃的思想和开阔的学术视野为犯罪学发展打下了坚实的地基,但这种宏观思考路径也因此而

---

〔1〕 See Robert K. Merton, *Social Structure and Anomie*, American Sociological Review, Vol. 3:5, p. 672 - 682(1938).

〔2〕 See Richard H. Ward, *The Labeling Theory: A Critical Analysis*, Criminology, Vol. 9:2, p. 269 (1971).

〔3〕 Ibid., p. 281 - 282.

〔4〕 参见吴宗宪:《西方犯罪学》(第2版),法律出版社2006年版,第405~417页。

存在不足,突出表现为距离犯罪预防的具体情境较为疏离。

相比而言,微观犯罪学并不否认宏观犯罪学的学术贡献,但认为特定的、具体的情境下犯罪的发生发展机制更值得探讨,以此制定的犯罪预防措施也更为实用。其代表性理论是日常行为理论以及情境行为理论,前者多为美国学者所倡导,已成为目前美国犯罪学理论中的有力观点,后者则属于目前欧洲犯罪学热议的前沿理论。

日常行为理论起源于劳伦斯·科恩(Lawrence E. Cohen)和费尔逊(Marcus Felson)(1979 年)在《美国社会学评论》上的一篇研究文章,科恩和费尔森明确地将其理论设定为一种微观层面的设想(microlevel assumption),从而为微观犯罪学开创了新的理论篇章。受到人类生态学理论的启示,日常行为理论的基本设想是,日常活动模式的结构性变化会影响犯罪率,具体来说,犯罪的发生需要三个因素同时具备:有动机的犯罪人、合适的犯罪目标以及有效监管的缺失。他们同时认为,上述三个因素中任一因素的阻断,都可以有效预防犯罪。科恩和费尔森认为,这种微观犯罪学模式在两个主要方面突破了传统的犯罪学分析范式:其一,填补了既有理论过于关注犯罪发生机制中犯罪人层面,而忽视了合适的犯罪目标以及有效的监管缺席这两个因素的不足,更为周延、具象地解释犯罪发生的先决条件。其二,有助于解释美国自 1960 年以来在犯罪防控方面宏观政策失效的内在原因。一些改善生活质量的社会变革不仅起不到预防和减少犯罪的作用,反而可能会对犯罪推波助澜,例如,汽车为罪犯和普通市民提供了行动自由,并为盗窃提供了易受攻击的目标。大学入学、女性劳动力参与、城市化、郊区化、度假和新型电子设备为人们提供了逃离家庭束缚的各种机会,同时也增加了犯罪的风险。[1]

日常行为理论是近年来美国犯罪原因论中的热门理论,不约而同的是,近年来欧洲犯罪学研究者解释犯罪成因时也侧重微观情境视角。由英国剑桥大学教授佩尔－奥洛夫·维克斯特罗姆(Per－Olof Wikström)教授提出的情境行为理论成为当前被引用最多的理论之一。该理论的核心论点是具有某种犯罪倾向的个体与某种促进犯罪发生的环境之间的相互作用触发了感知选择过程,

---

〔1〕 See Lawrence E. Cohen & Marcus Felson, *Social Change and Crime Rate Trends: A Routine Activity Approach*, American Sociological Review, Vol. 44:4, p. 588－608(1979).

这一过程最终导致了犯罪行为。[1] 根据维克斯特罗姆教授的观点,情境行为理论的出发点,是将犯罪行为作为“破坏规则”(rule - breaking)行为加以分析,强调个体与环境交互作用的重要性。“情境”是当个体置身于某个环境设定时,个体对行为选择的特殊认知。因此,“情境”并不是指环境因素,而是“对环境选择的认知”,它发生在个体和环境的交互作用当中。人们的犯罪倾向很大程度上取决于他们与法律相关的个人道德(内化的行为准则以及羞愧、内疚等道德情感)以及自我控制能力。即一个环境是否容易导致犯罪的产生,是受制于个体所感知到的道德规范等因素。[2] 当具有犯罪倾向者面对一个强有力的犯罪动机(诱惑或挑衅)做出反应时,犯罪行为最有可能发生。相比于日常行为理论侧重于犯罪机会生成的微观环境,情境行为理论更关注刺激犯罪产生的微观环境中犯罪者本人的道德和自我控制水平,尽管侧重点有所差异,这两种理论都舍弃了宏观思考路径,进入了犯罪发生发展机制的微观层面当中。

对比宏观犯罪学与微观犯罪学,宏观犯罪学理论的特点在于,将犯罪问题的根源建构在整体的社会结构不平衡、社会分配不公、社会文化歧视等因素上;主张减少犯罪的途径在于社会大环境的改善,如教育资源、收入分配、文化环境等。宏观犯罪学对于犯罪现象的原因解读集中于经济、政治、文化等宏观因素,如贫穷、受教育程度低、受歧视可能会导致犯罪,但这些因素是驱动犯罪行为的必要条件而非充分条件,它无法合理说明犯罪发生的“具体”机制,即为何犯罪会发生在此时此地?宏观犯罪学主张政府应致力于消除经济发展、受教育程度等的不平衡,才能从根本上减少犯罪,这些宏观目标的达成不仅是刑事政策目标,也是国家发展目标,是需要耗费长时间乃至累积世代的发展变迁也较难以完成的人类“终极理想”,对于紧迫的犯罪预防实践而言缺乏及时性、有效性、针对性。微观犯罪学正是基于此应运而生,它并不是完全推翻宏观犯罪学取得的学术成果,但主张预防犯罪不仅需要长效机制,也需要情境性即时机制。

---

〔1〕 See Helmut Hirtenlehner & Jost Reinecke, *Introduction to the Special Issue with some Reflections on the Role of Self - control in Situational Action Theory*, European Journal of Criminology, Vol. 15:1, p. 3 (2018).

〔2〕 See Per - Olof Wikström et al., *Young People's Differential Vulnerability to Criminogenic Exposure: Bridging the Gap Getween People - and Place - Oriented Approaches in the Study of Crime Causation*, European Journal of Criminology, Vol. 15:1, p. 10 - 31(2018).

(二)从静态犯罪学到发展犯罪学

从犯罪学理论适用的时空限定性与否出发,犯罪学理论可以分为静态犯罪学与发展犯罪学。静态犯罪学着力于研究具有普适性的理论观点,认为所探寻的犯罪发生机制因素是超越时空限制,具有普适性的,从这一角度来看,很多经典犯罪学理论都奉行这一学术主旨,而其发展的巅峰之一可谓犯罪的一般理论(A General Theory of Crime);发展犯罪学则认为犯罪的生成机制具有时空的局限,以人生历程作为发展的重要背景来看,不同生命历程中经历的外在环境与内在素质因素的交织,会对犯罪行为的发生产生不同的作用,其代表性理论是桑普森和劳布的逐级年龄非正式控制理论(age - graded theory of informal social control)以及墨菲特的犯罪人发展分类法(a developmental taxonomy)。

顾名思义,戈特弗里德森和赫希的犯罪的一般理论是对各种犯罪现象都具有诠释力量的理论。由于他们理论的核心主张是犯罪性的实质是自我控制低,他们又将这一理论称为"自我控制理论"(self - control theory)。[1] 自我控制理论的核心观点是,低自我控制会导致犯罪的发生。这一理论提出了七大假设:(1)年龄与犯罪的关系恒定不变;(2)区分犯罪与犯罪性是很重要的;(3)实施犯罪的倾向方面的个别差异可能在于个体自我控制水平的差异;(4)自我控制差异不仅可以解释所有类型的犯罪行为,而且可以解释不构成犯罪的类似行为,如抽烟、喝酒、赌博;(5)自我控制的差异,源自童年时期的养育活动;(6)犯罪和越轨行为不会随着时间流逝而发生变化;(7)犯罪会随着年龄的增加而减少。[2] 由此可以看出,这一理论认为,促生犯罪倾向的因子主要源于无效的儿童养育,这从儿童时期就形成并固定下来,此后的人生经历对此影响不大或这种影响可以忽略不计,从犯罪学研究的角度来看,重要的是探寻儿童时期的自我控制形成机制。

发展犯罪学理论以一种动态、发展的视角看待犯罪现象,认为年龄代表着

---

〔1〕 [美]迈克尔·戈特弗里德森、特拉维斯·赫希:《犯罪的一般理论》,吴宗宪、苏明月译,中国人民公安大学出版社2009年版,第7页。

〔2〕 [美]迈克尔·戈特弗里德森、特拉维斯·赫希:《犯罪的一般理论》,吴宗宪、苏明月译,中国人民公安大学出版社2009年版,第8~9页。需要说明的是,其中的(6)与(7)似乎存在矛盾,实际上二者的侧重点不同。按照犯罪的一般理论,"犯罪与越轨行为不会随着时间流逝而发生变化"主要是指人们的犯罪倾向恒定不变,而"犯罪会随着年龄的增加而减少"主要是指成年期之后控制犯罪的力量逐渐增大,犯罪人实施的犯罪行为会逐渐减少。

生命历程中不同的发展阶段,其对犯罪的诱因和阻遏机制存在阶段性差异。发展犯罪学以发展心理学为理论基础,后者将犯罪视为人生历程中的社会事件。根据发展心理学,人的发展可以分为生理发展、认知发展和心理社会发展,人的一生中,这些发展的不同范畴相互联系,任何一个层面的变化都会影响其他层面的发展。[1] 如果说生命每个阶段的发展需求和发展任务不同,那么不同阶段的犯罪发生发展机制以及遏制犯罪的因素也会有所区分。根据我国学者的总结,发展犯罪学主要关注三个重点问题:其一,反社会行为以及犯罪行为随个体年龄发展会产生哪些变化?其二,在不同的年龄阶段,存在哪些影响个体反社会行为和犯罪行为的风险因素?其三,个体发展中的重要阶段、重要事件对个体反社会行为和犯罪行为产生怎样的影响?[2]

发展犯罪学的奠基人谢尔登·格鲁克(Sheldon Glueck)和埃莉诺·格鲁克(Eleanor Glueck)提出,犯罪行为的严重程度和持续程度与年龄密切相关,在儿童早期发生偏差行为的,很可能会将这种行为模式一直延续下去,直到成年之后。[3] 从发展犯罪学的角度出发,墨菲特教授提出了这样的假设:年龄—犯罪曲线可能隐含着两种不同的犯罪人群体,一类人从童年开始出现反社会行为,并且在之后的整个生命历程中持续从事反社会行为;而另一类人可能只是在年龄—犯罪曲线的高峰时间段从事反社会行为,并在此后逐步停止。这既可以解释年龄—犯罪曲线倒"U"形高峰产生的原因,也可以解释为何一部分人在高峰过后继续从事犯罪活动。[4] 同样立足于发展犯罪学立场,生命历程观点(life - course perspective)有两大关键词:一个是"轨迹"(trajectory),是指生活过程中工作、婚姻、自我认知、犯罪行为等方面发展变化的路径。另一个是"转变"(transition),是上述轨迹中相对突然发生的标志性生活事件,如第一份工作或初婚。二者的结合可能会促生"转折点"(turning points),修正既有的生活轨

[1] 参见[美]黛安娜·帕帕拉、萨莉·奥尔茨、露丝·费尔德曼:《发展心理学——从生命早期到青春期》(原书第10版上册),李西营等译,人民邮电出版社2013年版,第11~14页。

[2] 参见张新立、吴晶:《发展犯罪学对青少年犯罪成因的探讨》,载《江苏师范大学学报(哲学社会科学版)》2013年第4期。

[3] 张婧:《犯罪发展理论对我国青少年再犯防控的启示》,载《犯罪与改造研究》2019年第9期。

[4] See Terrie E. Moffitt, *Adolescence - Limited and Life - Course - Persistent Antisocial Behavior: A Developmental Taxonomy*, Psychological Review, Vol. 100:4, p. 675 - 676(1993).

迹,从而影响实施犯罪或者终止犯罪的决定。[1]

静态犯罪学以某个核心理论模型为出发点,用以解释所有的犯罪现象,这使这种理论模型具有一定的普适性,便于对犯罪现象的跨语境、跨国别比较研究。与此同时,这种进路对于犯罪现象的观察滤镜是稳定不变的,并不考虑犯罪发生的语境性和动态性。与静态犯罪学相比,动态犯罪学最大的特点在于把犯罪置于个体的整个生命历程来考量,不仅研究个体间犯罪行为的差异,也研究个体内部犯罪行为的稳定性与变化性。[2]

(三)由社会犯罪学到生物社会犯罪学

社会犯罪学的基本特征是将犯罪问题视为社会问题,这种学术思路深深植根于埃米尔·涂尔干(Emile Durkheim)以来的学术传统,即社会行为必须在社会层面进行解读。[3] 涂尔干认为,解读人类行为时必须从"社会事实"出发,"社会事实"是一种外部的压力,它独立于个体意志并约束和引导着个体行为。如货币系统在我们出生之前就已经存在,我们要想在社会中生存下去就不得不使用它,并且服从它的规则。[4] 在此思想体系下秉持着"社会建构主义"的基本立场,认为人类活动的各个方面包括各种经验、行为和事实都是社会建构性质的,受到社会权力、社会结构、社会文化等若干因素的控制,因此反对还原论、决定论和本质主义。[5] 以埃德温·萨瑟兰(Edwin Sutherland)和特拉维斯·赫希(Travis Hirschi)为代表的主流犯罪学家将上述社会学观点引入犯罪学当中,与其他学者一起开创了社会犯罪学的盛世。此后犯罪学理论发展得纷繁多样,但其中蕴含的共通之处在于主张社会因素促生了人们的犯罪行为,环境因素决定个体的行为方式和行为倾向,因此预防犯罪应当从根本上致力于修复和加强有利于建构人们合法行为的社会联系。前文提到的多数犯罪学理论如紧张理

---

〔1〕 See Robert J. Sampson & John H. Laub, *Crime in the Making: Pathways and Turning Points Through Life*, Harvard University Press, 1993, p. 7 – 8.

〔2〕 参见崔海英:《生命历程理论对未成年人犯罪危险防控的启示》,载《预防青少年犯罪研究》2017 年第 1 期。

〔3〕 See C. R. Jeffery, *Criminology As an Interdisciplinary Behavioral Science*, Criminology, Vol. 16:2, p. 149(1978).

〔4〕 参见[英]安东尼·吉登斯、菲利普·萨顿:《社会学》(第 7 版),赵旭东等译,北京大学出版社 2015 年版,第 11 页。

〔5〕 See Anthony Walsh & John Paul Wright, *Biosocial Criminology and its Discontents: A Critical Realist Philosophical Analysis*, Criminal Justice Studies, Vol. 28:1, p. 125 – 126(2015).

论、标签理论、冲突理论、控制理论等均属于社会犯罪学理论阵营,其基本观点上文已经有所述及,在此不再赘述。

相比而言,生物社会犯罪学(biosocial criminology)并不是一门具体的犯罪研究派别,而是一种犯罪研究的整体范式(paradigm),[1]它主张通过探索生物因素和环境因素来解释犯罪和反社会行为,强调将诸如遗传学、神经心理学和进化心理学等领域的知识引入犯罪现象的解读和分析中。在犯罪学诞生之初,生物犯罪学在犯罪研究中占主导地位。以意大利犯罪学家龙勃罗梭的“天生犯罪人”理论为代表,生物犯罪学形成了全国性的思想流派并对整个欧洲和美国产生了巨大的国际影响力。[2] 然而,20 世纪生物犯罪学与法西斯主义之间的不幸关联,使这一学派在战后被驱逐出犯罪学研究的领域。随着生物技术的巨变和突破,国外生物犯罪学已在龙勃罗梭式生物犯罪学基础上演化为“生物社会犯罪学”,取得了一系列前沿性研究成果,在当代西方犯罪学领域引领了犯罪学研究的范式革命。

生物社会犯罪学倡导将犯罪问题视为“科学”问题,以实证方法加以验证和解决,其主要发展分支大体上可以分为进化论犯罪学(evolutionary criminology)、生物犯罪学(biological criminology)、神经犯罪学(neurocriminology)以及行为遗传学(behavioral genetics)四个研究方向。第一,进化论犯罪学认为每个得以不断延续的人类行为都有其进化论基础,以攻击行为为例,在远古时代迫于与大自然灾害以及凶猛野兽战斗的需要,具有更高行为攻击性的基因型的人类祖先更有可能生存或繁殖。通过这种方式,攻击性行为可能通过代际遗传代代相传。[3] 进化论生物学并非为这类行为辩护,而是找寻行为进化论的“根源”或因果机制。第二,生物犯罪学关注人体生理性指标与越轨和犯罪行为之间的关联性,目前的研究多集中于特定激素水平、心率高低与反社会行为之间的关系。例如,睾酮素的体内含量过高——特别是胎儿期的过度接触,会增加个体的行

---

[1] See John Paul Wright & Francis T. Cullen, *The Future of Biosocial Criminology: Beyond Scholars' Professional Ideology*, Journal of Contemporary Criminal Justice, Vol. 28:3, p. 238(2012).

[2] 参见吴宗宪:《切萨雷·龙勃罗梭及其犯罪学研究述评》,载赵秉志主编:《刑法论丛》(第 11 卷),法律出版社 2007 年版,第 567 ~ 568 页。

[3] See Rebecca Eichelberger & J. C. Barnes, *Biosocial Criminology*, In Wesley G. Jennings(ed.), The Encyclopedia of Crime and Punishment(1st Edition), John Wiley & Sons, Inc. 2016, p. 1 – 2.

为侵略性、冒险性和冲动性,会影响自我控制能力和共情能力,从而与攻击等犯罪行为存在关联性。[1] 第三,神经犯罪学主要关注大脑功能异常与犯罪行为之间的关联性,将大脑中若干功能区的受损与功能紊乱与暴力等反社会行为关联起来。例如,前额叶皮层与反社会行为存在密切联系,前额叶皮层功能的减弱可能是一个人走向暴力行为的前奏。因为前额皮层受损会在认知、性格、行为、情感等方面影响个体,使人的智力和解决问题能力下降、失去自控能力、更易愤怒和暴躁并会导致违规逾矩、敢冒风险等多种不当行为。[2] 第四,行为遗传学犯罪学探讨的是越轨、犯罪等反社会行为是否以及在多大程度上受到遗传因素的影响。受益于遗传学的不断进化发展,遗传犯罪学分支从最初的双胞胎行为遗传性研究进化到以基因研究为主的分子遗传学,再发展到最新的表观遗传学研究。遗传犯罪学与当今最先进生物科技相互结合,可以说它代表了生物社会犯罪学范式的前沿指标。一个重要的表观遗传机制是 DNA 的甲基化。DNA 甲基化贯穿于人类的整个发展过程,能够在不改变 DNA 序列的前提下影响遗传表现,从而控制基因的表达,在甲基化的过程当中对于环境的影响异常敏感。[3] 个体的攻击性、暴力倾向、冒险性、精神状态都可能受到 DNA 甲基化的影响,例如,有研究认为,催产素受体基因的甲基化与被认为冷酷无情的行为有关。当个体在极端恶劣的环境下面临高风险时,为了适应环境,生物系统会重新"塑造"基因的表达方式,进行"适应性编程",这种适应性反应也会增加个体的侵略性和反社会行为的可能性。[4]

社会犯罪学奉行"最好的社会政策就是最好的刑事政策",他们对于国家刑罚的作用持怀疑态度,认为刑罚的威慑作用无法从根本上解决青少年犯罪问题,应当将非政府机构如家庭、学校、邻里社区作为减少犯罪的核心单元,主张通过社会变革、家庭和学校教育方式改良来减少未成年人犯罪,从社会政策的

---

[1] Travis C. Pratt et al., *Revisiting the Criminological Consequences of Exposure to Fetal Testosterone: A Meta-analysis of the 2D:4A Gigit Ratio*, Criminology, Vol. 54:4, p. 589-591(2016).

[2] 参见[英]阿德里安·雷恩:《暴力解剖:犯罪的生物学根源》,钟鹰翔译,重庆出版社 2016 年版,第 67~68 页。

[3] See Douglas S. Massey, *Brave New World of Biosocial Science*, Criminology, Vol. 53:1, p. 128-129(2015).

[4] Callie H. Burt & Ronald L. Simons, *Pulling Back the Curtain on Heritability Studies: Biosocial Criminology in the Postgenomic Era*, Criminology, Vol. 52:2, p. 248-249(2014).

完善角度解决犯罪问题,这对于社会环境的改善和犯罪的预防无疑提出了重要而有价值的洞见。但这种思维方式只关注犯罪发生发展的背景和舞台,却偏偏忽视了处于“舞台中心”的犯罪人。在犯罪治理实践中,犯罪的惩戒、预防等各个环节施行普遍化、一般化的处遇措施,缺乏个体化、个别化考量,只强调犯罪的“社会病因”的治理,而不重视犯罪“生物病因”的治理和预防。生物社会犯罪学提醒我们,犯罪中犯罪动机和犯罪倾向至关重要,而这与人的生物因素密不可分,在犯罪学研究中不容忽视。而且需要注意的是,生物社会犯罪学的四个主要研究方向都反对龙勃罗梭学说的生物因素决定论,而是主张犯罪行为是生物因素与环境因素的有机互动。

二、西方犯罪治理模式转型:多元防控、预防主义与实用犯罪学

20 世纪最后 30 年在美国、英国以及其他发达国家出现的后现代性(late modernity),引发了一系列危险、不确定以及控制的问题,这些问题在制定对犯罪的防控对策时扮演了核心角色。这意味着以复归和福利国家为导向的刑罚时代已经终结,新的刑罚政策更加侧重对犯罪风险进行“控制”。[1] 工业革命与现代科技深刻改变了人类的生活方式,同时也创造了更多技术性风险、政治社会风险与经济风险。风险涉及的范围极广,覆盖社会生活与个体生活的各个方面,现代风险社会中风险来源人为化趋势增强,系统化、制度化风险逐渐凸显,风险影响的后果更为严重,也更为持续。[2] 犯罪形态发生变化、风险产生发展流程中参与主体增多、作用力复杂、介入因素纷繁,正是上述背景给犯罪学研究提出了新挑战和新学术增长点,使新的犯罪防控理论应运而生并不断发展。

由犯罪防控新形势所决定,犯罪治理的方方面面需要精细化、渗透式精准防控,西方犯罪学三大发展正是应新的犯罪防控难题而生:由宏观到微观体现了犯罪情境预防中的精细化,从静态到发展是为了满足犯罪预防中阶段性精准预防的需要,从社会到生物社会则是用更为理性、科学的手段来代替传统思辨

---

〔1〕 David Garland, *The Culture of Control: Crime and Social Order in Contemporary Society*, The University of Chicago Press, 2001, Preface.

〔2〕 参见劳东燕:《风险社会中的刑法:社会转型与刑法理论的变迁》,北京大学出版社 2015 年版,第 16～27 页。

性路径欠缺实用性、科学性的不足。上述变化所折射出的,是犯罪防控体系进化到新的多元治理体系,是犯罪治理政策中预防主义倾向以及犯罪学研究中实用主义哲学的提升。

(一)犯罪控制体系由国家垄断到多元防控

经典犯罪学理论对于减少犯罪的对策主要诉诸刑事司法体系对犯罪人的复归矫正项目以及消除贫困、增强教育、转变不良亚文化等国家主导下的应对犯罪问题的社会政策,犯罪控制在本质上归结于国家变革社会的垄断性力量。但在新的犯罪防控图景下,基于风险社会中的风险无处不在,被犯罪伤害的风险已成为一种人们必须面对的"日常风险",而不再被视为异常或罕见的。受此影响,犯罪控制不再完全依赖于国家主导的刑事司法体系以及宏观社会经济变革,一种预防危险和防卫社会的微观机制逐渐成长起来。

根据微观犯罪学的基本思想,犯罪防控的重点应当是减少情境性促生因素以及增加对越轨行为的实际监控力量,这就要求纳入更多的犯罪防控主体和监控措施,以织密犯罪防控网格。根据发展犯罪学,在生命历程的不同阶段犯罪生成机制具有明显的差异性,犯罪防控不可能由单一的国家主导来完成,必须融入不同生命历程所需要的多元外在控制力量。

新的发展趋势意味着国家在犯罪防控中的垄断性地位有所松动,转而提倡一种多元防控体系。犯罪学家和政策制定者逐渐达成共识:仅凭政府机构本身无法成功地控制犯罪。[1] 这表现为:国家在犯罪防控体系中的垄断性地位被逐渐打破,犯罪防控的主体增多,政府不再独担大任,而是成为惩治违法犯罪与维护社会稳定的多元主体中的一员。民间力量、私人力量加入防控体系当中,预防犯罪的责任落到普通公民以及商界、学校、医院、规划者等主体的肩上。此外,在犯罪防控的空间维度方面,犯罪治理与犯罪预防从宏观的经济社会制度变革转为更强调情境性因素的社区下沉式犯罪防控;其中包括犯罪预防组织、政府与私人合作、社区监管计划等,相对于司法机构对违法犯罪行为施加直接打击这种"正式的犯罪控制"模式,以社区犯罪情境式预防为核心的"非正式犯罪控制"模式逐渐兴起,社区对犯罪的非正式控制在实际的犯罪预防和控制实

---

〔1〕 David Garland, *The Culture of Control: Crime and Social Order in Contemporary Society*, The University of Chicago Press, 2001, p. 105 - 109.

践中发挥着不可替代的作用。

(二)犯罪防控思想由复归主义到预防主义

经典犯罪学理论认为犯罪在本质上是“社会”的弊病,重在对促生犯罪环境的社会改造以及对犯罪人的教育和复归。立基于对社会积弊的批判,经典犯罪学理论认为犯罪是社会不良因素所促生出来的,“最好的社会政策就是最好的刑事政策”,对犯罪人应当采取教育和改造,同时着重于改变社会,进而实现控制犯罪的目的。社会复归政策采取有利于犯罪人改造的各项刑罚执行措施,同时致力于帮助社会大环境进行改善,这无疑对犯罪控制来说是具有特殊价值的长效机制,但这对于有效控制滋生犯罪的多重、复杂的风险来源的实际需求来说可能欠缺实效性。复归主义遭到了批评,罗贝尔·马丁森(Rober Martinson)教授在1974年发表的报告《什么有效?关于监狱改革的问与答》通过实证研究,认为现行所有的矫正方法对减少再犯没有任何明显的效果。心理学家雷·辛普森(Ray Simpson)也提出,没有任何证据表明矫治的方法对罪犯的行为与性格倾向有效果,监狱迄今为止的改革都是愚蠢而不适当的。[1]

微观犯罪学、发展犯罪学、生物社会犯罪学逐层深入,与预防主义犯罪治理策略、行为人刑罚之间的距离不断缩短。微观犯罪学基本上仍然将促生犯罪的外在环境因素作为研究的重点,但这种外在环境已经大大偏离了经典犯罪学的宏观社会制度、社会结构、社会文化意义上的外在环境,而更侧重对微观环境中可能导致犯罪的情境性因素的预防,对预防实效性的强调开始融入传统的犯罪治理策略当中。发展犯罪学将犯罪的导火线置于生命历程当中,开始以犯罪人本身作为研究的重点,特别关注生命历程中的重要阶段和转折点事件,强调对犯罪的阶段性预防,这也与预防主义犯罪治理策略存在内在勾连。相比于上述二者,生物社会犯罪学则走得更远,最为贴合预防主义犯罪控制策略,它虽然并不否认犯罪的病因有社会因素的成分,但认为更需要重视的是生物体自身的因素,犯罪不是社会的弊病,而是人得了“病”进而被不利的社会环境因素所催化的结果。对犯罪人不应当惩罚而应当进行心理治疗和生物治疗,犯罪治理应当重视生物性预防,并结合最先进的生物科技开展早期风险筛查和治疗。

在犯罪学理论逐渐走向更具实效性的预防主义的同时,预防性警务、预防

〔1〕 刘崇亮、严励:《对中国“罪犯改造无(有)效论”的实证分析》,载《政法论丛》2018年第5期。

性刑法也开始成为研究的重点问题。例如,西方很多国家犯罪研究中热议的拦截搜查(stop and search)原本仅适用于警方基于合理怀疑基础上对可能进行犯罪活动的个体进行搜查,但这一治安手段转变为一种犯罪预防的策略,越来越多的法案出台,允许警察可以不基于合理怀疑,对恐怖主义嫌疑人和危害公共秩序的嫌疑人进行拦截搜查。此时,动用拦截搜查权的法律正当性和适当性问题,让位于维护公共安全、预防风险的需要。[1]

在新的犯罪治理策略导向下,犯罪控制的横向维度中国家的垄断权力似乎有所松动,多元主体加入犯罪控制体系,但新的预防主义犯罪控制哲学则在纵向维度方面使国家的刑罚权进一步扩张,国家介入犯罪预防的时点进一步提前,风险干预时点的空间性、时间性都有所提前,对个体自由的干预程度进一步加强。

(三)对犯罪现象的诠释从思辨性到实用性

在预防主义犯罪控制模式下,为了更好地达到预防目的,对犯罪现象的诠释必然会倾向于实用性。国外犯罪学家直言:“好的理论是实用的理论。”[2]为了更好地解决犯罪问题,犯罪学研究的政策化、工具化趋势都明显增强。这主要表现为对建构主义研究传统的反思以及多学科交叉研究方法的蓬勃发展。

建构主义论者从根本上认为社会问题不能用自然科学方法加以研究和解决,客观事实本身的社会意义有限,社会事实是人们建构出来的。建构主义更关注国家和民众群体如何定义犯罪,[3]社会学导向的犯罪学在研究当中尤为偏好建构主义,“社会控制”“社会解组”“父权制”“紧张”“标签”等用来解释犯罪的概念都属于一种理性论基础上对社会现象的某种拟制。例如,冲突犯罪学理论认为资本主义社会中资产阶级和无产阶级之间存在不可调和的矛盾和冲突,这些矛盾和冲突是引发犯罪的重要原因。建构主义因其理论模型和思考路径的抽象性、思辨性,而与预防主义的犯罪控制需要存在一定的隔阂和距离。对

---

〔1〕 参见赵希、龚红卫、刘志松编著:《国际犯罪学前沿问题综述(2017－2018)》,中国政法大学出版社2020年版,第163～165、322～323页。

〔2〕 [美]乔治·B.沃尔德、托马斯·J.伯纳德、杰弗里·B.斯奈普斯:《理论犯罪学》(原书第5版),方鹏译,中国政法大学出版社2005年版,第397页。

〔3〕 参见秦亚青:《建构主义:思想渊源、理论流派与学术理念》,载《国际政治研究》2006年第3期。

建构主义的反思和批评颠覆了研究传统对“应然性”的偏好,转而探究犯罪预防控制的“实然”机制,通过统计和量化来研究犯罪现象,各种可以精确测量、评估和解码的风险评估手段被加以运用。

以此为契机,犯罪研究当中多学科智识不断汇聚,打破了传统的思辨式研究模型独大的局面。以解决问题的思路为导向,犯罪治理中参与学科日趋多元化。大卫·唐恩有一个非常著名的关于犯罪学的论断,他将犯罪学描述成一个“学科集结点”:这一领域以一个社会问题为中心展开,不同基础学科领域(社会学、心理学、哲学、历史学、经济学、政治科学)的研究人员围绕这一中心交换意见,而且不断从外界引入新的观点和理念使其保持生机与活力。[1]

不容忽视的是,建构主义的反思性、批判性哲学倾向很大程度上有利于人权保护,而犯罪学研究和犯罪政策的实用主义倾向容易忽视价值维度,为了解决犯罪问题而采取过于工具化的方式,容易导向对人权的侵犯。缺乏价值判断的学说立场就很容易被操纵,毫无批判地看待科技会掩盖复杂的社会力量,而正是这些社会力量塑造着社会的构成、人们的行为预期和对犯罪的管控策略。[2]

总的来说,当代西方犯罪学发展趋势展现了国外犯罪控制思路的转变,为了应对风险社会中犯罪风险来源的复杂性和多元性,犯罪防控中横向维度延展,纵向维度加深。犯罪防控的参与主体增多,时空范围增厚,犯罪学研究更为繁荣,多学科共同参与,但与此同时国家刑罚权有增无减,对个体自由的干预程度进一步加深,实用主义理念使实际的犯罪防控政策存在进一步工具化的趋势,可能会因为过度防控而有损其他社会价值的实现。

三、对我国犯罪防控的启示

通过对当代西方犯罪学的发展趋势和利弊得失的分析,我们总结出如下可资借鉴之处:

---

〔1〕[英]伊恩·罗德、陈磊、牛帅帅:《犯罪学与刑事法制改革:以英国为例》,载《法学家》2012 年第 4 期。

〔2〕See Julien Larregue & Oliver Rollins, *Biosocial Criminology and the Mismeasure of Race*, Ethnic and Racial Studies, Vol. 42:12, p. 1992 (2019).

(一)倡导开展“预防性犯罪学”研究

国外犯罪学的预防性转向与其所面对的风险社会背景密切相关。相比而言,我国的社会形态和社会矛盾与西方社会存在一定差异,尤其是西方所面临的种族问题、移民问题所引发的特殊社会矛盾在我国并不普遍。但不可否认的是,我国所面临的风险防控形势与当今西方社会犯罪防控形势具有相当程度的相似性。当前我国仍处于社会转型期,各种社会矛盾等层出不穷,机制复杂,我国所面临的风险防控呈现出复杂、多元化格局。国内风险与国外风险叠加、传统风险与现代风险叠加的趋势已经逐步显现。〔1〕 在此背景下,可以预见,犯罪防控的内在思维会更为倾向工具主义与实用主义。

目前这种思维倾向已经在刑法领域有所表现,以扩大犯罪圈、用刑罚威慑手段应对风险的策略已经变成现实,机能主义刑法、积极刑法观、预防主义刑法都是近年来的热议话题。我国当下犯罪圈的基本走向是刑罚更加积极地介入社会生活的适度犯罪化趋势。〔2〕 预防性刑法观以“刑罚有效性”为基准,通过刑事立法来实现积极预防风险的社会控制任务。〔3〕 在应对犯罪问题上,“预防性刑法学”大展拳脚,“预防性犯罪学”却一直默默无闻。

然而,预防主义刑事政策不应仅仅依靠刑法的扩张,这只是犯罪防控的“后端”。刑法毕竟是犯罪发生之后的惩罚机制,“预防主义”刑法通过创设更多预防型犯罪,企图以刑罚的威慑力量来遏制犯罪,这种模式是否可信或有效,还缺乏实证根据。〔4〕 刑法归根结底是从犯罪化、犯罪圈出发的,其思考问题的基底是刑法所划定的犯罪圈。但犯罪的发生发展不是一蹴而就的,是一系列有害于安全的诸多因素的汇聚和流变的过程,从危险的火苗发生发展到触发刑事法网的熊熊烈火,所谓“预防性刑法”的登场并不能从根本上解决问题,更需要在犯罪风险防控的各个“前端”进行布阵。换言之,在发展预防性刑法的同时,也需要发展预防性犯罪学,以此汇聚成预防性刑事政策的合力。

犯罪学基于对人类安全需求的深切关注,一切与安全相悖的因素和隐患都

---

〔1〕 参见宫志刚:《历史交汇期社会风险防控与警务战略转型》,载《公安学研究》2018 年第 1 期。

〔2〕 参见付立庆:《论积极主义刑法观》,载《政法论坛》2019 年第 1 期。

〔3〕 参见高铭暄、孙道萃:《预防性刑法观及其教义学思考》,载《中国法学》2018 年第 1 期。

〔4〕 参见姜敏:《刑法预防性立法对犯罪学之影响:困境与出路》,载《政治与法律》2020 年第 1 期。

是犯罪学所思考的范围,[1]犯罪学的研究视域更为广泛,研究的场域兼具微观和宏观层面,对于减少犯罪的社会体系性控制来说更具基础性和实效性。因此,风险社会的犯罪防控必须要求犯罪学提供更多的智力支持。预防性犯罪学是以安全为导向的多重犯罪预防手段的运用,西方相关的理论学说可以为我们所借鉴。

(二)探寻多维度织密犯罪防控网格的具体机制

国外微观犯罪学、发展犯罪学和生物社会犯罪学的新发展趋势具有一个共同特征,即从不同维度严密犯罪防控体系。微观犯罪学侧重预防的情境性,发展犯罪学强调预防的阶段性,生物社会犯罪学主张预防的个别性,三者分别从空间、时间、犯罪人维度补足了过去犯罪学理论的预防性漏洞。对此,发展我国的预防性犯罪学可以围绕以下三个方面进行建构。

第一,对于犯罪预防的空间层次,如社区、校园、城市热点区域等微观环境下的犯罪预防,可以借鉴日常行为理论、情境行为理论等微观犯罪学的学术观点和政策,如加密社区防控的监控手段,包括人力监控和技术监控手段,实行邻里互助和邻里守望计划,填补社区防控漏洞,建设校园警务等。建构具有"集体效能"的防控犯罪微观网格,这些网格中的社会成员具有防控犯罪的凝聚力和高度的人际信任,居民之间具有干预越轨、犯罪行为的共同意愿。[2]

第二,对于犯罪预防的时间层次,针对不同发展阶段犯罪促生的异质因素制定有针对性的犯罪预防对策,如婴幼儿期、童年期、青少年期、成人初显期(emerging adulthood)[3]以及成年期不同生理发展因素,结合发展心理学等知识进行针对性预防。如对儿童早期行为障碍、反社会行为不加干预,其可能会与不良社会环境因素结合在一起,逐步衍生出"问题儿童",故对此需要进行不良行为评估和纠正,调整教养方式;青春期不良朋辈的效应较大,青少年越轨中

---

[1] 参见赵希、龚红卫、刘志松编著:《国际犯罪学前沿问题综述(2017-2018)》,中国政法大学出版社2020年版,第3~5页。

[2] 参见赵希、龚红卫、刘志松编著:《国际犯罪学前沿问题综述(2017-2018)》,中国政法大学出版社2020年版,第27页。

[3] "成人初显期"是指18~25岁以身份探索、不稳定性、自我关注等为主要特征的由青春期到成年之间的新成长阶段,它是在青年人推迟婚姻、就业,受教育年限延长等社会背景变迁下衍生出来的,目前在我国青年群体中已经有所显现。参见赵希:《解读"成人初显期":理论创见性与本土适用性》,载《青年探索》2020年第6期。

帮伙的比例很高,对此需要遏制不良朋辈效应;"成人初显期"伴随自我意识和探索性质的增强,应重点注意性犯罪、毒品犯罪的预防;对于成年期来说,加强婚姻、就业、社团等非正式社会控制机制对于犯罪的制约效应和复归社会、预防再犯的效果。

第三,对于犯罪人研究方面,根据生物社会犯罪学的观点,生理异常是犯罪的重要原因,当生理异常作用于人的理智和情绪时,会直接影响个体对自己行为的认知、决策和行动。尤其对于严重暴力犯罪而言,生物社会犯罪学的成果具有引入的必要,因为相比于其他犯罪现象,持续的严重暴力犯罪人具有更高的生物异常可能性,探寻并切断其生理病因能够从根本上遏制其犯罪冲动。此外,在刑罚的判处与刑罚的执行过程可以考虑对生理异常行为人的医学介入和干预。对罪犯生理指标进行全面测量,针对其行为和心理障碍进行个别化矫治,针对不同程度的生理异常,可能存在激素治疗、基因治疗、脑损伤治疗等不同的针对性措施。

(三)警惕犯罪防控过度工具化产生的弊端

预防性犯罪学是以追求安全价值为核心建构犯罪防控体系的,由于侧重在实害结果发生之前就予以干预,预防性犯罪学可能会因过度追求安全而牺牲其他社会价值。犯罪防控措施的过度使用可能会造成人人自危的焦虑心理和对犯罪被害的过度恐惧,从而影响个体生活。当防控措施常态化、日常化时,社会可能会衍化为"警察社会",防控措施可能促生社会信任危机,陌生人之间彼此警惕,防控措施会造成额外的时间和经济成本,在一定程度上影响社会经济活动的正常开展。预防性犯罪学的功利主义、实用主义容易将越轨者视为某种需要解决的"目标"而被工具化,忽视人道精神,对轻微越轨者、偶然越轨者的不当管控容易使之偏离正常社会轨道,产生标签效应。

对预防性犯罪学所蕴含的上述风险应当有所警惕。工具主义一旦打破法制边界,就会造成一系列不可控的后果。对此,应警惕犯罪防控过度工具化产生的上述弊端,增强对犯罪防控手段的正当性追问和合法性省思,预防性犯罪防控观念下国家权力的过度启用可能会过度挤压公民权利的空间,应当寻求刑罚权运用的比例原则。[1] 预防性犯罪学的安全防卫手段也应当在具体防控措

〔1〕 参见高铭暄、孙道萃:《预防性刑法观及其教义学思考》,载《中国法学》2018 年第 1 期。

施的手段——目的——效能——后果等一系列环节的科学评估、实证研究的基础上予以比例性适用。同时制定相关的不良后果矫正机制,及时调整政策实施过程中出现的各种问题。鉴于警察、法院、监狱等正式犯罪防控机构对越轨个体复归社会所产生的各种标签化的不利影响,犯罪防控体系应当在国家主导的基础上,发挥非正式社会组织的效用,实行综合治理。在共建共治共享社会治理新格局下,社会风险防控是整个社会的任务,需要其他政府部门和各类社会力量广泛参与和协同治理。[1]

当代西方犯罪学的三大发展趋势不应被简单理解为新犯罪学理论对经典理论的继替,新的理论是应新的犯罪防控难题而生;而经典理论并未丧失其理论意义,其所涉及的社会问题仍然长期存在,这就意味着新旧犯罪防控任务将长期并行,新旧犯罪学理论也将长期存续。

随着风险来源的复杂性、多元性,新的防控思路倾向于一种预防性犯罪学,即围绕着个体安全、社会安全、国家安全等方面建构对越轨和犯罪的防卫性风险探测和干预体系,从时空维度和个体维度逐步渗入日常生活的各个领域。预防性犯罪学是以问题为导向的,由于涉及社会生活的诸多方面,研究上势必需要将多学科方法综合运用。跨学科研究有助于激发学术创造力和催生更具科学性、富有诠释力的学术思想。学科交叉对犯罪学研究提出了挑战和新的要求,但这种研究方法是犯罪学进一步发展的必然趋势之一,未来的犯罪学研究可以考虑多学科的合作研究并探寻专门人才的培养机制。

预防性犯罪学可以有效应对风险社会中各种危险因素的滋生,但与此同时也可能动摇其他社会价值,这是值得警惕的。

---

〔1〕 参见宫志刚:《历史交汇期社会风险防控与警务战略转型》,载《公安学研究》2018 年第 1 期。

写作说明

本次综述主要关注国外以及我国犯罪学2019年至2020年的主要论文成果。期刊载体的选择如下:外国部分涉及10本国外犯罪学刊物总计511篇论文。10本刊物基本上属于SSCI中1区、2区论文,在地域上包含美国、欧洲、亚洲,在内容上涵盖犯罪学理论、警务、司法、刑事政策等内容。10本刊物分别为:《犯罪学年度评论》(*Annual Review of Criminology*)第2卷、第3卷;《犯罪》(*Criminology*)杂志2019年、2020年论文;《犯罪和越轨杂志》(*Journal of Research in Crime and Delinquency*)2019年、2020年论文;《理论犯罪学》(*Theoretical Criminology*)2019年、2020年论文;《亚洲犯罪学期刊》(*Asian Journal of Criminology*)2019年、2020年论文;《英国犯罪学杂志》(*British Journal of Criminology*)2019年、2020年论文(部分);《欧洲犯罪学杂志》(*European Journal of Criminology*)2019年、2020年论文;《警务季刊》(*Police Quarterly*)2019年、2020年论文;《犯罪学与公共政策》(*Criminology and Public Policy*)2019年、2020年论文以及《量化犯罪学期刊》(*Journal of Quantitative Criminology*)2020年"恐怖主义专题"论文。与上次综述相比,本次选择的期刊范围有所调整,加入很多新的刊物,如《亚洲犯罪学期刊》《犯罪学与公共政策》《理论犯罪学》《犯罪和越轨杂志》等,这些刊物都是上次综述没有涵盖的,能够一定程度上弥补上次综述的材料选取范围较窄的问题。

在选题当中主要考虑如下问题:第一,注意国外热点的本土语境转化。上次综述中涉及的若干题目如国外移民犯罪、移民管控、枪支管控等虽然是当下国外热点,但与我国的犯罪防控实践存在很大距离,缺乏借鉴性,本次选题注重订正这一点,与我国本土问题几乎没有相关性的选题不再考虑。第二,以问题导向为核心,不以地域为核心。不再依循上次综述中区分美国、欧洲、大洋洲等地区的写作方式,而是围绕一个个具体的主题展开写作。材料来源涵盖这一主题相关的所有地区刊物的论文,如“警用设备与警务技术的升级与适用”小节,不再按照欧洲、美国、亚洲分区的方式来写,而是将所有相关材料汇总,以问题为核心写作。这样的优点在于文字的可读性更强,体系性更强。全书目录也将以若干独立的命题形式编排。第三,注重理论与刑事政策的关联性,尽量避免就理论说理论。重视理论与实际的犯罪政策的转化和关联,特别加入《犯罪学与公共政策》刊物,弥补上次综述中理论内容偏重,进而导致实践价值不高的问题。考虑在对国外相关问题综述时融入与我国相关政策及实践的对比研究。

就国内部分而言,选取2019年1月1日至2020年12月31日期间发表在2017~2018年卷综述筛选出的44种期刊中的犯罪学论文,在此基础上又增加了16种期刊(其中《青少年犯罪问题》《犯罪研究》《预防青少年犯罪研究》《犯罪与改造研究》《公安学研究》这5种期刊是按吴宗宪老师对2017~2018年卷的建议新增的,另外11种期刊是研究团队在综述中讨论新增的。具体刊名在国内部分专题一中的“样本选择”部分予以一一说明)。在选题中有几个问题需要加以说明:第一,选题不以期刊等级为确定标准,而是以关注的集中度为标准,结合“前沿”等热点问题进行确定。本次国内部分以两年间犯罪学研究的主要犯罪类型和相关基础理论为专题进行综述,具体在进行综述过程中,可以犯罪现象、犯罪原因和犯罪对策的体系对犯罪类型进行总结和陈述。第二,坚持问题导向,考察我国这两年出台的相关法律文件以及热点事件,以回应热点问题为主,其中有很多对域外知识理论的引介,也不乏对本土思想理论的总结甚至拓展。第三,这两年的文献中很少有对研究方法的专门性论文,但是每个类型的犯罪研究中都有对不同研究方法的探索和运用,所以并没有单设研究方法的专题综述,而是在不同类型犯罪研究的专题研讨中与内容综述一并带过。

尽管如此,我们在选题、构思、写作过程当中还是存在各种问题。首先,国外部分仅在诸多SSCI犯罪学刊物中选择了10本,选择范围还有进一步扩大的空间。其次,综述基本上是对目前国外犯罪学研究热点问题的历史溯源、学术争论、亮点、创新点等进行梳理,并没有涉及具体的研究方法。特别是关于量化分析方法,鉴于其较高的统计学专业素养门槛要求,本书的国外部分论述并没有涉及这一问题。这无疑是本书的主要缺憾之一,期待在未来的综述当中予以补充。最后，鉴于我们的学术水平、翻译能力和文献整理所需的专业能力均有限，对相关文献的编译可能存在误解和误读。我们诚恳地希望学界同人批评指正，我们会在下次综述研究时努力弥补不足、进行完善。

目　录

国　外　篇

国 内 篇

国　外　篇

专题一

犯罪学理论评述

第一节　对经典犯罪学理论的继承和发展

结合 2019 ~ 2020 年国外犯罪学相关期刊论文，经典犯罪学理论仍然是目前国外犯罪学研究的重要基础和支撑。本节主要以六篇评述性英文论文为载体，对于特拉维斯·赫希的犯罪学理论、迈克尔·戈特弗里德森（Michael Gottfredson）与赫希的犯罪的一般理论以及对埃德温·萨瑟兰犯罪学理论的相关内容进行评述。上述几位犯罪学者均是享誉世界的犯罪学家，他们的代表性犯罪学理论虽历时数十年，但仍具有生命力，对当今的犯罪现象具有极强的诠释性，但随着社会环境的变迁以及其他犯罪学理论的崛起，这些理论的核心主张也面临着冲击、挑战和质疑。国外相关述评对于我国犯罪学界辩证地看待相关理论具有一定的借鉴意义。

一、对赫希犯罪学理论的评述[1]

赫希被视为社会控制理论的代言人，其代表作《越轨的原因》（*Causes of Delinquency*）（1969 年首次出版，2002 年再版）被公认为 20 世纪犯罪学领域最具影响力的佳作之一。赫希在这部著作中提出了社会控制理论，并以当时来自青少年态度和行为自我报告的相关经验数据为基础，对自己的理论真实性进行

---

〔1〕 See Barbara J. Costello and John H. Laub, *Social Control Theory: The Legacy of Travis Hirschi's Causes of Delinquency*, Annual Review of Criminology, Vol. 3: 1, p. 21 – 41(2020).

了验证。其理论观点获得广泛赞誉,不仅如此,他在评估犯罪现象和验证犯罪学理论中所采取的“理论构建、概念化、操作化和实证检验相结合”的方法成为之后犯罪学研究的标准范式。

(一)赫希社会控制理论概述

赫希的理论源自对青少年犯罪的观察,赫希认为,社会联系由四种成分构成:依恋(attachment)、奉献(commitment)、卷入(involvement)和信念(belief),赫希从家庭、学校、参与合规活动、与同伴交往这几个角度诠释其理论。相比于其他青少年犯罪理论家,赫希非常强调家庭关系的作用。这对于当前犯罪学理论而言或许有点“老生常谈”,但在赫希研究所处的20世纪六七十年代,家庭在犯罪理论中的作用很大程度上被忽视了。赫希提出,子女对父母的依恋有三个维度,虚拟监督、与父母沟通的亲密度以及对父母的情感认同,在这三个方面,赫希通过实证研究认为对父母的依恋与孩子的越轨行为之间存在负相关,具体来说,那些认为父母注意到自己行为的孩子、与父母有更充分沟通的孩子,以及那些对父母有更深感情依恋的孩子,犯罪的可能性明显更低。

孩子对学校的依恋与越轨行为之间也呈现负相关,对学校的依恋主要是通过孩子的学习能力、喜欢学校的程度、对教师的关注程度以及对学校行为规范的接受程度来评估的。赫希认为,那些学习能力较强、关心老师对自己看法的孩子相对而言更尊重学校的权威,从事越轨行为的可能性更低。

对合规行为的看法以及参与合规行为的程度也可以预测青少年的越轨行为,那些受过较高水平教育、具有一定职业理想的男孩相比而言更不容易犯罪,喜欢从事传统活动如体育运动、读书、做家务等的男孩也不容易犯罪。

与不良同伴交往者可能更具有犯罪倾向。文化偏差理论以及某种程度的紧张理论认为不良同伴是促生青少年犯罪的一个重要因素,不良同伴会向青少年传递偏离的价值观,从而导致青少年犯罪。但赫希的控制理论认为,与其说不良交往是青少年犯罪的原因,不如说这是一种其他偏差所导致的结果,很多青少年犯罪团伙的成员之间只存在较弱的联系。

赫希观察到那些依恋父母并且“成就导向”(achievement orientation)的青少年也更有可能依恋朋友,这说明社会联结是一个整体性架构,而不是各种孤立、分散存在的因子。赫希进一步分析指出,那些拥有更强社会纽带的男孩更不容易结交不良朋友,此外,依恋朋友的青少年更不容易越轨——无论他的朋友是否从事越轨行为。赫希认为,是否结交不良朋友很大程度上是一种自我选择的过程(a self – selection process),是受到较弱的社会联结影响的,而越轨同伴不太可能对青少年越轨施加较强的影响。

(二)赫希社会控制理论的哲学依据

控制理论的起点在于探究"人为什么会遵守社会规则"?其理论的哲学基础可以溯源至霍布斯对人性和秩序的基本假设。赫希认为,当一个人与社会的联系趋于薄弱或破裂时,就会出现越轨和犯罪现象。"秩序"是"越轨"的反面,"秩序"之所以能够形成并延续,在于各种社会控制机制对于人类追求短期私欲自然倾向的有效遏制。换言之,赫希认为,犯罪的欲望是人性的一部分,是天然存在的,而社会秩序给各种越轨行为贴上不良标签,就是为了警告人们,这种行为是危险的、草率的。

赫希尤其反对当时占据主流的罗伯特·K.默顿的紧张理论,控制理论探究"人为什么会遵守社会规则",而紧张理论则关注"人为什么不遵守社会规则"。后者认为社会控制并不是用以遏制和管理人们越轨生物冲突本能的手段,相反,某些社会结构不仅不会产生这种作用,反而会促生破坏社会规范的行为。这些社会结构会对特定个体施加压力,迫使他们从事违规而非合规行为。基于一些人的个人能力有限,无法通过合法手段达成自己的目标,这时就会产生某种压力或紧张,倾向于以越轨行为实现自己的目的。赫希认为,紧张理论是站不住脚的,只能代表某些中产阶级的恐惧和噩梦,犯罪动机并非如紧张理论所说的那般复杂多样,而主要出自人性的欲望或本能。从赫希的观点来看,他的控制理论与紧张理论之间表现出如何看待"社会控制"、如何认识"犯罪动机"等主要分歧。

(三)对赫希社会控制理论的评价

赫希的论著一经出版便引发了犯罪学界的热烈讨论,其深刻的理论见解和严谨的研究方法获得盛誉,其提出的一些关键性假设得到了很多实证研究的验证与支持。犯罪学家劳布认为,赫希《越轨的原因》的出版是犯罪学历史上的转折点之一。还有评论家认为,赫希的书不仅是犯罪研究的转折点,也是一本关于青少年的富有卓越洞察力的书,是深刻认识美国青少年的关键文本,值得被反复阅读和研究。根据谷歌学术网站(Google Scholar)的相关统计,赫希的著作每年被引用数百次,仍然是博士论文的热门选题之一。

赫希的理论贡献之一,是对“社会控制”机制进行了完整构想,他提出社会控制的各个环节是相互关联而非彼此孤立的,家庭、学校、同伴对青少年的影响不应被孤立地看待,这提醒研究者在关注考察社会控制机制的同时,应注意各种控制机制之间的相互作用关系,不应狭隘地关注社会关系中的某一个因素而排斥其他因素。赫希将比较抽象的“社会控制”进行了详细的概念化、可操作化,几个层面的假设较为具体、精细,便于对理论假设进行实证检验。赫希的理论贡献之二,是他的研究方法为犯罪学实证研究树立了典范。随着社会科学研究中调查、实证方法逐渐成为主导,赫希通过原始数据对其理论假设进行的高质量、规范性研究增强了犯罪学研究的科学性,在当时是独一无二的。

对赫希理论的批评可能归纳为两个要点:首先,赫希提出的若干命题可能存在疑问,如关于不良交往与青少年越轨之间的关系,既有的实证研究结论可能与赫希的设想不一致。再如,赫希认为忙碌的青少年不太可能犯罪的观点也不准确,与同伴相处可能从事合规行为,但也可能共同从事越轨行为。赫希本人也承认,犯罪和同伴犯罪之间的关系是强烈的,而且不能完全由自我选择来解释(尽管自我选择确实占了很大一部分)。赫希认为,不良朋友对犯罪行为的影响力可能超出了控制理论的范围。这可能意味着,控制理论在对不良朋辈影响的诠释方面,是存在很多欠缺的。

其次,批评观点认为,赫希的理论遗漏了种族和性别问题以及结构性背景,这表现在他的统计数据中没有包含非裔和女性的数据,同时忽视了一些社会结构背景对于越轨行为的影响,如贫穷和其他社会劣势地位会通过父母的养育方式影响青少年的行为。结构变量的影响是间接的,但仍然重要。此外,还有批评观点认为赫希没有充分考虑卷入司法系统是否会削弱个人与社会之间的联系。赫希认为,越轨青少年因为有问题的亲子关系以及家庭学校教育等原因而对警察缺乏尊重。但批评者认为,与警察等司法工作人员的互动对青少年形成守法意愿有重要作用。

尽管存在争议与批评,但总的来说,赫希的社会控制理论被誉为控制理论中最为杰出、影响最为广泛的理论之一,被看成是20世纪后半期最重要的犯罪学理论之一。[1] 当代犯罪学研究者在设计和研发未成年人危险评估工具时,多

〔1〕 参见吴宗宪:《赫希社会控制理论述评》,载《预防青少年犯罪研究》2013年第6期。

将赫希的社会控制理论作为理论基础,借鉴和吸收其中对未成年人越轨风险因素的界定。[1] 根据我国学者吴宗宪教授的总结,社会控制理论具有明显的优点:其一,实证性。赫希的理论是基于大量实证调查和理论研究得出的,具有扎实的实证基础。其二,广泛性。赫希的理论并不囿于解释某些特定犯罪,而是可以广泛解释不同文化、不同类型的犯罪。其三,可操作性,理论所采取的概念内涵相对明确,可以用来进行直接观察和测量,便于其他学者加以验证。其四,综合性。理论吸收了既有青少年犯罪的多种理论研究成果,综合了社会学、心理学、统计学等学科研究方法并进行整合,丰富和发展了控制理论。[2]

二、对戈特弗里德森与赫希"犯罪的一般理论"的评述[3]

30 多年前,戈特弗里德森与赫希在 1990 年出版了《犯罪的一般理论》[4],其核心观点认为低自我控制是犯罪的主要原因。尽管自我控制理论不是第一次在犯罪学领域被提出,但经由两位学者的论著,自我控制的概念被提升到了犯罪学思想的前沿,激发了大量相关研究,根据谷歌学术网站的数据,到 2011 年年底,这本书被引用约 4500 次,到 2018 年年底,这一数字达到了 1.2 万次。

犯罪的一般理论从人所具有的享乐主义自然倾向出发,认为犯罪行为具有一种天然的吸引力,犯罪所带来的"好处"通常是短暂的、微小的,而犯罪所产生

---

[1] 参见崔海英、李卓阳:《社会控制理论蕴含的未成年人犯罪危险因子探讨》,载《预防青少年犯罪研究》2018 年第 2 期。

[2] 参见吴宗宪:《赫希社会控制理论述评》,载《预防青少年犯罪研究》2013 年第 6 期。

[3] See Callie H. Burt, *Self - control and Crime: Beyond Gottfredson and Hirschi's Theory*, Annual Review of Criminology, Vol. 3: 1, p. 43 - 73(2020); Walter Forrest et al., *Development of Impulsivity and Risk - seeking: Implications for the Dimensionality and Stability of Self - control*, Criminology, Vol. 57: 3, p. 512 - 543(2019).

[4] 赫希在学术生涯的后期从社会控制理论研究转向了自我控制理论,对于两种理论的关系,可能的解释是,其一,两种控制理论强调的重点不同。犯罪的一般理论强调的是自我控制即个人内在因素,而社会控制理论强调的是自我控制以外的社会环境因素。其二,两种控制理论适用于不同的个人成长阶段。犯罪一般理论研究的是孩童时期自我控制的形成,并认为这种控制水平将在此后维持不变,而社会控制理论研究的是青少年时期犯罪现象出现的原因,用来解释外部社会因素如何激发了低自我控制,从而引起犯罪行为。我国有学者认为,赫希两种控制理论的核心差别在于控制的来源不同,一个源于社会纽带,另一个源于个体自身。参见[美]乔治·B. 沃尔德、托马斯·J. 伯纳德、杰弗里·B. 斯奈普斯:《理论犯罪学》(原书第 5 版),方鹏译,中国政法大学出版社 2005 年版,第 239 页;杨学锋:《从社会纽带到自我控制:两种控制理论的竞争与调和》,载《中国刑警学院学报》2017 年第 6 期。

的后果虽然相对延迟,但是非常严重。因此,理性的个体在权衡犯罪的收益与成本之后,照理来说应当会放弃实施犯罪。那么,为什么在实际选择当中,理性个体却选择实施犯罪行为?犯罪的一般理论提出,这是因为低自制力的人目光短浅,缺乏远见,其行为决定受短期、直接利益的冲动性支配,而很少考虑长期成本。由此,自我控制被视为解释犯罪倾向的关键的个体性变量,它被定义为个体追求短期满足而不考虑其行为的长期后果的倾向。低自控能力被分解为六个主要标志:冲动特征、喜欢简单而非复杂的任务、有寻求冒险的倾向、喜欢体育活动而不是认知活动、以自我为中心以及易怒。该理论还断言,低自控力的相关特征如冲动、迟钝、冒险、目光短浅等会在人的一生中持续、稳定存在。关于低自控力的形成机制,戈特弗里德森与赫希认为失败的童年教育方式是根源。有效、合理的父母养育能够有力地监控、识别和惩罚子女的不当行为,培育孩子的高自控力,相反,不当的养育方式会促生低自控力的子女。

犯罪的一般理论得到了很多实证研究的支持,自我控制基本上被公认为与犯罪关系最密切的因素之一。为了促进这一理论的进一步完善,学者提出了若干构想:其一,有效教养方式不仅是对子女的行为进行及时甄别和修正,而且包含了情感支持的力量。在抚育过程当中,父母对子女的行为监管与对其的情感支持都很重要,二者兼顾的教育方式更有利于培养出自控能力高的子女。其二,除了家庭,社会环境也会塑造自控能力。如对老师、同伴的依恋、目睹暴力性犯罪、种族歧视的周遭环境等社会环境与社会交往,也与自我控制能力的形成有关。其三,尽管自控能力的发展在童年时期是重要、敏感的,一些人的自控能力也是相对稳定的,但一些研究发现,自我控制能力可能比最初的设想更具开放性,成年之后个体的社会关系、职业或其他生活状况的变化可能会重新塑造自控能力。

可以说上述的评析仍然是在自我控制能力的基本理论框架中展开的,下面的观点或许是更为"釜底抽薪"式的批评:第一,自控能力的来源或许不仅仅是育儿方式,生物/遗传性因素也会影响个体的自控能力,基因等遗传因素以及童年生活环境中有毒物质侵袭造成的神经生物性缺陷等,都是低自控能力的来源。犯罪的一般理论并不是完全没有考虑到生物性因素,戈特弗里德森与赫希承认天生的个体差异可能影响后天的有效的社会化控制,但他们最终认为,社会化差异——而非生物因素是个体自控能力差异最主要的原因。随着生物犯罪学的发展,已从当初龙勃罗梭时代"天生犯罪人"理论发展到进化论犯罪学、生物犯罪学、神经犯罪学、行为遗传犯罪学等四大研究分支的生物社会犯罪学理论,[1]犯罪的一般理论或许低估或简化了生物因素对于自控能力的影响。

第二,犯罪的一般理论对于犯罪原因解读或许无法涵盖全部犯罪类型。诚然,暴力、街头犯罪中罪犯形象更符合该理论所假设的追求短期利益的冲动的犯罪人,但白领犯罪、公司犯罪涉及的犯罪人实施犯罪计划时更为谨慎,也会考虑长期收益。不仅如此,某些形式的街头犯罪如毒品交易,可能也需要一些"自制力",需要对交易双方状况和形势变化的冷静分析与预测。批评观点认为,犯罪的一般理论反映了某种"中产阶级的偏见",因为它假设犯罪人是有选择犯罪与不犯罪的理性的,但对于一些缺乏社会生存机会的人来说,实施犯罪,或许不是冲动,而是被逼无奈。更进一步说,犯罪的一般理论假设犯罪行为只会带来短期利益,这可能忽视了社会少数精英集团的非法获益方式,也忽视了同样作为社会少数的弱势群体的极其有限的社会生存机会,对于二者而言,从事犯罪行为并不是短时冲动行为,要么出于精心策划要么迫于无奈。

第三,还有论者认为,犯罪的一般理论对于自控能力的设想过于静止和僵化,事实上,自控能力是处于流变之中的,一些情境性因素会影响自控能力的水平。犯罪动机在不同的环境、个体之间以及不同类型的犯罪中都是变动不居的,如在开车经过十字路口时,准备开车去购物、上班迟到着急到岗等不同的情境因素会影响司机是否选择闯红灯;个体的特征如是否处于醉酒状态、情绪状况也会影响他的自控能力。不利的情境因素和非理性的情绪支配都会极大影响自控能力,这可能是犯罪的一般理论缺乏关注之处。

总体来说,犯罪的一般理论以一个简洁的概念解释所有犯罪行为的设想非常具有吸引力,它明确提出了良好的家庭教养、学校教育所需具备的基本要素,正如李斯特所言,"最好的社会政策就是最好的刑事政策",在生命历程的早期阶段对越轨行为进行矫正,提升儿童的自我控制能力,不失为一种有效的刑事政策。但既有研究显示,将自我控制的构成元素解释为"一维"的教养因素是过于简化的。自我控制水平是个体生物因素、社会结构因素、教养环境、时空背景

---

[1] 参见赵希:《当代西方犯罪学的三大发展趋势及对我国犯罪防控的启示》,载《国外社会科学前沿》2021 年第 7 期。

等因素共同作用的结果,需要结合不同学科的最新研究成果对犯罪的一般理论进行更新与完善。

三、对萨瑟兰犯罪学理论的评述[1]

作为享誉世界的犯罪学家,萨瑟兰对丰富犯罪学理论作出了重要贡献,本次综述涉及的相关外文文献聚焦于其两大代表性理论:不同交往理论(differential association theory)以及白领犯罪理论(white - collar crime theory)。

不同交往理论是现代犯罪学的重要理论之一,其核心观点是,犯罪是在交往过程中与较为亲密的他人的相互作用中习得的。个体之所以选择犯罪,是因为互动中破坏规范的力量超越了遵守规范的力量。萨瑟兰反对犯罪生物学,坚持社会学导向的思路,认为社会环境塑造了人们的思想、日程习惯、价值观、情感反应、行为方式等。不同交往理论和后来其他版本的社会学习理论(social learning theory)一起强调了"定义"(definition)对于包括犯罪行为在内的人类行为的基础性意义,揭示了个体在家庭环境中对于特定行为"定义"的形成过程,以及通过后来的社会经验获得的新"定义"。这些"定义"是支持规范与反对规范的两股力量数次角力的结果。

不同交往理论作为一种"学习理论"细致地揭示了犯罪动机形成和行为模仿的机制,很适宜用来解释未成年犯罪行为。由于未成年犯罪大多为共同犯罪,未成年人很可能是在受到其他不良同伴的影响下选择实施犯罪行为的。未成年人正处于生理、心理的成长发育时期,尚未形成完整成熟的价值观念,很容易受周围人的影响,根据萨瑟兰的理论,当周围人对越轨行为持同情和支持态度时,未成年人就很容易认同或模仿他人的越轨和犯罪行为。不良的朋友关系会增加未成年人实施犯罪行为的风险,并且未成年人与这些不良朋友走得越近、关系越紧密,不良影响的作用就越大。

不同交往理论的突出贡献在于提出了犯罪并不是"异常人"的异常行为,而

---

[1] See Sally S. Simpson, *Reimagining Sutherland 80 Years After White - collar Crime*, Criminology, Vol. 57:2, p. 189 - 207(2019); Peggy C. Giordano, *Continuing Education: Toward a Life - course Perspective on Social Learning*, Criminology, Vol. 58:2, p. 199 - 225(2020); Miranda A. Galvin, *Semantics—The Consequences of Definitional Ambiguity for White - collar Research*, Journal of Research in Crime and Delinquency, Vol. 57:3, p. 369 - 399(2020).

是“正常人”通过学习和模仿习得的，从而对犯罪学产生了深远影响。但在另一方面，萨瑟兰理论认为不同交往机制诱发了犯罪的动因，犯罪人本人似乎被设定为一个中性不带有既定价值倾向并且容易受他人影响的人，但这可能与实际情况存在一些差异。就像库伦（Cullen）所指出的“我们不能再假装生物学与人类行为以及犯罪行为之间不存在密切的联系”，存在这样的可能性：未成年人选择和犯罪人做朋友并受其影响共同实施犯罪，这样的未成年人本身就具有犯罪倾向，是“物以类聚”的结果，而非完全归因于模仿或者学习。

萨瑟兰观察到，公司内部和公司之间的犯罪模式与一般犯罪存在差异，不同交往理论无法合理适用于此类犯罪，后者被称为白领犯罪。关于白领犯罪，尽管萨瑟兰不是第一个呼吁关注有权力者罪行的学者，但他是第一个将此类犯罪称为“白领”犯罪而加以系统研究的学者。白领犯罪，最初被界定为由具有名望和社会地位的人在其职业生涯中所犯的罪行。萨瑟兰于 1939 年在美国社会学协会（American Sociological Association）发表的主题演讲中引入了“白领犯罪”这一词汇，用以批评犯罪学将犯罪主要理解为是由贫困所引起的狭义界定。

萨瑟兰认为，白领犯罪在本质上与其他犯罪行为是相同的，但官方犯罪统计时往往没有捕捉到商业犯罪。萨瑟兰认为，这种“偏见”的来源在于精英对于司法公正性的不当干预，违法者的特权使他们免受刑事处罚。为了证明这一点，萨瑟兰研究了 70 家公司约 45 年的职业生涯，审查了这些公司的各项违法行为，包括违反反不正当竞争法、劳动法、金融法以及其他定罪数据。他发现在其中涉及的刑事法院案件仅为全部案件的 1/6 左右。这意味着对企业的刑事诉讼并不是检察官主要关注的问题。

萨瑟兰的观点被之后的若干实证研究所佐证，公司违法行为的犯罪黑数比较庞大，即使受到刑事追诉，也很少有针对企业领导人的起诉，更多被调查者因其非法活动受到了民事、行政处罚。这被称为白领犯罪定罪和量刑时的“地位宽大假设”（status leniency hypothesis），法官在考虑定罪和量刑时可能认为违法者受教育程度较高，他们再犯罪的风险较低，定罪量刑可能会导致波及范围更广的经济损失等。

白领犯罪理论的提出，冲击了犯罪学对于传统犯罪的界定，颠覆了人们对犯罪人多是贫穷的底层人的传统想象，揭示了犯罪统计中被长期忽视的犯罪黑数,这对于犯罪学研究来说具有极强的启示性和变革性。但白领犯罪理论自诞生以来就受到了很多批评。最大的问题首先表现为,“白领犯罪”并不是一个法律术语,它的界定是模糊的,但这一定义又是非常重要的。因为讨论什么是真正意义上的白领犯罪会对我们在刑事司法系统中对白领犯罪的处理的认知产生影响。问题的核心在于,白领犯罪受到宽大对待,是针对违法者的宽大?还是对违法行为的宽大?这二者对应着对白领犯罪的两种对立的定义方式,进而影响相关研究的统计来源、统计方法和最终结论。

具体来说,将白领犯罪视为对违法者的宽大的看法,认为白领犯罪主要是由特权阶级实施的,这种观点具有很强的批判力,但可能会遭遇实证研究的困境,即很难找到一个与之相对应的“非白领”的群体,以验证差别待遇的真实存在。而将白领犯罪视为对某些违法行为的宽大的看法或许在一定程度上掩盖了社会阶层之间的资源分配、司法待遇的不平等性,但有利于进行实证检验。目前美国的相关研究如耶鲁大学白领犯罪研究(Yale Studies of White Collar Crime)主要基于如下几种犯罪行为:邮政和电信欺诈、挪用公款、垄断、证券欺诈、虚假索赔、税务欺诈和贿赂等。研究团队认为,这些白领犯罪人可能是具有社会特权的人,但他们绝不限于有权有势的人。萨瑟兰也提出,尽管职业白领犯罪人往往可能拥有这些特征,但白领犯罪本质上不需要犯罪人具有高收入或受过高等教育。在白领犯罪这一概念被提出 80 多年后的今天,值得玩味的是,该理论的进一步发展,却需要首先澄清和界定到底什么是“白领犯罪”。

第二节　对新犯罪学理论的探索和创新

一、绿色犯罪学

迈克尔·林奇(Michael J. Lynch)于 1990 年首次使用“绿色犯罪学”这一术语,这被视为研究环境犯罪的一个新视角。绿色犯罪学的研究目的主要在于研究环境危害的本质、监管机制和环境危害的社会控制的本质以及具体环境的变化与犯罪化过程之间关系的本质。[1] 绿色犯罪学与环境犯罪学(Environmental Criminology)不同,后者的研究课题主要集中于犯罪行为与城市空间的关系,侧重于改善犯罪发生的时间、场所等微观环境。换言之,其对“环境”的定义与空间概念有关,并不涉及环境污染、生态状况等。[2]

绿色犯罪学的意义在于,将传统意义上围绕犯罪行为的研究拓展到包括动植物等的生态系统乃至整个地球的相关危害行为的讨论当中。从更深层面来说,绿色犯罪学的提出是基于对西方人类中心主义的批判,这种人类中心主义强调人类在生物性、精神性和道德性上优于所有其他生命和非生命实体,并由此将所有非人类的存在作为工具进行占有、利用和处理。这种对地球资源的自私、短视的掠夺最终会将人类本身带入绝境。[3] 绿色犯罪学能够促进我们以新的方式来感知、感受、看待和理解人类与环境之间的复杂关系。

绿色犯罪学具有很强的批判性,它不仅涉及宏观上对人类中心主义的反思,也涉及国家间特别是发达国家与欠发达国家之间在这一问题上的不平等性。发达国家往往自视在环境保护方面投入更多、效果更好,指责欠发达国家存在种种问题。绿色犯罪学研究者认为,这种指责并不公平。在不同的时代背景下,生态环境问题与发达国家的剥削行为事实上都存在密切关联。在早期探险时期和殖民时期,西方帝国主义对原住民土地进行殖民化并导致原住民种族濒临灭绝,殖民化还伴随奴隶贸易,非洲国家的劳动力被大量贩运到世界各地。殖民的第三个阶段则是对动植物栖息地的破坏,这种人为破坏固然很多发生在欠发达国家和地区,但在很大程度上是发达国家为自身谋取利益而剥削他国资源、转嫁成本的结果。[4]

二、文化犯罪学

文化犯罪学以社会文化与犯罪、越轨、失序之间的关系为讨论对象,其中的

---

〔1〕 参见陈世伟:《犯罪学的绿色视角:西方绿色犯罪学的发生、发展及借鉴》,载《国外社会科学》2016年第3期。

〔2〕 参见武向朋:《西方绿色犯罪学的起源、发展及展望》,载《广西社会科学》2015年第4期。

〔3〕 See Avi Brisman & Nigel South, *A Criminology of Extinction: Biodiversity, Extreme Consumption and the Vanity of Species Resurrection*, European Journal of Criminology, Vol. 17:6, p. 928(2020).

〔4〕 See Ragnhild Aslaug Sollund & Siv Rebekka Runhovde, *Responses to Wildlife Crime in Post-Colonial Times, Who Fares Best*, British Journal of Criminology, Vol. 60:4, p. 1014-1033(2020).

“文化”既包括人类创造的物质文明也包括非物质文明。由于“文化”范畴的广义性,文化犯罪学的研究范畴也是比较宽泛的,从本次综述收集的相关文献来看,对于文化与秩序之间的讨论更多涉及城市文明与越轨之间的关系。

“感官与秩序”的关系这个主题是非常新颖的,比尔·麦克拉纳汉(Bill McClanahan)和奈杰尔·索斯(Nigel South)以“感官犯罪学”(Sensory Criminology)为主题,从文化犯罪学的角度讨论了感官与秩序之间的关系。声音、味觉、嗅觉、触觉之类的感官之所以能够与犯罪学存在关联性,在于人们会赋予上述感官一定的意义,当这些意义与秩序、安全发生联系时,就被纳入犯罪学所关心的领域。举例而言,对于城市空间布局和呈现来说,建筑物、城市景观、装饰物的布置不仅是对空间的物理性占据,也会给人们带来不同的心理感受,肮脏、拥挤、混乱的街区会给人以失序、混乱的不安全感。麦克拉纳汉和索斯认为,感官信息是一个由解释、遭遇和关系组成的复杂系统。感觉不应被限制为某种形容词,而应当被理解为与安全、秩序等与人类体验相关联的线索,它涉及文化归属、公民身份与社会控制,如声音可以被警方武器化,作为一种社会控制的工具。[1]

另一篇从美学角度讨论文化犯罪学的论文关注的是一项特殊的街头艺术,即“纱线爆炸”(yarn bombing),这是一项由编织爱好者们发起的街头编织艺术行为,他们将城市街头的各种公共设施如路灯、铜像、电线杆等包裹上色彩斑斓的纱线。这些活动是自发、即兴的,有些类似于“涂鸦”。一些活动参与者认为温暖多彩的纱线将城市变得更加温情,注入了更多女性化色彩。纱线爆炸活动改变了城市的外观环境,与前文的立足点类似,研究者强调城市空间的意义部分取决于我们与它们的互动,对城市空间物理性质的加工会带来对城市新的体验感,也构成了对城市审美秩序的挑战。很多街头装置被纱线填满并未得到管理者的许可,这种行为介于合法与非法之间。越轨与否的判断会受到价值判断的影响,纱线爆炸活动是否被城市管理者允许,取决于这种活动对城市秩序带来的冲击性大小、对公众安全感的影响如何等因素。[2]

---

〔1〕 See Bill McClanahan & Nigel South, *All Knowledge Begins with the Senses: Towards a Sensory Criminology*, British Journal of Criminology, Vol. 60: 1, p. 3 – 23(2020).

〔2〕 See Andrew Millie, *Crimes of the Senses: Yarn Bombing and Aesthetic Criminology*, British Journal of Criminology, Vol. 59: 6, p. 1269 – 1287(2019).

文化犯罪学在整体犯罪学研究当中是比较“小众”的，相比于主流犯罪学领域对暴力、枪支、毒品等比较明显的犯罪符号的关注，文化犯罪学将研究领域拓展至更为广阔的安全、秩序问题上，尤其关注城市秩序与文明之间的交互作用。文化犯罪学侧重对一些日常行为或者争议性行为的深层社会意义进行解读，其理论叙事较为抽象，就本次综述涉及的材料而言，欧洲学者更热衷于讨论文化犯罪学，美国学者可能相对较少。对我国而言，文化犯罪学中关于城市环境建构与城市安全、城市秩序关系的讨论是具有启示意义的，城市物理空间布局和具体呈现会带来不同的审美体验以及安全感体验，从而直接或间接地对城市犯罪率产生影响，这可以作为城市安全感研究的重要组成部分。

第三节　犯罪学者和犯罪学派

一、犯罪学者影响力分析

在犯罪学和刑事司法领域，学术影响力研究可以追溯至20世纪70年代的评估犯罪学（Evaluating Criminology），其中最为通行的衡量学者学术影响力的标准是对特定时期期刊和书籍中学者文献被引用情况的分析。引用分析之所以是一种有效的衡量学者学术影响力的方法是基于这样的假设：被引用率更高的作品对于引用者而言是重要的，被引用意味着影响力，因此被引用次数更多的学者可能被视为该领域更有影响力的学者。

引用分析被划分为三个因素，一是学者的整体影响力，即通过计算某位学者被引用的总次数来确定，受作品出版渠道的影响，最有影响力的学者和作品一般是发表在主要期刊上的学者和作品，这些期刊更有可能被其他学者广泛阅读。二是学术影响力的性质，可以划分为范围（prevalence）和频率（frequency）两个层面，影响范围讨论的是一部或几部作品被引用的情况，影响频率讨论的是不同作品被引用的情况。从影响范围来看，有些学者被引用的作品并不多，但这些作品被大量引用，成为“代表作”，影响的范围比较广，类似于“专才”（specialized）学者；从影响频率来看，有些学者的作品很多，这些不同的作品都获得了引用，但是可能每篇作品的引用率不是特别高，表现为“通才”（versatile）

学者。三是学术影响力衡量的依据。衡量学术影响的不同载体可能会影响到分析结果,如对美国犯罪学期刊的分析可能会得出美国学者更有影响力的结论,对更为国际性期刊的分析可能会得出不同的结论;从刊物涉及学科来说,是否将犯罪学引用分析载体拓展到社会学领域,也会影响研究结论,因为很多涉及犯罪学的论文不仅会刊登在犯罪学专业刊物上,也会发表在社会学领域。[1]

阿玛伊娅·伊拉佐基(Amaia Iratzoqui)等人组成的研究团队在《亚洲犯罪学期刊》2019 年第 3 期中发表了他们对于犯罪学者学术影响力的最新统计成果。统计的期刊范围包括四种国际性犯罪学期刊:《澳大利亚和新西兰犯罪学杂志》(*Australian and New Zealand Journal of Criminology*)、《英国犯罪学杂志》、《加拿大犯罪学和刑事司法杂志》(*Canadian Journal of Criminology*)、《犯罪》(*Criminology*)三十年来的引用情况,以及新期刊《亚洲犯罪学期刊》(*Asian Journal of Criminology*)自 2006 年创刊以来十年间的引用情况。他们的研究主要结论如下[2]:

第一,近 30 年来(1986 ~ 2015)被四大国际犯罪学刊物引用最多的十位学者包括:罗伯特·桑普森(Robert J. Sampson)、大卫·法林顿(David P. Farrington)、约翰·劳布(John H. Laub)、亚力克斯·皮盖惹(Alex R. Piquero)、弗朗西斯·库伦(Francis T. Cullen)、丹尼尔·纳金(Daniel S. Nagin)、斯蒂芬·劳登布什(Stephen W. Raudenbush)、马科斯·费尔逊(Marcus Felson)、特里·墨菲特(Terrie E. Moffitt)以及朱利安·罗伯特(Julian V. Roberts)。

第二,《亚洲犯罪学期刊》2006 ~ 2015 年十年来被引用最多的学者依次为:罗伯特·桑普森(Robert J. Sampson)、亚力克斯·皮盖惹(Alex R. Piquero)、弗朗西斯·库伦(Francis T. Cullen)、斯蒂芬·麦斯纳(Steven F. Messner)、比约克·莫恩(Byongook Moon)、罗伯特·阿格纽(Robert Agnew)、约翰·布莱特怀特(John Braithwaite)、刘建宏(Jianhong Liu)、曹立群(Liqun Cao)以及张乐

---

[1] See David P. Farrington et al., *Who Are the Most – Cited Scholars in Asian Criminology Compared with Australia, New Zealand, North America, and Europe?* Asian Journal of Criminology, Vol. 14: 1, p. 61 – 63(2019).

[2] See Amaia Iratzoqui et al., *Thirty Years of Scholarly Influence in International Journals and Its Relation to the Most – Cited Scholars in Asian Criminology,* Asian Journal of Criminology, Vol. 14: 3, p. 179 – 200(2019).

宁(Lening Zhang)。

第三,5 本国际级犯罪学杂志 2011 ~2015 年被引用最多的学者及其文献分别为:

(1)罗伯特·桑普森:《社区和暴力犯罪:集体效能的多层研究》(*Neighborhoods and Violent Crime: A Multilevel Study of Collective Efficacy*);《犯罪之形成:人生道路及其转折点》(*Crime in the Making: Pathways and Turning Points throughout Life*)。

(2)大卫·法林顿:《犯罪职业研究的关键问题:剑桥大学犯罪研究的新分析》(*Key Issues in Criminal Career Research: New Analyses of the Cambridge Study in Delinquent Development*);《年龄和犯罪》(*Age and Crime*)。

(3)亚力克斯·皮盖惹:《对回归系数的相等性使用正确的统计检验》(*Using the Correct Statistical Test for the Equality of Regression Coefficients*);《犯罪职业研究的关键问题:剑桥大学犯罪研究的新分析》(*Key Issues in Criminal Career Research: New Analyses of the Cambridge Study in Delinquent Development*)。

(4)弗朗西斯·库伦:《戈特弗里德森和赫希一般犯罪理论的经验状态:一项元分析》(*The Empirical Status of Gottfredson and Hirschi's General Theory of Crime: A Meta - analysis*);《评估宏观层面的预测因素和犯罪理论:一项元分析》(*Assessing Macro - level Predictors and Theories of Crime: A Meta - analysis*)。

(5)约翰·劳布:《犯罪过程:人生道路和转折点》(*Crime in the Making: Pathways and Turning Points throughout Life*);《相似的起点,迥异的生活:从越轨少年到年近古稀》(*Shared Beginnings, Divergent Lives: Delinquent Boys to Age 70*)。

(6)丹尼尔·纳金:《刑事犯罪的变化轨迹:良好的婚姻和犯罪停止过程》(*Trajectories of Change in Criminal Offending: Good Marriages and the Desistance Process*);《二十一世纪初的刑事威慑研究》(*Criminal Deterrence Research at the Outset of the Twenty - first Century*)。

(7)斯蒂芬·劳登布什:《社区和暴力犯罪:集体效能的多层次研究》(*Neighborhoods and Violent Crime: A Multilevel Study of Collective Efficacy*);

《分层线性模型:应用和数据分析方法》(*Hierarchical Linear Models: Applications and Data Analysis Methods*)。

(8)马科斯·费尔逊:《社会变化和犯罪率趋势:日常行为方法》(*Social Change and Crime Rate Trends: A routine Activity Approach*);《机会造就窃贼》(*Opportunity Makes the Thief*);《犯罪与日常生活》(*Crime and Everyday Life*);《共同犯罪的过程》(*The Process of Co-offending*)。

(9)汤姆·泰勒:《人们为什么要遵守法律》(*Why People Obey the Law*);《程序正义和合法性在塑造公众对警务的支持中的作用》(*The Role of Procedural Justice and Legitimacy in Shaping Public Support for Policing*)。

(10)约翰·布莱特怀特:《犯罪、耻辱和再社会化》(*Crime, Shame and Reintegration*);《恢复性司法和响应性监管》(*Restorative Justice and Responsive Regulation*)。

(11)斯蒂芬·麦斯纳:《犯罪与美国梦》(*Crime and the American Dream*);《解释支持死刑的空间变化:一项多层分析》(*Explaining Spatial Variation in Support for Capital Punishment: A Multilevel Analysis*);《社会资本与凶杀案》(*Social Capital and Homicide*)。

二、犯罪学者素描:琼·麦考德

琼·麦考德(Joan McCord)(1930~2004)是美国犯罪学学会(American Society of Criminology)的第一位女会长,曾担任实验犯罪学学会(Academy of Experimental Criminology)会长、国际犯罪学学会(International Society of Criminology)副会长、美国国家研究委员会青少年犯罪和青少年司法小组(US National Research Council panel on Juvenile Crime and Juvenile Justice)主席等职务,她被视为20世纪后半叶犯罪学领域中最为重要的犯罪学者之一。在其整个职业生涯中,她一直倡导并践行严谨的实证研究方法以及跨学科研究,她在青少年反社会行为的研究当中取得了突出进展。在她去世之后,实验犯罪学学会专门设立了一个以她的名字命名的年度奖项。美国《犯罪学年度评论》(*Annual Review of Criminology*)期刊2019年第2卷以《犯罪与生命历程、预防、实验和寻求真相:琼·麦考德对犯罪学的开创性贡献》为题,为琼·麦考德作传,以纪念她对犯罪学研究作出的重要贡献。[1]

麦考德从研究生涯的初期就比较关注儿童的反社会行为,她认为儿童时期的一些不良行为特征可能会对未来的犯罪行为埋下伏笔。她对于家庭抚养和教育问题都有非常深刻的洞见,她认为,父母可能会在三个方面影响子女未来的犯罪行为:遗传因素、物质环境和社会经济环境状况、养育子女的做法。麦考德认为教育不应当注重惩罚,而应当重视纪律。她打比方说,惩罚之于纪律,就像面包屑之于宴会一样。纪律包括规则、规范、价值观以及外部制裁,它远比单纯的惩罚有价值。树立有效的纪律首先需要帮助孩子在儿童期养成良好的习惯,而不是纠正坏习惯。如果孩子没有学会好的习惯,正确的方式是改进教育技巧而不是惩罚孩子。在从事犯罪学研究时,她强调"好的理论始于良好的数据",在犯罪学研究方法中倡导实证研究和多学科交叉方法,进行了若干重要的生物——心理——社会学多学科参与的纵向研究。以下简要介绍麦考德研究生涯中的几项比较重要的犯罪学研究项目:

麦考德对犯罪学和人类发展科学的主要科学贡献是1956年剑桥——萨默维尔青年研究(Cambridge - Somerville Youth Study)的后续研究项目。剑桥——萨默维尔青年研究最初是由哈佛大学临床医学和社会伦理学教授理查德·克拉克·卡伯特(Richard Clarke Cabot,1868~1939年)开发并指导的。在此基础上,麦考德进行了后续的纵向研究追踪。该项目将650名5~13岁的男孩分为两个组别,其中一个组别的男孩接受了很多项目服务,包括辅导、夏令营、旅行、咨询活动等,对照组的孩子则没有这些服务。这一项目被视为最早的社会项目实验和随机对照试验,实验结果有助于人们了解互动之于越轨行为的意义。

在剑桥——萨默维尔青年研究纵向数据的基础上,麦考德研究团队试图研究酗酒与童年养育环境之间的关系,并发表《酗酒的起源》(*Origins of Alcoholism*)一书介绍其研究成果。麦考德团队认为,酗酒的倾向是个体早年在家庭中的亲密关系与互动中形成的。在后续研究中,麦考德进一步补充道,酗酒者最

---

〔1〕 See Richard E. Tremblay et al., *Crime and the Life - Course, Prevention, Experiments, and Truth Seeking: Joan McCord's Pioneering Contributions to Criminology*, Annual Review of Criminology, Volume 2:1, p.1 - 20(2019).

常见的家庭养育环境是父亲酗酒和母亲的默许,在这一环境中的孩子认为,酗酒是男性角色的一部分,是可以接受的。此外,遗传因素也会在一定程度上提高子女酗酒的可能性。

麦考德的另一项纵向研究是1984年开始的蒙特利尔纵向试验研究(Montreal Longitudinal - Experimental Study),研究对象是来自经济、环境较差的53所学校的1061名幼儿园男童,研究人员将其中具有破坏性、侵略性、多动症特征的男孩随机分配到实验组和对照组,对实验组的男童进行了培养社交技能和自我控制能力方面的训练,并对其父母进行了提升管理教育能力的培训。3年之后的自我报告数据显示,与对照组相比,实验组男孩的盗窃、酗酒、斗殴行为明显更低,学业成绩明显更高。根据最新的随访调查,这些孩童28岁时,实验组的财产暴力犯罪率明显更低,但人身暴力犯罪率在两个组别之间没有明显差异。

麦考德对于青少年犯罪原因的研究具有开创性,她对于家庭、社区对儿童行为倾向的影响进行了多年持续性研究,强调"纪律"是比"惩罚"更有成效的教育方式,她坚持学术研究应客观、严谨,倡导多学科研究方法,主张将生物学、心理学、社会学融合到犯罪原因的讨论当中。她的研究对于生命历程犯罪学的发展以及青少年犯罪理论研究作出了重要贡献,同时也丰富和发展了对童年反社会行为进行干预的教育实践。

三、对"亚洲犯罪学"和"南方犯罪学"的评述

"亚洲犯罪学"(Asian Criminology)和"南方犯罪学"(Southern Criminology)近些年发展较为迅速,被视为旨在摆脱以西方犯罪学为中心的偏见,着重于对地方犯罪问题进行本土化诠释的新潮流。亚洲犯罪学源于2006年《亚洲犯罪学期刊》(*Asian Journal of Criminology*)的创办以及2009年亚洲犯罪学学会(Asian Criminological Society)的成立,2009年刘建宏教授作为《亚洲犯罪学期刊》的主编在该刊物上发表"亚洲犯罪学——挑战、机遇和方向"一文,为亚洲犯罪学的发展设置了基本的议程。[1] 2018年,《亚洲犯罪学期刊》被正式收录于《社

〔1〕 See Liu Jianhong, *Asian Criminology - Challenges, Opportunities, and Directions*, Asian Journal of Criminology, Vol. 4: 1, p. 1 -9(2009).

会科学引文索引》(SSCI),成为亚洲地区首部被收录于SSCI的犯罪学学术期刊。截至2019年,亚洲犯罪学学会已在不同国家举办过11届年会,亚洲犯罪学的学术影响力在世界范围内得到持续提升,为比较犯罪学的发展注入了新活力,提供了新的发展方向。[1]

南方犯罪学的发展稍晚于亚洲犯罪学,其标志性论著是克里·卡林顿(Kerry Carrington)等澳大利亚犯罪学者2016年发表在《英国犯罪学杂志》的论文《南方犯罪学》。南北区别是指欧美城市国家同拉丁美洲、非洲、亚洲、大洋洲等国家间的分化。南方犯罪学认为,既有的普适性犯罪学知识命题没有反映地缘政治的特殊性,北半球现代社会的立场和理论并不适用于南半球的"边缘世界",应该修正嵌入社会科学和犯罪学的知识/权力关系。作为一项理论的、实证的和政治的项目,南方犯罪学的目标是矫正南北半球知识权力的不平衡,弥合全球分歧,促进知识论民主化。[2]

2019年英国利物浦大学社会学系学者莱昂·穆萨维(Leon Moosavi)在《英国犯罪学杂志》发表了《对"亚洲犯罪学"和"南方犯罪学"的友善批评》一文,比较详细地分析了两个新进犯罪学派之间的异同,并提出了若干批评意见。[3] 穆萨维认为,亚洲犯罪学和南方犯罪学均旨在提倡犯罪学的"去殖民化",这是非常有意义的,但是,犯罪学的去西方中心主义并不是一个新命题,早在20世纪90年代,分别有学者提倡"非裔犯罪学"(Black Criminology)和"后殖民犯罪学"(Post - colonial Criminology),但并没有引起太大影响力。犯罪学去西方中心主义的进程是困难重重的、复杂的,亚洲犯罪学与南方犯罪学若想继续开拓这一道路并取得世界性影响力,可能需要致力于解决以下几个问题:

第一,研究对象的模糊性问题。亚洲犯罪学中的"亚洲"究竟是指由亚洲人生成的、由亚洲文化提供的,还是关于亚洲的,抑或是三者兼而有之?南方犯罪学中的"南方"是指一个地理位置、一个政治环境、一种经济条件、一个文化类型

---

〔1〕 参见刘建宏等:《比较犯罪学的历程与亚洲犯罪学的兴起》,载《中国刑警学院学报》2019年第4期。

〔2〕 参见[澳]克里·卡林顿等:《南方犯罪学》,袁小玉译,载江溯主编:《刑事法评论:刑事法治新视野》(第41卷),北京大学出版社2018年版,第575~596页。

〔3〕 See Leon Moosavi, *A Friendly Critique of Asian Criminology and Southern Criminology*, British Journal of Criminology, Vol. 59:2, p. 257 - 275(2019).

还是一种历史地位？这些都需要加以明确,更进一步来说,二者的观察视角、理论范式、模型方法是否具有某些独特性,这些方面都会影响亚洲犯罪学和南方犯罪学的发展与应用潜力。

第二,从亚洲犯罪学与南方犯罪学既有的研究成果来看,可能无法充分代表亚洲或南方。穆萨维认为目前的亚洲犯罪学更像是“东亚犯罪学”,是由东亚犯罪学家主导的。亚洲犯罪学更立足于东亚,东亚学者的论文得到更多发表,而相对缺乏东南亚、南亚、中亚等地区的研究。类似地,南方犯罪学更像是“澳大利亚犯罪学”,其研究者大部分来自澳大利亚。此外,南方犯罪学更重视大洋洲以及拉美地区,却忽视了非洲地区。更令人疑惑的是,澳大利亚是否应该被视为“南方”的一部分？作为发达、富裕国家,澳大利亚或许并不是被边缘化的国家,至少将其与拉美、非洲国家并置于“南方”有不妥之处。

第三,犯罪学的西方中心主义与非西方国家犯罪学研究面临的若干历史局限性有关。例如,相关国家和地区缺乏对犯罪学研究的财政和制度支持、难以获取研究所需的官方数据、缺乏成熟的犯罪学理论,以及语言因素制约了犯罪学的国际交流等。由于犯罪学的传统学术交流机制是单向的,世界各地的学生和学者更多去美国和欧洲学习犯罪学,并将西方理论和方法带回自己的国家,影响本土犯罪学的发展方向。穆萨维认为,在犯罪学“去殖民化”的过程中必须警惕可能产生进一步巩固西方中心主义的负面效果,亚洲犯罪学和南方犯罪学应该致力于改善整个犯罪学的学科发展生态,而不应仅关注那些被确定为亚洲事务或南方事务的小众研究领域。

穆萨维的批评具有一定启示意义,亚洲犯罪学与南方犯罪学的进一步发展,需要明确各自的研究对象、研究主题和研究方法,尤其需要明确“亚洲”与“南方”的范围界限。从更深层面上看,或许如下问题值得思考:这两种学术发展潮流是否无意中推动了某种二元化对立,即东西对立、南北对立？若如此,这对于犯罪学研究来说是值得提倡的还是值得反思的？犯罪学去西方中心主义究竟意味着犯罪学研究的某种颠覆还是某种整合？对某种犯罪学观点或主张的理论性和适用性的评价应侧重其普适性、全球性,还是独特性、地方性？我国犯罪学作为亚洲犯罪学发展的重要阵地,我国犯罪学者对于推动亚洲犯罪学发展应当作出哪些方面的贡献？

专题二

犯罪政策与犯罪防控

第一节　预防性国家的兴起和惩罚性哲学

一、预防性国家:背景、特征和表现

“预防性国家”(the preventive State)强调的是将“安全”作为国家的核心职能,为维护安全和保证稳定,需在治安防控、犯罪治理方面采取各项预防性措施。“预防性国家”并不是一个全新的概念,古典政治理论的一个中心议题是讨论国家作为公民安全的保障者和国家安全的捍卫者的核心职能。但在20世纪最后10年以“9·11”事件的发生为肇始,“预防性国家”理念受到了越来越多的关注,引发了犯罪学者、政治学者、社会学者的热议,“预防性国家”已经成为各国犯罪治理中一股不可忽视的趋势。

“预防性国家”的孕育与延展与“风险”“安全”等关键词密切相关。在20世纪90年代初,学者费利(Feeley)和西蒙(Simon)认为,旧的刑罚学正在被一种“新的刑罚语言”所取代,后者以风险为导向,依赖于新的精算技术,关注管理总体人口而不是具体的个人。这种新的刑罚学渗透到刑事司法当中,通过日益复杂的风险评估工具进行系统性分析,对社会安全管理进行功利性衡量,侧重识别和管理不守规则的群体。风险评估进一步促生了风险管理的新手段,包括预防性的监视、搜查、扣押等警察权的扩张,乃至继续延展至刑事诉讼的其他阶段如定罪量刑、监禁风险评估等。换言之,预防性政策潜在的治理逻辑是认为

风险的普遍性存在要求相适应的预防性法律和措施的增加,这表现为警察权力的扩展、刑事责任范围的扩大以及刑罚趋于严厉。摄像头、电子监视和追踪技术、大数据风险筛查等手段逐渐开始应用,旨在识别、预测和管理风险的预测性警务兴起;犯罪的成立范围有所扩大,表现为预备犯正犯化、帮助犯正犯化等;罪犯处遇中无期限监禁、终身监禁的适用以及对被释放者进行进一步监视等措施。[1]

"预防性国家"的治理策略与当今社会所面临的风险四溢状况有关。社会学家乌尔里希·贝克(Ulrich Beck)认为"风险社会"(Risikogesellschaft)的出现在一定程度上刺激了社会科学将"风险"作为研究的主题,这种"风险"将大多数国民裹挟其中,每个人都受到环境、技术使用不当所产生的威胁并处在其他危险的包围当中,"风险社会"的出现需要国家关注对潜在灾害性风险的预防。"9·11"事件凸显了风险的危害性,恐怖暴行事件刺激了各国采取所谓先发制人的行动;民众对于公共安全保护的需求增大,迫使决策者在面临不确定情况时选择采取行动而非以缺乏科学证据为由不作为。

因预防必要而采取的先发制人的各项措施强化了国家在警务、刑事司法方面的权力,但也需要注意这种权力的运用可能会过度或恣意,这产生了关于预防性措施正当性的思考。首先,是价值衡量问题,"预防性国家"或许过于偏重安全价值,而忽视了自由、平等、社会团结以及其他重要的社会价值,这不仅涉及不同价值之间的平衡,在安全价值内部还存在少数人的安全价值与多数人安全价值之间的衡量等问题。其次,是科学性问题,如上所述,决策者面对不确定状况时更多地会采取行动而非不作为,这可能会影响决策的科学性。即使是所谓的"精算正义"(actuarial justice)也受到了评估有效性和预测技术的合理性方面的质疑。最后,预防性措施容易因威胁的增大而产生"超量"问题,特别是所面临的公共威胁越严重,预防性干预措施就越容易被视为是合理的——即使风险转变为实际危害的可能性很低。特别表现在恐怖犯罪的预防当中,为了应对民众的恐惧和忧虑,采取的安全措施很可能不惜以损害权利为代价。[2]

---

〔1〕 See Lucia Zedner & Andrew Ashworth, *The Rise and Restraint of the Preventive State*, Annual Review of Criminology, Vol. 2:1, p. 429 – 436(2019).

〔2〕 See Lucia Zedner & Andrew Ashworth, *The Rise and Restraint of the Preventive State*, Annual Review of Criminology, Vol. 2:1, p. 437 – 444(2019).

二、“预防性国家”的刑罚哲学基础

如上所述，国外学者所关注的“预防性国家”的鲜明特点是警察权的扩张、社会监控力度的增强以及刑事制裁法网的延展，其背后主要是社会安全价值的诉求。刑事法网的扩张还隐含着惩罚性的刑罚哲学基础，在以美国为代表的西方发达资本主义国家，这主要表现为必要性哲学以及新自由主义哲学对刑事政策和刑事司法的渗透。

（一）必要性哲学

《理论犯罪学》2019年第23卷第1期刊登的一篇论文提出，美国刑事司法的惩罚性特点是一以贯之的，尽管美国两党都认为，美国所存在的大规模监禁具有高昂的代价，少数州如纽约州和加利福尼亚州已经着手开展去监禁化运动，改革却重重困难，这主要源于“必要性哲学”的根深蒂固。[1]

必要性哲学（the philosophy of necessity）将惩罚视为对犯罪等社会问题的一种必要的回应，它夸大了惩罚在维护公共安全、社会稳定和维持正义方面的作用。必要性哲学对惩罚的重视不仅体现在刑罚观，也渗透到社会生活的各个领域，教育、公共卫生乃至家庭生活的维系中都或多或少依赖着惩戒措施。如有论者提出学校在对学生不当行为的处置当中已采取了类似于犯罪控制的取向，甚至对一些少数族裔的学生铺设了一条“从学校到监狱的管道”。对青少年不当行为采取的标签化、识别、惩罚措施如增加监控系统、金属探测器，停课、开除、转学甚至“零容忍”等行为被称为“校规犯罪化”（criminalization of school discipline）。[2]

必要性哲学认为，如果想为受害者伸张正义、保护公众、改造犯罪人，就必须施加惩罚。倘若不惩罚或者惩罚不够，会比惩罚本身产生更多的质疑和担忧。对缺少惩戒的忧虑滋长了非理性的惩罚需求。在奉行必要性原则的美国，尽管惩罚以外的复归理念也得到弘扬，但惩罚在意识形态上处于领先地位，对犯罪治理产生了更多影响。美国将惩罚作为维持经济发展不平等和社会特权

---

〔1〕 See Sonya Goshe, *The Lurking Punitive Threat: The Philosophy of Necessity and Challenges for Reform*, Theoretical Criminology, Vol. 23: 1, p. 25 –26(2019).

〔2〕 See John J. Brent, *Enduring Dispositions: Examining Punitive Logics in the Context of Disciplinary Reform*, Theoretical Criminology, Vol. 23: 1, p. 96 –99(2019).

的必要手段,以谴责个体的方式取代实际的社会福利的提升,使必要性原则在历史上延续下来。[1]

(二)新自由主义

在谈及刑事法网扩张和惩罚性政策时,外国学者普遍提到了一个关键词——“新自由主义”。新自由主义奉行贸易自由化、价格市场化和私有化,旨在实现私有业者能够尽可能控制更广的社会层面,获取最大的个人利益,最近20年来,新自由主义被发达国家主流政治党派奉行,他们据此实施的政策极端服务投资者和庞大公司的利益。在资本主义国内,新自由主义表现为私有化政策、削减社会福利政策、减税政策等内容;就资本主义海外政策而言,新自由主义建立的是资本的世界积累制度,虽然鼓吹市场规律和自由平等原则,但是由于美国等发达资本主义国家在全球化中占据主导地位,广大发展中国家处于被剥削的地位,这种秩序是不平等的。[2]

对于犯罪治理而言,由于新自由主义导致穷富鸿沟越来越大,增加了暴力冲突和恐怖袭击事件,为了管理不安全和控制威胁,发达国家开始选择更为惩罚性的社会控制措施。新自由主义所构建的不平等的社会经济秩序被威权的惩罚体系所支撑,在这一体系中,下层阶级尤其是非法移民受到了更多不平等的对待。在美国,新自由主义与保守主义的结合,使得任何违反所谓自由市场的交易规则的行为都受到惩罚,实则是保护了少数政治精英和富有者的利益。[3]

第二节 影响犯罪治理政策的因素分析

刑事政策是关于“决策的科学”,是如何合理、科学地组织与犯罪作斗争的艺术,它涉及以刑法为核心的政治国家和市民社会整体的反犯罪战略和犯罪防控对策,其范围包括国家对犯罪问题治理的传统的刑罚制度,也包括刑罚以外

---

〔1〕 See Sonya Goshe, *The Lurking Punitive Threat: The Philosophy of Necessity and Challenges for Reform*, Theoretical Criminology, Vol. 23:1, p. 26 - 37(2019).

〔2〕 参见李其庆:《全球化背景下的新自由主义》,载《马克思主义与现实》2003 年第 5 期。

〔3〕 See Daniel L. Stageman, *The Punishment Marketplace: Competing for Capitalized Power in Locally Controlled Immigration Enforcement*, Theoretical Criminology, Vol. 23:3, p. 394 - 414(2019).

的其他作为国家和社会的对犯罪的正式和非正式的反应方式。[1] 科学的决策涉及多方面的利益衡量和考虑，这意味着无论是宏观还是微观的犯罪治理政策，都离不开对政治、经济、社会文化等各个方面因素的权衡。

犯罪学家一般认为经济发展情况与犯罪状况之间存在负相关性，经济衰退时期犯罪问题会更加严重，其内在机制存在若干解读，有人认为经济衰退时期从事合法活动的成本提高了，因此会促生非法活动。紧张理论则认为经济危机会导致不平等、贫困和失业的增加，产生更多紧张状态和更多的犯罪。还有一种解读认为，在经济衰退时期，资本主义国家利用刑罚工具来约束和规范过剩劳动力，采取更严厉的惩罚措施使罪犯远离街头。[2]

经济因素对于犯罪状况的影响不是简单的此消彼长，因为影响犯罪率的因素是比较复杂的，经济、政治和其他因素会综合发挥作用，从而影响决策者对于刑事政策走向的判断和行动。齐利亚·加洛(Gallo)在《欧洲犯罪学杂志》2019年第2期中认为，意大利的刑事政策是具有矛盾性的惩罚与宽恕相结合的二元混合体：一方面，意大利对一些罪行的惩罚趋于严厉化，表现为对有组织犯罪和恐怖活动犯罪加大惩罚力度，以及提升了入室盗窃、抢劫的最低刑期；但另一方面，意大利刑事司法中通过推行刑罚宽缓化的若干措施意图降低监禁率。加洛认为，这种矛盾性与意大利所处的特殊政治经济环境有关。在经济因素上，由于受欧盟经济紧缩整体环境以及如前所述的新自由主义理念的影响，经济面临不确定、不稳定性，国家倾向于通过采取惩罚性措施进行管制；但在政治层面，意大利在刑法以外的非正式控制力量较为强大，根深蒂固的家庭关系、教会、经济组织在恢复被越狱和犯罪行为破坏的秩序方面起到了重要作用，这在一定程度上遏制了刑罚的扩张。但是加洛认为，由于移民属于非正式控制体系以外的"局外人"，他们被排斥在非正式控制体系之外，可能会面临更严厉的制裁。[3]

除了经济、政治因素，法律文化传统也被认为与刑事政策的严厉或者宽缓存在关联。有学者认为，普通法系国家的监禁率更高，大陆法系的监禁率居中，

---

〔1〕 参见梁根林：《刑事一体化视野中的刑事政策学》，载《法学》2004年第2期。

〔2〕 See Jorge Rodríguez – Menés & José M. López – Riba, *The Impact of the* 2008 *Economic Crisis on Imprisonment in Europe*, European Journal of Criminology, Vol. 17:6, p. 846 – 848(2020).

〔3〕 See Zelia A. Gallo, *The Penal Implications of Austerity: Italian Punishment in the Wake of the Eurozone Crisis*, European Journal of Criminology, Vol. 16:2, p. 147 – 169(2019).

北欧各国的监禁率水平最低。[1] 但是不同法律文化传统的形成,与不同法系所奉行的政治理念、经济发展情况、文化背景等相互关联,刑事政策的制定和修改并不是由单一因素驱动的,而是各方面利益平衡的结果。如一向奉行福利主义的北欧地区,其较为宽缓化的刑事政策是综合因素推动的结果。北欧模式被认为是建立在普遍覆盖的社会权利原则基础上的福利国家,社会和经济保障充分,民众对社会、体制具有很高的信任度。[2] 当然,刑事政策并非一成不变。在时移势易的情境下,刑事政策会发生改变,如欧洲经济紧缩、大量移民涌入都会对刑事政策的走向产生影响。

第三节 具体犯罪政策与犯罪管控
——以卖淫监管为例

对卖淫问题如何进行监管,特别是对于性交易环节中哪些行为应当被纳入刑法的惩罚范围,一直是世界各国犯罪管控中的一个难题和争议点。近年来,国外对卖淫管控的争论与对贩卖人口、女权主义等交织在一起,使问题变得更加复杂。

《犯罪学年度评论》2019 年第 2 卷中的《评估卖淫政策在改变市场、态度和意识形态方面的力量》一文对各国卖淫政策的模式进行了概括,根据此文,国外各个国家采取了不同的卖淫监管模式,大体可以分为以下三种倾向:第一种倾向是禁止所有或某种形式的卖淫行为,大多数非洲国家、亚洲主要国家、美国大部分州和许多欧洲国家都采取这一模式。卖淫被视为对社会道德、公共安全和健康的威胁。第二种倾向是只处罚卖淫活动中的少数参与者,其潜在的控制逻辑是,当尽量斩断卖淫业的性购买需求时,就会减少卖淫活动。瑞典所代表的北欧模式在刑法中处罚性服务的购买者,将卖淫所产生的法律责任和风险转移到性服务的购买者身上。女权主义的立场尤其支持适用刑法打击购买性服务的行为。性工作者不会被定罪,但国家会为了帮助她们退出这一市场提供支持

〔1〕 See Jorge Rodríguez – Menés & José M. López – Riba, *The Impact of the* 2008 *Economic Crisis on Imprisonment in Europe*, European Journal of Criminology, Vol. 17:6, p. 848 – 849(2020).

〔2〕 参见[芬]塔普拉·拉皮·巴拉:《社区矫正的北欧模式》,高一飞、寇滢滢译,载石经海主编:《量刑研究:重大司法改革下的量刑建议探索》(第 6 辑),社会科学文献出版社 2021 年版,第 4 页。

和帮助。第三种倾向是对卖淫行为进行合法化。荷兰在2000年有条件地将成人卖淫行为合法化。新西兰颁布了相应的卖淫管制法案,也将特定地区和特定方式经营的性交易活动合法化。美国内华达州对卖淫进行了合法化,但对经营方式和地点有所限制。德国、奥地利等国将卖淫视为某种形式的劳动。[1]

对卖淫不同管理模式的刑事政策选择除了前文所述的与各个国家的政治、经济、文化等宏观环境相关之外,也与卖淫市场本身的特点有关。卖淫市场通常是秘密的,地下卖淫市场的规模可能比较庞大,其参与者具有高度流动性。卖淫活动被视为不平等的两性关系,违反道德原则,同时在这一过程中性服务者往往属于弱势地位,卖淫活动又在比较隐秘的环境下进行,卖淫女性的被害概率相对较高。基于卖淫市场的特殊性,一些国家尝试以有条件的合法化的方式期望以刑法以外的方式对卖淫活动进行管理。这些法律的主要目标是通过促使卖淫市场和交易更加透明,改善相关的环境,对卖淫场所增加监督,从而期望减少暴力与虐待,更好地保护卖淫女性。卖淫合法化可能使卖淫市场受到劳动法的相关法律的监管,但也可能指向一种既不适用于刑法等惩罚性法律也不适用于劳动法等行政监管法律的情况。[2]

但是,卖淫合法化政策带来了很大的争议。其一,合法化与卖淫行为的悖德性相冲突,违反公众的一般情感。卖淫几乎在任何情况下都是具有剥削性以及令人憎恶的,并且间接滋生了贩卖人口、吸毒等非法活动。国外学者发现,在卖淫合法化的国家,尽管公众可能对卖淫行为的容忍度相对更高,但当这种活动发生在自己所居住的社区时,是不被接受的,这被称为"邻避效应"(not - in - my - backyard)。这使"红灯区"和商业色情场所更多集中于老城区、市中心、比较贫困的住宅区或者郊区。[3] 其二,政策适用的不平等性,很多旨在保护卖淫女子的政策只针对本国公民,这意味着移民不被包括在内,从事卖淫活动的移民女子可能会面临更不平等的待遇。

---

〔1〕 See May - Len Skilbrei, *Assessing the Power of Prostitution Policies to Shift Markets, Attitudes, and Ideologies*, Annual Review of Criminology, Vol. 2: 1, p. 495 - 498(2019).

〔2〕 See May - Len Skilbrei, *Assessing the Power of Prostitution Policies to Shift Markets, Attitudes, and Ideologies*, Annual Review of Criminology, Vol. 2: 1, p. 503 - 504(2019).

〔3〕 See Carles Soto & Lucia Summers, *Macro - brothels as Crime Attractors: Impact of Closure, Displacement, and Diffusion of Benefits*, European Journal of Criminology, Vol. 17: 3, p. 247 - 248(2020).

专题三

恐怖主义、极端主义犯罪的防控

第一节　反恐政策和反恐合作

一、恐怖主义、极端主义的界定

根据美国联邦调查局(FBI)对暴力极端主义的定义,恐怖主义、极端主义是一个较为宽泛的范畴,是指为了实现某种政治、意识形态、宗教、社会或经济目标,由团体和个人实施的暴力行为或者对暴力行为的鼓励、纵容、合理化、支持等样态的总和。[1] 对恐怖主义、极端主义犯罪的研究历程主要起始于2001年"9·11"事件,虽然反恐话题近些年广受关注,但整体研究年限不过20余年,仍然属于犯罪学领域中比较新的主题。

"9·11"事件以来,手段残忍、不计后果、严重威胁正常生活秩序和民众安全的恐怖活动、极端活动在西方社会屡见不鲜,并且随着时间的推移不断发生演变。在宗教极端主义组织(ISIS)等极端恐怖组织及其盟友的推动之下,全球恐怖主义相关犯罪从2011年的约5000起飞速上升到2014年的超过17,000起。恐怖活动在2014年到达峰值之后,在2014~2019年连续出现下降,袭击和受害人数都有所降低。然而,与此同时,恐怖组织及其分支的全球影响力却在不断扩大。到2019年,全球有近60个国家遭受过与ISIS相关的恐怖袭击。近

---

〔1〕 See Gary LaFree & Joshua D. Freilich, *Government Policies for Counteracting Violent Extremism*, Annual Review of Criminology, Vol. 2: 1, p. 384(2019).

年来右翼极端主义暴力事件也大幅增加，包括2019年针对美国拉美裔和新西兰穆斯林的致命袭击事件等，以白人至上主义为动机的种族主义式恐怖袭击的发生率大幅上升。恐怖主义和极端主义仍然是西方民众和政府关注的重大安全问题之一。[1]

二、对恐怖主义、极端主义的治理路径

恐怖主义、极端主义的治理之策大体可以分为军事对策和非军事对策。[2]对于军事对策来说，这种方式体现了国家针对恐怖暴力行为的报复与威慑，同时也是剥夺恐怖分子行动能力最直接的方式。报应是对犯罪行为最基本的社会反应，军事惩罚是对恐怖行动的报复。威慑强调的是通过军事胁迫增加恐怖暴行的成本，以此阻止暴力行为。而剥夺恐怖分子行动能力的假设是指通过军事打击、暗杀、监禁等方式消除恐怖分子的犯罪能力。近年来，西方国家开始使用无人机来打击恐怖组织成员，并且采取针对恐怖组织头目的暗杀行动来降低其发动袭击的能力。

对于非军事对策来说，可以分为法律手段、社会手段以及政治手段。第一，法律手段又可以分为立法措施、前瞻性执法以及情境式犯罪预防。立法措施包括专门的反恐立法的制定以及对相关罪行处以更为严厉的刑罚。前瞻性执法是指通过信息情报获取等预防性警务积极主动地探测可能发生的恐怖行动。情报的获取对于预防恐怖袭击至关重要，其来源不仅包括渗透至恐怖组织的秘密特工，更依赖于来自线人和公众的线索。情景式犯罪预防认为恐怖分子是机会主义者，他们寻求合适的条件来实施暴力行为，因此应当注重从微观环境断绝恐怖分子的动机或施加犯罪的可能性，如在机场安装金属探测器显著减少了劫机事件。第二，社会手段包括去激进化、社区初级预防项目等。去激进化项目旨在改变恐怖分子激进的政治态度，促进其融入社会，这些计划主要针对"圣战分子"、极右分子以及其他持极端意识形态的恐怖分子。社区层面的初级预防计划的目的是防止普通公众成为被恐怖分子招募的对象。社区项目更多借

---

〔1〕 See Gary LaFree et al., *Editor's Introduction: Terrorism and Violent Extremism*, Journal of Quantitative Criminology, Vol. 36: 3, p. 399 -405(2020).

〔2〕 See Gary LaFree & Joshua D. Freilich, *Government Policies for Counteracting Violent Extremism*, Annual Review of Criminology, Vol. 2: 1, p. 385 -399(2019).

鉴公共卫生模式,以提升社区凝聚力,促进教育和就业,鼓励居民对可能存在的激进化趋势向当局报告,消除结构和文化障碍,促进社区团结和融合。第三,政治手段是指采取商谈、和解的方法,寻求与恐怖组织谈判或考虑他们的政治要求。政治谈判手段希望以和平方式结束冲突,从而拯救生命和促进社会和谐。

西方各国根据本国诉求采取不同的反恐政策。美国反恐政策在不同总统任期内存在明显差别。[1] "9·11"事件发生之后,布什总统认为应对恐怖袭击应当采取军事打击,反恐并不是执法和情报收集行动,而是需要充分动用美国力量的威胁行动。奥巴马政府虽然没有放弃将军事打击作为应对暴力极端主义的主要对策,但这一时期美国更加强调通过军事手段以外的法律手段和社会手段预防和减少恐怖主义。在特朗普任期内,美国反恐重回压制性一面,并且强调主要打击伊斯兰极端主义,而不是白人至上等其他极端主义。法国是欧洲面临恐怖主义威胁最大的国家之一,同时也是欧洲反恐经验最丰富的国家之一。2015 年至 2017 年发生了 15 起恐怖主义袭击事件。近年来,法国对于恐怖主义的应对关注于两个层面,即恐怖主义与宗教的关联以及社会排斥和被边缘化与滋生恐怖主义之间的关系。[2] 法国日渐将恐怖主义理解为对国家价值观的威胁,而不是对公民人身安全的威胁。恐怖分子的进化路径被越来越多地理解为普通罪犯因信奉宗教极端信仰而导向恐怖组织。在后"9·11"时代,法国反恐政策始终将当代恐怖分子描述为野蛮和盲目崇尚暴力的极端分子、宗教狂热分子和洗脑者,宗教被视为国际恐怖主义和法国国内恐怖组织之间的意识形态纽带。关于这种意识纽带如何把普通人或犯罪分子转变为恐怖分子,监狱以及经济萧条的社区被认为是社会排斥和边缘化的集中区域,是孕育恐怖主义的地区。保加利亚位于欧洲巴尔干半岛东南部,属于欧盟的最边缘地区,因其地理位置邻近伊斯兰激进主义地带,使该国成为恐怖组织的关注地区。近年来,恐怖组织利用保加利亚的若干宗教场所施加控制,并与当地黑手党等犯罪组织接触,以获取实施恐怖活动必要的人员、场所、资产等条件。对此,保加利亚政

---

〔1〕 See Gary LaFree & Joshua D. Freilich, *Government Policies for Counteracting Violent Extremism*, Annual Review of Criminology, Vol. 2: 1, p. 384 – 385(2019).

〔2〕 See Silvia D' Amato, *Islamization of Criminal Behaviour: the Path to Terrorism? Terrorist Threat and Crime in French Counterterrorism Policy – Formulation*, European Journal of Criminology, Vol. 16: 3, p. 332 – 350(2019).

府开始注重加强对未经注册的宗教场所的管理，安全部门注意防止本土犯罪集团与外国恐怖势力在提供非法武器、虚假证件和人员往来中相互勾结，并且致力于改善贫困少数民族的生活条件，以防止他们被恐怖势力进行别有用心的利用和招募。[1]

西方学者认为，对恐怖主义的反应可能比恐怖主义本身更危险，必须慎之又慎。例如，军事行动的效果虽然立竿见影，但相反的观点认为，压制性反恐战略的不当使用会导致恐怖主义势力增加或反弹。[2] 压制性措施容易滋生愤怒、仇恨和不满情绪，增加恐怖组织的暴力程度，严厉的、惩罚性的政府行为可能被视为不公平的制裁，破坏有关地区人民的生存，从而有利于恐怖分子煽动相关民众反对政府。相比于只针对被确定或有证据怀疑为恐怖分子的有差别的镇压行动而言，直接影响其他没有参与恐怖主义的个人的无差别镇压行动所造成的不良后果可能更为严重，受到反恐镇压波及的普通民众更可能对政府产生不满，转而对恐怖分子产生同情。

反恐政策的有效性需要科学验证，需要在实践当中根据具体情况不断调整相关政策。如侧重袭击、暗杀恐怖组织头目的方法并不一定适用于所有恐怖组织，而主要有助于打击等级结构分明，以个人崇拜为特征并且缺乏明确的恐怖头目继任者的恐怖组织。再如，金属探测器的运用虽然减少了机场等重大人员聚集场所的恐怖活动，但增加了人质袭击、广场和街道袭击的事件，反恐科技的运用没有消除恐怖活动，而是使恐怖活动的地点发生了转移。又如，去激进化计划试图通过转变恐怖分子的宗教极端信仰来使其放弃暴力行为，但很多恐怖分子被招募并非基于其极端主义信仰，而是基于特定的专业知识或技能，或者基于贫困、受社会排斥等原因，去激进化计划对这类人员的效果并不显著。

三、国际反恐合作面临的挑战

基于恐怖组织和恐怖活动的跨国性特点，近年来恐怖组织还开始与跨国有

---

〔1〕 See Bogdan Panayotov, *Crime and Terror of Social Exclusion: The Case of* 13 *Imams in Bulgaria*, European Journal of Criminology, Vol. 16:3, p. 369 – 387(2019).

〔2〕 See Henda Y. Hsu & David McDowall, *Examining the State Repression – Terrorism Nexus: Dynamic Relationships among Repressive Counterterrorism Actions, Terrorist Targets, and Deadly Terrorist Violence in Israel*, Criminology and Public Policy, Vol. 19:2, p. 483 – 514(2020).

组织犯罪集团相互勾结,在实施贩运武器、人员、非法贸易、绑架勒索等犯罪中相互配合,并使恐怖组织借此获得所需的武器、金钱和人员。针对这样的复杂形势,一国的反恐政策往往不足以从根本上打击和消除恐怖主义,反恐迫切需要加强国际的交流和合作。

反恐合作的开展需要克服一系列的障碍[1]:首先,恐怖主义的定义不明确,尤其是与有组织犯罪的界限不明,这造成了很多困惑。联合国大会在《联合国打击跨国有组织犯罪公约》中呼吁所有国家认识到跨国有组织犯罪活动与恐怖主义之间的联系,并对有组织犯罪集团进行了明确的界定:有组织犯罪是“由三人或多人所组成的、在一定时期内存在的、为了实施一项或多项严重犯罪或根据本公约确立的犯罪以直接或间接获得金钱或其他物质利益而一致行动的有组织结构的集团”。根据这一定义,只有出于获取非金钱利益或政治动机而犯罪的集团才可能构成恐怖组织。这种划分方式在恐怖组织与有组织犯罪团体合作时,会产生身份认定上的困惑。而是否认定为恐怖分子,对于后续反恐跨国合作中引渡和刑事司法合作又很重要。这就使对恐怖主义的界定问题显得比较突出。目前国际领域内尚缺乏关于恐怖主义的全面公约。其次,引渡问题。在引渡被指控的恐怖分子的案件中出现的一个问题是,恐怖主义行为是否可以算作政治罪行,而“政治犯不引渡”是 18 世纪末期以来形成的通行的国际法原则。虽然请求引渡国都会声明逃犯属于恐怖组织,即不在政治罪的范围之内,但可能会造成适得其反的效果,因为对某种组织的贬低暗含着该组织与请求引渡国之间的政治性分歧。再次,人权问题。西方国家认为,恐怖分子被引渡后,可能会面临更大的遭受酷刑、死刑的风险。基于此,被请求国可能拒绝引渡请求,将可能的恐怖分子长期或无限期拘留在本国内,这又会带来新的问题,这种长期留置的合法性不明。最后,在法律协助方面,大量的刑事执法措施包括取证、搜查、扣押、冻结、专家评估、追赃等,都需要国际合作。由于各国刑事司法程序存在很多差异,相互合作的顺利开展需要执行国司法人员对他国法律具有相对充分的认知和了解,这给沟通和合作带来了额外的成本。此外,在对恐怖分子的定罪处罚当中,还面临一罪不二罚、双重犯罪规则等原则的制约,在

---

〔1〕 See Harmen van der Wilt & Christophe Paulussen, *the Role of International Criminal Law in Responding to the Crime – Terror Nexus*, European Journal of Criminology, Vol. 16:3, p. 315 – 331(2019).

裁判实践中也会产生若干争议。违反一罪不二罚原则的质疑可能会出现在有组织犯罪与恐怖活动发生联系的案件当中。如在 B 国针对某人资助恐怖活动罪行的起诉能否与之后在 A 国对同一人涉嫌毒品走私的起诉同时存在(背景是这个人走私毒品的目的是支持恐怖活动)。而双重犯罪规则是指,只有在要求引渡的行为在请求国和被请求国都构成刑事犯罪的情况下,才可以适用引渡条款。上述问题是反恐合作顺利开展的“瓶颈”,需要在未来的反恐国际合作中予以重视和解决。

第二节　恐怖组织的产生和形态分析

一、恐怖组织的促生因素分析

恐怖组织为何得以产生并不断在世界各国不断扩张其势力范围?一个直观的印象是宗教极端信仰产生了恐怖主义。尤其对于并非恐怖主义原生土壤的欧洲,宗教极端似乎是国际恐怖主义和欧洲本土恐怖组织之间重要的意识形态纽带。这种观点认为,极端主义本身主要是对《古兰经》进行激进解读的结果,而思想的激进化是迈向暴力恐怖活动的第一步。[1] 然而,宗教极端与恐怖组织之间的关联性往往只是表面联系,是恐怖活动开展的某种借口或宣传策略,对恐怖组织产生的机制分析应进一步探析社会经济发展不均衡、少数群体遭遇社会排斥等深层因素。

经济状态较差的边缘群体更容易加入恐怖组织,这个命题在西方犯罪学过去的研究当中并没有得到证实。在个人层面,恐怖分子通常并非来自贫困的背景,很多家境良好的人也选择参加恐怖组织;在集体层面,经济下降、收入下降与恐怖活动增加之间也并没有得到统计学的有力证明。这似乎说明经济发展

---

〔1〕 See Silvia D' Amato, *Islamization of Criminal Behaviour: The Path to Terrorism? Terrorist Threat and Crime in French Counterterrorism Policy - formulation*, European Journal of Criminology, Vol. 16: 3, p. 340 - 341(2019).

不均衡与恐怖活动之间不存在关联性,然而近期的研究[1]认为,经济上被剥夺对于是否参加恐怖组织不应泛泛而谈,应与意识形态相关联——经济衰退与极右恐怖组织的增加有关,经济繁荣时期则与极左恐怖组织的增加有关。具体来说,相关研究认为,当经济发展停滞时,会促使人们坚持以极右意识形态为核心的保守的政治信念,相反,当处于经济相对繁荣的时期,人们会有更多的人身安全感,对于体制改革和创新持更包容的态度,更关注新社会观念的引入。大多数极右恐怖组织都可以被定义为保守主义,尽管这些恐怖组织也倡导社会变革,主张回到一个神话般的黄金时代,但恐怖组织所信奉的理念——如"圣战"主义意识形态——在各方面都强调服从、社会等级、性别分化、道德纯洁等,这与传统的保守主义信仰非常接近。目前西方学者通过对美国、法国经济长期发展指标与恐怖活动发展趋势的相互关系研究,发现经济衰退和不平等加剧的时期,两国极右倾向的恐怖主义有所增长,而在经济发展和不平等相对减少和缓和时期则更有助于极左恐怖主义的萌生。根据上述研究,经济发展状况可能是一个有助于反恐机构定位的早期线索,意味着在经济危机期间应关注极右恐怖势力,在经济增长时期则注意极左恐怖势力,并针对不同情况制定相应的反激进化项目。

被社会排斥的群体是恐怖组织加以诱导和招募的重要对象。以恐怖组织对保加利亚人招募为例[2],恐怖组织招募的主要目标人群是该国的少数族群——罗姆人(吉卜赛人),很多年轻罗姆人没有受过高等教育,处于失业状态,没有收入,未来迷茫,这类人成为恐怖组织试图拉拢的潜在目标。保加利亚的清真寺总数庞大,约有1500个,但由于国家对宗教团体的资助力度有限,一些清真寺处于国家控制的范围之外,恐怖组织利用这些清真寺开展招募活动。罗姆人信奉宗教,由于文化和教育背景与保加利亚多数族裔存在很大差别,其社会地位较低,社会群体之间的不信任感较强,导致罗姆人被边缘化,较少参与社会活动,形成若干封闭社区。处于国家控制范围之外的清真寺、被边缘化的罗

---

〔1〕 See Simon Varaine, *Revisiting the Economics and Terrorism Nexus: Collective Deprivation, Ideology and Domestic Radicalization in the US(1948 –2016)*, Journal of Quantitative Criminology, Vol. 36: 3, p. 667 –699(2020).

〔2〕 See Bogdan Panayotov, *Crime and Terror of Social Exclusion: The Case of 13 Imams in Bulgaria*, European Journal of Criminology, Vol. 16: 3, p. 369 –387(2019).

姆人，以及处于特殊地理位置的保加利亚，上述因素叠加在一起，共同促生了恐怖组织在保加利亚的扩张。

二、恐怖组织的特点和形态分析

打击恐怖主义的前提之一，在于更深刻地认识恐怖组织，尤其是需要对恐怖组织的结构和特点进行分析。对此，西方学者对恐怖组织的架构、恐怖组织与犯罪集团的相互融通以及恐怖活动开展的微观环境选择等问题进行了探析。

对恐怖组织的架构而言，主要存在两种观点〔1〕：一种观点认为恐怖组织是链状的、分散的结构；另一种观点主张恐怖组织是聚合式的、密集的体系。这两种架构有不同的目的，分散的网格组织有助于恐怖组织的整体安全，一旦某个成员被抓获，他只能提供与其组织有关其他成员的有限信息，但这种组织方式会阻碍有效的沟通和信息传递。相反，聚合式的密集体系有较大的被整体发现的风险，但家族、友情的力量会在其中发挥更大作用，有助于稳固成员之间的关系和增强对恐怖组织的忠诚。

恐怖组织与犯罪集团的相互融通是近期国外反恐问题学者研究的重点，学者们认为，过去恐怖分子和一般犯罪分子存在的截然不同特征的状况现在已经有所改变，二者开始融合。根据欧洲学者的研究，恐怖组织与犯罪集团的融合大体可以分为功能性融合、财务性融合以及意识形态融合三个方面〔2〕。首先，就功能性融合而言，表现为恐怖活动利用犯罪技巧以及利用一般犯罪人。犯罪分子具有某些特殊的犯罪技巧，如伪造证件、帮助提供非法文件、使用武器等，该技巧可以成为恐怖主义的助推器，或者犯罪集团与恐怖组织直接进行合作，共同完成恐怖袭击活动，一般犯罪人参与恐怖活动的动机可能是因朋友关系或社交网络，或者是出于经济利益等考虑。例如，2004 年西班牙马德里火车爆炸案中，恐怖分子在火车上安装的炸药是通过走私者获取的。其次，就财务性融

〔1〕 See Cassie McMillan et al., *Dynamic Patterns of Terrorist Networks: Efficiency and Security in the Evolution of Eleven Islamic Extremist Attack Networks,* Journal of Quantitative Criminology, Vol. 36: 3, p. 559 – 581(2020).

〔2〕 See Javier Argomaniz & Rut Bermejo, *Jihadism and Crime in Spain: A Convergence Settings Approach*, European Journal of Criminology, Vol. 16: 3, p. 351 – 368(2019).

合而言,恐怖组织会有意识地通过一般有组织犯罪活动为其恐怖行动提供资金,上述犯罪活动主要是指毒品、枪支、贩卖人口等,以及金融犯罪和其他财产犯罪。犯罪所得可以支付与恐怖袭击相关包括培训恐怖分子、交通、住宿等费用。为了支持恐怖组织的"圣战"行动,一些更为复杂的金融犯罪也被实施,例如,2017 年一名丹麦籍、聚居地在北非的摩洛哥男子建立了一个复杂的可逃税企业,将企业运作产生的盈利输送到某国际网络,用以专门资助前往叙利亚的外国恐怖主义人员。最后,就意识形态融合而言,参与一般犯罪活动的人很容易受恐怖主义激进化宣传的影响,加入"圣战"对一般犯罪人而言可能被视为一个机会,用他们的犯罪技能和能力为宗教事业服务,"圣战"组织给予他们以强烈的认同感,尤其是支持其叛逆意识,这对于已有犯罪记录的年轻边缘群体而言有很大的吸引力。在西班牙的某些监狱中,恐怖组织的招募人员网络非常活跃,以罪犯身份服刑的人在出狱之后可能成为恐怖组织的支持者和参与者。在其中,亲属关系、朋友关系充当了犯罪与恐怖主义融合的催化剂。上述三种模式可以概括当前欧洲恐怖组织与犯罪集团交互融合的动态特征。

就微观的街头环境而言,街头犯罪与恐怖活动之间也产生了类似的相互融通趋势[1]。根据布尔迪厄理论,"街头"是社会生活中特殊的杂乱舞台,汇聚在其间的价值、合法性等概念与主流领域不同,重视人际暴力和粗鲁的举止在街头文化中具有优势。街头混混在街头文化中形成的街头习惯(habitus)是一系列关于身体姿态、语言方式、世界观价值观等的聚合,这些惯习将街头混混标记为社会地位边缘。街头混混能从参与恐怖组织当中获得自我满足,恐怖组织为街头犯罪提供了权力欲、暴力欲、冒险欲的满足以及一种强烈的身份认同。在边缘青年为主的街头势力范围当中,彼此间的友情和犯罪网络也会助长街头文化向暴力"圣战"的过渡。一些恐怖组织已经开始有意识地利用街头犯罪帮伙,两个原本存在本质差异的非法组织开始呈现类似的服饰特征,如迷彩服、大胡子、太阳镜、自动化武器装备、棒球帽以及美国黑帮风格的姿势等。

---

[1] See Jonathan Ilan & Sveinung Sandberg, *How gangsters Become Jihadists: Bourdieu, Criminology and the Crime - terrorism Nexus*, European Journal of Criminology, Vol. 16:3, p. 278 - 294(2019).

第三节　对恐怖分子的犯罪学分析

人们对于典型的恐怖分子的设想是扛着枪支、迷恋极端主义的年轻人，他们冷漠、残忍，为达目的不择手段，毫无同情怜悯之心。这些人中的许多人并非因为极端贫困而走向恐怖主义，相反，很多恐怖分子来自中产阶级甚至更高的社会经济背景的家庭。恐怖分子的作案动机往往是基于极端的意识形态和仇恨，与一般犯罪活动相比，恐怖分子的再犯率可能更高。婚姻、就业等能够减少一般犯罪再犯的因素也不一定适用于恐怖分子。[1] 那么，恐怖分子是如何被一步步“培育”出来，成为国家和公民的敌人？国外研究者认为，恐怖分子的产生，不是单一作用机制的结果，而是一系列生物、心理、社会因素共同促生的产物。对此，学者们展开了一系列研究。

有研究人员以对震惊世界的恐怖袭击案中恐怖分子的成长状况分析为依据，认为恐怖分子的攻击行为可以被理解为一种“补偿”行为，其目的在于补偿受损的自我，极端残忍的恐怖分子的生成可能是自我偏执、不幸童年和青春期成长经历以及痛苦的家庭社会生活共同作用的结果。以下通过对两名具有代表性的恐怖分子的经历加以说明。[2]

俄克拉何马城爆炸案是发生在“9·11”事件之前美国本土遭受的最为严重的恐怖袭击事件，爆炸案共计造成168人死亡，近700人受伤，使方圆16个街区的324幢建筑物被毁或受损，造成至少6.52亿美元的损失。本案的主要参与者之一纽约州人蒂莫西·麦克维(Timothy Mcveigh)在爆炸案发生后不久被逮捕。麦克维在儿童时期较为瘦小，患有比较严重的儿童疾病，在学校时遭遇过校园欺凌。他的家庭不和睦，父母经常吵架，双方都患有心理疾病，母亲患有严重的妄想症。麦克维在青春期时接触到一本反犹书籍，书中将犹太人描绘为邪恶的虐待狂，非裔美国人是暴徒，他们共同杀害并吃掉白人，麦克维迷上了这本

---

〔1〕 See Badi Hasisi et al., *Crime and Terror: Examining Criminal Risk Factors for Terrorist Recidivism*, Journal of Quantitative Criminology, Vol. 36:3, p. 449 – 472(2020).

〔2〕 See Peter Langman, *Desperate Identities: A Bio – psycho – social Analysis of Perpetrators of Mass Violence*, Criminology and Public Policy, Vol. 19:1, p. 61 – 84(2020).

书,他开始沉浸于白人至上主义和新纳粹团体之中。这种观点后来进一步激化,演变为对美国政府的敌意,麦克维认为美国政府将会消灭那些与自身发布政策相左的人,政府会对民众发动生物战、人体试验以及其他秘密阴谋活动。麦克维希望通过恐怖袭击成为"烈士""英雄",他自诩为真正的爱国者、真正的美国人,他对爆炸案的受害人及其家人毫无怜悯和悔恨。研究人员认为麦克维存在妄想症等心理问题,加上缺位的家庭教育与不幸的童年遭遇,以及不良书籍和极端团体的煽动,这一系列因素导致多个社会控制功能失调,引发了悲剧。[1]

另一则案例是挪威人安德斯·贝林·布雷维克(Anders Behring Breivik)发布的恐怖袭击。2011 年 7 月 22 日挪威发生了自"二战"之后最严重的暴力事件,布雷维克首先引爆了位于挪威奥斯陆市中心首相办公室附近的汽车炸弹,造成 9 人死亡,30 人受伤,然后转移到附近的于特岛向挪威工党青年团夏令营的年轻人开枪,他残忍地近距离射杀共造成 77 人死亡。袭击发生之后布雷维克非常平静,甚至在警察面前扮鬼脸、摆出健美的姿势。研究人员认为,与麦克维的情况比较类似,布雷维克事件也是一系列不利因素交织的结果。布雷维克的母亲是精神疾病患者,有幻想和偏执妄想症,布雷维克也具有一定的偏执心理,如他不仅相信北欧人正面临着灭绝,而且认为正是持自由主义政策的挪威政客与穆斯林之间的相互合作,"破坏"了北欧国家和文化。他很早加入了右翼政党,屡次在网上发表偏激言论,批评挪威的移民政策过于宽松。布雷维克的个人生活充满挫折,他高中就已辍学,就业也多次失败。研究人员认为,应当针对恐怖分子的研究结果研发可供安全部门采取的"暴力指标",如评估危险人员的虐待、偏执倾向等。同时应当加强社会层面的政策完善,如救助家庭弱势儿童,最大限度地减少虐待儿童的情况,并对公众心理健康展开干预,增强社会支持以预防暴力环境的产生。[2]

除了个案研究,近年来国外犯罪学学者还注意到监狱环境和监狱文化与恐怖分子招募之间的关系,认为监狱所蕴含的特殊氛围容易促生新的恐怖分子。

---

〔1〕 See Peter Langman, *Desperate Identities: A Bio - psycho - social Analysis of Perpetrators of Mass Violence*, Criminology and Public Policy, Vol. 19: 1, p. 76 - 81(2020).

〔2〕 See Peter Langman, *Desperate Identities: A Bio - psycho - social Analysis of Perpetrators of Mass Violence*, Criminology and Public Policy, Vol. 19: 1, p. 75 - 76(2020).

首先，囚犯是恐怖组织招募成员的一个目标人群。这主要是基于囚犯的特殊性，他们远离其家人和社会关系，被迫在一个较为封闭的环境中与其他犯人进行密集的互动，这会使很多犯人产生被社会孤立的感觉，这种疏离感驱使犯人寻求其他支持。当个体的自我认同受到动摇时，他们通常更容易接受宗教意识形态。恐怖组织往往利用了犯人的这种疏离感和寻求新的身份、认同的心理，激进主义者还利用了监狱中普遍存在的犯人对社会经济和种族不平等的不满情绪，试图招募恐怖分子。其次，监狱的特殊环境容易迫使犯人向最为暴力的犯人“头目”靠拢，当这些“头目”属于某些恐怖组织时，其他犯人容易被其同化。在充斥着暴力和帮派的监狱亚文化当中，诉诸暴力解决问题的犯人容易取得对其他犯人的某种优势，为了避免成为受害者，其他囚犯不得不学习监狱中的“等级制度”“犯人规范”等，以求自保。在此过程中，犯人受到其关系网中亚文化和行为的强烈影响，当恐怖分子头目处于关系网的顶层时，拥护他的其他犯人更容易走向暴力极端主义。[1] 此外，某些运营有问题的监狱为犯人提供了一个建立关系网络、交流犯罪经验和招募潜在恐怖袭击者的“平台”，促进了极端主义意识形态的传播。在某些地区，监狱甚至被视为极端主义发展的一个组成部分，为恐怖分子与犯罪人的相遇和合作提供了契机。监狱提供了罪犯聚集的环境，这为他们提供了更多的机会来建立人脉和增进彼此的身份认同，促进了犯罪结构的稳固性和连续性，以及恐怖分子之间的信息交流。[2]

鉴于监狱环境对促生恐怖分子的不良影响，犯罪学研究者认为，如何有效关押恐怖分子可能是监狱管理者必须慎重考虑的问题。一般来说，关押恐怖分子主要是采取分散(dispersal)或隔离的方法。世界上很多国家如澳大利亚、比利时、法国、德国、俄罗斯等国采取分散方法，即将与恐怖主义有关的罪犯与其他罪犯一同关押。这种方法的目的在于一方面恐怖主义罪犯不会受到特殊对待，不会被进一步“污名化”，不会因为被单独关押而被赋予某种“荣耀”被其他犯人推崇；另一方面激进的犯人可能会通过与其他犯人的互动而改变其激进主义观点。此外，分散关押还具有财务成本方面的考虑，可以节省单独关押恐怖

---

〔1〕 See Gary Lafree et al., *Prison and Violent Political Extremism in the United States*, Journal of Quantitative Criminology, Vol. 36:3, p. 473 – 498(2020).

〔2〕 See Julia Rushchenko, *Terrorist Recruitment and Prison Radicalization: Assessing the UK Experiment of Separation Centres*, European Journal of Criminology, Vol. 16:3, p. 302 – 305(2019).

主义罪犯的一系列开支。但是,分散管理的方式可能会带来风险,特别是恐怖主义罪犯可能会对其他犯人施加影响,也会促进恐怖组织与一般犯罪团伙之间的勾结。相比于分散管理,隔离恐怖主义罪犯能够避免他们对其他犯人施加不良影响,隔离使用的密切监控的手段也更有利于切断恐怖组织与单独恐怖分子、恐怖组织与一般犯罪团体之间的勾连,但相对而言这种措施的成本更加高,也会使恐怖分子被"污名化"的程度更强。混合方法是对分散与隔离的一种折中,如美国在处理与恐怖主义有关的罪犯时就采取了这种方法:将被判定为最危险的恐怖分子关押在最高安全等级的监狱中,其他恐怖分子也与一般犯人一样进行关押。英国也开始效仿美国的做法,建立专门的关押机构关押最危险的恐怖分子。[1]

总体来看,上述的国外研究表明,成为恐怖分子的过程是比较复杂的,激进化是一个持续的过程,涉及多个渠道。对恐怖分子的打击以及预防恐怖主义的传播需要多个部门采取政治、法律、社会等手段形成合力。在预防方面,需要通过教育途径增加少年儿童的亲社会性,隔绝有害书籍和不良组织对青少年的不利影响;在侦查方面,需要研究对恐怖分子的精准化识别,开发如"暴力指数""激进指标"等前端识别工具,对恐怖活动进行分析预警;在惩治方面,在惩罚和矫正恐怖分子时,需要确定个性化的关押和矫治方案,综合运用分散与隔离两种关押策略,帮助恐怖分子脱离极端组织和极端思想,停止犯罪,同时预防其他犯人受到恐怖分子的招募或利用。

---

〔1〕 See Julia Rushchenko, *Terrorist Recruitment and Prison Radicalization: Assessing the UK Experiment of Separation Centres*, European Journal of Criminology, Vol. 16:3, p. 297 – 299(2019).

专题四

严重暴力犯罪防控

第一节　对杀人罪的相关研究调查

本节综述涉及的"杀人"所对应的英文单词是"Homicide",作为与自杀(Suicide)相对应的词汇,他杀(Homicide)的含义较为广泛,包括一个人杀死另一个人的若干行为方式,如谋杀(murder)、过失杀人(manslaughter)、正当杀人(justifiable homicide)、安乐死(euthanasia)以及死刑(capitalpunishment)等。本节相关研究成果对于杀人的定义主要集中在谋杀与故意杀人的场合。联合国毒品和犯罪问题办公室(United Nations Office on Drugs and Crime,UNODC)对杀人的定义是"怀着致死或造成严重伤害的意图非法导致他人死亡",具体来说,包括谋杀、严重攻击导致死亡、恐怖主义活动造成的死亡、杀婴行为、法外处决等;不包括依法处决、正当防卫杀人、故意杀人未遂、过失杀人、协助、教唆自杀、非法堕胎以及安乐死等。[1]

凶杀案会给被害人亲属、朋友和邻里造成很大的心理和情感伤害,同时带给社区居民不安全感。杀人作为最严重的犯罪,一直以来都是社会关注的焦点,杀人相关的统计数据被世界各国视为反映其社会治安状况的重要指标之一,杀人指标的变动可以作为研究暴力模式、趋势必不可少的依据。有学者研究认为,自 20 世纪 90 年代中期以来,全球杀人率一直处于稳步下降状态,其中

[1] See Alexandra Lysova, *Challenges to the Veracity and the International Comparability of Russian Homicide Statistics*, European Journal of Criminology, Vol. 17:4, p. 407(2020).

东欧、撒哈拉以南非洲地区的降幅相对较大,西方国家的他杀率总体较低,北非、中东以及亚洲他杀率也低于全球平均水平,但拉丁美洲的他杀率呈现出逐渐增长的趋势。[1]

尽管全球他杀率的总体趋势是下降的,但各地区、各国之间存在一些差异性。如何对这些差异进行解释?首先,各国对于他杀的统计可能存在不同的做法,如在大多数欧洲国家,受害者的数量通常被作为统计数据中的凶杀计数单位,但在俄罗斯,无论受害者或犯罪者的人数如何,每起事件都计为一次杀人罪。对此,由联合国毒品和犯罪问题办公室开发的犯罪统计分类的国际标准文件《犯罪统计的国际分类》(*International Classification of Crime for Statistical Purposes*,*ICCS*)制定了基于行为描述而非法律规范的刑事分类框架。该举措的目标是制定一套一致的定义,以确保同一类别内的犯罪数据将涉及相同的犯罪行为,而不管国家法律有何差异。[2] 其次,对于若干个采取相似他杀统计分类的国家,比较方便展开相关的他杀情况的对比分析。例如,芬兰、挪威和瑞典均属于北欧国家,但三个国家的他杀率之间存在显著差异,芬兰的他杀率大约是挪威、瑞典的2倍。有研究认为,芬兰男性的酗酒文化与更高的他杀率有关,酒精的消费量与男性凶杀案件之间存在统计学上的正相关关系,这可能是芬兰他杀率高于其他北欧两国的原因之一。[3]

他杀给家庭、社区、社会造成了广泛影响,成为公众安全感的负面因素,公众往往通过警方侦破凶杀案件的情况来判断警务状况,这引起了警务研究者的关注。其中的一个研究重点是在那些凶杀案破案率更高的警务机构中起重要作用的因素有哪些?可能的思路有两个:一种观点认为,凶杀案的侦破主要取决于犯罪本身的情况,如受害者和罪犯是否认识对方、犯罪发生的场所、罪犯是否被其他人认出、武器是否被找回等,即"客观"因素决定破案情况;另一种观点认为,调查人员的工作乃至警务机构的组织状况对于案件侦破也非常重要。换

---

〔1〕 See Indra de Soysa & Carmen Noel, *Does Ethnic Diversity Increase Violent Crime? A Global Analysis of Homicide Rates,* 1995 – 2013, European Journal of Criminology, Vol. 17:2, p. 181 – 182(2020).

〔2〕 See Alexandra Lysova, *Challenges to the Veracity and the International Comparability of Russian Homicide Statistics*, European Journal of Criminology, Vol. 17:4, p. 410 – 415(2020).

〔3〕 See Martti Lehti & Reino Sirén, *The Impact of Alcohol Consumption on Homicide: A Time – series Analysis of Three Nordic Countries*, European Journal of Criminology, Vol. 17: 3, p. 352 – 369 (2020).

言之,“人”的因素影响破案情况。具体来说,以下五个因素都会影响凶杀案的侦破:第一,组织结构。包括警员之间的劳动分工、与其他单位的连接、配合情况、信息共享机制、用于调查的资源情况。第二,领导层面,包括领导者的监督、问责、如何对下属进行评估、组织、部署等。第三,培训和表现层面,包括警署中的领导者、警员组织与行动的评估、审查、奖惩机制等。第四,案件分配和调查过程,包含具体案件如何进行分配、调查程序如何、如何处置案发现场、调查过程以及调查所采取的技术手段等。第五,社区互动,这涉及警署与社区的合作关系,包括与社区团体合作、使用社交媒体通报案件信息等。[1] 上述两个层面都会影响凶杀破案率,提高凶杀案的破案率需要从案件本身以及调查机制两个方面入手,二者都不可偏废。

第二节 对大规模暴力事件的研究

一、大规模暴力事件概述

大规模暴力一般是指造成多人死伤的行为,相比于一般的凶杀案件,大规模暴力造成的后果更严重。大规模暴力事件相关的术语有“大规模谋杀”(mass murder)、“大规模枪击”(mass shooting)、“大规模公共枪击”(mass public shooting),其中大规模谋杀一般指 24 小时内使用任何类型的武器杀死 4 名及 4 名以上被害人的事件,大规模枪击是指与枪支有关的大规模谋杀,无论发生在住宅环境还是公共场所,大规模公共枪击则是指发生在公共场所的枪支有关的大规模谋杀,同时这一事件与抢劫、毒品交易和帮派争斗、军事冲突、集体暴力等情况不同。大规模谋杀事件原本是比较罕见的暴力形式,21 世纪之初这类问题并没有引起太多关注。但在过去的十年间,大规模枪击事件开始频繁出现在西方媒体的报道当中,在公共场所使用攻击性很强的枪支射杀大量陌生人的新闻引发了广泛关注,公众普遍同情大规模枪击事件的受害者,认为他们只是在错误的时间出现在错误的地点。尤其是 2007 年弗吉尼亚理工大学(Virginia Tech)

---

[1] See Charles F. Wellford et al., *Clearing Homicides: Role of Organizational, Cases, and Investigative Dimensions*, Criminology and Public Policy, Vol. 18:3, p. 553 – 600(2019).

大屠杀和2018年帕克兰(Parkland)校园枪击案等灾难性的大规模公共枪击事件,使得大规模枪击替代了大规模谋杀,成为新的公共事件标签。与此同时,相比于前互联网时代对谋杀案件的报道,大规模枪击事件被社交媒体时代所建构,目击者用手机拍下大规模公共枪击事件的恐怖画面,并上传到社交媒体平台,使得此类事件受到更大范围的传播、关注和讨论。[1]

美国一直被视为大规模暴力事件较为频发的国家。美国在1976年至2018年发生了800余起大规模枪击事件,其中158起发生在公共场所,平均每年发生3.7起,其中美国在2018年发生了10起相关案件,为历年之最。在158起案件中,共有2840名受害人遭到枪伤,其中1139人死亡。大规模枪击所造成的杀戮是更为惨烈的,据统计,1900~1999年美国发生的909起大规模谋杀中,造成的平均死亡人数和受伤人数分别为5.4人和4.0人,但1976~2018年158起大规模公共枪击事件所造成的平均死亡人数和受伤人数分别为7.21人和10.77人。大规模枪击事件中的枪手几乎都选择单独行动,158起案件中的153起的犯罪人都是单独实施的,同时几乎都是男性犯罪人,平均年龄为35岁,超过80%的犯罪人年龄在45岁以下。校园枪击案在大规模公共枪击案中所占的比例并不高,占比大约1/10,这可能由于20世纪90年代末之前很少发生校园枪击案。[2]

近年来,国外学者比较重视对大规模暴力事件展开研究,其研究的数据来源比较多样:美国联邦调查局的SHR数据库,包括美国执法机构提供的关于凶杀的相关数据;“枪支暴力档案”(The Gun Violence Archive)自2012年起收集大规模枪击案件;《琼斯母亲》(*Mother Jones*)是一本关注社会问题的期刊,自1982年起,它收集了公共场所大规模枪击事件的相关数据;《卫报》(*The Guardian*)从2012年起汇集了导致4人及4人以上死亡或受伤的枪击案件数据,并以新闻报道的形式予以发布;《今日美国》(*USA Today*)自2006年开始收集大规模屠杀相关的数据,包括家庭谋杀、公共场所谋杀、抢劫或入室盗窃谋杀以及其他类型的谋杀;《华盛顿邮报》(*The Washington Post*)收集的大规模暴力事件数

〔1〕 See Grant Duwe, *Patterns and Prevalence of Lethal Mass Violence*, Criminology and Public Policy, Vol. 19: 1, p. 18 –21(2020).

〔2〕 See Grant Duwe, *Patterns and Prevalence of Lethal Mass Violence*, Criminology and Public Policy, Vol. 19: 1, p. 23 –32(2020).

据的时间跨度最长，最早可追溯到1966年；此外，大规模枪击追踪组织（Mass Shooting Tracker）虽然并不太为人所知，但其成员一直以志愿服务的方式记录枪击事件，也为相关研究提供了重要的资料来源。[1]

二、大规模暴力事件滋生的原因分析

大规模暴力事件不仅造成了无辜受害者的伤亡，还会产生其他民众对社会治安状况的不安全感、对警方的不信任感等一系列涟漪效应。虽然大规模暴力事件的发生相对罕见，但一个并不乐观的趋势是近年来大规模暴力特别是公共枪击事件所造成的致命性越来越高。美国历史上最致命的5起公共枪击事件都发生在2007年之后。美国自2010年以来发生的导致8人或8人以上受害人死亡的枪击暴力事件显著增加，1966～2009年，大约15%的公共大规模枪击事件导致8人或更多被害人死亡，平均死亡人数为6.2人；但2010年到2019年，死亡比率达到了32%，同时这一期间公共大规模枪击事件的平均死亡人数上升到9.1人。另外，导致16人或16人以上死亡的重大枪击事件中有67%发生在2010年至2019年。因此有学者认为，最致命的公共场所枪支暴力事件越来越频繁。[2]

为什么枪支暴力事件变得越来越频繁并且具有更强的致命性？《犯罪学与公共政策》期刊2020年第19卷第1期以对大规模暴力事件的分析为主题刊载了多篇论文，其中兰克福德（Lankford）和西尔弗（Silver）的论文旨在探析为什么公共大规模枪击事件变得更加致命，他们的总体观点认为，是枪手身上所发生的若干变化促生了这一悲剧。下面对其主要研究成果进行概述：[3]

首先，枪手对暴力事件产生的恶名的欲望增加。研究者认为，美国社会中对名誉和地位的渴望比以往任何时候都更加普遍和强烈，年轻人更加追求“出名”，在这种社会气氛下，许多人变得如此渴望被关注，以至于他们宁愿得到负

---

〔1〕 See Lin Huff - Corzine & Jay Corzine, *The Devil's in the Details: Measuring Mass Violence*, Criminology and Public Policy, Vol. 19:1, p. 321 - 322(2020).

〔2〕 See Adam Lankford & James Silver, *Why Have Public Mass Shootings Become More Deadly? Assessing How Perpetrators' Motives and Methods Have Changed Over Time*, Criminology and Public Policy, Vol. 19:1, p. 38 - 39(2020).

〔3〕 See Adam Lankford & James Silver, *Why Have Public Mass Shootings Become More Deadly? Assessing How Perpetrators' Motives and Methods Have Changed Over Time*, Criminology and Public Policy, Vol. 19:1, p. 37 - 60(2020).

面的关注,也无法忍受自己被忽视。一些枪击案的犯罪人希望通过犯罪方式获得某种“名声”,另外一些受到不良意识形态驱动的犯罪人也认为,杀害无辜的人会吸引大量的媒体关注,恐怖组织也利用这一点,经常宣传成为“烈士”将使得自己的名字“永留史册”。兰克福德(Lankford)和西尔弗(Silver)对相关的公共枪击暴力事件进行编码,寻找犯罪人以“出名”为目的的犯罪事件,他们将寻求关注的明确证据定义为:犯罪人公开承认自己寻求名誉或关注,直接联系新闻媒体获取关注或在攻击之前或攻击期间公开发表过某些声明。他们将寻求关注的间接证据概括为犯罪人从事了其他寻求关注的行为,基于意识形态原因策划攻击以引起关注,或被熟悉该起案件的其他人认为犯罪人的目的是寻求关注。根据他们的统计,2010 年到 2019 年的相关案件当中有 78% 的案件是基于对恶名的追求。

这种对恶名的追求不仅成为犯罪的重要动机,也增强了犯罪人想要杀死更多被害人的犯罪欲望,因为尽可能多的被害人会引起媒体更高的关注度。1999 年科伦拜恩枪击案的犯罪人声称其目标是制造“美国历史上死亡人数最多”的枪击案,2014 年袭击明尼苏达州某高中的犯罪人向警方坦诚,他的目的是“想要有尽可能多的被害人”,2018 年帕克兰枪击案的凶手在其社交媒体平台发表了这样的语句:“我想死在战斗中,杀死无数的人。”更加高调的宣示可能会影响之后的效仿者。通过高死伤率获得媒体报道的“榜样”的力量使得后来的犯罪人对此进行模仿和学习。兰克福德(Lankford)和西尔弗(Silver)统计认为,1966 年到 2009 年,只有 25% 的高致命性公共大规模枪击事件的犯罪人受到了之前犯罪人的影响,但是从 2010 年到 2019 年,这一比例快速上升到 50%,甚至“后来者”会将被害人数量视为一种竞争,试图超过之前袭击者导致的死亡人数。

其次,犯罪人的犯罪预备时间增加,计划更加周延,导致犯罪更为致命。虽然大多数大规模公共枪击事件的犯罪人都是有预谋的,但是准备情况是不同的。研究表明,近年来犯罪人的策划时间更长。犯罪人在更长的犯罪预备时间中准备犯罪武器、策划犯罪计划,并且进行犯罪前的心理建设和准备。犯罪人的犯罪计划更为严密,他们会精心选择受害人较多的目标地点,制定战术阻止受害人逃跑并希望杀害更多人。

最后,武器更具有致命性。犯罪人开始使用半自动步枪或准备更多的枪支来实施犯罪行为。美国生产的步枪总数量从 1986 年的不足 100 万支增加到

2016年的400多万支,其中AR－15型步枪在步枪制造总量中超过60%,所占比例最高。这种步枪的精度更高、更为便携,并且容易获得非法改装的配件,成为很多犯罪人青睐的武器。

综合上述因素,兰克福德(Lankford)和西尔弗(Silver)描绘出了导致高致命公共大规模枪击事件中犯罪人的最新形象:他渴望媒体的关注、希望“出名”,受到了之前类似案件中犯罪人的影响,他的策划时间很长,并且制订了详细的攻击计划,购置半自动步枪或其他攻击性武器,寻求造成最大限度的死伤。正是上述多种不良因素的叠加,导致此类案件更具破坏性和致命性。

三、精神疾病与大规模暴力

大规模暴力事件的犯罪人为什么会实施如此残忍的行为?一个自然的联想是犯罪人具有精神疾病。有学者将大规模暴力分为两种类型,代表(Classic)类型和家庭(Family)类型,其中家庭类型一般是发生在家庭内部之间导致多人死亡的情况,“代表”类型往往是由单个的具有精神疾病的男性犯罪人所实施的。[1] 大规模暴力犯罪人很大概率患有精神疾病的观点获得一定的实证支持,特别是大规模公共枪击犯罪人中精神障碍或其他严重精神疾病的患病率更高。很多犯罪人在实施犯罪之前曾接受过精神治疗,偏执型精神分裂症是他们患有的最常见的精神障碍,其次是情绪障碍,他们往往认为自己受到了迫害,因此枪击行为是对其他人的报复行动。大规模公共枪击事件之后,超过一半的犯罪人会选择自杀或迫使警察杀死他们,其自杀率比一般的凶杀案犯罪人高出10倍以上,这可以间接说明他们具有一定的精神障碍。[2] 民众也更倾向认为大规模暴力犯罪人具有精神障碍,相关的一项民调显示,63%的受访者认为美国公共大规模枪击事件主要是由具有心理问题的人实施的。一般民众倾向认为患有严重精神疾病的人比较危险。[3]

---

〔1〕 See Lin Huff－Corzine & Jay Corzine, *The Devil's in the Details: Measuring Mass Violence*, Criminology and Public Policy, Vol. 19:1, p. 318(2020).

〔2〕 See Grant Duwe, *Patterns and Prevalence of Lethal Mass Violence*, Criminology and Public Policy, Vol. 19:1, p. 30－32(2020).

〔3〕 See Jennifer Skeem & Edward Mulvey, *What Role Does Serious Mental Illness Play in Mass Shootings, and How Should We Address It*, Criminology and Public Policy, Vol. 19:1, p. 86(2020).

精神障碍的解读可能有陷入循环论证的问题:为什么枪手如此残忍?——因为他患有精神疾病?如何证实他患有精神疾病?——因为他做了如此残忍的事情。鉴于多数犯罪人都在暴力事件发生后自杀或被警方射杀,对其精神状况进行鉴定也存在一定的困难。在枪击事件发生之后,一些对事件的报道很多是基于枪手的邻居、朋友、亲戚对其精神状态的猜测,他们会刻意寻找一些蛛丝马迹或危险信号来证明犯罪人的精神异常。

有研究者认为,精神疾病既不是犯罪事件的充分条件,也不是其发生的必要条件,狭隘地将精神疾病作为风险预测因素或干预目标的政策是低效的。其一,对精神疾病的界定范围会影响判断。精神疾病的范围是非常广泛的,在正常人群中也存在一定程度和范围的精神障碍,包括焦虑、悲伤、偏执等。即使是患有相对严重的精神疾病如精神分裂症、双相情感障碍的人,也并非等同于行为危险者,他们会经历某些可能引发暴力行为的急性症状发作时期,但在恢复期则很少引发暴力行为。倘若对精神疾病进行泛泛解读,会把数以百万计的人病态化,这无助于促进对精神疾病与大规模枪击事件关联性的理解。其二,过于强调精神障碍的看法可能使大量精神疾病患者遭受污名化的不利后果,如有针对性的法律、政策可能会侵犯他们的隐私、限制他们的自由、损害他们的社会名誉,如强制医生报告“危险的病人”,而他们中的绝大多数人一生都不会实施暴力行为。[1]

不可忽视,在少数情况下,精神病会直接导致暴力行为,如患有被害妄想的人会先发制人地“保护”自己,因此,应当重视少数可能引发暴力犯罪的精神障碍。但是这一因素不应被不当地夸大。大规模暴力事件是由多种社会因素、个人情境因素和心理因素以复杂的方式相互作用所造成的。简单地归因于精神疾病容易忽视更重要的社会和个体因素,不仅不利于犯罪预防,也会形成对患有精神疾病群体的污名化效应。

四、减少大规模暴力事件的对策建议

减少大规模暴力事件的政策出台具有一定的难度,由于枪击事件发生的频

〔1〕 See Jennifer Skeem & Edward Mulvey, *What Role Does Serious Mental Illness Play in Mass Shootings, and How Should We Address It*, Criminology and Public Policy, Vol. 19: 1, p. 87 - 90(2020).

率很低，很难准确预测潜在的犯罪人，也很难制定旨在降低枪击事件发生率或严重性的政策。

从研究的角度看，减少大规模暴力事件需要对下述问题进行深入研究：区分不同类型、不同场合的暴力行为，探索罪犯如何选择作案目标，为什么选择这些目标，研究被挫败而未能成功着手实施犯罪的案件，了解心理健康的作用以及精神障碍与大规模暴力之间的联系等。[1]

从政策的角度看，第一，减少潜在犯罪人获得武器的机会。以法律形式阻止或撤除潜在犯罪人获得枪支，目前美国各州已采取多种措施允许家庭成员、执法人员、心理健康从业人员、学校管理者等根据所获得的相关证据向法院申请撤除危险个体的枪支。第二，致力于改变媒体报道相关事件的方式，以免大范围的报道会“激励”后来的犯罪人，相关的改进措施包括不公布杀手的姓名和照片，避免将行凶者变成“名人”，限制对效仿者的影响。[2] 促进警方与媒体的合作，制定新闻报道指南，特别是规范与精神疾病相关的报道，避免煽动对精神疾病相关的污名化。第三，针对与暴力行为存在更高关联性的严重精神疾病，在科学的评估、检测基础上，积极促进心理健康服务从业人员参与并推动实施有效的暴力预防政策措施。

从公共卫生的角度看，应改善既有的精神卫生服务系统，以更好地向严重精神疾病患者提供更优质的服务。

第三节　枪支与暴力问题

一、枪支与暴力研究的新进展

大规模暴力事件带来的社会震动是深刻的，而每次发生大规模公共枪击事件之后，随之而来的都是是否需要以某种方式限制人们获得枪支的大讨论。国

---

[1] See Lin Huff – Corzine & Jay Corzine, *The Devil's in the Details: Measuring Mass Violence*, Criminology and Public Policy, Vol. 19: 1, p. 330(2020).

[2] See Adam Lankford & James Silver, *Why Have Public Mass Shootings Become More Deadly? Assessing How Perpetrators' Motives and Methods Have Changed Over Time*, Criminology and Public Policy, Vol. 19: 1, p. 51 – 55(2020).

际犯罪学最高奖项斯德哥尔摩犯罪学奖2020年颁发给了枪支暴力问题方面的研究,由富兰克林·齐姆林(Franklin Zimring)和菲利普·库克(Philip Cook)两位研究者获得。库克在《犯罪学与公共政策》杂志2020年第4期中概述了其主要研究观点。

库克主要致力于与枪支有关的若干犯罪学研究主题,包括对枪支暴力所造成的社会成本的概念化和量化问题,枪支对暴力犯罪人的可用性问题,以及如何改进警方对枪击暴力犯罪案件的调查效果等问题。[1]

首先,在枪支暴力造成的后果分析方面,枪支暴力实际上最严重的伤害结果主要是自杀,根据统计分析,美国大多数枪击死亡的场合是自杀,他杀占比相当于自杀的一半多一点。但是,枪支暴力会对整个相关社区的居民产生焦虑等创伤情绪,并且同时会伴随一些高成本的躲避行为,如防护、搬家、加强安保措施等所产生的成本。换言之,虽然使用枪支自杀的事件所占比例更高,但是造成的伤害后果小于使用枪支对他人使用暴力。受害者的数量也不能与大规模枪击事件所产生的社会成本直接画上等号。库克认为,枪支暴力所导致的社会成本过高的部分原因在于枪支具有特殊性,这种特殊性在于"工具效应"。与其他武器不同,枪支可以快速杀人,不需要太多技巧,相比于持刀抢劫,持枪抢劫受害者的死亡概率会增加3倍,这挑战了"枪不会杀人,是人杀人"的旧命题。

其次,库克认为,枪支暴力与既有的控枪措施之间的关系是比较复杂的。美国大约有3亿支枪被私人所占有,每年能售出1500万~2000万支新枪,每个美国成年人至少拥有一支枪。但是从实际的犯罪统计来看,在抢劫罪中使用枪支犯罪的比例不到一半,这可以部分地说明出售枪支时所采取的背景调查等措施是有效果的,至少限制了很多犯罪人获得枪支的途径。然而,大多数暴力犯罪人获得枪支的途径并不是通过合法购买,而是通过私人关系获取,因此背景调查等限制性措施的有效性可能不足。

库克认为,是否以及如何限制枪支的辩论虽然需要保持一定的科学客观性,但这场辩论主要是关于个体自由与公共安全价值的拉锯与紧张,枪支可以用于自卫和威慑,但滋生了公共安全风险;枪支没有增加暴力犯罪的数量,却增

〔1〕 See Philip J. Cook, *Thinking about Gun Violence*, Criminology and Public Policy, Vol. 19:4, p. 1371 – 1393(2020).

加了暴力行为的致命性;枪支市场应当采取措施审核购枪人的资格,但是潜在的犯罪人有自己的途径非法获取枪支。上述问题的复杂性决定了美国控枪政策的犹疑和不确定。

齐姆林同样赞同使用枪支带来的"工具性"效应,认为这个问题一直是枪支与暴力问题实证研究领域所关注的问题。学者间所达成的基本共识是枪支的使用增加了袭击、抢劫等造成的死亡率。但是还有很多问题是不明晰的,如限制枪支使用可能对于预防自杀没有实质价值,因为企图自杀的人可以采取其他手段终结生命。关于枪支拥有量的增加是否与枪支暴力的增加存在关联的问题,即更多的枪支是否带来更多的枪支暴力,也远没有达成共识。[1]

二、限枪措施

美国限枪措施的目的在于识别和禁止对自己或他人具有暴力风险的个体获得枪械。美国已经有很多州通过了限枪方面的法规。以加州为例,该州主要采取枪支暴力限制令(Gun Violence Restraining Order)政策,该政策授权法院从被认定为具有很高的实施暴力行为风险或具有实施暴力行为的迫在眉睫风险的个体手中除去其所拥有的枪支,并禁止这类人在令状执行期间购买枪支。

该限制令的适用前提是:其一,个体被判断为具有很高的实施暴力行为风险或具有实施暴力行为的迫在眉睫的风险。这方面所考虑的证据主要有近期向他人实施了暴力行为或发出了暴力威胁;对自己采取了暴力行为;存在家庭暴力、虐待老人和儿童等行为;触犯了与购枪等相关的法律等情况。其二,不适合采取其他措施,即对于上述风险个体无法采取逮捕、强制入院等处置机制,或其他机制被证明无效或不充分、不适当。其三,有必要对相关个体采取迅速措施以防止危害结果发生。限制令一旦做出,一般由执法部门予以执行。如果相关个体拥有枪支或弹药则必须在24小时之内上交,必要时可以对他进行搜查。但在禁令到期之后,倘如没有其他禁止措施,当事人可以重新拥有枪支。[2]

研究者注意到,大规模枪击事件的犯罪人中有相当比例存在家庭暴力史,

---

〔1〕 Franklin E. Zimring, *Firearms and Violence in American Life – 50 Years Later*, Criminology and Public Policy, Vol. 19:4, p. 1359 – 1369(2020).

〔2〕 See Hannah S. Laqueur & Garen J. Wintemute, *Identifying High – risk Firearm Owners to Prevent Mass Violence*, Criminology and Public Policy, Vol. 19:1, p. 109 – 127(2020).

有研究发现,在2014年到2017年美国大规模枪击事件中的89名犯罪人当中,有28人曾经有家庭暴力史。因此,通过限制有家暴史的个体拥有枪支,可能有助于预防和减少大规模公共枪击悲剧。目前在美国联邦层级针对家庭暴力者主要有三个方面的限枪措施:所有被判犯有重罪的人,无论是否牵涉家庭暴力都被法律限制持枪;犯有家庭暴力相关轻罪的个体也不被允许持枪;处于家庭暴力限制令状态下的个体被禁止持枪。美国很多州制定了各自的法律版本以贯彻联邦法律的基本精神。但是其中的一些问题有待明确,如双方的关系并非婚姻关系而是约会或同居关系时,受到暴力或暴力威胁的一方是否有权利提出限制令?家庭暴力受害者可能因为担心被报复或不信任司法系统而不进行求助,或者因为缺乏律师的帮助限制了收集证据等方面的能力导致申请不被批准。[1]

第四节 女性暴力犯罪

无论是基于官方的犯罪数据统计还是非官方的犯罪研究课题中研究对象的自我报告数据,女性参与暴力犯罪的比例都非常低,典型的暴力犯罪人一般被视为男性形象,而女性一般被视为暴力犯罪的受害者。但是探讨女性暴力犯罪的状况和原因是有意义的,这有助于理解两性差异之于暴力行为的影响,从而会进一步涉及暴力犯罪防控政策的制定和修改。《犯罪学年度综论》(*Annual Review of Criminology*)2019年第2卷集中介绍了关于女性暴力研究的最新进展。从中可以看出,近年来这一领域的主要研究兴趣集中于两个问题:一个是女性为什么更少实施暴力犯罪,另一个是什么因素促使了极少数女性实施暴力犯罪。[2]

关于为什么相较于男性,女性更少实施暴力犯罪,可能具有生物学、社会学层面的讨论,其中涉及的社会性原因可能有以下三点,一是家庭纽带对女性的

---

〔1〕 See April M. Zeoli & Jennifer K. Paruk, *Potential to Prevent Mass Shootings Through Domestic Violence Firearm Restrictions*, Criminology and Public Policy, Vol. 19:1, p. 129 – 145(2020).

〔2〕 See Peggy C. Giordano & Jennifer E. Copp, *Girls and Women's Violence: The Question of General Versus Uniquely Gendered Causes*, Annual Review of Criminology, Vol. 2:1, p. 167 – 189(2019).

影响更大，对家庭的依恋关系减少了暴力行为；二是女性成长过程中对暴力行为更容易持否定态度；三是女性受到不良同伴的影响更小。具体来说，女性对家庭的依恋感更强，与父母的关系更加亲密，根据赫希的社会控制理论，家庭依恋的强度与越轨行为具有负相关性。女性在成长过程中受到家庭更多的监督和关注，她们被教导接受的亲和的女性性别角色与暴力的距离更远，这促使女性对暴力行为更持有否定态度。此外，相比于青少年男性暴力团体对男孩的影响，女孩较不可能与具有暴力倾向的朋友交往或者参与暴力团体，这减少了女性实施和参与暴力犯罪的可能性。

关于第二个问题，即哪些因素促使了极少数女性实施暴力犯罪，研究者认为，少数女性暴力犯罪主要与其早年受害经历有关，早期受害特别是受到性虐待可能是之后女性暴力犯罪的关键风险因素。换言之，女性的攻击性更容易与恐惧或曾经的受害经历联系在一起，当产生被害忧惧特别是性侵害受害以及有对自卫能力的担心时，可能会导致其以暴力对抗的方式作出反应。此外，研究者还认为，女性亲属特别是母亲的暴力行为倾向可能对女孩产生影响。

既有的研究侧重从生命历程的角度出发，认为早期成长经历特别是家庭对于女孩的养育方式影响了女性对暴力行为的认知和评价。对于女性暴力的研究尚不充分，这与研究样本较小有关。女性较少进行暴力行为被视为由与女性性别角色相关的成长环境、交友环境促生的，偶发的女性暴力犯罪则被主要预设为恐惧心境下的被动防御，这两个命题可能都需要进一步验证。

专题五

青少年犯罪研究

第一节 对青少年犯罪下降趋势的探究[1]

犯罪率趋势研究在犯罪学领域具有重要意义。犯罪趋势是社会安全状况的重要指标,对犯罪趋势变化的深入探究是犯罪控制政策合理与否的直观反映,尤其是摸清具体犯罪趋势的变化将极大有助于犯罪的精准防控。"犯罪率下降"(crime drop)被视为当代西方最值得关注的犯罪学现象之一。尽管各个国家彼此间存在若干差异性,但西方社会整体呈现出犯罪率下降的趋势这一点得到了学界的认同。同时,犯罪率下降被认为与青少年犯罪率的降低有关。

犯罪率下降首先表现在美国,20 世纪 90 年代开始,美国各种类型的犯罪开始逐步减少,随后,其他西方国家或早或晚地也有相似的犯罪减少历程,如西班牙 2001 年到 2016 年的 16 年间,14 ~ 17 岁未成年人被监禁率下降了近 50%,犯罪人数从每万人 124.84 人下降到每万人 68.62 人。犯罪学家开始思考,西方国家犯罪率降低的原因何在?各种各样的因果机制假设被提出,归纳起来,可以划分为人口学角度、经济角度、犯罪能力角度、社会监控角度等方面。例如,人口老龄化趋势减少了有能力实施犯罪的潜在犯罪人的人口基数;经济增长很大

---

[1] See Eric P. Baumer et al., *The Contemporary Transformation of American Youth: An Analysis of Change in the Prevalence of Delinquency, 1991 – 2015*, Criminology, Vol. 59: 1, p. 1 – 28(2020); Esther Fernández – Molina & Raquel Bartolomé Gutiérrez, *Juvenile Crime Drop: What is Happening with Youth in Spain and Why*, European Journal of Criminology, Vol. 17: 3, p. 306 – 331(2020).

程度削减了贫困问题，从而减少社会不公平导致的犯罪现象；监禁率的上升、枪支管制加强等措施削减了犯罪人的犯罪能力，从而实现减少犯罪的效果；防盗装置和其他监控措施的广泛使用以技术创新的方式提升了警务能力，具有遏制犯罪的效果。但是，这些解释之间存在很大争议，如不同国家之间的下降情况有所不同，在同一国家不同人口群体中犯罪率下降情况也存在差异，暴力犯罪与财产犯罪的下降趋势也不同。

对于青少年犯罪趋势来说，西方国家则存在很多相似性，即青少年犯罪在减少。过去三十年间，青少年犯罪的减少被视为是实质性的显著减少。根据西方学者的归纳，西方青少年犯罪率的降低被归结为三个主要假设：第一，对于青少年越轨和犯罪行为的社会控制机制加强；第二，可能滋生越轨和犯罪行为的不良环境有所减少；第三，青少年自身的越轨和犯罪倾向有所降低。具体来说，首先，对青少年行为的正式和非正式控制机制得以加强。青少年在家庭、学校、社区中受到的监管程度有所增加。其次，容易滋生犯罪行为的宏观和微观环境得到改善，如对毒品市场、赃物市场的治理在不断提升，热点警务的开展加强了治安能力，各种安全管控和监控措施的采取遏制了犯罪行为的发生。最后，青少年犯罪率的降低可能与青少年自我控制能力提高有关。自我控制能力强，一方面，被视为与堕胎合法化政策的推行存在联系，这一政策使不健康或成长在不良养育环境中的孩童数量减少；另一方面，环境的改善，包括血液中铅含量的降低可能有助于儿童大脑的发育，进而提升青少年的自我控制能力。

在解读青少年犯罪行为减少趋势的观点中，一种比较新颖的观点认为，“非结构性社交”（unstructured socializing）与越轨行为的减少存在关联性。“非结构性社交”是指缺乏成年权威人物监管的情况下，青少年与同龄人的社会交往。该理论假设，非结构化社交会增加青少年与不良行为同龄人交往和模仿其行为的环境，从而增加青少年从事越轨和犯罪行为的机会。而20世纪90年代以来，随着互联网技术和手机技术的飞速发展，青少年更多从事家庭娱乐活动，离开家门同朋友无所顾忌地进行偏差、不良行为的时间更少，这与青少年犯罪活动的减少存在相关性。这种观点还有待实证研究的进一步检验。

国外学者对青少年犯罪趋势的研究，除了进一步利用大数据来解读犯罪减少内在机制之外，还将着力研究犯罪降低趋势的不均衡性，这包括人口分布的不均衡、犯罪类型分布的不均衡性以及犯罪人性别比例问题。其一，学者注意到,尽管青少年犯罪在整体上降低了,但是在各人群中降低的比例不尽相同。相比于社会优势群体,社会弱势群体犯罪率的减少趋势可能并不显著,社会中最脆弱群体未能公平地受益于国家为减少犯罪所制定的各种政策和机会。以西班牙为例,经济状况较差家庭成长起来的青少年的犯罪率比经济状况更好家庭青少年的犯罪率更高,受害率也更高。这需要犯罪治理政策和社会福利政策更多地帮助那些来自社会弱势群体家庭的青少年。

其二,青少年犯罪类型当中,财产犯罪和暴力犯罪的趋势发展可能并不一致,青少年犯罪整体趋势减少可能主要源自财产犯罪数量的降低,入室盗窃、破坏公物和集体斗殴在国外一些国家显著减少,但暴力犯罪减少的情况相比而言并不显著,特别是家庭中亲密关系中的暴力和亲子暴力的情况,这些年甚至有所上升。这种现象的存在意味着青少年犯罪趋势的研究应当根据不同的犯罪类型予以细致化,针对那些不降反升的犯罪类型制定相应的有效治理政策。

其三,还需要注意的是,男女犯罪比例对于青少年犯罪趋势减少的作用力。对此可能存在两个相反的假设,一个是青少年犯罪趋势的减少,主要是男性青少年犯罪减少的结果,女性青少年犯罪始终维持低水平;另一个解读则认为青少年犯罪趋势的减少当中,女性青少年犯罪有所上升,但因为男性青少年犯罪降低的程度更高,所以整体青少年犯罪减少了。这部分涉及女性犯罪学研究的知识,很多犯罪学家认为,女性犯罪的增加是女性解放所付出的代价,这种观点也许并不正确,对于女性来说,解放并不意味着犯罪行为的增加,对于男性来说,女性解放改变了性别表达的方式,可能有助于减少男性通过从事高危行为、反社会行为来证实男子气概的不良行为。换言之,对于女性青少年犯罪问题的研究,也是未来犯罪趋势研究中的一个重要课题。

第二节　朋辈效应与青少年犯罪

青少年朋友对越轨行为的态度,以及他们自身从事越轨行为的状况,会对青少年犯罪产生很大的影响。这一看似比较常识性的看法实则经历了学者近百年的发展研究,因为其间涉及一系列具体命题的提出与证明,包括青少年朋友的行为或态度对青少年犯罪是否存在显著影响力?这种影响力产生的机制是怎样的？究竟是有越轨倾向的青少年选择了与他行为倾向相似的朋友，还是本来没有越轨倾向的青少年受到其他不良朋友的影响而走上犯罪道路？学校、社区、家庭等社会微观和宏观环境对朋辈影响机制存在怎样的共同作用？上述问题是在青少年犯罪的朋辈效应（peer influence）这一专门领域讨论的。

首先，与不良朋辈的交往，究竟是青少年的主动选择，还是青少年受到他人及环境因素的被动影响？关于这一问题，存在影响理论、选择理论以及调和论三种不同的观点。[1]

萨瑟兰的不同交往理论是朋辈效应研究的主要理论依据之一，不同交往理论认为，犯罪行为是通过与其他人的交流所习得的，习得的过程既包括犯罪的技术和手段，也包括如何定义犯罪这样的抽象观念。个体所处的对犯罪不同的观念环境会对个体行为倾向产生塑造作用。个体所交往的对象因出现的时间早晚、持续时间、频率和强度不同，也会产生效果不同的影响力。对于朋辈效应而言，不同交往理论的核心观点是，与不良朋友的交往会增加青少年本人对越轨信念的接触。在不同交往理论的基础上，社会学习理论进一步指出，朋辈效应很大程度上是通过对犯罪行为的实际或预期后果的影响来实现的，当同伴以某种方式表达对违法行为的支持，使青少年相信违法行为会获得社会地位和其他社会奖励时，青少年更有可能从事违法行为。那些与不良同伴交往的人会受到越来越多的越轨行为的社会强化，会有更多的机会模仿或实施越轨行为。此外，受到社会学符号互动论观点的启发，朋辈效应被解释为通过影响青少年自我身份认定和对情境的定义来影响其犯罪的可能性，对于前者而言，不良同伴可能会促使青少年对越轨者身份的认同，对于后者来说，不良同伴会通过对话等方式影响青少年对具体情境下犯罪机会的界定，这些因素都会增加犯罪的可能性。

与上述观点不同的是，犯罪学家赫希认为，不良朋辈促使青少年犯罪这一因果机制是存在问题的，与其说是坏朋友导致青少年犯罪，不如说原本就存在犯罪倾向的青少年选择了与坏朋友交往。根据赫希青少年犯罪理论，一些与社会联系薄弱的青少年对他人的依恋、信任感都比较低，这种倾向会使他们选择

---

[1] See Jean Marie McGloin & Kyle J. Thomas, *Peer Influence and Delinquency*, Annual Review of Criminology, Vol. 2: 1, p. 241 – 245(2019).

同样与外界联系薄弱的朋友。戈特弗雷德森和赫希的一般犯罪理论同样认为,从小接受无效教养方式的青少年的自我控制能力较低,他们更喜欢冒险和令人兴奋的行为,并且自私自利,这样的孩子通常交不到朋友,最终会同自己相似处境的朋友结成一党,从事违法行为。

对上述两种观点的调和论认为,不良同伴对青少年行为效应的影响理论以及不良青少年本身主动选择越轨同伴的选择理论不应是相互对立或相互排斥的,二者本来就是以一种互补的方式在相互作用。青少年犯罪行为并不完全是不良同伴影响的结果,青少年自身也会对犯罪的潜在后果进行衡量和评估,选择理论是有一定道理的;但即使认为自我控制能力较低的青少年主动选择与不良同伴进行交往,后者也会对青少年进一步实施偏差行为产生不良效应,影响理论也言之有理。

经过国外犯罪学者数十年来的实证研究,朋辈效应研究领域的专家们基本达成一致意见,即有充分的证据可以说明不良朋辈与犯罪行为之间存在统计学上的相关性。与不良朋友交往是一个强大的预测因子,它与青少年开始实施、持续实施、停止实施犯罪行为具有很强的关联性,也会影响犯罪行为的类型。

问题是,即使肯定了朋辈效应的存在,但这一效应的内在机制仍然是不明确的。如不良朋友究竟是通过影响青少年对犯罪行为的认知方式来实施影响?还是通过强化其不良信念的方式?或者是通过不良"榜样"的影响诱使青少年模仿犯罪行为?或者是给青少年犯罪创造了更多机会?这是目前国外朋辈效应研究中关注的核心问题。此外,朋辈效应理论还扩展到在更广阔的社会网络进行研究,学者注意到朋辈效应发挥作用也会受到其他因素的调节,包括身份和环境因素,如移民身份、贫民身份以及邻里环境、社区环境、校园环境等,从而为朋辈效应研究开辟了新的发展方向,学者们纷纷从这一角度对朋辈效应的具体因果机制进行挖掘。

韦德·雅各布森(Wade Jacobsen)从学校的停学处分出发来研究朋辈效应。他认为,美国学校中比较常见的停学处分主要集中在少数族裔和处境不利的年轻人身上,这种污名化的制裁通过"拒绝"(rejection)、"退缩"(withdrawal)和"分离"(separation)三种机制发挥作用,导致青少年被排斥在亲社会行为的环境之外，选择与更多的不良同伴交往，进而促生犯罪行为。[1] 具体来说，美国每年约有 260 多万青少年因停学而离开学校，其中弱势和少数族裔青少年的比例很高。停学可能造成的不良后果之一是使被停学的青少年遭遇社会排斥。这种排斥既包括与社会机构之间纽带关系减弱的机构排斥，也包括个体与社会网络中其他成员关系被削弱的人际排斥。雅各布森在对大样本学生数据进行观察之后发现，受到停学处分之后，青少年被其他同龄人视为“坏孩子”而逐渐拒绝与之来往的拒绝效应以及受处分的青少年本人因担心他人对自己的污名化而主动退出之前的交友圈的退缩效应都比较显著，同时，停学之后的青少年与不良朋友结交的趋势有所加强，特别是少数族裔或处境不利青少年会被更加边缘化。

丹尼尔·雷根(Daniel Ragan)认为，朋辈效应同时包含了不良朋友对青少年的影响以及有犯罪倾向的青少年对不良朋友的选择这两方面，但是既往的研究忽视了这一过程如何随着事件而发生变化这一问题。根据萨瑟兰的不同交往理论，朋辈影响存在时间维度的差异性，在童年早期受到的违法行为的影响可能会具有更为长久的影响力。受这一观点的启发，雷根截取了青春期这样一个快速变化的时期来研究朋辈效应中的影响及选择机制是否产生了相应变化。[2] 他认为，青春期时段的前后分段是有意义的，青春期早期时青少年对同伴的认可处于特别敏感的时期，而直到青春期晚期，青少年的自主性和个人同一性[3]发展才会发生实质性转变，此时不良同伴的影响力有所减弱。青少年早期时，一些不良行为如抽烟、酗酒、吸毒等更容易在同伴之间传播和流行。雷根认为，针对朋辈效应的青少年犯罪干预项目应当更多定位于青少年早期。

如前所述，朋辈效应研究并没有仅仅局限于研究青少年及其朋友关系这样的互动环境之中，还与社区环境、社会结构、社会文化等更为宏观的背景结合起来。

---

[1] See Wade C. Jacobsen, *School Punishment and Interpersonal Exclusion: Rejection, Withdrawal, and Separation from Friends*, Criminology, Vol. 58: 1, p. 35 – 69(2020).

[2] See Daniel T. Ragan, *Similarity Between Deviant Peers: Developmental Trends in Influence and Selection*, Criminology, Vol. 58: 1, p. 336 – 369(2020).

[3] 根据自我同一性理论，自我同一性的形成意味着清晰、稳定、强大并且受到社会认可的自我形象的确定，这是未成年人实现自我价值、适应社会的重要前提。倘若无法顺利达成这一目标，出现自我同一性混乱的情况，就可能产生越轨乃至犯罪行为。参见初炳东：《自我同一性与青少年犯罪预防》，载《青少年犯罪问题》2012 年第 6 期。

朋辈效应理论认为,不良同伴对个体不良行为的影响取决于对不良同伴的认可程度、相处时间以及朋辈对不良行为的态度等。其中同伴的年龄是一个需要关注的因素,与年龄稍长青年的交往有时会对青少年行为倾向产生更大的影响。年长的同龄人更容易使青少年模仿他们的行为,以获取他们对青少年的某种保护。当深处贫困、暴力问题比较严重的社区环境中时,居民无法维护和实现正确的价值观,也无法通过良好的社区环境和居民关系来维持对犯罪行为的有效的非正式社会控制。此时这种居住环境劣势可能会鼓励青少年与更多社区当中及社区之外年龄稍长的不良青年的交往,从而诱发青少年参与犯罪帮派,从事贩毒、暴力等犯罪行为。尽管学校中的教育导向理论上能够扭转青少年的一些不良的价值倾向,但由于青少年所居住的社区与学校往往处于相似的地理区位,恶劣社区环境所产生的不利影响会在一定程度上抵消学校教育的正面价值。[1]

一项日本学者的跨文化研究从比较新颖的角度对朋辈效应问题的研究深度进行扩展。[2] 这项研究的理论假设是,朋辈效应或许存在着国别语境,在偏重个体主义和偏重集体主义的不同文化氛围当中,朋辈效应会存在不同的表现:对于更偏重集体主义的文化环境,青少年同伴对犯罪行为的态度,以及他们的行为方式,会对青少年产生更强的影响——相比于更偏重个体主义的文化环境。在日本文化当中,人们往往不太愿意将独立作为一种文化价值,家庭养育方式可能会妨碍孩子形成独特的个人观念,同时,日本人更强调情感依赖,这从儿童早期延续至成年,影响友谊、工作上下级关系以及婚姻伙伴关系。在这样的环境中,人们更容易受内部群体的影响,因此青少年的行为更有可能被其所处环境中其他人的思想、感情和行动所决定。通过对625份美国学生样本以及591份日本学生样本的观察研究,这项研究得到如下基本结论:对两国青少年来说,同伴对偏差行为的态度以及他们的行为倾向都会对青少年产生直接影响,

---

〔1〕 See Alexis Yohros & Gregory M. Zimmerman, *Does the Residential Landscape Contextualize Friendships? Examining the Causes and Consequences of Affiliating with Older Friends*, Journal of Research in Crime and Delinquency, Vol. 57:5, p. 571 – 611(2020).

〔2〕 See Emiko Kobayashi et al., *Peer Reactions, Peer Behavior, Student Attitudes, and Student Deviance: A Comparison of College Students in Japan*, Asian Journal of Criminology, Vol. 14:1, p. 3 – 22 (2019).

这些态度会影响青少年是否选择从事犯罪活动。但对于日本学生而言,同伴对偏差行为的态度又比同伴行为倾向的影响程度更强。换言之,相比于同伴是否从事犯罪,同伴怎么看待犯罪问题对青少年的影响更强烈。朋友行为产生的影响力为什么会弱于朋友的态度?对此,研究者认为,一个可能的原因在于日本青少年有更高的风险规避信念,这导致日本学生比美国学生更少受到他们朋友越轨行为的影响。而从更深层的文化背景来看,由于日本学生受到极其激烈的考试竞争压力的影响,日本家庭为了使子女为重大的人生转折点的考试做准备,通常不鼓励孩子从事其他冒险活动,以寻求安全与保障,这种教育方式可能会使日本学生较少受到朋友越轨行为的影响。

第三节 青少年对法律的态度

青少年对于法律的态度为其行为倾向提供了内在动机。对法律制度和法律执行机构和人员的尊重、信服会更多地导向亲社会行为,相反,对法律制度充满怀疑,对执法人员不信任的态度会在一定程度上与不良行为乃至违法犯罪行为相关联。对此,国外学者对于所谓青少年的法律犬儒主义(legal cynicism)比较关注,这一概念是指对法律或规则的蔑视、嘲讽,认为法律制度无效或不产生约束力的内在观念。

青少年的法律犬儒主义这一不良态度被认为主要源自两个因素,其一,是青少年的个体因素,主要是指青少年本人的自我控制能力;其二,是其身处的环境因素,包括家庭、学校、同龄人及法律制度。国外学者通过实证研究,对不同的内外因素与犬儒主义的关联性进行了检验。

少数青少年对法律的怀疑态度被视为是其本身越轨倾向的一种“副产品”。迪伦·杰克逊(Dylan Jackson)等人的研究团队认为,低自我控制能力的青少年更容易持有法律犬儒主义态度,以此对其犯罪行为进行辩护。[1] 低自我控制能

---

〔1〕 See Dylan B. Jackson et al., *Low Self - control and Legal Cynicism among At - risk Youth: An Investigation into Direct and Vicarious Police Contact*, Journal of Research in Crime and Delinquency, Vol. 57:6, p. 741 - 783(2020).

力的青少年不喜欢需要纪律、监督或其他约束他们行为的环境,较为追求及时满足自己的欲望,以自我为中心,因此可能更倾向于从负面的角度看待法律和法律权威,对遵守约束性规则的必要性持怀疑态度。低自我控制能力的青少年在与警察交涉的过程中,容易因不尊重对方而引发与警方的冲突,从而进一步加固其对法律的怀疑。他们的研究认为,低自我控制能力在年少时期就形成并稳定下来,影响青少年正常的社会交往,由于被排斥在亲社会同龄人群体之外,他们在越轨网络中越涉越深,对法律的怀疑态度逐渐强化,却从内在角度对其犯罪行为进行合理化。

青少年法律犬儒主义态度的形成不完全是个人因素造成的,在青少年社会化的过程中,和外在环境互动不利时也会产生或强化此态度。国外研究者对包括家庭、学校、同龄人以及法律系统在内的外在环境因素对青少年法律犬儒主义态度形成的作用进行了分析。[1] 首先,从家庭因素出发,个体的法律态度受其父母对法律态度以及亲子关系的影响。父母倘若能够一贯地运用规则和奖惩机制公平地对待子女,会引导子女形成对规则的支持性价值观和积极态度,成为其身份和自我认知的一部分。其次,当孩子进入学校之后,他们会遇到新的权威人物、奖惩机制和社会关系,从而进一步塑造其对规则的态度。教师对待学生的态度、学生对学校的信任和情感状态也会影响其对待规则和权威的态度。再次,从上一节描述的朋辈效应出发,同龄人在青少年社会化的过程中发挥着越来越重要的作用。朋辈中的犯罪青少年往往对法律制度和法律执行人员有更多的负面看法,不良同伴会诱发青少年的法律犬儒主义。最后,青少年与警方的互动经历可能会影响他们对法律的态度,消极的互动会引发不良后果,甚至可能仅仅一次消极互动就可能导致青少年对警察以及其他法律机构的长期负面看法。需要说明的是,上述机制在不同学者的实证研究中得出的结论并不一致,某些机制与青少年法律犬儒主义的关联性比较薄弱,还需要进一步检验。

如何遏制青少年法律犬儒主义态度,可从多个角度进行政策改进。对于低自我控制能力的青少年来说,应当增强对其儿童时期冲动性的教育纠正,帮助

---

〔1〕 See Amy Nivette et al., *Evaluating the Shared and Unique Predictors of Legal Cynicism and Police Legitimacy from Adolescence into Early Adulthood*, Criminology, Vol. 58: 1, p. 70 - 100(2020).

他们拥有正确的社会认知、与他人的情感交流和社交技能，使他们发展出更为良好的自我控制能力。在青少年与正式制度互动过程中，通过公平公正地适用规则来教导青少年对规则予以尊重，培养良好的亲子关系、师生关系、朋辈关系。警务人员在制止、教育青少年不良行为的过程中，可以适当调整执法方式，尽量避免以特别强硬的态度激化与青少年的冲突，不仅仅将违法犯罪的青少年视为犯罪分子加以惩罚，也应重视运用保护手段和教育方式防止这些青少年以持续负面的态度对抗警方和法律，走上持续犯罪的道路。

专题六

空间犯罪学研究

第一节 空间犯罪学研究总述

犯罪是在犯罪人、犯罪目标、时间以及空间多个维度交织的场景下发生的，犯罪现象的分布是否具有某些特殊的地理区位特征？犯罪人选择犯罪目标时是否与地点、空间的距离或者其他特征有关？这些关于犯罪与地理区位之间的关系问题是空间犯罪学(Spatial Criminology)研究的主题。空间犯罪学立足于机会理论、社会控制理论等犯罪学经典理论，试图分析与追索出犯罪人“行动地图”的规律性，从空间角度提出预测、预防、控制犯罪现象的对策。

一、空间犯罪学的理论基础

自19世纪已有学者关注犯罪地理学，20世纪三四十年代芝加哥学派的城市同心圆理论运用生态学原理概括出城市空间组织模型，凸显了城市空间与犯罪活动之间的关系。但总体来看，从第二次世界大战结束到20世纪70年代，“犯罪人”始终比“犯罪地点”得到更多关注和重视，犯罪机会被视为无处不在，与地点本身关联不大，之所以会发生犯罪主要取决于犯罪人本人的倾向和兴趣。随着理性选择理论等犯罪经济学观点的兴起，人们发现个体在特定环境下的行为选择具有一定的规律性，地理、区位、地点等要素在犯罪分析中的价值获得了更多学者的认可，大卫・维斯伯格(David Weisburd)的“犯罪的集中定律”(law of crime concentration)将这一研究推向了一个新高潮，并为空间犯罪学的发展奠定了关键性基础。[1]

空间犯罪学的理论来源被总结为以下三个层面[2]:首先,在将具体的犯罪活动作为分析单位的微观层面,日常活动理论(routine activities theory)、犯罪模式理论(crime pattern theory)等机会理论(opportunity theories)构成了空间犯罪学的理论前提,其中日常活动理论认为犯罪是由三个要素构成的,有动机的犯罪人、合适的犯罪目标以及缺乏对犯罪的有力监控。其中合适的犯罪目标一方面可能与犯罪人的日常活动地点存在相关性,另一方面与其自身所具有的特殊的吸引犯罪活动发生的特点有关。犯罪模式理论更明确地指出了犯罪与空间之间的关系,认为犯罪人会在具有犯罪吸引力的目标空间与其意识空间(awareness space)二者重叠的区域内实施犯罪。这种"意识空间"是指犯罪人的活动空间和其视觉范围内的所有区域构成的空间。

其次,在以社区的犯罪现象作为讨论对象的中观层面,空间犯罪学主要受社会解组理论(social disorganization theory)、参考群体理论(reference group theory)、紧张理论(strain theory)等理论的启发。社会解组理论假定如少数族裔、不稳定的居住状况等因素会降低社区凝聚力、损害犯罪的非正式控制机制;后两种理论认为少数群体感知到自身与他人之间存在的不平等可能是犯罪产生的诱因,在将自己与参考群体进行比较时,少数人可能会感到被剥夺,从而以犯罪的方式做出报复。资源分配、种族、权利等不平等可能使相关的犯罪活动在白人社区、非白人社区等不同的社区环境中呈现出若干区位特征。

最后,在更广泛的空间、地点与犯罪动机关系的宏观视角下,探讨城市、大都市乃至城市群以及更大范围的地理环境当中犯罪活动如何与城市地理特征相互作用,是否具有一定的规律性,这就涉及城市发展变迁的各项指标如何影响城市空间与犯罪活动的交互作用。20世纪初,以芝加哥大学社会学系为代表的一批学者开启了"芝加哥研究"。芝加哥研究的一个重点是"大国大城"时代背景下城市空间环境的更新和重构对犯罪治理的影响,综合运用城市设计、社会分析、空间分布统计、犯罪制图等方法讨论人口迁移、社区环境、居住形态、空

---

〔1〕 See Jon Bannister, *Place and Time in the Criminology of Place*, Theoretical Criminology, Vol. 23: 3, p. 316 – 317(2019).

〔2〕 See John R. Hipp & Seth A. Williams, *Advances in Spatial Criminology: The Spatial Scale of Crime*, Annual Review of Criminology, Vol. 3: 1, p. 77 – 78(2020).

间结构等因素对犯罪发生和分布的影响机制,并提炼出一系列相应的理论观点和犯罪防控对策,在进一步推动犯罪学研究对地点的关注的同时,开创出立足于城市视角和城市空间的新的犯罪学研究范式。[1]

二、空间犯罪学的研究进展

(一)关于“犯罪集中定律”

“犯罪的集中定律”是空间犯罪学近年来取得的最重要的成果之一,它所强调的是,犯罪并不是随机分布在微观地理环境当中,而是呈现集中分布的规律性。

既有的空间犯罪学研究经常使用不同的分析单位、数据类型和犯罪类型,来观察和分析单一的司法管辖区,这限制了空间犯罪学对于犯罪与地理关系原理的阐释,学者大卫·维斯伯格认为,存在某种犯罪集中的紧密带宽(a tight bandwidth of concentration of crime),即存在这样一个具有普遍适用性的“犯罪集中定律”基本原理,根据这一原理,对于特定微观地理单位的定义的犯罪衡量标准,犯罪的集中度将落在所定义的累积犯罪比例的狭窄带宽内。同时,维斯伯格认为这一原理属于“物理定律”(a physical law),牛津词典对“物理定律”的界定是,物理定律是从特定事实推导出的原则,适用于已定义的一组或一类现象,并且可以通过以下陈述来表达:如果存在某些条件,则总是会出现特定的现象。[2] 维斯伯格通过研究认为,犯罪的集中定律随着时间的推移仍然保持着稳定性。在与其同事一起在西雅图进行的实证研究当中,他们发现尽管不同的地理区位的犯罪热点情况发生了一定的变化,但高犯罪率的地理区位在 16 年内仍然保持相对的稳定性。[3]

犯罪的集中定律得到了若干实证研究的检验,维斯伯格等人在 2004 年发表的研究中发现 1989 年至 2002 年西雅图市 4.5% 的街道区段内发生了全部犯

---

〔1〕 参见单勇、阮丹微:《“芝加哥范式”研究的当代进展:基于 CiteSpace 的文献计量分析(2000 – 2018)》,载江溯主编:《刑事法评论:刑法的多元化》(第 44 卷),北京大学出版社 2021 版,第 558 ~ 560 页。

〔2〕 See David Weisburd et al., *Place Matters: Criminology for the Twenty – first Century*, Cambridge University Press, 2016, p. 22 – 23.

〔3〕 See David Weisburd et al., *Place Matters: Criminology for the Twenty – first Century*, Cambridge University Press, 2016, p. 29.

罪的近50%；另有研究发现波士顿的3%的街道路段和十字路口发生了全部枪击袭击事件的50%以上，其中5%的街道路段和十字路口发生了全部抢劫事件的近2/3；还有一项对温哥华沿街街区犯罪率的研究发现5.25%的街区发生了全部犯罪事件的50%。[1]

犯罪的集中定律强调了地点对于犯罪学研究的重要性，认为有必要研究为什么犯罪活动会集中在相对较少的"热点"地区，这可谓空间犯罪学的两大研究支撑点：一是研究犯罪活动的集中情况，确定集中的范围和特点；二是探索集中状况背后的原因。对于第二个问题，依据不同的理论来源可能存在不同的思考角度。如特定的场所本身具有特殊性，某些特殊场所提供的设施、服务或其他特征会吸引潜在的犯罪人；特定的犯罪"热点"地区存在特殊的社会环境、居住环境，如种族、收入不平等等情况，容易滋生犯罪；犯罪人本身的活动地点具有特殊性及规律性，使相应的犯罪活动也沿着相应的节点予以聚集，涉及的理论主要包括日常行为理论、机会理论以及社会解组理论等。近年来集体效能（collective efficacy）概念也被用来解读犯罪的集中性，集体效能是一个社会地理学概念，是指社区居民之间关系网络、交往准则和相互信赖的结合，具有社会凝聚力的社区拥有更为完善的社交网络和高度的人际信任关系，居民之间具有干预犯罪行为的共同意愿，这种集体效能赋予社区控制和压制犯罪行为的能力，集体效能的高低可以用来解释犯罪区域分布的集中。

犯罪的集中定律构成了空间犯罪学的学术精华之一，但这一原理的若干方面仍然需要进一步明确，如所谓犯罪集中的"带宽"（bandwidth）的范围如何界定？以街道、城市等政治区域划分单位作为观察的单元是否合适？犯罪集中定律的时间稳定性测量中用以观察的时间段应当是1个月、半年、1年还是若干年？怎样的集中程度是具有显著性的？不同地理区域犯罪集中程度如何加以测量和比较？以及微观地理区位与更为宏观地理区位之间之于犯罪地点的互动关系是怎样的？犯罪的集中定律的进一步发展需要直面上述问题和挑战。[2]

---

〔1〕 See Marie Skubak Tillyer & Rebecca J. Walter, *Busy Businesses and Busy Contexts: The Distribution and Sources of Crime at Commercial Properties*, Journal of Research in Crime and Delinquency, Vol. 56:6, p. 819 – 820(2019).

〔2〕 See John R. Hipp & Seth A. Williams, *Advances in Spatial Criminology: The Spatial Scale of Crime*, Annual Review of Criminology, Vol. 3:1, p. 83 – 84(2020).

(二)关于研究“地点”的选择

空间犯罪学的关键词是“空间”,因此一个很关键的问题是“空间”的范围如何被划定?这不仅涉及研究对象和研究方法的选择,也关系研究结论的普适性和对相关决策的影响力。目前空间犯罪学对“空间”的研究主要呈现出从宏观向微观转换的趋势,即从最初对城市的关注到以社区、人口普查单元、街道等为研究单位,甚至小到某些地点或具体的位置,从最初引起轰动的芝加哥城市研究,到之后的对社区、人口普查区的犯罪热度进行探讨,然后进一步精确到街道、路口、商业区,乃至具体的某个点位。街道路段(street segment)和邻里(neighborhood)成为空间犯罪学主要的研究单位。地图测绘计数和统计测量工具的多样化和先进性为微观区位研究提供了有力和可靠的工具支撑。

空间犯罪学中“空间”的缩微化趋势伴随这样的疑问:空间犯罪学的最佳研究单位是否越小越好?更小的研究单位比较容易方便研究者收集相关数据并展开研究,得出的相关研究结果更具有针对性,研究单位过于微小也会使得视野相对局限,如研究认为街头小酒馆更容易成为犯罪热点地区,主要突出了街角位置对于促生犯罪的影响力,但是忽略了其之所以成为犯罪热点地区可能不仅仅基于其位置,与相关的城市管理政策、社区邻里活动等其他因素相关,也忽略了犯罪人的居住地与犯罪地点之间的关系。对此,有论者提出,以一个固定的地理分析单位作为研究对象可能有失偏颇,需要衡量不同地理层面因素对于犯罪热点的作用力。[1] 将不同地理层面因素都纳入“空间”的考察范围在某种程度上是对“空间”缩微化趋势的挑战,对研究者提出了更高的要求,但不同研究者对“空间”定义的复杂化可能会给横向比较制造一些困难。

在对“空间”的界定中,“意识空间”成为新的研究取向。所谓的意识空间,是指犯罪人的活动空间和其视觉范围内的所有区域构成的空间。在划定意识空间时,研究者往往将其等同于犯罪人的日常居住场所。犯罪人更愿意在离家近的地点选择犯罪目标,因为更广泛的移动会耗费更多时间和精力,周围的环境也更熟悉。因此,若干研究认为存在距离衰减模式(distance – decay patterns),即犯罪的可能性随着犯罪人住所的距离的增加而减少。最近,意识空间

---

〔1〕 See John R. Hipp & Seth A. Williams, *Advances in Spatial Criminology: The Spatial Scale of Crime*, Annual Review of Criminology, Vol. 3: 1, p. 79 – 80(2020).

的范围有所扩展,如犯罪人亲密家庭成员的居住区域也可能属于犯罪人的"意识空间"。有研究者认为,"意识空间"的既有界定仍然比较狭窄,"意识空间"很可能是犯罪人及其亲属日常居住场所以外的犯罪人频繁访问的其他区域,如工作场所、学校、休闲活动场所等,这些对犯罪人来说比较重要的活动节点也应属于意识空间的范围。此外,"意识空间"也存在时间上的变化,一天、一周、一月、一年当中都会发生变化。"意识空间"的上述特点需要对犯罪人开展实际调查,仅以犯罪人或其亲属的居住地作为"意识空间"可能不够完整和准确。[1]"意识空间"的相关研究使得"空间"由单纯的物理空间扩展到犯罪人主观意识影响的"空间",这意味着空间犯罪学研究中对"空间"界定的某种主观化趋势。

"空间"的界定除了缩微化及主观化趋势之外,"边界"也成为空间犯罪学最近的关注热点。特定的地理区位承载着商业区、住宅区、工业区等不同的活动类型,不同类型的边界地带可能存在对犯罪活动的特殊吸引力。犯罪模式理论认为,两个不同的地理空间的边界可以增加犯罪机会,因为这类地点往往处于监管的死角,同时便于作案后快速转移,如高速公路与普通道路交界处的入口匝道容易成为抢劫的"热点"位置,因为这个位置非常方便犯罪人作案后逃跑。"边界"除了指涉地理边界之外,也可能涉及社会学含义的"边界",两个相邻的空间区域内的社会群体具有不同的凝聚力和非正式控制机制,群体之间的较量和冲突可能会促生犯罪行为。换言之,某些社区与社区之间的边界处更容易成为暴力冲突的犯罪热点地区。此外,帮派边界也是一个研究主题,如若干贩毒团伙之间帮派地盘的相邻地带是暴力冲突的多发地带。[2]

结合本次综述的相关资料,对于空间犯罪学的整体印象是,空间犯罪学致力于在微观或宏观地理区位当中找到犯罪分布的若干定律,绘出犯罪人的"行动地图",以实现更为精准的犯罪防控,这是其理论目标和研究诉求。空间犯罪学不是单纯的犯罪"地理学",社会变迁、城市发展变化等宏观背景以及社区邻里的正式与非正式社会控制机制、人际紧张冲突等价值判断也融入其中,成为

---

〔1〕 See Barbara Menting et al., *The Influence of Activity Space and Visiting Frequency on Crime Location Choice: Findings From an Online Self - report Survey*, British Journal of Criminology, Vol. 60: 2, p. 303 - 322(2020).

〔2〕 See John R. Hipp & Seth A. Williams, *Advances in Spatial Criminology: The Spatial Scale of Crime*, Annual Review of Criminology, Vol. 3: 1, p. 79 - 82(2020).

整体研究的重要理论依据和价值归属。

空间犯罪学的研究难点之一在于如何划定“空间”的范围,现实存在的“空间”是各种地理、人文因素的交织,如何从中抽离出合适的观察对象是具有挑战性的,将“空间”界定为较为宏观的地理单元有助于在更大范围内观察犯罪发生的发展规律,但增加了样本收集的难度;将“空间”选定为较为微观的地理单元便于研究的开展但可能会影响研究结论的适用性;将“空间”选择为宏观与微观单元相结合的多层次研究方式可以弥补上述缺陷,但也增加了研究难度。此外,“空间”可能并不局限于客观空间,如前所述,犯罪人会在具有犯罪吸引力的目标空间与其意识空间(awareness space)二者重叠的区域内实施犯罪。这种“意识空间”是指犯罪人的活动空间和其视觉范围内的所有区域构成的空间,意识空间的界定在一定程度上取决于具体犯罪人的主观意识,这可能意味着“空间”的主观化。这或许可以成为空间犯罪学研究的新的拓展方向,但如何获取犯罪人的“意识空间”需要研究方法上的破解。

空间犯罪学研究中的另一个难点是如何对所谓的“犯罪热点”的形成原因进行解读。在确定了某个地理区位是犯罪活动集中发生的地点或地带之后,地理空间与犯罪活动的相关性诠释可能会陷入因果关系不明的困境,如某个地方成为犯罪热点究竟是其特殊的地理位置导致的,还是其他如社会控制薄弱、人际关系紧张等因素导致的。如上所述,空间犯罪学并不排斥社会控制理论、紧张理论等犯罪学理论,甚至以其为理论基础,但可能引发的思考是:地理/空间因素究竟是形式上的,还是实质上的,“空间”本身倘若不具备本体性、实质性意义,仅仅沦为移动的犯罪发生地,犯罪的原因完全取决于“空间”以外的因素,那么可能会贬损空间犯罪学的学术地位,这是空间犯罪学需要突破之处。

第二节　空间犯罪学的具体展开

一、城市“绅士化”与空间犯罪学

学者格拉斯(Glass)在研究 20 世纪 60 年代伦敦工人阶级社区的转变时发明了“绅士化”(gentrification)这个术语。他观察到,伦敦市中心因为靠近中央商务区、建筑风格独特等特点，市中心的社区受到了中上层绅士的“入侵”。他认为这种“绅士化”的过程通过改善社区基础设施改变了社区的土地使用模式，从低端的餐饮酒吧场所向更高档场所转变，这种变化导致原来的工人阶级居民流离失所，刺激了阶级矛盾和种族关系，改变了社区的社会规范。[1] 如今，“绅士化”重新引起了学者的关注，这主要是基于过去的 20 年间，以美国为代表的西方国家城市发展出了新特点，即所谓的第五波城市移民和回归城市运动，其主要的表现是城市核心地区居住环境和居民构成的变化。20 世纪的大部分时间，靠近城市商业中心和重工业中心的社区环境较差，引发富人向郊区迁移；随着 20 世纪 60 年代至 90 年代市中心开始经历去工业化；20 世纪 90 年代开始，新的城市规划使更富裕的人迁移到市中心社区，这一“绅士化”的趋势引起了空间犯罪学研究者的兴趣。在《犯罪学年度评论》(*Annual Review of Criminology*) 2020 年第 3 卷中，《绅士化、土地使用和犯罪》一文概述了在日益绅士化的城市发展新时期城市土地新的开发模式以及这些变化对社区犯罪情况的影响。以下简要介绍该文的主要观点：[2]

目前尚未有精确的定义来界定何为“绅士化”，学者倾向于描述而非界定“绅士化”，它所发生的物理空间主要是中下层居民所在的市中心社区，“绅士化”具有人口迁移、土地用途改变、社区观感转换等几个方面的特征，富裕人口重新迁移到中心社区，零售、小餐馆、小酒吧等被改造或升级为更高档的咖啡厅、宾馆等吸引富裕阶层的设施，同时通过修复建筑、建立物业管理、改善交通和公共设施、美化环境的方式改善社区整体环境。在实证研究中，绅士化可能被量化为家庭平均收入、社区新住房存量、家庭教育背景、非少数族裔人口比例、社区高档消费场所情况等指标。

绅士化复兴了城市中心社区，这对于犯罪活动具有怎样的影响？有的学者认为，经历绅士化过程的社区，其平均犯罪率会趋于下降，尤其是暴力犯罪会出现更大幅度的减少。绅士化与犯罪率下降存在相关性已经得到一定程度的佐证，这可能与犯罪机会减少、犯罪控制机制加强有关。破旧和维护不善的廉价

---

〔1〕 See John M. MacDonald & Robert J. Stokes, *Gentrification, Land Use, and Crime*, Annual Review of Criminology, Vol. 3: 1, p. 122 – 123(2020).

〔2〕 See John M. MacDonald & Robert J. Stokes, *Gentrification, Land Use, and Crime*, Annual Review of Criminology, Vol. 3: 1, p. 121 – 138(2020).

住房、混乱失序的社区管理容易滋生犯罪,而绅士化过程改善了居住环境,交通和监控系统更发达、物理管理更有序,这都有利于减少犯罪。一项对纽约的研究表明,符合绅士化特征的地域的暴力和抢劫的发生比例更低,绅士化与犯罪率的降低有关。

但这种相关性可能受到两个方面的质疑,其一,犯罪率虽然表面上降低了,但犯罪活动可能并没有实质减少,而是转移到了其他地段。其二,绅士化与犯罪率之间的相关性,无法转化为有意义的因果关系解读,因为无法搞清楚究竟是绅士化引起的犯罪率的降低,还是反过来,是因为犯罪活动减少的地区吸引了富裕阶层迁移到此并对社区进行绅士化的改造。对此,既有的相关研究认为,绅士化的过程,特别是高层廉价公共住房的拆除和社区用地重新规划会导致短期内犯罪率的下降。绅士化过程当中犯罪活动可能发生了一定程度的转移,转移后的新地点不是相邻的街区,而是从绅士化社区迁出的居民所在的社区。

绅士化与犯罪活动之间的关系研究尚有若干需要完善之处,首先,对绅士化还缺乏足够清晰的界定,研究者用不同的指标进行解读,还没有达成相对一致的看法。其次,绅士化与犯罪率之间的关系研究可能不应仅局限于目标社区,也应该扩展到目标社区以外的更广泛的地域范围,特别是需要关注居民迁出地犯罪率的变化。尤其需要关注绅士化过程对于城市整体犯罪率的影响。此外,还需要观察从更长的时间维度来看,绅士化是否加剧了社区间的不平等,犯罪率减少的状况可以存续多久。

二、具体犯罪活动的空间模式

根据相关的期刊论文,下文主要介绍空间犯罪学的三个相关研究:商业环境的繁忙情况对犯罪集中性的影响,恐怖活动相关犯罪的空间模式以及性犯罪的空间模式研究。

首先,是对微观"空间"的研究,空间犯罪学领域曾有学者提出所谓的"麻烦场所定律"(Law of Troublesome Places),意思是特定的场所容易"招揽"犯罪活动。在对公司企业的研究中发现,少数路段的商业单元内发生了更多的犯罪活动。如何解读这一现象?如前所述,空间犯罪学所研究的"空间"不仅是一个由建筑物、居民、经营者构成的物理空间,而是各种地理、人文因素的交织的情境性存在,促生犯罪的情境性机会越多,犯罪发生的可能性就越大。关于如何界定"情境",有的研究者认为繁忙的状态是一种重要的情境因素。研究者假设较大人流量的更为繁忙的场所可能会创造更多犯罪机会。一项研究假设交通流量更大的商业地块(parcel)的犯罪率更高。该研究以美国得克萨斯州南部的圣安东尼奥市作为研究对象,研究发现交通流量更大的商业地块可能会产生更多的犯罪机会,因为这样的场所当中存在更多潜在的被害人、犯罪人,人口密集环境之下人群之间的匿名性会造成更弱的场所管理和监控,但这种相关性并不适用于暴力犯罪(抢劫罪除外)。[1]

其次,是恐怖活动相关犯罪与普通犯罪具有相似的空间特征,多集中在特定国家、区域和地点,犯罪的集中定律以及犯罪距离衰减模式都被认为同样适用于恐怖活动相关犯罪。如在对以色列 55 年间恐怖袭击的调查中,发现随着距攻击者住所距离的增加,袭击的频率随之大幅减少。一项对美国和欧洲发生的 122 起单独犯罪人发动的恐怖袭击的研究也发现,存在类似的距离衰减模式。但是恐怖活动的特殊性在于犯罪人的某些情感动机会突破上述定律,如假设犯罪攻击的目标被视为更有价值,在政府公共场所和教堂等具有象征意义的场所时,犯罪人可能会不惜发动离家更远的袭击。恐怖活动的类型也会影响其所涉及的空间场所的聚合程度,枪支袭击、爆炸袭击、车辆碾压式袭击可能具有不同的空间聚合特征。[2] 如何将空间犯罪学的研究与恐怖犯罪相结合,分析出恐怖袭击的"热点地图",对于预防恐怖犯罪来说具有很重要的实践价值。

最后,是涉及空间犯罪学的研究成果即对性犯罪空间模式的分析,该研究聚焦于户外环境下的性犯罪。此类犯罪多发在隐蔽的公共空间,与当地的环境情况有关,户外性犯罪会冲击社区,使居民产生不安全感。对户外性犯罪空间模式的研究有助于通过改善社区规划减少和预防犯罪。瓦尼亚·切卡托(Vania Ceccato)的研究团队对瑞典斯德哥尔摩的户外性犯罪情况进行了分析,从微空间和城市空间两个角度提出了户外性犯罪的空间模式规律。在微空间

---

[1] See Marie Skubak Tillyer & Rebecca J. Walter, *Busy Businesses and Busy Contexts: The Distribution and Sources of Crime at Commercial Properties*, Journal of Research in Crime and Delinquency, Vol. 56: 6, p. 816 – 850(2019).

[2] See Badi Hasisi et al., *Concentrated and Close to Home: The Spatial Clustering and Distance Decay of Lone Terrorist Vehicular Attacks*, Journal of Quantitative Criminology, Vol. 36: 3, p. 607 – 645(2019).

的层面,研究认为户外性犯罪容易发生在位于或接近大量植被的地点如公园、森林等;该地点靠近公共交通如车站、地铁站、火车站;地点相对隐蔽,如隧道、沟渠或楼梯,具备上述特征的微空间的性犯罪更为高发。在城市空间层面,研究者认为有两种类型的高危区域,一个是城市中心酒精销售区加上高人口流动率和高抢劫发生率的地区;另一个是有学校和大量女性居住的贫困郊区,附近设有地铁站。具有这些特点的地区存在潜在的性犯罪目标,为罪犯提供了从犯罪现场快速、简单逃跑的路线。市政管理可以通过加强对交通节点附近公共空间维护方式来减少户外性犯罪的发生,如在车站入口处增加摄像头、安全管理员、警示标志等,在公园、森林步道中设置更好的照明系统,关闭某些过于偏僻的路径和通道。[1]

---

〔1〕 See Vania Ceccato et al., *The Ecology of Outdoor Rape: The Case of Stockholm Sweden*, European Journal of Criminology, Vol. 16:2, p. 210 - 236(2019).

专题七

犯罪帮派研究

第一节　对犯罪帮派的界定和帮派基本形态研究

一、对犯罪帮派的界定

帮派研究始于19世纪末20世纪初，随着城市发展进程中帮派相关犯罪的持续存在和日益增长，帮派研究随之丰富起来。根据相关统计，美国约有29,000个帮派，分布在约3300个不同的执法区域，成员超过78万人。在欧洲，参加帮派导致了少年犯罪和其他越轨行为的增加。帮派被视为严重影响当代拉美社会的主要暴力形式之一，帮伙与城市暴力、贩毒以及抢劫等犯罪问题存在密切关系。[1] 对帮派（gangs）研究的学术史可追溯到弗雷德里克·思拉舍（Fredric Thrasher）1927年的研究，他认为帮派的完整概念是"自发形成的团体，成员之间存有间隙，通过冲突形成一体"[2]。1975年沃尔特·米勒（Walter Miller）经过全国性调查访谈将少年帮伙界定为"同龄人自我形成的联合，因共同利益而结合起来，有着可辨认的领导，发展成熟的权力线条以及其他组织特征，他们相互配合，以实现一个或数个具体的目标，目标之中包含着非法行为，

---

〔1〕［美］斯科特·德克、戴维·普鲁兹主编：《帮伙手册》，周振杰译，法律出版社2019年版，第85、691～706、728～731页。

〔2〕［美］斯科特·德克、戴维·普鲁兹主编：《帮伙手册》，周振杰译，法律出版社2019年版，第12页。

以及对某一地域、设施或者企业的控制。"[1]

从对帮派研究的学术进程来看,对于何为帮派缺乏一个普遍性的定义。在美国,不同司法管辖区域对于犯罪帮派存在不同的法律定义,不仅如此,学者、司法从业人员和公众对于帮派的定义存在分歧。犯罪团伙、犯罪小集体、帮派、黑社会、黑帮等词汇的混用体现了这一点,甚至帮派成员自身对于何为"帮派"的理解也是不一致的。对帮派的法律和学理界定较为重视其行为性质、组织结构和规模;而警方对帮派的认定可能与帮派成员从事的具体活动、是否对所在的司法管辖权的居民生活构成骚扰、伤害等情况密切相关。

对于帮派的准确界定很重要,错误的界定主要是将不属于帮派的某些越轨团体界定为帮派的"假阳性"(false positive)以及将原本属于帮派的某些越轨团体排除出帮派的"假阴性"(false negative),前者可能造成执法人员对特定的社会群体进行过度管制,通过标签效应增加不利后果,后者则会造成对公共安全、社区安全的威胁和损害。[2] 准确地界定帮派需要对帮派的属性进行更深入地探析和理解。

对帮派的理解可能涉及特定的组织框架、身份认同以及某种政治、社会属性。首先,帮派具有特定的组织结构、区域和派系,具有较为严格的等级制度安排,分别有人进行领导、组织、参与、财务和其他任务活动。尤其是较大规模的帮派当中成员间具有不同的角色和分工安排,服从于不同的行为规则,会举行定期的会议,对成员遵守"帮规"的情况进行相应的奖惩。其次,帮派可以被诠释为一种特殊"身份",即某个特定群体当中所有成员共享的身份标识,帮派成员彼此间有共同的服饰衣着、文身、俚语。帮派身份往往被贴上(社会)"下游"(downwardly)的标签,预示着社会边缘化群体或者被剥夺权利的弱势群体。帮派身份之于青少年来说可能是具有实验性质的、暂时的,成为帮派成员只是停留于他们结交朋友、探索社会的某个阶段,他们可能在帮派成员与合规身份之间来回切换,并在某个时间点脱离帮派。此外,对帮派的界定也体现了某种政治、社会属性。帮派犯罪被视为街头犯罪而非白领犯罪;在美国,尽管帮派成员

---

〔1〕 [美]斯科特·德克、戴维·普鲁兹主编:《帮伙手册》,周振杰译,法律出版社2019年版,第12页。

〔2〕 See Maya P. Barak et al., *Conceptual and Empirical Obstacles in Defining MS - 13: Law - enforcement Perspectives*, Criminology and Public Policy, Vol. 19:2, p. 567(2020).

并不限于少数族裔，但种族偏见和种族歧视可能将帮派问题与少数族裔联系起来。MS－13是一个主要由移民到美国的萨尔瓦多人和他们在美国出生的后代所组成的团伙，被视为美国最危险、最暴力的帮派，这一帮派的存在及其危害性经常被作为限制移民政策的依据之一。[1]

本书认为，目前理论与实务对帮派的界定达成了一定的共识，主要认为帮派具有时间上的存续性，不是仅仅基于实施一次犯罪活动而集合起来；帮派成员之间的关系具有紧密性，有着一定的人身和情感依附关系；帮派行为有广泛性，帮派存续期间实施的活动不限于犯罪活动，还有大量越轨活动以及合规的日常活动。除此之外，不同的帮派定义还会侧重于帮派成员或帮派活动的不同特点。目前对帮派的研究多集中在城市帮派，对乡村帮派的界定很少。帮派形态可能随着城市管理的提升而发生演变，这种变化是否会改变对于帮派的传统理解？青少年帮派与成人帮派之间的异同以及二者存在怎样的勾连？上述问题可能是帮派界定当中需要进一步厘清的问题。

二、帮派的存续和解散

综上所述，在对帮派的定义当中，稳定性和持久性是帮派区分于其他因犯罪临时纠结在一起的犯罪集团的关键。但这种稳定与持久是相对而言的，大量的帮派特别是街头犯罪帮派的存续很短暂，帮派成员会发生频繁变化，或者因为警方干预而丧失部分成员，或者随着时间推移而解散，只有少数帮派的存续时间较长。尽管如此，研究帮派的存续或解散的规律性十分重要，因为一方面，解散的帮派可能会以新的帮派形式重新组织起来；另一方面，把握这种规律性也关涉对帮派进行科学管控。

目前对帮派存续性的研究认为主要有两个因素发挥着作用，即帮派的凝聚性和开放性。凝聚力（cohesion）促进团结和身份归属感，增加了服从和忠诚，减少了内斗和“叛变”的可能。置身于具有更高凝聚力的帮派中的成员一旦打算脱离帮派会付出更高的成本。凝聚力也被形容为一种“嵌入”（embeddedness），意指个体沉浸在一个持久的越轨团体中的状态。开放性是指帮派在招募新成

---

〔1〕 See Maya P. Barak et al., *Conceptual and Empirical Obstacles in Defining MS－13: Law－enforcement Perspectives*, Criminology and Public Policy, Vol. 19:2, p. 564－566(2020).

员方面的能力,当帮派成员因各种因素减少时,有效快速补充新成员会使帮派继续存活。既有研究认为,凝聚性对拥有较多成员的帮派来说更重要,这有助于其保持成员关系,增进同质性和实施集体活动的效率,开放性可以带来新的机会和运转方式。这两个因素都对帮派的存续有所贡献。[1]

帮派成员的流动性与经济因素也存在联系。加入帮派产生了两种收入方面的效应:减少了合法获取收入的途径、增加了非法收入的可能。合法收入的获取与个体所拥有的社会资本和文化资本相关,其中社会资本指的是个体通过所在的关系网络获得的来自关系网络的实际和潜在资源的总和,文化资本是指包括衣着谈吐等能够表明个体价值的一系列后天形成的性格资源。社会资本和文化资本为个体在劳动力市场竞争当中提供优势。但活跃的帮派成员接受了与传统规范相悖的价值观和行为方式,限制了他们接触具有亲社会性的伙伴,从而破坏了社会资本和文化资本的获取。而参与帮派活动直接增加了通过非法方式获取金钱的机会。即使帮派成员退出帮派,当面临无法获取合法收入的窘境时,他可能会选择再次加入帮派。[2]

帮派会扭曲和巩固成员的自我认同机制,假设对帮派成员的犯罪活动予以正式干预可能会对帮派成员产生心理冲击,改变其自我认同,帮派效应可能会产生例外。这涉及帮派效应与标签理论之间的关系。标签理论本质上是一种社会理论,主张越轨行为不是犯罪人本人的偏差而产生的,而是制度的偏差、社会的偏差所造成的。标签理论根植于符号互动主义,认为个体的自我感觉主要基于个体对他人如何看待自己的反映,并通过持续的社会互动发生改变。标签理论的先驱者埃德温·雷伯特认为,制度在"创造"异常行为中扮演着重要角色,社会控制导致了异常行为。[3] 标签理论的另一位早期开拓者霍华德·贝克尔(Howard Becker)在《局外人》(*Outsiders*)一书中写道:"越轨行为不是一个人所犯行为的一种品质,而是其他人对一个'罪犯'适用规则和制裁的结果。"[4]

---

[1] See Marie Ouellet et al., *One Gang Dies, Another Gains? The Network Dynamics of Criminal Group Persistence*, Criminology, Vol. 57: 1, p. 5 -33(2019).

[2] See Megan Bears Augustyn et al., *Does Gang Membership Pay? Illegal and Legal Earnings Through Emerging Adulthood*, Criminology, Vol. 57: 3, p. 452 -480(2019).

[3] Richard H. Ward, *The Labeling Theory: A Critical Analysis*, Criminology, Vol. 9: 2, p. 269(1971).

[4] T. Markus Funk & Daniel D. Polsby, *The Problem of Lemons and Why We Must Retain Juvenile Crime Records*, Cato Journal, Vol. 18: 1, p. 76(1998).

帮派效应之于标签理论的例外在于，帮派作为其成员自我认知的“参考群体”可能会起到某种“保护”作用，使其成员免受传统规范价值对他们产生的负面感知。“帮派成员”不仅不被视为污名化的标签，可能被看作一种“骄傲”的来源，如对于参与帮派的很多青少年来说，被逮捕不仅对他们的自尊不会产生负面影响，反而是一种可炫耀的经历。换言之，标签理论之于帮派成员来说可能没有产生显著影响。但是研究表明，对于非帮派成员来说，被捕等措施会损害其自我、降低其自尊，增进未来参与犯罪活动的可能性。[1]

脱离帮派需要一个过程，在此过程当中，个体通常会对帮派生活幡然悔悟。桑普森和劳布的逐级年龄非正式控制理论描述了社会纽带、日常活动和个体能动性在长时间个体犯罪生涯改变当中的重要性。他们认为，转折点通过四种机制发挥作用：(1)斩断过去与现在；(2)提供监督以获得社会支持和成长的新机遇；(3)改变日常生活使之有序化；(4)提供转变身份的机会。对于青少年脱离帮派而言，其自身的醒悟和成熟被视为最重要的动因，醒悟和成熟可能来自帮派暴力带来的刺激或因司法机构的介入而中断，或因信仰、宗教或其他原因悔悟，就业、婚恋、家庭也被视为是脱离帮派的因素。[2]

帮派的存续和脱离的相关研究对于实务活动的启示是，对帮派的干预可以侧重：破坏大型帮派的凝聚力、切断其招募新成员的渠道，打击非法市场减少帮派获取非法收入的可能性，为脱离帮派的个体提供更多获取合法收入的机会，降低对非帮派成员犯罪的“标签化”等。

第二节　帮派的特殊问题研究

帮派一般被视为威胁社区和公共安全的重大隐患，帮派活动骚扰、伤害、破坏社会基本秩序和其他公民的日常生活，是西方社会正常运转的顽疾和毒瘤。

---

〔1〕 See Molly Buchanan & Marvin D. Krohn, *Does It Matter if Those Who Matter don't Mind? Effects of Gang Versus Delinquent Peer Group Membership on Labeling Processes*, Criminology, Vol. 58: 2, p. 280 – 306(2020).

〔2〕 [美]斯科特·德克、戴维·普鲁兹主编：《帮伙手册》，周振杰译，法律出版社 2019 年版，第 85、382 ~ 389 页。

但对帮派的进一步研究表明,帮派与社区之间的关系、帮派与其他犯罪团伙之间的关系可能比上述假定更为复杂。较大的长期存在的帮派可能具有某种合法生存的机制,渗透甚至替代了当地市政服务的部分职能,如制止和平息帮派成员以外的其他犯罪活动、管理经济活动乃至获得了部分民众的支持,从而获得了持续发展的机会。

意大利犯罪学者在对黑手党的研究中提出,黑手党既有动机也有一定的能力为特定的地区提供安全治理,黑手党控制和减少帮派之外的其他普通犯罪,控制合法市场,在很多方面取代了政府的职能。以下对该研究的基本观点进行概述[1]:

意大利黑手党一向以长久存续、组织和文化系统复杂、能够控制合法市场、对所在地区行使政治统治等特征闻名,特别是意大利南部的特定地区,黑手党在日常生活的很多方面取代了国家的功能。意大利南部黑手党的出现可以追溯到19世纪,当时所在地区拒绝承认国家主权并宣称独立,黑手党成功地填补了这些地区的权力真空。此后黑手党之所以在特定地区可以拥有持久的操控社会的统治地位是一系列因素综合作用的结果。其一,黑手党提供私人保护业务,满足商业保护需求。由于某些地区的居民并不信任当地政府机构,他们要求有一个中介机构保证经济交易过程中各方的安全。企业向黑手党支付保护费之后,由黑手党确保买卖双方的交易顺利进行。其二,黑手党操控政局,通过偏袒特定的政党候选人等方式操纵选举结果,将被选举出的领导人作为傀儡,可以方便黑手党挪用公共资金,操纵政府采购,干预政府预算。其三,控制普通犯罪,黑手党为了获得当地民众的好感和维持自身统治地位,会帮助解决地区争端、减少黑手党成员之外实施的其他犯罪活动。例如,当受黑手党保护的企业在经营活动中遭遇盗窃、抢劫等事件时可以求助于黑手党来寻求庇护。在降低普通犯罪发生率的同时,也更不容易引发警方的关注,反过来可以帮助黑手党维持其运行。

阿尔贝托·阿奇亚尼(Alberto Aziani)等人的实证研究发现,黑手党对一个省的控制指数与(黑手党实施以外的)普通犯罪的强度呈现出显著的负相关,其

---

[1] See Alberto Aziani et al., *Security Governance: Mafia Control over Ordinary Crimes*, Journal of Research in Crime and Delinquency, Vol. 57:4, p. 444 -492(2020).

他犯罪组织(非黑手党组织)的存在则与普通犯罪之间存在显著的正相关,这意味着控制普通犯罪是黑手党统治中的一个特点。黑手党与其领地之间的联系涵盖了当地社会生活的所有方面,尤其是政治权力、经济活动与犯罪环境。在控制与打击普通犯罪的过程中,黑手党替代和发挥了"准政府"角色,但黑手党的这一角色只限于特定的地区,超出这一地区之外的临近省份则无法被施加影响,另外黑手党所干预的普通犯罪并不意味着所在地区整体犯罪率很低。黑手党本身会实施一系列暴力、勒索、抢劫等犯罪活动,只是黑手党会限制其自身之外的犯罪,如向盗窃犯出售"许可证",限制他们只能在特定区域内犯罪等。

无独有偶,长期困扰美国社会安全的MS-13(Mara Salvatrucha,"野蛮萨尔瓦多人"之意)帮派也在某种程度上扮演者"保安"的角色,这一由在美国居住的拉美族裔及其后代组成的帮派,与当地少数族裔被孤立、欺凌的状况有关,这些被欺凌者为了寻求保护而结成团体。这一帮派中的很多成员可能并不从事严重犯罪活动,他们拥有正常的工作或者正在校读书,平时有吸毒或酗酒的越轨行为。帮派实施的暴力行为并不常见,暴力主要是团伙内部成员之间的行为。执法人员知悉帮派成员身份,但对于没有实施犯罪行为的帮派成员,执法人员会默认其为守法公民。[1] 这说明帮派活动的合法性与非法性之间存在很多灰色地带,他们与正常社会生活之间的界限并不是黑白分明的,而是混杂在一起。单纯地以是否实施犯罪活动来判断和治理帮派问题可能过于简单化,忽视了帮派生存的社会背景和复杂的运行机制。

从上述研究中获得的启示是,如何削弱和剥夺较大帮派的"准政府"角色,是治理较大帮派长久存续问题的关键。地方政府应通过致力于增强自身的管理能力,向民众提供更强大的安全保障,满足商业保护需求和日常生活安全等方式,避免出现权力真空。同时在帮派研究当中,应注意将帮派所处的社会背景、其组织结构、运行机制与他们的犯罪活动模式相互整合,以更深入地理解帮派运作的方式。

---

〔1〕 See Maya P. Barak et al., *Conceptual and Empirical Obstacles in Defining MS-13: Law-enforcement Perspectives*, Criminology and Public Policy, Vol. 19:2, p. 571-582(2020).

专题八

犯罪被害研究

第一节　女性的犯罪被害研究

亲密伴侣暴力(intimate partner violence)问题是被害人研究当中被长期关注的议题,近似的研究主题还包括家庭虐待(domestic abuse)、亲密伴侣杀人(intimate partner homicide)等。根据世界卫生组织的界定,亲密伴侣暴力是指由亲密伴侣实施的,致使受害人身体、性或心理受到伤害的行为,包括身体侵犯、强迫性行为、心理虐待和控制行为。美国社会学家迈克尔·约翰逊(Michael Johnson)将亲密伴侣暴力划分为五种类型,包括胁迫控制暴力(coercive controlling violence)、暴力反抗(violent resistance)、情境性夫妻暴力(situational couple violence)、相互控制暴力(mutual control violence)以及分居引发的暴力(separation instigated violence)。[1] 家庭虐待行为一方面包括暴力、虐待、控制、胁迫等行为,另一方面也包括心理、情感等形式的虐待。[2]

亲密伴侣暴力、杀害、家庭虐待的被害人多为女性,乃至家庭暴力在很大程度上被视为一种独特的女性相关的问题。一项欧盟范围内对亲密伴侣暴力问题的调查结果显示,在28个欧盟国家中,平均22%的女性从15岁起就经历相

---

〔1〕 参见吴小沔:《关注亲密伴侣间的权力:胁迫控制研究述评》,载《妇女研究论丛》2020年第6期。

〔2〕 See David Gadd et al., *The Dynamics of Domestic Abuse and Drug and Alcohol Dependency*, British Journal of Criminology, Vol. 59:5, p. 1035(2019).

关的身体暴力伤害,4%的女性报告称在过去1年中受到过伤害。[1] 亲密伴侣杀人案件中,30岁及以上的女性是受害的高危群体。[2] 而在性虐待和性暴力受害方面,西方非裔和少数族裔女性(black and minority ethnic)面临更为艰难的处境。

相关研究的一大争议问题是,家庭暴力的施加是因为男性更为暴力,还是因为婚姻环境下"丈夫"的角色更为暴力?前一种立场认为施暴者本身就具有暴力倾向,在亲密伴侣关系当中的暴力行为是这一倾向的延续;后一种立场则认为家庭环境具有某种诱发暴力的特殊性,如相比于约会或同居关系,已婚关系当中男性对妻子的身体攻击可能性更高。女权主义侧重于从父权社会固有的性别不平等出发,认为男性在关系中通过使用暴力来维持对女性伴侣的控制。家庭系统的观点认为家庭环境具有的权力冲突对暴力行为发挥了作用。还有研究者从个体层面解释,认为施暴者具有边缘性人格特质、反社会人格特质等暴力风险因子。相关的研究认为,长期实施一般犯罪的人以及暴力犯罪人更易实施亲密伴侣暴力行为。儿童时期目睹或遭受的家庭暴力可能会通过模仿、学习过程诱发日后的攻击行为。[3]

亲密伴侣暴力事件在极端情况下会升级为被害人被杀害的悲剧。美国近年来发生了若干起杀妻案件,引起民众不满,这些案件暴露出相关的警务和刑事司法对策不足。在凯莉·汤普森(Kelly Thompson)被害案件中,她在被害前的3周至少报警35次,向朋友、邻里和同事倾诉了遭受家庭暴力的情况,并试图与家庭暴力解决相关的服务机构联系,但尽管如此,她最终仍惨遭不测。研究人员认为,警方是家暴受害者的重要求助对象和连接点,警方对于家暴者的危险性评估失误是导致家暴最终升级为命案的重要因素之一。既有的风险评估工具多为标准、统一的医学指标,无法完整反映出受害女性现实生活的复杂

---

〔1〕 See Janna Verbruggen et al., *The Relationship Between Criminal Behaviour over the Life - course and Intimate Partner Violence Perpetration in Later Life*, European Journal of Criminology, Vol. 17: 6, p. 785(2020).

〔2〕 See Sandra Walklate & Anna Hopkins, *Real Lives and Lost Lives: Making Sense of "Locked in" Responses to Intimate Partner Homicide*, Asian Journal of Criminology, Vol. 14: 2, p. 130(2019).

〔3〕 See Janna Verbruggen et al., *The Relationship Between Criminal Behaviour over the Life - course and Intimate Partner Violence Perpetration in Later Life*, European Journal of Criminology, Vol. 17: 6, p. 784 - 805(2020).

性,无法与其真实生活一一对照。美国在 20 世纪 80 年代提出了德卢斯模型(Duluth Model),在模型中列举了家庭暴力的基本形态,包括暴力干预、情感虐待、使用隔离、拒绝指责、利用儿童、使用权力、经济虐待、胁迫与威胁等八种形式,该模型提倡以多机构合作的方式应对针对女性的家暴行为。但是各个机构之间如何高效开展合作、他们对于家暴者的评估是否采用了同一标准,仍然悬而未决。[1]

亲密伴侣暴力的持续可能与特定的文化环境有关。一项对在英国定居的南亚社区家暴状况的研究认为,在遭受丈夫的性虐待之后,这些女性大多没有选择向警察或其他机构报告,之所以如此,是基于南亚社区中的父权社会文化规范抑制了受害女性向外界寻求帮助,从而纵容和助长了家暴者。社区居民所共享的文化观念是一种僵化、传统的家庭观念,即认为女性有义务满足丈夫的生理欲望,因此,婚内强奸通常被视为是正常的或者可以被原谅的。年长的女性乃至包括受害女性的母亲为了维护家庭和谐,会劝说年轻女性接受性虐待。受害者认为一旦揭露丈夫的暴行可能会有损自己以及家族的"声誉"甚至影响到她的兄弟姐妹的婚配,因此甘愿承受。少数举报者则会面临被社区疏远、指责、孤立和诽谤的后果。[2]

可以说在世界范围内,致死、致伤的家暴事件仍然没有得到有效解决。2020 年 9 月,一名藏族女孩在直播过程中被前夫纵火烧伤,后经抢救无效死亡。2016 年留日学生江某的被害也是由亲密伴侣暴力导致无辜第三人被害的悲剧。根据 2020 年开展的第四期中国妇女社会地位调查的数据,在婚姻生活中女性遭受过配偶身体暴力和精神暴力的比例为 8.6%。亲密伴侣暴力发生的场域比较特殊,属于夫妻、情侣或同居关系的私密空间;牵涉的人身关系比较复杂,包括经济、情感、子女等关系的纠葛、依附、控制等;持续时间比较长,往往在暴力与非暴力的循环当中消耗各方面的资源,这些因素都决定了家暴问题的复杂性。保持受害者求助渠道的畅通以及有效保护受害者不再受到暴力侵害是反

---

〔1〕 See Sandra Walklate & Anna Hopkins, *Real Lives and Lost Lives: Making Sense of "Locked in" Responses to Intimate Partner Homicide*, Asian Journal of Criminology, Vol. 14:2, p. 129 – 143(2019).

〔2〕 See Aisha K. Gill & Karen Harrison, *"I am Talking about It Because I Want to Stop It": Child Sexual Abuse and Sexual Violence Against Women in British South Asian Communities*, British Journal of Criminology, Vol. 59:3, p. 511 – 529(2019).

家暴的核心诉求。

我国的家暴问题近年来也比较突出。我国《反家庭暴力法》于2015年通过,2016年起施行。但在法律实施的具体环节中仍需完善,如对于家暴的准确认定、如何帮助受害者提供有效证据、怎样矫治施暴者等。目前我国女性家暴受害问题主要依靠受害者自行寻求帮助并辅以学校、医疗机构、村委会、居委会等机构的强制报告机制,但是一方面受害女性可能因环境导致无助或多次求助被拒而无奈选择放弃,另一方面强制报告制度还欠缺相关的配套规定和有效落实。

第二节　青少年的犯罪被害研究

青少年被害研究背后的关切点在于,早期的受害经历可能会对青少年之后的成长造成更负面的后果。特别是暴力伤害的受害青年,可能会破坏他们的安全感和控制感,有损健康发展。青春期是个体对受害后果比较敏感、脆弱的时期,同时也是认知、感觉、决策、控制能力迅速发展的时期。当创伤事件发生时,伴随的恐惧、焦虑等心情可能会阻碍青少年的自我控制能力,改变对于社会和他人的看法,进而会影响他们的学业表现,发生抑郁、吸毒等情况,乃至实施越轨和犯罪行为。

《犯罪》杂志2019年第57卷第1期的一篇论文立足于这一主题,提出了这样一个问题:青少年时期遭受过暴力,并不是所有受害青少年都会因此在成年时期经历更为消极的生活,受害群体的被害差异性是否与其整体受害风险相关?具体来说,研究人员认为,青少年群体的受害风险存在差异,最容易遭受暴力侵害的青少年往往身处多种不利环境之下,他们生活在犯罪率较高的社区,社会联系和支持都较弱,他们本身的自控能力较弱,更可能实施危险行为。相反,受害风险较低的青少年更可能生活在较为优越的社区中,他们有比较坚实的家庭纽带和社会依恋,以保护他们免受伤害。研究人员假设,不同的暴力受害风险青少年受到伤害之后的反映也不同。[1]

---

〔1〕 See Jillian J. Turanovic, *Heterogeneous Effects of Adolescent Violent Victimization on Problematic Outcomes in Early Adulthood*, Criminology, Vol. 57: 1, p. 105 – 135(2019).

有两种互斥的理论假设对这一现象进行解释。一种是累积劣势假设(cumulative disadvantage hypothesis),认为受害风险较高的年轻人在遭受暴力侵害之后的后果更为严重。类似于“马太效应”,这样的年轻人所经历的逆境就像滚雪球一样不断堆积,最终会在人生历程中承受更糟糕的生活,因为他们没有能力也缺乏资源用以克服被害所带来的不良影响。另一种相反的劣势饱和假设(disadvantage saturation hypothesis)反对上述见解,受害风险较高的年轻人早已处于各种不利因素当中,其面对的劣势状况已经“饱和”了,受害并不会进一步增加他们日后生活中的困难,但是对于受害风险较低的年轻人来说,遭受暴力侵害所产生的冲击更大,影响更深远。该项实证研究认为,结果更支持劣势饱和理论,即受害风险较高的青少年对于暴力侵害不那么敏感,以至于受害不会被视为特别的创伤事件,这种“暴力脱敏”的态度和认知也被视为某种“街头”生存智慧。但对于受害风险较低的青少年来说,暴力受害经历会使他们更为消极,对正常生活的影响更大。从犯罪政策的角度来说,对二者可能需要不同的创伤治疗手段,对于后者来说,围绕创伤本身的一系列干预如创伤回忆、心理教育、认知重组等可能更有效;但对于受害风险更高的青少年来说,这些措施的实际效果可能比较有限,需要全方位调整其所处的不利的生活环境因素。[1]

青少年在网络世界中遭受的伤害也开始引起研究者的关注。网络时代的青少年更多沉浸在数字世界当中,被称为“数字原住民”。社交网络的普遍使用为年轻人提供了个体探索和人际交往的更多契机,但与此同时也会体验到网络世界的黑暗面,包括骚扰、侮辱、恐吓、威胁、侵犯隐私、散布谣言等各种形式的网络攻击行为成为青少年新的受害来源。网络世界中的加害者可能仅仅出于娱乐、跟风或恶作剧的心态实施上述行为,基于网络世界信息辐射范围更广、传播速度更快、加害者匿名性等特点,这些伤害对受害者的影响可能比线下案件更深。[2]

有研究者将通过社交网络进行的攻击行为予以归纳、抽象,提出“数字化骚扰和虐待”(digital harassment and abuse)这一概念,是指通过互联网、移动电话

〔1〕 See Jillian J. Turanovic, *Heterogeneous Effects of Adolescent Violent Victimization on Problematic Outcomes in Early Adulthood*, Criminology, Vol. 57: 1, p. 105 – 135(2019).

〔2〕 See Laura De Fazio et al., *Italian Adolescents' Experience of Unwanted Online Attentions: Recognizing and Defining Behaviours*, European Journal of Criminology, Vol. 17: 5, p. 647 – 660(2020).

和其他电子通信设备实施的一系列有害的人际行为,包括攻击性评价和辱骂、骚扰、言语威胁以及基于性、性别的骚扰和虐待。[1] 这些行为造成的伤害突出表现为情感痛苦,一些年轻人在遭受网络攻击和伤害后甚至选择自杀。网络性骚扰近年来越来越频繁,一项对荷兰网民的研究结果显示,在成年网民当中有4.6%的男性和6.7%的女性在过去半年中曾遭受网络性骚扰;而这一数字在青少年网民当中则是男性青少年占5.6%和女性青少年占19.1%,女性青少年受到的网络性骚扰更为严重。[2]

---

〔1〕 See Anastasia Powell et al., *Digital Harassment and Abuse: Experiences of Sexuality and Gender Minority Adults*, European Journal of Criminology, Vol. 17:2, p. 200 - 201(2020).

〔2〕 See Anastasia Powell et al., *Digital Harassment and Abuse: Experiences of Sexuality and Gender Minority Adults*, European Journal of Criminology, Vol. 17:2, p. 204 - 205(2020).

专题九

警务问题研究

第一节　预测性警务等新发展方向的研究

一、从传统警务到新警务的理念更新

近年来,犯罪学研究成果中关于警务制度的关键词主要有预测性警务(predictive policing)、前瞻性警务(proactive policing)以及问题导向警务(problem - oriented policing)等,这些关键词表明了警务发展的新动向。其中预测性警务是以犯罪热点识别为核心的犯罪模式时空分析策略,服务于预防犯罪的实践。前瞻性警务是指警方主动调动各种资源预防和减少犯罪事件或失序状况的各种措施。问题导向警务强调将警务关注重点放在解决犯罪及相关预防问题的目标上。预测性警务重视将各种数据分析工具应用在犯罪热点时空的预测当中,前瞻性警务强调警务活动的主动性、积极性,问题导向警务则侧重相关措施与目标的适配性与警务活动的务实性。尽管表述与侧重点存在若干差别,但这些措辞都折射出了警务理念的深层变化。

传统警务理念的特点是回应性、被动性的,主要是对外部治安防控要求的回应,例如,对“911”紧急呼叫和其他公民治安诉求的接受和应答,或者是对正在进行的刑事案件、治安案件的调查。由于社会发展中出现的新问题、新矛盾逐渐增多,传统警务疲于应付。在有限的警务资源和人力的情况下,警方通常不可能有效地解决城市中所有具有犯罪风险的区域。以美国为例,20 世纪 60

年代伴随社会动荡、犯罪率上升，出现了某种警务信任危机，对传统警务执法方式的有效性产生了多方面的怀疑。作为相应的改革策略，从 20 世纪 80 年代和 90 年代开始，美国警务部门试图以创新机制来对传统警务进行变革。[1] 预测性警务等新警务理念是在既有警务理念的更新和补充基础上发展起来的。新警务的最重要变革是推动警务活动更加主动性和侧重预防性，以致力于实现减少犯罪事件、混乱状态以及改善警民关系等目标。

二、新警务模式的方法论基础

新警务模式的产生受到了多种方法论的启示，其中运筹学（operational research）发挥了重要影响。运筹学是 20 世纪 30 年代初发展起来的一门新兴学科，其主要目的是为管理人员在决策中提供科学依据，以实现有效管理、正确决策和现代化管理。运筹学利用统计学、数学模型和算法等方法，去寻求复杂问题中的最佳解答。受运筹学的启发，警务活动开始使用新颖的数据收集方法、先进的分析、模拟和评估技术，以更丰富的技术化手段处理治安数据，服务于针对性预防策略。大数据时代为警务部门提供了前所未有的海量数据，这为新警务发展提供了扎实的数据基础。

循证学是另一股影响警务模式变革的重要力量。循证的本意是“基于证据的实践”，最初是在医学领域发展起来的，主张医生应当将所能获得的最佳研究证据与自身的专业技能以及患者的价值观整合起来进行治疗。循证学被运用到警务活动中，将传统的以经验为主导的警务模式转变为以“证据”为主导的警务模式，建立“研究影响政策”机制，将科学融入警务实践当中，对警务活动的评估更加有效、可信，并能够将评估结果转化为日常警务政策。[2]

三、制度架构

（一）预测性警务（predictive policing）

预测性警务是以犯罪热点识别为核心的犯罪模式时空分析策略，服务于预

〔1〕 David Weisburd et al., *Proactive Policing: A Summary of the Report of the National Academies of Sciences, Engineering, and Medicine*, Asian Journal of Criminology, Vol. 14: 2, p. 146(2019).

〔2〕 参见杨涵、王英锋：《“循证警务”及其启示探析》，载《北京政法职业学院学报》2013 年第 4 期。

防犯罪的实践。美国《犯罪学年度评论》(Annual Review of Criminology)杂志2019年第2卷以及《英国犯罪学杂志》2019年第59卷第3期分别刊发的两篇论文专门讨论了预测性警务,下文主要介绍这两篇论文的观点。[1]

预测性警务主要是一种数据驱动的犯罪热点预测方法,大体可以分为基于地点的预测方法和基于人的预测方法。这一警务模式的兴起与警方有能力收集、掌握和处理前所未有的海量数据有关。

对于基于地点的预测方法来说,犯罪学文献的大量证据表明,犯罪往往不是均匀分布于时空当中的,而是集中于较小区域,即所谓"犯罪热点"地区。"犯罪热点"往往是实施一系列暴力和财产犯罪的"最佳"地点,是有动机的罪犯和潜在的被害人的汇聚,同时相关地点缺乏有效监管。"犯罪热点"并非一成不变,而是动态流动的,在几天、几周乃至更长时间跨度内都会发生变化。在犯罪热点的预测当中,几种主要的预测工具包括时间序列分析、基本空间分析、自激点过程建模分析、基于规则的重复热点建模、空间回归模型等。

其中时间序列分析是热点识别的基础性工具,在这种方法中,需要将区域划分为若干小的地理单元,如街道段、社区等,在一个指定的时间跨度内将每个小地理单元发生的犯罪情况进行统计,根据统计结果将犯罪数量发生最多的区域标示为犯罪热点地区。或者可以运用统计方法进行回归分析,来预测未来某个时间段内将要发生的犯罪数量,预测犯罪数量最多的地理单元就被视为犯罪热点。在基本空间分析模型中,空间内核密度估计(spatial kernel density estimation)是表征犯罪或其他事件空间分布特征的统计工具。这种方法是指创建一个单一目标变量的密度面,该密度面取决于该变量在固定时间内在地理单元中的发生情况。这种方法可以用来制作具有更强视觉效果的犯罪热点图示,用以指导警力的合理分布。还有一种空间分析工具是风险区域建模(risk terrain modeling),它使用地理信息系统软件将与目标相关的风险因子的数据进行空间层的整合,以产生复合风险图示,在警务实践中主要用于识别各种犯罪类型的促生环境因素。

---

[1] See Dylan J. Fitzpatrick et al., *Keeping Score: Predictive Analytics in Policing*, Annual Review of Criminology, Vol. 2: 1, p. 473 – 491 (2019); Mareile Kaufmann et al., *Predictive Policing and the Politics of Patterns*, British Journal of Criminology, Vol. 59: 3, p. 674 – 692 (2019).

自激点过程建模分析(self - exciting point process modeling)是基于某些犯罪类型在时间和空间上聚集的经验证据,明确地对犯罪的时间模式进行建模。例如,盗窃犯通常在几天或几周的时间内瞄准相对较小的地理单元中的多个店面或房屋实施偷窃,帮派暴力活动也以类似的方式集中于某些地理空间当中。自激点过程建模分析可以用来预测犯罪发生的时间模式。上述方法主要是从犯罪密度角度来分析犯罪热点,基于规则的重复热点建模则主要研究热点的持续性,用于将警力资源进行优化,减少警力浪费。空间回归模型可以适应复杂的时间和空间跨度环境,需要更大量的数据信息和统计能力,这种模型认为,在特定的时间和地点,犯罪事态倾向于从较轻的犯罪类型演变为更加严重的犯罪类型。因此,较轻的犯罪可以作为短期热点,或作为预测严重犯罪的主要指标。根据这一观点,如果在某个区域内发生了新的助长犯罪的环境因素如囚犯从监狱释放/帮派成员成年等事件,那么可以将此用以预测相关地区接下来的犯罪情况。

以上是对基于地点的预测方法的概况,基于人的预测方法主要是指通过对既往的犯罪史、帮派关系或其他犯罪风险指标标记出有犯罪倾向的人。例如,根据个体的犯罪前科记录、与警方接触时的逮捕、假释细节数据、帮派关系数据等对个体的犯罪危险性进行排名。由于基于人的预测方式可能会产生很多错误判断,对个体隐私存在侵权的可能,也会造成若干标签化的不利影响,这种预测方式一直都受到了国外媒体和公众的批评。

由于预测方法的多样性,如何检测预测结果的准确性也是需要重视的问题。国外学者研发出了相关预测准确性指数(prediction accuracy index),用以检验犯罪热点预测的效果。这一指数是一种比例的方式,是将预测区域内发生的犯罪总数除以预测热点所代表的总区域所占的比例,换句话说,可以将其视为一种收益成本比例,犯罪数量作为分子被视为预测收益,警方巡逻或采取预防措施的区域的总面积比例作为分母,是预测警务活动的成本,二者的比例变动可以用以评估警力资源分配的有效性。

预测性警务存在若干潜在的缺陷,除了上述提及的基于人的预测方法的种种不利影响之外,基于地点的预测方法也涉及多个问题,其一,可能会给原本的弱势社区雪上加霜,加深和掩盖警方对当地社区的偏见,激化警民冲突,导致不公平地针对特定群体特别是少数族裔群体。其二,可能会引起“正反馈循环”现象,即当数据收集工作出现偏差,如高估了某一地区的相对犯罪水平时,警方可能会在该地区部署更多的巡逻人员,额外的巡逻人员会发现更多的犯罪,导致警方强化对该地区犯罪率高的认知,进而部署更多警力。其三,预测的准确性可能取决于足够多数量的犯罪事件,实践当中缺乏相关数据,即使有这样的数据来源,预测结果也会转化为一般性的泛泛而谈,缺乏具体预测意义。其四,预测性警务对算法高度依赖,但算法可能会形成“虚假”或无关的模式,预测结果不一定可靠。其五,犯罪预测的结果可能与民众的感知存在很大差异,无法真正服务于社区民众。对此,国外学者认为,一方面,在犯罪热点预测当中,结合多种预测方法可以在一定程度上克服某种数据偏见。另一方面,对于犯罪预测的模式分析应当附带详尽的解释说明,并建立严格透明的监管机制,以预防可能出现的不利结果。

(二)前瞻性警务

前瞻性警务(或称为积极警务)是指警方主动调动各种资源预防和减少犯罪事件或失序状况的各种措施。美国国家科学院在对前瞻性警务的研究报告[1]中将其划分为四种路径(详见表9-1)。从表9-1中可以看出,前瞻性警务的涵盖范围是非常广泛的。

表9-1 前瞻性警务的四种路径

	基于地点的方法	基于解决问题的方法	基于人的方法	基于社区的方法
犯罪预防的逻辑模型	利用证据表明犯罪集中在微观区域	使用以问题为导向的方法,将问题确定为犯罪事件的模式,然后确定这些问题的原因。根据问题的原因制定解决方案,并进行评估	基于犯罪集中在一小部分犯罪人中的假设	利用社区资源来识别和控制犯罪

[1] See David Weisburd et al., *Proactive Policing: A Summary of the Report of the National Academies of Sciences, Engineering, and Medicine*, Asian Journal of Criminology, Vol. 14:2, p. 147(2019).

续表

	基于地点的方法	基于解决问题的方法	基于人的方法	基于社区的方法
警务策略	热点警务;预测性警务;闭路电视	问题导向警务,第三方警务	集中威慑;累犯项目;截停措施等	社区导向警务;程序正义警务;破窗警务
主要目标	在微观区域预防犯罪	解决反复出现的问题并预防未来出现的犯罪	通过针对已知的犯罪人来预防和威慑特殊犯罪行为	通过警务活动加强集体效能和社区团结
实现目标的关键方法	犯罪热点的识别和重点策略的应用	扫描和分析犯罪问题,找出解决方案,并进行评估(SARA 模型)	找出已知的高犯罪率罪犯,并对这些特定罪犯应用策略	制定让社区参与的方法,或改变警察与公民互动的方式

对美国警务活动的调查显示,在美国的中型到大型警察机构中,前瞻性警务得到了广泛应用,其中最常被应用的是社区警务。美国国家科学院对前瞻性警务的四个组成部分在美国的应用情况进行了逐一评估,得出了如下基本结论[1]:

第一,关于地点基础上的策略,研究认为美国针对犯罪热点的警务产生了短期内的遏制犯罪的效果,但并没有证据显示热点地区警务对犯罪现象的长期影响。对于使用监控方法减少财产犯罪的意图来说,其收效并不明显。第二,问题导向的警务工作也能在短期内减少犯罪,但对于警务活动可能产生的司法影响以及对犯罪和失序状况的长期影响目前所知有限。第三,关于以潜在犯罪人为重点的警务策略,在减少帮伙暴力、街头犯罪和累犯方面起到了一定的震慑效果。第四,关于社区警务,在短期内它可以适度改善公众对警务的看法,但是比较激进的破窗警务如增加对轻罪行为人的逮捕等社会治安措施对于犯罪率降低的影响比较小。第五,当警察针对高风险场所或高风险人群开展前瞻性警务活动时,可能产生较大的种族差异,尤其是在时间紧迫、需要迅速做出决策的情况下,警官可能会将自身的内隐性偏见转化为差异性执法。

---

〔1〕 See David Weisburd et al., *Proactive Policing: A Summary of the Report of the National Academies of Sciences, Engineering, and Medicine*, Asian Journal of Criminology, Vol. 14:2, p. 145 – 177(2019).

犯罪学专家认为,前瞻性警务已经成为美国警方致力于解决犯罪问题的重要策略。但在警务政策的制定过程中,应当重视循证(evidence - based)方法,证据基础上的针对性活动可以更为严格地将警务力量集中到需要迫切解决的安全隐患问题当中,并且最大限度地减少可能产生的负面影响。而不符合循证方法的警务活动如“零容忍”计划,其效果是有限的,并且可能对社区造成负面影响。一个较为完善的前瞻性警务策略应当将不同的方法进行合理融合,如将社区警务与循证方法相融合。此外,应当重视对前瞻性警务效果的评估,尤其是对警民关系、前瞻性警务与社区集体效能关系等问题的评估,用以不断优化和完善前瞻性警务活动。

美国警察在日常警务活动当中是如何应用前瞻性警务策略的?对此《警务季刊》2020 年第 23 卷第 3 期刊发的《通过系统观察和计算机辅助调度数据,审视前瞻性警务的经验现实》一文重点考察了警务日常实践活动与前瞻性警务策略的对接情况。[1] 通过对 4 个警署的调查以及对 84 名警官日常警务活动的观察和访谈,发现前瞻性警务活动的实践范围可能比较有限。警方实施的最常见的前瞻性警务活动是对车辆的拦截以及对热点地区的巡逻,其中车辆拦截包括交通执法人员对超速或不遵守交通标志的司机进行拦截检查,也包括为预防犯罪或进行调查而主动截停车辆的情况;对热点地区的巡逻活动中,巡逻经常是在较大的、不固定的地理区域内进行的,很少受到犯罪情报分析的指引,地点的选择往往由警官酌情决定。

该研究团队认为,应当从下述方面完善前瞻性警务活动的具体实施:其一,应当重视对前瞻性警务活动的日常记录、追踪和问责系统的建设,记录和跟踪是加强绩效管理的基础。传统警务如对“911”报警电话的应答处置措施往往具有较为规范的记录流程,但前瞻性警务活动在这一点上相对欠缺,这不利于进行评估和完善。其二,应建立对前瞻性警务活动的奖惩机制,将其纳入日常警务的考核标准当中。目前警员对前瞻性警务的态度是比较被动的,往往取决于上司的态度或内心的态度。若想将前瞻性警务活动落到实处,就应当致力于完善相关的考核管理机制。其三,从巡逻活动具有一定的随意性来看,目前的警

---

[1] See Cynthia Lum et al., *Examining the Empirical Realities of Proactive Policing Through Systematic Observations and Computer - aided Dispatch Data*, Police Quarterly, Vol. 23:3, p. 283 - 310(2020).

务活动还没有贯彻循证的观点，应当对警务人员进行培训、辅导和指导，帮助其实现利用犯罪预测工具来优化其警务活动的效果。

（三）问题导向警务

问题导向警务强调将警务关注重点放在解决犯罪及相关预防问题的目标上。作为一种新的警务方法，问题导向警务主要源自 1979 年赫尔曼 · 戈德斯坦（Herman Goldstein）的观点，他认为应当将警方的注意力集中在解决问题的目标上，使之成为警务的关键部分。此后的数十年来这成为美国和世界各地警察机构广泛采纳的制度化建议。问题导向警务的标准操作流程是警察首先扫描和定位值得关注的问题，确定相关问题对社区和警务工作的影响以及确定问题发生的频率；然后分析问题的根本原因，识别和理解问题前后的各种事件和促生条件，尽可能缩小问题的范围；之后制定应对策略，寻求有效的干预措施并确定责任主体并予以具体实施；最后评估应对策略是否已被贯彻以及它们是否产生了预期的效果，收集行动前后的定性与定量数据进行持续评估分析。后来这被发展为所谓的四阶段模型，即扫描—分析—反应—评估模型或 SARA（Scanning - Analysis - Response - Assessment）模型。

大卫 · 维斯伯格等人重点考察了问题导向警务在以色列的创新发展情况，以色列警方通过对日常警务的制度化实践贯彻问题导向警务。[1] 以色列警方制定了预防和管理重点项目（EMUN，是希伯来语中“信任”一词的首字母缩写）旨在将问题导向的警务制度化。EMUN 将问题导向警务的所有步骤进行制度化，将犯罪分析系统、战略计划和管理方式、公众参与以及绩效评估纳入其中，并且重新塑造了警务人员的晋升和激励结构。第一，在问题识别方面，主要集中于辖区内的重大犯罪或扰乱公共秩序的问题。换言之，这些问题应当是具有局部意义的，识别的根据是对当地犯罪趋势变化数据的深入分析以及确定当地社区居民的优先关注点。问题主要集中于几个类别：财产犯罪、暴力犯罪、枪支犯罪、交通问题、噪声干扰等。为了更好地贯彻循证方法，EMUN 模式创建了一个复杂的犯罪分析系统（EMUN 系统），每个警署均有配备，以供外勤人员以及管理人员、指挥人员等所有级别的人员使用。该系统由犯罪学家、其他学科专

---

〔1〕 See David Weisburd et al., *Institutionalizing Problem - oriented Policing: An Evaluation of the EMUN Reform in Israel*, Criminology and Public Policy, Vol. 19: 3, p. 941 - 964(2020).

家、智能工程师等联合开发,用以分析特定地点、时间的犯罪与失序情况的变化,只需单击地图图标就可以显示街道、社区、警署所在辖区的犯罪等事件的发生情况。第二,在制度性响应方面,对于发现和分析的每一个问题,警署必须创建一个行动计划,包括一系列预防和监督对策,具体行动的开展不仅依赖于警方自己的人力、物力、资源,也可以调动其他地区资源,包括当地市政部门、政府部门、私人机构的相关资源。针对每一个问题都指派一名高级警员负责实施相关计划,这名警员将成立特别工作组,召集所有相关人员一同工作,同时有专人记录、监督整个过程。第三,对于效果评估而言,EMUN 强调,较为成功的问题导向警务的评价标准是预防效果,而不仅仅是逮捕次数等犯罪处置数量,评估的重点也不是横向之间各个辖区的对比,而是每个辖区内部的自我衡量。EMUN 系统中有专门的评估效果界面,以不同颜色标注犯罪情况,并显示与上一年相比该辖区犯罪情况增减的数据。在系统屏幕的底部还会显示不同的分数,反映对行动计划的实施评价。以色列警员每天都在使用这一系统,他们及其上级可以随时查看相关表现,并适时调整行动策略。此外,本辖区警员还可以阅览其他辖区警员的相关行动情况的信息,有助于相互学习,扬长避短。

以色列 EMUN 警务改革是贯彻问题导向警务的良好范本,其中值得关注的是,"问题"的定位是问题导向警务中的关键词,也是开展具体警务活动的基石。国外有学者认为,目前我们对于"问题"的界定是相对狭隘的,只重视犯罪相关问题,而忽视了其他视角。[1] 例如,在住宅区引入闭路电视摄像机以应对违法的垃圾废物处置行为的措施,如果仅仅关注安装摄像机是否有利于降低乱丢垃圾的概率,那么对这一问题的理解可能有失片面。应当进一步思考部署和维护摄像头的相关成本有多少?是否可能产生意外后果,如侵犯社区居民的隐私权和其他权利?是否会降低建筑物和社区环境的美学价值?换言之,如果在识别"问题"时考虑不周,尤其是忽视了问题所处的更宏大社会背景时,不仅会误导干预措施的制定,还可能会产生不可控的副作用,如改变社区居民的地址,从而影响问题导向警务的实践效果。其中隐含的观点是,减少犯罪的措施不是存在于真空当中的,而是由社会中拥有多元化价值观和目标的群体合作完成

---

〔1〕 See Hervé Borrion et al., *The Problem with Crime Problem - solving: towards A Second Generation Pop*, British Journal of Criminology, Vol. 60: 1, p. 219 - 240(2020).

的，如果没有这些群体的广泛支持，犯罪防控措施将缺乏合法性，很可能不被接受或遭受抵制。

这就要求警务人员在理解社区安全问题时不仅仅只关注犯罪和失序问题，也要关注其他自然和人为风险要素，具有分析和解决复杂问题、处理多个利益相关人的能力。需要引入跨学科视角，将建筑学、生态学和伦理学方面的知识融入问题识别与具体行动当中，尽量减少警务活动可能产生的负面后果。总体来说，问题导向警务中对于"问题"的界定和解决不能仅仅瞄准犯罪问题，而要将视野拓展至既将犯罪率降低到可接受的水平，也要满足所有利益相关者的更深层次追求。

第二节 警用设备与警务技术的升级与适用

一、警用随身摄像机

警用随身摄像机的大幅普及是优化警察行为最重要的干预措施之一，它旨在提高警务透明度，减少警察使用武力，并减少与警务不当行为有关的投诉。这一技术背后的逻辑与威慑理论以及程序正义理念相关，根据威慑理论，当人们意识到自己被他人观察时，他们更有可能遵守规则，并从事社会可接受的行为。因此，理论上随身摄像机可以促进警方以及警务相对方实施合法行为，减少实施非法行为的动机。根据警务行为程序正义理念，决策质量与处遇质量决定了公民对警务行为的认同度，参与(participation)、中立(neutrality)、尊严和尊重(dignity and respect)及值得信赖的动机(trust worthy motives)构成了程序正义中的核心元素，其中"参与"是指通过积极倾听和沟通允许公民参与警务活动；"中立"是警方作出决策要基于法律和公正性，而非歧视；"尊严和尊重"是通过有礼貌的语言和身体举止表达对执法对象的尊重；"值得信赖的动机"表现为通过建议等方式满足公民需求，促进其福祉，随身摄像机的推广有利于这四个方面的落实。[1] 国际警察局长协会(the International Association of Chiefs of

[1] See John D. McCluskey et al., *Assessing the Effects of Body - worn Cameras on Procedural Justice in the Los Angeles Police Department*, Criminology, Vol. 57: 2, p. 208 - 236(2019).

Police,IACP)为此项技术制定了适用基本政策,肯定了其在警务执法中广泛应用的重要性。

警用随身摄像机的广泛采用被认为是对当代警务合法性危机的一种回应方式,其在美国受到全国性关注主要与两次事件有关:一个是2013年联邦法官谢德林(Scheindlin)建议纽约市警察局警员佩戴摄像机以防范执法过程中的种族歧视,另一个事件更为轰动,是2014年一名白人警官对并未使用任何武器的非裔青少年迈克尔·布朗进行射击致其死亡。受这两次事件的影响,全美各方呼吁警务系统扩大对随身摄像机的配备,以减少不幸事件的发生,警用随身摄像机随之得到快速普及。到2013年美国司法统计局调查发现近1/3的警署要求巡逻警员佩戴随身摄像机;到2016年,已约有一半以上的美国警察机构采用了随身摄像机。

随身摄像机的推广带来了对其适用效果的讨论。从技术本身、技术使用者以及采用技术的环境几个方面来看,随身摄像机的广泛适用都存在利弊之争。其一,对于这项技术本身,尽管若干研究表明其适用可以改善警民关系、减少暴力冲突,但存储和保存视频片段会花费很大成本,对于大型警务机构来说,可能会增加每年数百万美元的预算,它还可能会侵犯公民隐私。当相关案件涉及法庭诉讼时,每一个案件所涉及的大量视频证据也会给检方造成更多负担。其二,对于技术使用者来说,警署规模、警署领导人的个人风格会影响他们对于随身摄像机的看法。新技术往往受人为因素以及机构组织文化的过滤和塑造。当缺乏严谨的研究和评估做参考时,领导者只能依靠猜测、直觉来进行判断。其三,从新技术所处的环境来看,不同地理区域可能存在政治文化、态度和信仰的差异性,如当所处的州法律较为宽容和开放使得公众可以不受限制地获取警务摄像视频片段时,相关警署可能不太愿意采取此项技术,而是安于现状。再如,当警署所在的城市犯罪率比较高时,可能更倾向采用这项技术。[1] 此外,随身摄像机对警员可能会产生不良影响,配备随身摄像机的警员可能会感觉被监视、不被信任,可能会承受更大的压力和倦怠。此外,由于其自由裁量权受到了限制,警员可能会变得较为消极,更倾向于采取"循规蹈矩"的警务行为而尽量

〔1〕 See Justin Nix et al., *Understanding Body - worn Camera Diffusion in U. S. Policing*, Police Quarterly, Vol. 23: 3, p. 396 - 422(2020).

不去做创新性探索。[1]

总体来说，为了贯彻循证警务理念的要求以及对成本——收益进行更精确的衡量，有必要对随身摄像机的效能和不足做进一步评估。

二、警务军事化

警务军事化是指在警务执法中采用军事风格、军事装备和军事战术，现代形式的警务军事化是在 20 世纪 60 年代兴起的，目的在于应对城市动荡、种族暴力对抗、毒品和枪支犯罪等社会安全问题。警务军事化在 20 世纪 90 年代美国启动的“1033 计划”之后被推向高潮，根据该计划，国防部有权向地方执法部门出售多余的军事武器，以打击贩毒团伙。通过“1033 计划”转移的军事装备包括手枪、步枪、军用卡车、防爆盾、防毒面具、电击枪等，也包括具有更鲜明军事特点的防地雷反伏击车，这是一种重达 24 吨的重型车辆，当遭遇炸弹袭击时，其车底采取的 V 形结构可以分流爆炸产生的冲击波和碎片，使车辆的受损程度降到最低，从而有效保护车辆和人员，其装甲外立面还可以使人员免受轻武器的攻击。目前防地雷反伏击车主要分布在美国“阳光带”（Sun Belt，美国南部北纬 37 度以南的地区）和中西部各州、阿肯色州、亚拉巴马州、新墨西哥州以及俄克拉何马州的集中程度更高。[2]

警务军事化大体可以被划分为技术、文化、组织和运作模式等四个维度，其中技术维度包括军事装备、武器的采用，文化维度包括军事化信仰、价值观、语言的运用，组织方面是模拟军事化组织形式，运作模式则是指侧重军事实践方式的警务活动，包括监督结构、情报收集和分析等。尽管如此，到底何为警务军事化，对于警务、研究者、民众以及其他参与者或旁观者来说可能仍然存在分歧。[3]

除了定义分歧之外，对于警务军事化的角色定位、实际效能等也存在若干

---

〔1〕 See Ian Adams & Sharon Mastracci, *Police Body - worn Cameras: Effects on Officers' Burnout and Perceived Organizational Support*, Police Quarterly, Vol. 22: 1, p. 5 - 30(2019).

〔2〕 See Brett C. Burkhardt & Keith Baker, *Agency Correlates of Police Militarization: The Case of MRAPs*, Police Quarterly, Vol. 22: 2, p. 161 - 191(2019).

〔3〕 See Maayan Simckes et al., *A Conceptualization of Militarization in Domestic Policing*, Police Quarterly, Vol. 22: 4, p. 511 - 538(2019).

争议。警察在现代社会中被视为具有双重角色,一方面是国家制止危害公共安全的强制力的展现,这种角色被视为"战士警察"(warrior cops);另一方面是保护和维护公民利益的公务员角色,这种角色被称为"监护人警察"(guardian officers)。前一角色重视责任、决心、效率、荣誉等,更多偏向压制公共危险等目标,后一角色重视对民众的公共服务、尊重、同情以及建立稳固协作的警民关系和良好的社区氛围。警务军事化过于凸显"战士警察"的侧面,但在现代警务的整体建构中,这不应当成为主导趋势。[1] 国际警察局长协会关注这一趋势,尤其关注特种武器和战术小组(Special Weapons And Tactics)的扩散适用并表达了担忧,该担忧包括增加民众财产与生命的无谓风险,更容易将民众视为潜在的敌人而倾向动用武力,容易加深种族对立,对少数族裔存在不公平、不成比例执法的问题等。[2]

三、警务情报的改进

信息对于警务活动来说至关重要,情报主导的警务(intelligence – led policing)强调将犯罪相关的情报置于警务决策的核心,以情报来指导警务行动,而非相反,由行动决定情报收集。情报由收集到适用大概分为六个阶段:计划、收集、整理和评估、分析、传播以及反馈。美国、英国、加拿大、澳大利亚等国都非常重视警务情报的获取和效用发挥。[3] 在全球范围内,发现和定位恐怖袭击是警务工作的焦点,其中情报收集并转化为指导行动的可操作性建议,是至关重要的。

情报主导警务在具体实施过程中面临着若干挑战,这表现为数据、培训、决策者三个方面:第一,数据获取的不完整、不正确可能会影响数据分析结果的准确性,由于不同组织体之间的协作机制不完善,数据共享也可能存在障碍。在大数据背景下,信息过载成为一个更大的问题,数据量的绝对增长有时已经超

---

〔1〕 See Brett C. Burkhardt & Keith Baker, *Agency Correlates of Police Militarization: The Case of MRAPs*, Police Quarterly, Vol. 22:2, p. 163 – 191(2019).

〔2〕 See Maayan Simckes et al., *A Conceptualization of Militarization in Domestic Policing*, Police Quarterly, Vol. 22:4, p. 514(2019).

〔3〕 See Morgan Burcher & Chad Whelan, *Intelligence – led Policing in Practice: Reflections From Intelligence Analysts*, Police Quarterly, Vol. 22:2, p. 139 – 140(2019).

过了数据分析师的处理和分析能力。第二,情报分析和运用是较专业的过程,需要警务人员熟悉相关系统程序和功能,随着新的情报分析软件的更新引入,需要对警务人员进行持续培训,目前对警员的培训并不充分。第三,决策者是影响情报主导警务的核心人物,他们的不同态度决定了所在警署对情报重要性的理解差异,如对情报有更深入了解的领导者会欣赏情报的价值,将情报作为决策的基础。相反,对情报了解有限的领导者会有意无意地将情报分析师边缘化,或为这类人员分配意义不大的任务。因此,情报在具体警署的运用程度具有一定的偶然性。〔1〕

情报主导警务需要在上述三个方面进行改进,以提升其适用。其中打破数据壁垒、实现数据共享是重要的一步。例如,在恐怖分子信息的获取中,心理咨询从业人员可能获得潜在的恐怖分子相关的信息,而司法机关拥有其犯罪记录的信息,潜在恐怖分子所处的社区对潜在恐怖分子的动态情况、心理情绪变化具有感知,因此,跨部门、包括社区层面参与者的多机构情报共享以及警务部门、政府机构和私营组织之间的信息共享机制的建立很有必要。昆士兰警察局和昆士兰卫生部之间建立了这种情报共享机制,基于公共安全利益双方规定了保密义务的豁免,这有利于警方根据精神卫生机构的分析结果采取相关的警务活动。〔2〕

第三节　警务合法性与公正性研究

一、警务合法性的内涵

在过去20年间,警务合法性已经成为政策制定者、警方、相关学者关注的主要问题,一般认为警务合法性内容包含合规性、程序公正、分配公正以及警务活动有效性等几个方面。但对于何为"合法性"大致存在两种不同观点。一种

〔1〕 See Morgan Burcher & Chad Whelan, *Intelligence - led Policing in Practice: Reflections From Intelligence Analysts*, Police Quarterly, Vol. 22: 2, p. 153 - 160(2019).

〔2〕 See Caitlin Clemmow et al., *Analyzing Person - exposure Patterns in Lone - actor Terrorism: Implications for Threat Assessment and Intelligence Gathering*, Criminology and Public Policy, Vol. 19: 2, p. 474 - 475(2020).

观点从心理角度理解合法性,另一种观点则偏重从政治性层面进行论证。

法律心理学家汤姆·泰勒对合法化的诠释一直是警务合法化理论中的主流,泰勒将合法性定义为相关群体对于某种权威、制度或安排的服从性、赞同性的心理状态,相关群体相信有关的制度安排是恰当的、公正的。这种观点植根于人们对规范内化过程的心理学解读:当个体认同某一群体时,他们就会通过内化该群体的目标、价值和动机,将自我概念与群体融合起来。这一内化过程的关键部分在于认同、承认群体的权威人物的权力地位,并接受自己作为被监管者的角色。这种观点认为合法性反映了个人价值观和群体价值观之间的规范性一致,此时人们接受了自己附属于群体成员的责任和义务。尤其重要的是,这种对群体规范的服从并非出于一种工具性动机,如害怕被群体惩罚而被迫服从,而是一种对权威的自愿服从。[1]

与心理路径相对应,塔克博(Tankebe)认为,对集体权威的服从并不一定出于强烈认同,更多是受工具性衡量的影响,如不服从会付出不可承受的代价或者没有服从以外的其他现实选择而不得不服从。从这一观点出发,警务合法性的核心不应当是心理服从,而是“义务”的建立,“义务”的概念更宽泛,人们遵循法律很多时候是出于规范认同以外的因素。[2]

上述对警务合法性的不同理解可能会导致警务工作的不同发展方向,沿着警务合法性的心理学路径进行,警务合法性的提升方式主要是通过公平的警务程序来向个体传达警方是群体价值的权威人物,程序公正使得权威与个体进行良性互动,从而鼓励个体遵循和服从警方所倡导的规范价值。依循警务合法性的政治性建构则会围绕义务概念多角度理解警务行为的合法性、警民互动关系等问题,该角度在一定程度上认为所谓规范的内在化过程是一种少数现象,而不是真实的社会现实。

泰勒关于人们服从法律的心理学解读是一种应然性的设想,他在内在认同与外在行为合规之间进行了一个规范意义上的诠释,而塔克博则认为,真实世界中人们对于合法性的解读是更现实的、更偏重利益权衡的。二者的观点对立

---

〔1〕 See Rick Trinkner, *Clarifying the Contours of the Police Legitimacy Measurement Debate: A Response to Cao and Graham*, Asian Journal of Criminology, Vol. 14:4, p. 310 – 312(2019).

〔2〕 See Rick Trinkner, *Clarifying the Contours of the Police Legitimacy Measurement Debate: A Response to Cao and Graham*, Asian Journal of Criminology, Vol. 14:4, p. 312 – 313(2019).

代表了合法性问题方面“规范合法性”和“经验合法性”的立场差异。

在经验合法性立场内部，还有一种观点提倡在研究警务合法性时应当重视不同的社会文化语境，这种观点认为，警务合法性的内涵是依循不同的地点和文化而改变的，对警务合法性的探究必须与特定的地域文化结合在一起，而不应使用假定的规范概念。该主张认为合法性只能自下而上生成，只能通过文化来加以研究，因为不同文化对于合法性要素所赋予的权重存在明显的差异。[1]

规范合法性理论存在假设的背景条件，即在一个尊重规范、尊重权威的社会当中，警方对于规范的严格执行会获得民众的正向回馈，从而形成一个良性的守规体系。而经验合法性质疑这种理想类型的存在，隐含着对理想社会型的怀疑，在现实主义的滤镜下，人们是否尊重相关规范取决于规范对其利益影响程度的权重比例。在复杂的社会生活条件下，规范合法性与经验合法性之间并不必然是二选一的冲突关系，而是互为补充和借鉴的，这提示研究者不应偏重单一角度来考察警务合法性。

二、程序正义与警务合法性

程序正义被视为警务合法性的先决条件。由警务合法性内涵的多面性所决定，国外犯罪学目前对于警务程序正义的讨论也基本沿着规范层面与经验层面的争论展开。经典的程序正义理论强调警民互动时警方行为必须合规，在程序上公正地对待执法相对方，这能够增加公民遵守法律的意愿，从而降低犯罪率。规范论作为经典理论，其真实性在西方发达国家得到了很多实证研究结论的支持，但在西方发达国家之外的研究结果并不一致。[2]

经验论存在两个方向的质疑：其一，公民对程序正义的看法是历史、文化、社区和家庭影响的累积性的产物，而不是仅仅依靠与警方的单次或多次互动就能形成并固定下来的。其二，仅凭程序正义的提升并不能从根本上解决警务正当性问题，因为很多人将他们的“先验”感受带入与警方的互动当中，这些“先

---

〔1〕 See Rick Trinkner, *Clarifying the Contours of the Police Legitimacy Measurement Debate: A Response to Cao and Graham*, Asian Journal of Criminology, Vol. 14:4, p. 327 – 328(2019).

〔2〕 See Yeon Soo Kim et al., *The Generalizability of Police Legitimacy: Procedural Justice, Legitimacy, and Speeding Intention of South Korean Drivers*, Asian Journal of Criminology, Vol. 14:1, p. 41 – 59 (2019).

验”感受塑造了人们如何理解警务活动。[1] 举例来说,西方国家民众的社区和种族背景可能会影响他们对于警务合法性的感知。在美国,少数族裔特别是非洲裔美国人对警务存在持久的负面看法,这与种族隔离、警方歧视少数族裔的历史背景和特定事件有关。

经验论并没有推翻规范论的假设,但是认为规范论对程序正义的解读是不完整、不完善的,缺乏对警民互动双向关系背后的社会、历史、文化等背景的细致观察。良好的警民关系的塑造不能仅仅依靠警方的正当程序行为,还要对警务活动所处的社区环境、社会历史文化背景做深入考察。此外,相关论者还提出,程序正义理论在研究警务活动时往往过分关注犯罪问题的处理,如热点警务、前瞻性警务中的拦截、搜身等活动的正当性,但没有充分认识到警务活动主要并不是打击犯罪,而是致力于提供社会公共服务如救助危难中的妇孺、维护公共场所秩序、指挥交通等,这些活动具有很高的社会价值,同时相比于处置犯罪,这些活动更具日常性,占据了警民互动的大部分时间,也应当是程序正义研究所关注的重点。[2]

三、西方警察使用武力的正当性研究

警察误用枪械射杀无辜民众事件是近年来美国等西方社会中最引人关注和最具争议性的事件之一。犯罪学者近年来对这一问题的关注主要集中在分析警务活动为何会出现重大失误,以及如何预防此类事件发生的议题当中。

警察误用枪械射杀无辜民众,毋庸置疑是严重的错误。如何看待这种错误,在大的方向上存在着谴责相关人员的“人员导向的处理方式”(person - based approach to error)以及反思系统漏洞的“基于系统的处理方式”(system - based approach to error)。人员导向的处理方式多见于公共媒体、刑事司法体系以及公共辩论,是发生警察误用枪械射杀无辜民众事件之后人们的通常反应,它假设之所以会发生严重错误,是因为涉事警员本身的责任,如注意力不集中、动机不良、粗心大意、疏忽、鲁莽等,处理方式就是对涉事警员进行道德谴责、行

---

〔1〕 See Daniel S. Nagin & Cody W. Telep, *Procedural Justice and Legal Compliance: A Revisionist Perspective*, Criminology and Public Policy, Vol. 19: 3, p. 761 - 786(2020).

〔2〕 See Daniel S. Nagin & Cody W. Telep, *Procedural Justice and Legal Compliance: A Revisionist Perspective*, Criminology and Public Policy, Vol. 19: 3, p. 775 - 776(2020).

政处罚乃至刑事追责。但是这种处理方式忽视了几个问题，其一，很多错误的产生是很难避免的，也并不是警员个人的过错，而是某种不正确的组织、决策、技术、实践等诸多上游因素共同作用的结果，与其关注于谴责个别警员，不如更多关注造成警员错误背后的系统性弱点。这种基于系统的处理方式认为造成不幸事件的肇事者不是单独的个人，而是警员、团队、任务、机构、技术等所组成的整体性的系统。[1] 仅采取人员导向的处理方式无法从根本上反思和减少类似事件的发生，但单纯的采取基于系统的处理方式可能会完全忽视了对个人问责，也并不妥当，因此正确的方向是将二者结合起来，在追究涉事警员个人责任的同时反思是否存在系统性漏洞。对此，正确地划分"错误类型"是深入认知警方错误开火行为的前提。研究的出发点在于，对反复出现的错误行为进行类型性划分，以帮助人们更好地识别、理解和防范类似错误。

保罗·泰勒（Paul L. Taylor）将警方开火意图与击中目标意图作为两个节点，把警察误用枪械射杀无辜民众划分为四种类型：[2]

错误类型一为"诊断错误"（misdiagnosis errors），公式：有意的开火 + 有意击中目标 = 不愿造成的结果（错误）。这种错误类型是指警员打算开枪并击中他认为违法的目标，但结果出乎意料，发生了错误。例如，2016 年 12 月 12 日，在加州贝克斯菲尔德，警方接到报警，说有一名男子挥舞枪支，而后出警。警方开枪打死了弗朗西斯科·塞尔纳（Francisco Serna），因为这位 73 岁的老人患有早期痴呆症，当他迅速从口袋里掏出一个深色的物体时，这一行为误导了警员，后来这一物体被确定是一个十字架。这一错误的发生主要是处于紧张状态下的警员容易被疑似犯罪人的某些可疑手势、语言和行为所误导。

错误类型二为"适用错误"（misapplication errors），公式：无意的开火 + 有意击中目标 = 不愿造成的结果（错误）。这种类型是警员并不打算适用枪械，而是打算使用其他非致命武力，但因为发生了武器混淆等技术错误，而误将无辜人打死。

错误类型三为"失误"（misses），公式：有意的射击行为 + 无意的击中目

---

[1] See John F. Hollway & Ben Grunwald, *Applying Sentinel Event Reviews to Policing*, Criminology and Public Policy, Vol. 18:3, p. 705 – 708(2019).

[2] See Paul L. Taylor, *Beyond False Positives: A Typology of Police Shooting Errors*, Criminology and Public Policy, Vol. 18:4, p. 807 – 822(2019).

标＝不愿造成的结果(错误)。这种类型是指警官有意向嫌疑人开枪,但没有击中预期目标,反而造成了其他意外后果。例如,2015 年 12 月 26 日,在伊利诺伊州芝加哥市,两名警察被派处理一起正在发生家庭骚乱的案件。当警察进入公寓大楼,开始爬楼梯前往该公寓时,他们遇到了一名男子拿着棒球棒从楼梯上跑下来。离他最近的一名警官迅速对着前进的男子开了七枪。五发子弹命中并杀死了军官的预定目标,一颗子弹击中并杀死了贝蒂・琼斯——一个无辜的旁观者。

错误类型四为"无意的开火"(unintended discharges),公式:无意开火＋无意命中＝不愿造成的结果(错误),典型的如枪支走火意外射杀无辜群众。在警方使用枪械错误的类型划分以外,研究者还从警民互动的微观情境角度解读错误是如何发生的。从警员角度来看,心理学和行为经济学中的"启发式"(heuristic)心理过程可以帮助解释警员为何会做出错误的开火决定。启发式心理过程是指一种帮助个体在困难情境下迅速找到答案的心理过程,这一心理过程受到所处情境相关信息的直接影响。人们在面对困难的决定时,往往首先倾向于依赖现有信息,并可能会高估现有信息的准确性,即使事态发展发生了变化,人们也倾向于从新出现的信息中选择那些能够证实他们最初想法的信息。[1] 例如,警员在出警之前,现场涉事人员持有武器的信息可能会影响警员随后在现场的判断和行动,如果这些信息存在错误,就会增加警员错误行动的风险性。这就意味着警务调度处对于现场信息的收集和掌握应当尽量精确,否则会对警员判断产生不良影响。再如,当警员进行现场处置时倘若嫌疑人的武装情况比较模糊,如他把手插在口袋里,人身危险性不明,警员们倘若决定对嫌疑人开枪,就必须权衡误判的可能性,此时也容易发生错误。

从犯罪嫌疑人的角度来看,他所具有的行为特征也会影响警员对事态的判断。抵抗行为包括主动抵抗以及逃跑容易导致警员使用武力,特别是当嫌疑人持有或使用某种武器时,警员会认为对方是具有威胁性的。嫌疑人对警员具有敌意、愤怒、或嫌疑人自身有焦虑不安的举止表现时,也会影响到警员对是否动用武力的思考和判断。此外,当嫌疑人处于醉酒或吸毒状态时,也可能会被判

---

〔1〕 See Paul L. Taylor, *Dispatch Priming and the Police Decision to Use Deadly Force*, Police Quarterly, Vol. 23:3, p. 314 – 325(2020).

断为危险分子,从而迫使警方考虑动用武力。[1]

第四节 警务安全与警察职业

一、警务危险性与"对警察的战争"

警员在执行公务时的安全对于警员自身、警务组织以及他们所服务的社区的福祉至关重要。一直以来,警察一直被视为一个危险的职业,美国每年大约有10%的警员遭遇袭击。根据美国国家职业安全研究所的数据(the National Institute for Occupational Safety),警察在工作场所的他杀率高居第二,仅次于出租车司机。警察遭受致命和非致命的攻击的概率都高于一般职业。[2] 但警察遭受袭击的地域分布存在一定的差异性,以美国为例,根据2014年到2019年对美国各州警员遭受枪支袭击的统计,纽约州、新泽西州、康涅狄格州的比例都比较低,但新墨西哥州、密西西比州相比于邻近州来说警员受枪支袭击的比例更高。[3]

自2014年以来,对警务活动危险性的关注有所加强,这源自因对警员的仇恨或对警察杀害公民的报复而发生的一系列袭击警员事件,这些事件发展的巅峰是所谓的"对警察的战争"(War on Corps)。2014年以来,发生了数起警员针对少数族裔公民的暴力事件,迈克尔·布朗(Michael Brown)、弗雷迪·格雷(Freddie Gray)等无辜公民因警员不当使用武力而死等事件引发了美国公众的大规模抗议,他们发起要求警务改革的全国性运动,与此同时全美反警察情绪不断发酵、高涨。民众对警察的刻薄言论以及对警察袭击的增加,导致一些警

---

〔1〕 See Molly McCarthy et al., *A Typology of Citizen Presentations in Police Use of Force Events: Are There Ecological Drivers*, Police Quarterly, Vol. 22: 3, p. 361 – 364(2019).

〔2〕 See Michael D. White et al., *Assessing Dangerousness in Policing: An Analysis of Officer Deaths in the United States*, 1970 – 2016, Criminology and Public Policy, Vol. 18: 1, p. 12 – 14(2019).

〔3〕 See Michael Sierra – Arévalo & Justin Nix, *Gun Victimization in the Line of Duty, Fatal and Nonfatal Firearm Assaults on Police Officers in the United States*, 2014 – 2019, Criminology and Public Policy, Vol. 19: 3, p. 1043 – 1049(2020).

署领导人、政客和评论家认为,这是一场新的“对警察的战争”。[1]

要全面了解警察职业所面临的危险性,需要全面了解警察在执勤期间因遭到袭击、意外事故和其他原因(如心脏病发作)而死亡的情况。对此,学者迈克尔·怀特(Michael White)等人对近50年(1970~2016年)来美国警察因职务行为死亡的整体情况展开了研究,研究所采用的数据来自非营利组织殉职警官纪念网站(Officer Down Memorial Page),该组织成立于1996年,在美国国家执法官员纪念基金的资助下收集了从18世纪90年代开始的警员殉职的信息。下面简要介绍其研究内容和基本结论[2]:

研究团队认为,总体来说,在过去的50年间,警务活动的危险性呈下降趋势。这主要表现为从1970年到2016年,美国警察因公殉职的人数明显下降,从1970年每10万名警员中有81人殉职下降到过去5年(2012~2016年)每10万人有18~20人殉职。就每年殉职的警察人数而言,1974年美国有272名警员殉职,2016年这个数字为134人。唯一的例外是2001年,当时因“9·11”事件有70多位警员丧生。根据警员殉职的具体原因来分类,就袭击造成警员死亡来说,遭受枪击是殉职最常见的原因。因车辆事故造成的死亡存在不同情况,在警员追逐涉事车辆过程中发生死亡的概率相对稳定,占死亡比例的5%~6%,但警员被醉酒或吸毒的司机撞倒事件有明显的增加,从1970~1979年占死亡比例的7.3%增加到2020~2016年的14.4%。研究团队认为,在过去的50年间,警察机构采取了有效措施提高警务安全性,如警务防弹衣使用率的增加,创伤护理技术的进步,加强警员遭遇意外事件的事前培训、监督和辅助,帮助警员成功平息潜在的暴力冲突等,总体而言这些措施是有效的。

二、警务文化和警察职业倦怠

执勤环境是“危险的”,这种认知的生成固然有事实基础,但也通过某些正式与非正式渠道加以巩固,形成警务文化中的重要一环,影响警员对警务活动的看法和感受,而这种看法和感受会影响执法过程的策略选择和具体行动

---

[1] See Michael D. White, *Ambush Killings of the Police*, 1970 - 2018*: A Longitudinal Examination of the "War on Cops" Debate*, Police Quarterly, Vol. 23:4, p. 454 - 455(2020).

[2] See Michael D. White et al., *Assessing Dangerousness in Policing: An Analysis of Officer Deaths in the United States,* 1970 - 2016, Criminology and Public Policy, Vol. 18:1, p. 23 - 29(2019).

方式。

尽管近年来随着警方应急处置能力的增强以及警务安全技术的提升，警员遭受致命袭击的概率在很大程度上降低了，但警务文化却一以贯之地强调执勤活动可能面临的危险性——尽管罕见，但事实上仍然会发生警员遭受袭击殉职的不幸事件。在这些不幸事件发生之后，殉职警员的葬礼既是其他警员对不幸遇难者的集体哀悼，同时也是一种集体情感和凝聚力的强化；而在非正式的场合，年轻的警员对执勤危险性的感知更多地通过一些老警员对很多不幸故事的叙述加以强化。上述正式纪念与非正式宣讲都在逐步培养警员们的共同情感与群体身份，那就是要求每一位警员以攸关生死的严肃态度看待警务工作，采取必要步骤和措施保护自己和其他同事的安全。"危险"与"死亡"符号的不断警示，可能会培育警员的某种"战士"心态，这会影响具体的执法策略，例如，将执法相对方视为敌人或具有威胁性的个体，对美国警察来说，对执法相对方的不信任可能会衍生为对少数族裔聚居区的惩罚性执法。[1]

职业倦怠也是警务研究中的一个组成部分，职业倦怠是一种持久的心理压力，它会导致工作中的疲惫和兴趣减退。虽然职业倦怠会在不同的工作环境中影响员工，但在公共服务行业尤其明显。对于警务研究来说，职业倦怠主要有两种表现：一是情绪衰竭（emotional exhaustion），二是人格解体（depersonalization），前者是指包括情绪低落、疲惫、倦怠、焦虑、抑郁等心理不良状态，后者则是指一种知觉障碍，即感觉自己的身体发生了某种歪曲、不真实或觉得周围环境发生失真等。工作量负荷过重是导致警员职业倦怠的主要原因，对此，在优化警员工作量管理的基础上，也应向警员提供更多情感支持与交流机制。[2]

---

〔1〕 See Michael Sierra – Arévalo, *The Commemoration of Death, Organizational Memory, and Police Culture*, Criminology, Vol. 57: 4, p. 636 – 652(2019).

〔2〕 See William P. McCarty et al., *Burnout in Blue: An Analysis of the Extent and Primary Predictors of Burnout Among Law Enforcement Officers in the United States*, Police Quarterly, Vol. 22: 3, p. 279 – 298(2019).

专题十

量刑公正性研究

量刑是刑事司法审判中的重要环节，量刑公正性也一直是犯罪学关注的重点问题之一。关于何为量刑公正性存在不同的解读，围绕着量刑的形式与实质公正性、实体与程序公正性、过程与结果公正性、事实与价值公正性等维度，不同论者有不同的侧重点。[1] 关于如何衡量量刑公正性，其中的一个角度是从量刑差异性这样的反向角度来进行检验，不合理的量刑差异性的状况是衡量量刑公正性的重要指标。

关于量刑差异性的研究，有学者将其归纳为四个主要研究侧重点：(1)以法院为考察核心。这可能是目前最为流行的研究角度，主要考察不同法院的判决之间的差异性。(2)以法官为考察核心，围绕着法官的特点研究其量刑的差异性，包括法官的种族、量刑哲学、宗教信仰、性别、年龄等因素对于量刑结果的影响。(3)以法律因素为考察核心，主要探究累犯、法律规定的加重、减轻刑罚等量刑规定对于量刑结果差异性的影响。(4)探讨其他法外因素对于量刑差异性的作用力，包括被告人的种族、性别、年龄以及如被告人的长相特点等其他因素对于量刑差异性的影响。[2]

本次综述涉及的相关文献主要就量刑的种族差异性和地域差异性展开，另外鉴于死刑——最严厉的刑罚，在量刑中的特殊地位，国外文献对于死刑问题

---

〔1〕 参见张天虹：《量刑公正及判断标准》，载《法学杂志》2011 年第 2 期。

〔2〕 See Jakub Drápal, *Sentencing Disparities in the Czech Republic: Empirical Evidence from Post – communist Europe*, European Journal of Criminology, Vol. 17:2, p. 152(2020).

也有新的论述，上述三个部分构成本章的主要内容。

第一节　西方国家量刑的种族差异研究

一、量刑差异性的基本情况和原因解读

在西方社会，种族歧视问题一直是社会舆论以及学术研究比较敏感的关注焦点之一，在刑事司法领域突出表现为量刑结果在不同种族之间存在较大的差异性。

英国司法部定期发布的《种族和刑事司法系统统计数据》(*Statistical on Race and the Criminal Justice System*)2017年版报告中显示，在英国的非裔、亚裔以及其他少数族裔群体的平均被监禁时间更长。2016年，在所有被判监禁刑的罪犯中，非裔和亚裔犯人的平均刑期分别为24个月和25个月，而白人罪犯的平均刑期为18个月。此外，穆斯林群体也受到了相关研究的重视，根据2013年英国的统计数据，穆斯林罪犯的平均刑期为8.3年，比其他罪犯6.9年的平均刑期更长。[1] 非洲裔美国人在刑事司法系统的各个阶段不成比例地被牵涉进来是不争的事实。非洲裔美国人只占美国总人口的约13%，但几乎占了被捕人数的1/3；相比于其他种族和民族群体，他们的审前被羁押率、被监禁率以及被判处终身监禁刑罚的可能性都更高。[2] 一项对美国联邦法院量刑的研究发现，与白人男性被告人相比，非裔男性被告人一旦定罪被判处监禁刑，其刑期比前者延长了近10%；另一项研究则发现，与白人被告人相比，西班牙裔被告人被判处监禁刑的概率增加了13%，非裔被告人被判处监禁刑的概率增加了7%。[3] 研究中除了对非裔、西班牙裔、亚裔等少数族裔的关注，对土著群体犯

---

〔1〕 See Jose Pina - Sánchez et al., *Does the Crown Court Discriminate Against Muslim - named Offenders? A Novel Investigation Based on Text Mining Techniques*, British Journal of Criminology, Vol. 59:3, p. 719 - 720(2019).

〔2〕 See Magnus Lofstrom et al., *Effect of Sentencing Reform on Racial and Ethnic Disparities in Involvement with the Criminal Justice System: The Case of California's Proposition 47*, Criminology and Public Policy, Vol. 19:4, p. 1166(2020).

〔3〕 See Greg Ridgeway et al., *Sentencing Scorecards: Reducing Racial Disparities in Prison Sentences at their Source*, Criminology and Public Policy, Vol. 19:4, p. 1117(2020).

人量刑的不均衡情况也引来学者的关切。美国印第安原住民的犯罪受害率是全国平均水平的2倍多,与此同时,印第安人比除非裔美国人以外的任何其他群体的入狱率都要高,印第安犯人受到了更加严厉的刑事制裁。[1]

量刑的种族差异性损害了量刑的公正性原则,同时会产生民众特别是少数族裔对刑事司法体系的怀疑和不信任,动摇法律运行的根基。量刑中存在的种族差异性是事实,但是这一事实是否有可被理解的理由?换言之,量刑差异性的存在并不能直接等同于刑事司法中的种族歧视,倘若差异性具有合理的事实和法律基础,那么差异的存在是可以被理解的。因此,需要深入探究量刑差异性产生的原因。

相关的解读主要围绕几个方向展开:一是从犯罪率的角度。少数族裔本身的犯罪率比较高,因此相对于其他群体而言受到了刑事司法中较多的惩罚,其较高的犯罪率不仅源自少数族裔较高的犯罪倾向,也与他们生活环境中较高的贫困率、较低的受教育水平等社会因素有关。二是认为种族歧视是造成量刑差异性的肇始。刑事司法系统中存在对少数族裔的广泛歧视,这种歧视导致对少数族裔犯罪人更严厉的惩罚。三是认为刑事政策的走向加剧了司法实践中不同种族量刑的差异性。例如,当刑事政策更倾向惩罚导向时,监禁率、重罪判决的增加在种族分布当中并不均衡,对于少数族裔犯罪人而言将会产生更多不利后果。[2]

上述三个因素可能同时发挥着作用。具体来说,不同族裔的犯罪率可能存在事实上的差异性,有研究认为,非裔美国人的犯罪率相对较高,特别是在抢劫、杀人案件中,少数族裔的犯罪率更高。但尽管如此,研究人员认为,相对较高的犯罪率无法完全解释所有的量刑差异性,不应因此忽视刑事司法系统中存在的差异性对待以及刑事政策。如由于强效可卡因(crack cocaine)是可卡因中最容易致瘾的一种,毒性更强,对人体的损害更大,因此,美国对相关犯罪的量刑更为严厉,这样原本是较为种族中立的刑事政策在实际司法实践中会加剧量

---

[1] See Jeffery T. Ulmer & Mindy S. Bradley, *Criminal Justice in Indian Country: A Theoretical and Empirical Agenda*, Annual Review of Criminology, Vol. 2: 1, p. 338(2019).

[2] See John MacDonald & Steven Raphael, *Effect of Scaling Back Punishment on Racial and Ethnic Disparities in Criminal Case Outcomes*, Criminology and Public Policy, Vol. 19: 4, p. 1140 - 1143 (2020).

刑的种族差异性。[1]

有观点认为，美国法官在量刑当中偏离量刑指南（Sentencing Guidelines）是导致量刑种族差异性的重要原因。量刑指南的出台旨在增加量刑的一致性、减少不合理的差异性。但在法官作出量刑判罚时，相比于白人被告人，非裔和拉丁裔被告人可能处于更为不利的位置，他们更有可能获得向上偏离的刑罚即更为严厉的处罚。此外，后者被判处刑罚替代性措施的可能性更小。法官在衡量被告人刑罚时会评估被告人的罪责、再犯风险、对所在社区产生的影响以及其他量刑后果。这些问题会受到犯罪人的罪行及其犯罪历史的影响。其中对罪犯风险性、复归可能性的评估当中，对少数种族的隐性偏见可能会渗透其中，例如，非裔和拉丁裔罪犯更具有威胁性、暴力倾向等看法会使得风险评估更不利于这些少数族裔被告人，从而造成量刑的种族差异性。[2]"重点关切观点"（focal concerns perspective）认为，基于种族或其他被告人法外特征的刻板印象、偏见或恐惧会在特定的社会背景下对量刑过程施加影响。当少数群体的威胁感更明显，当刑事司法人员认为特定族裔更危险或更不值得被尊重时，这些少数群体会受到更严厉、更具惩罚性的社会控制以及法律制裁。[3]

一项对美国印第安犯罪人被判刑罚情况的研究别有新意地提出，上述传统的种族分析框架不足以捕捉少数族裔遭遇量刑特殊化的本质。美国对印第安原住民设计的一套特殊的刑事司法机构组织模式和权力行使方式，是理解量刑差异性的关键。印第安犯罪人的一些重大罪行原本应由所在的州法院进行审理和判决，但基于特殊的管辖权规定，很多重大罪行交由联邦法院进行审理，制裁结果比在州法院更为严厉。具体来说，印第安人身份具有特殊性，他们既是美国公民同时也是部落国民。针对他们的犯罪行为由三个不同类型的机构行使司法管辖权，分别为部落、州和联邦政府。每个主体的管辖权取决于所犯的

---

〔1〕 See Magnus Lofstrom et al., *Effect of Sentencing Reform on Racial and Ethnic Disparities in Involvement with the Criminal Justice System: The Case of California's Proposition 47*, Criminology and Public Policy, Vol. 19:4, p. 1168 – 1169(2020).

〔2〕 See Noah Painter – Davis & Jeffery T. Ulmer, *Discretion and Disparity under Sentencing Guidelines Revisited: The Interrelationship Between Structured Sentencing Alternatives and Guideline Decision – making*, Journal of Research in Crime and Delinquency, Vol. 57:3, p. 264 – 274(2020).

〔3〕 See Jeffery T. Ulmer & Mindy S. Bradley, *Criminal Justice in Indian Country: A Theoretical and Empirical Agenda*, Annual Review of Criminology, Vol. 2:1, p. 345(2019).

罪行类型、地点、被告人和受害人的身份等因素。19世纪上半叶美国最高法院确立了联邦政府作为印第安人的唯一司法管辖主体,印第安族群(nation)具有一定的主权和自治地位,与主权政府的关系是联邦政府的权限,而不是美国各个州的权限。1885年《重大犯罪法》确立了对印第安人的联邦刑事管辖权,该法律授予联邦政府对15类犯罪的管辖权,包括印第安人对印第安人或非印第安人,以及非印第安人对印第安人的谋杀、过失杀人、绑架、纵火、盗窃、抢劫、虐待儿童、贩毒等罪行。然而,在实际的司法实践中,同一罪行在联邦法院的量刑要重于州法院。有研究发现,在南达科他州,一名被告人在州法院被判袭击罪的平均刑期为29个月,但是如果一名印第安被告人在南达科他州的印第安保留地犯下相同罪行,被告人将会在联邦法院被起诉,平均刑期为47个月。这种明显的差异是印第安国族的复杂司法安排和联邦量刑指南僵化性适用的产物。虽然美国在之后针对这一问题进行了一些法律改革,如在部落同意的前提下可以有限接受州管辖权等,但这一问题仍然存在。换言之,对印第安犯罪人的量刑差异性结果,不能被简单归结为种族歧视,复杂的司法管辖权制度也促生了这一结果。[1]

此外,还有研究认为,在不同的司法管辖区域,种族对量刑的影响程度不一。在城市法院当中,种族等法外因素对于量刑差异性的影响较小,量刑模式更具有规范性、一致性,由于城市法院的案件积压量较大,从司法效率的角度会施加较少的惩罚性判决,而郊区法院相比而言可能会施加更多惩罚性判决以此实现威慑目的。[2]

从近两年西方犯罪学主要期刊对量刑种族差异的研究来看,对少数族裔的偏见、歧视仍然是用以诠释量刑种族差异性的主要依据。只是对这种偏见的解读由早年的显性偏见转化为隐性偏见,如刑罚替代措施的不均衡适用,以及其他在表面符合法律规定但实则存在不平衡的判决。但国外研究者也开始在偏见理论之外探寻更多的政策性、制度性、社会性原因,试图从多角度解读量刑的种族差异性。

---

〔1〕 See Jeffery T. Ulmer & Mindy S. Bradley, *Criminal Justice in Indian Country: A Theoretical and Empirical Agenda*, Annual Review of Criminology, Vol. 2: 1, p. 339 – 347(2019).

〔2〕 See Greg Ridgeway et al., *Sentencing Scorecards: Reducing Racial Disparities in Prison Sentences at their Source*, Criminology and Public Policy, Vol. 19: 4, p. 1113 – 1138(2020).

二、减少量刑种族差异性的建议

量刑中种族差异性的存在会影响社会凝聚力和少数族裔对刑事司法系统的信任，反过来又会影响公众对法律的遵守。在美国，惊人的量刑种族差异是刑事司法系统中最令人不安和紧迫的问题之一。如何有效减少量刑中巨大的种族差异性，既有研究在大致的方向上有立法变革和司法监督两种思路。

刑事政策的变化有助于减少作为社会劣势群体的少数族裔在量刑方面的不均衡性，刑事政策和立法变革可能会影响量刑中的种族差异。例如，美国加利福尼亚州 2014 年通过的一项法案（第 47 号法案，Proposition 47）将一系列罪行较轻的毒品和财产犯罪如入店行窃、收受赃物等重新界定为轻罪。相关研究发现在法案通过之后，该州一些犯罪特别是毒品犯罪逮捕率方面的种族差异减少了一半以上。[1] 通过将少数重罪转为轻罪的立法变化促使少数族裔逮捕、监禁率下降得更多、被判处的刑罚更轻微，这种方式对于缩小量刑种族差异性而言是间接的、迂回的，相应的立法政策变化本身并非旨在实现这一目的，只是因为部分既有重罪如毒品相关犯罪、行窃、销赃等多为少数族裔犯罪人所实施，所以当将这部分罪行轻罪化之后，可以意外地产生缩小量刑种族差异性这一效果。换言之，通过立法改革来减少量刑种族差异是治标不治本的。

基于司法层面的改善来减少量刑种族差异性的呼吁，主要是寄希望于对法官的自由裁量权进行限制。有学者提出可以适用“量刑记分卡”（sentencing score cards），对法官的量刑情况进行量化考核，用以减少法官在量刑中过于偏离量刑指南的可能性。量刑记分卡用以评估和展示出若干不同司法管辖区域之间量刑差异性的横向比较情况，主要探究的是相似的案件特征情况下，法官对不同族裔被告人的量刑结果的差异性，计分卡最终会标注出若干量刑结果存在较大种族差异性的司法管辖区域。在比较量刑结果的种族差异性时，排除了因案件事实差异而引起的合理的差异性。[2]

---

〔1〕 See John MacDonald & Steven Raphael, *Effect of Scaling Back Punishment on Racial and Ethnic Disparities in Criminal Case Outcomes*, Criminology and Public Policy, Vol. 19: 4, p. 1143 – 1157 (2020).

〔2〕 See Greg Ridgeway et al., *Sentencing Scorecards: Reducing Racial Disparities in Prison Sentences at their Source*, Criminology and Public Policy, Vol. 19: 4, p. 1114 – 1130(2020).

以量化考核的方式对法官量刑差异性进行考评可能存在若干疑问。尽管研究者充满自信,但上述研究因为遭遇若干抵制而没有得以在实践中开展。其背后的原因之一是少数司法管辖区域被明显地标注出来,相关司法机构承受很多压力,他们认为量刑结果的种族差异性是多种因素综合的产物,包括检察官量刑建议、律师的辩护质量、法官对判决适当性的衡量标准等,由于评估本身具有主观性,而且一旦公布,有损相关地区的司法声誉。[1] 原因之二是,量刑结果差异性的存在并不一定都是不合理的,片面追求量刑结果的形式一致性可能会有损实质正义。减少量刑的差异性并不意味着追求严苛的形式上的一致性,法官可以在自由裁量的范围内考虑被告人的人身危险性、复归可能性以及对社区的影响。换句话说,法官以及其他相关司法参与者应致力于在形式理性逻辑与复归、危险评估在内的实质性关切之间取得平衡,促使量刑的若干"偏离"控制在可以理解的范围之内。[2]

总的来说,从根本上解决量刑种族差异性目前还没有非常有效的方案,因为这个差异性的根源比较复杂,它源自西方世界少数族裔一直以来的劣势社会地位,量刑差异性正是这种劣势地位在司法裁量中的折射。只有从根本上扭转少数族裔的不利社会地位,才可能从实质上减少少数族裔的犯罪问题以及量刑失衡问题,而这些问题的解决依靠的是更为宏大的社会改革,或许仅仅依靠司法变革是不够的。

第二节 西方国家量刑的地域差异研究

量刑的地域差异性关注的是,刨除其他影响量刑的因素,倘若量刑因地理分布原因存在重大差异,那么这种差异性的来源是什么,是否与特定的地理环境、司法环境、刑罚文化乃至政治社会因素相关联。

---

[1] See Greg Ridgeway et al., *Sentencing Scorecards: Reducing Racial Disparities in Prison Sentences at their Source*, Criminology and Public Policy, Vol. 19:4, p. 1131(2020).

[2] See Noah Painter - Davis & Jeffery T. Ulmer, *Discretion and Disparity under Sentencing Guidelines Revisited: The Interrelationship Between Structured Sentencing Alternatives and Guideline Decision - making*, Journal of Research in Crime and Delinquency, Vol. 57:3, p. 285(2020).

《犯罪与公共政策》期刊2020年第4期刊登的一篇论文探讨了美国死刑判决中存在的地域差异性。美国目前有一半以上的州仍然保留死刑,死刑执行集中在少数几个州,例如,2019年的20起死刑处决分布在7个州,其中的8项执行是在得克萨斯州。除了各州的差异之外,美国的死刑判决还表现为集中在某几个郡,2017年美国31%的死刑判决来自三个郡。对于上述情况,美国最高法院大法官斯蒂芬·布雷耶(Stephen Breyer)将死刑在美国不同司法管辖区的不均衡适用状况概括为"地理任意性"(geographic arbitrariness)。[1] 有观点认为,上诉程序会通过对初审判决的调整来降低地域差异性。但是即便承认这一点,仍然对被告人存在很大影响,如上诉程序的成本、难度和不确定性等因素。特别是对于死刑案件的上诉来说,有的被告人可能会在死囚牢房中等待数年乃至数十年。[2]

一项对捷克共和国量刑状况的研究发现,捷克不同法院之间的刑事判决情况存在较为明显的差异性,被告人被判处监禁刑的概率在不同的法院中存在很大差异,并且这一差异无法通过犯罪人的罪行轻重加以合理解释。位于不同司法管辖权的法院被研究人员划分为最具惩罚性的法院与相对和缓的法院,前者对被告人的判罚明显比后者更为严厉,相似的罪行下,被告人在最具惩罚性的法院中更容易被判处监禁刑而非替代性刑罚;在同样被判处监禁刑的场合下,更具惩罚性的法院所判处的刑期也相对较长。[3]

量刑地域差异性的产生原因是较为复杂的,可以被笼统地概括为"地方性"与"普遍性"之间的紧张关系。地方性知识可以被理解为与作为普遍性知识的科学相对应的概念,"地方性"一词预设了其空间的地域特征。美国学者格尔茨从法律人类学的角度提出了"地方性知识"(local knowledge)这一词汇,认为法律就属于这样一种地方性知识。我国学者认为,地方性知识是在所处地方的自

---

〔1〕 See Jeffery T. Ulmer et al., *Geographic Arbitrariness? County Court Variation in Capital Prosecution and Sentencing in Pennsylvania*, Criminology and Public Policy, Vol. 19:4, p. 1074 – 1075(2020).

〔2〕 See Jeffery T. Ulmer et al., *Geographic Arbitrariness? County Court Variation in Capital Prosecution and Sentencing in Pennsylvania*, Criminology and Public Policy, Vol. 19:4, p. 1103(2020).

〔3〕 See Jakub Drápal, *Sentencing Disparities in the Czech Republic: Empirical Evidence from Post – communist Europe,* European Journal of Criminology, Vol. 17:2, p. 165(2020).

然环境与文化传统中生长起来的,具有高度的稳定性。[1] 换言之,差异性本身与地方所具有的自然环境、法律文化环境、政治环境等存在关联。美国学者认为,量刑的地域差异性体现出地方自治原则与平等原则之间的冲突。美国的联邦制政体赋予各州和地方很大的司法自由裁量权,但这种自由裁量权不能与平等、公正的司法最高价值相抵触。然而,可被接受的自由裁量,与必须纠正的违反量刑公正性的"地理任意性"之间的界限是相对模糊的,不容易被确定下来。

减少量刑中的"地理任意性"存在很多难点,可能其中较为关键的措施是促使判决理由更为详尽和公开,方便展开对量刑公正性的审查。由各国最高法院等机构颁布有约束力的量刑指导方针,就刑罚目的、羁押门槛、加重和减轻刑罚的情节进行更为明确的规定。同时对量刑数据进行系统发布、整理和分析,剖析其中可能存在的较大的差异性,并研判这种差异性的来源。

第三节　关于死刑问题

死刑作为最为严厉的刑罚,是犯罪学研究中一个绕不开的话题。本次综述选取了两篇与死刑问题相关的论文,分别为发表在《犯罪学年度评论》(*Annual Review of Criminology*)2020 年第 1 卷的关于对美国死刑的历史发展评析的论文,以及发表在《亚洲犯罪学期刊》(*Asian Journal of Criminology*)2020 年第 2 期的关于印度与孟加拉国法官对于死刑的态度研究。

死刑与民意之间一直存在一些特殊的交缠关系。自 20 世纪 70 年代以来,世界范围内的死刑研究范式发生了重大转向,死刑的存废之争不再纠结于死刑本身的正义性、威慑性,而是转为聚焦于死刑的公众认同与政治抉择。死刑存废在根本上被视为一个受民意认同以及政治精英的政治抉择所左右的公共政策选择问题。[2] 保留死刑的国家在面对关于死刑制度正当性的质疑时,可能会诉诸民意对死刑的支持,但衡量民意并非易事。美国最高法院前大法官瑟古

[1] 参见田松:《在历史中稳定的生活——从时间维度重述地方性与普遍性》,载《自然辩证法研究》2016 年第 7 期。

[2] 参见梁根林、陈尔彦:《中国死刑民意:测量、解构与沟通》,载《中外法学》2020 年第 5 期。

德·马歇尔(Thurgood Marshall)推测,人们支持死刑是因为他们对死刑了解得不充分。换言之,对死刑的支持在很大程度上取决于对死刑制度的误解,这被称为死刑问题的"马歇尔假说"。马歇尔还认为,倘若已经充分认识到死刑制度的缺陷但仍然支持死刑,那么唯一的理由是基于报复。[1] 我国学者在实证研究基础上也得出了同样的判断,"一旦提供了恰当的死刑替代措施,近八成一般性地支持保留死刑的民众转而同意废除死刑"[2]。那么,在互联网知识时代、民众的智识得到广泛启蒙和开发的今天,死刑制度何以继续得以生存,乃至在美国仍然顽强地存留至今?对死刑的民意可否简单划分为"支持"与"反对"?法官等法律精英与民众关于死刑的看法是否一致?对上述问题的讨论仍然是必要的。

一、美国死刑的历史发展评析[3]

美国死刑制度的变化被视为一个较为"动荡"的历程,20 世纪 70 年代到 90 年代,美国的死刑判罚激增,各州处决的犯人数量也不断增加,达到了 20 世纪 50 年代以来的最高水平。美国死刑判决的最高峰值出现在 1996 年,有 315 名被告人被判处死刑,死刑执行的最高峰值则是 1999 年,有 98 人被处决。但在世纪之交之后,死刑判罚又出现急剧下降的态势,一些州暂停、废除死刑,全美范围内死刑执行数量也有明显下降。美国学者提出了这样的问题意识:美国的死刑制度是很特别的,尤其是在西方主要发达国家几乎都废除了死刑的情况下,为什么美国仍然保留了死刑——这一特点以及美国特殊的犯罪政策、高监禁率等被冠以"美国例外主义",这是否与美国种族奴隶制历史存在关联?美国死刑的存废对其刑事司法系统的意义是什么?

"美国例外主义"所比较的对象是欧洲,学者将美国死刑制度的独特性归结于美国政治、文化、经济和法律制度的长期而鲜明的特征。例如,有观点认为,

---

[1] See Carolyn Hoyle & Saul Lehrfreund, *Contradictions in Judicial Support for Capital Punishment in India and Bangladesh: Utilitarian Rationales*, Asian Journal of Criminology, Vol. 15: 2, p. 144, 159 (2020).

[2] 参见梁根林、陈尔彦:《中国死刑民意:测量、解构与沟通》,载《中外法学》2020 年第 5 期。

[3] See Carol S. Steiker & Jordan M. Steiker, *The Rise, Fall and Afterlife of the Death Penalty in the United States*, Annual Review of Criminology, Vol. 3: 1, p. 299 – 315(2020).

欧洲刑事处罚传统上将对贵族与平民施加的刑罚进行截然区分,随着现代性的自由、民主观念在刑事系统的推行,刑罚的适用开始具有平等性,尤其强调将有尊严的刑罚平等适用于所有犯罪人。而美国的平等主义则意味着将严厉的刑事制裁进行普遍适用。有学者将美国与欧洲关于死刑态度的分歧定位为一个多世纪之前在美国某些地区盛行的私刑和治安审判的独特文化。私刑曾经是南北战争之前美国南方奴隶主用以处决谋杀主人或策划叛逃的奴隶所使用的,私刑的长期存在被认为巩固了死刑保留主义,或者更直白地说,死刑是私刑的某种替代或规范化。

还有学者将美国惩罚性刑事政策归结于四个因素:偏执的政治风格、新教原教旨主义、政府结构以及种族等级制度。其中前两个因素的存在使得美国政治具有偏执、不宽容的一面,表现为试图将任何反对的东西都视为应予根除的邪恶,联邦制、赢家通吃的选举制度等导致刑事司法政策的政治化,长期的种族敌对和种族歧视历史则一直潜伏在惩罚性刑事政策的意识形态当中。

值得注意的是,在过去的20多年间,美国的死刑判决和执行数量都有明显减少,自2004年以来,已有9个州通过立法或司法的方式废除了死刑,还有几个州暂停执行死刑,死刑判决更多地集中在了少数几个州如得克萨斯州。与此同时,民众对死刑的支持率也急剧下降,从20世纪90年代中期的75%以上降为2018年的56%左右。上述变化的原因何在?死刑判决的下降与谋杀率的下降有关,与此同时,死刑辩护律师的专业化程度提高以及死刑审判成本的大幅上升都间接影响了死刑判决的数量,律师的专业辩护帮助被告人增加了更多的减刑可能性,死刑诉讼、死囚牢房设施和行刑成本消耗了大量司法资源。一些美国法官呼吁废除死刑,理由是死刑既残忍又无效,死刑的适用应当被视为违宪。

美国学者认为,未来美国是否废除死刑,将主要取决于一些与诉讼成本相关的务实考虑。而废除死刑并不意味着惩罚性刑事政策的消失,不得假释的终身监禁可能同样存在问题。换言之,美国一直以来备受诟病的惩罚性刑事政策,不会因为死刑政策的变化而发生根本转变。

二、印度与孟加拉国法官对于死刑的态度研究[1]

作为南亚的两个重要国家,印度与孟加拉国的历史、社会经济发展状况都具有若干相似之处,并且两个国家都保留了死刑制度。印度每年判处的死刑数目不低,如2018年判处了162例死刑。但被判处之后,执行死刑的数目很少。印度最高法院认为,死刑与宪法规定并不冲突,但死刑的适用应当遵循"罕见中的罕见"(rarest of rare cases)原则,即最大限度地将死刑限制在极端案件当中。尽管如此,近年来印度的死刑罪名的范围有所扩展,新增加了对劫持导致死亡的死刑,以及强奸未满12周岁儿童罪行的死刑。孟加拉国的死刑判决和执行人数都超过了印度。1976年到2017年,孟加拉国处决了448名死刑犯人。2018年有229人被判处死刑。孟加拉国最高法院早期也赞同"罕见中的罕见"原则,但随后确立了一种有利于死刑适用的思路,即根据《孟加拉国刑法》第302条[2],判处死刑是符合规则的,而判处无期徒刑则属于例外。此外,孟加拉国的死刑制度还有若干受到争议之处,如近年来有少年犯被判处死刑,一些被告人在缺席审判情况下或不经正常程序的特别法庭或军事法庭被判处死刑。

法官对死刑的看法很重要,因为一方面相比于一般公众他们更了解法律,属于专业精英人士,对死刑的看法更具专业性;另一方面获取法官对死刑看法的信息以及他们在量刑过程中的思考过程,有助于部分地揭示一国刑事司法系统的内在运作逻辑和深层的刑事政策。在对印度60名法官和孟加拉国30名法官的访谈之后,研究人员发现两国的法官对本国的刑事司法系统的运作比较失望,认为死刑的适用当中存在很多疏失之处,如以酷刑、伪造证据方式获取不利于被告人的证据,被告人缺乏有效辩护,司法系统存在不正当行为等。颇为矛盾的是,尽管很多法官提出了死刑制度的缺陷,但是他们表达了强烈的功利主义理由后,认为应当保留死刑。

---

[1] See Carolyn Hoyle & Saul Lehrfreund, *Contradictions in Judicial Support for Capital Punishment in India and Bangladesh: Utilitarian Rationales*, Asian Journal of Criminology, Vol. 15: 2, p. 141 – 161 (2020).

[2] 《孟加拉国刑法》第302条规定:"犯谋杀罪,应当被判处死刑或终身监禁,并处罚金。"("Whoever commits murder shall be punished with death, or imprisonment for life, and shall also be liable to fine.")

很多法官认为死刑应当保留的原因是民意压力,对于非常残忍的罪行,公众和媒体要求严惩的态度会影响法官的判罚。废除死刑会违背社会期望,印度与孟加拉国民支持保留死刑,如果在这种情况下不对严重犯罪人判处死刑,那么社会就会失去平衡,也有损民众对司法制度的信任。同时,判处死刑是一种有效的威慑,死刑比终身监禁具有更大的威慑作用,因为死刑会在民众当中引起轰动。印度与孟加拉国的法官认为,欧美等地关于死刑威慑作用并不比终身监禁更大的研究结果,对于本国来说是没有说服力的,有法官指出,印度主要是一个农业国家,倘若一个人被判死刑这将在其生活的整个村庄引起震动,这是遏制其他人犯罪的有效措施。因此,尽管死刑的适用在两国存在很多争议,但法官们基本上认为死刑在本国应当予以保留。

专题十一

监禁与矫正研究

第一节 监禁刑的适用情况及后果研究

一、西方主要国家监禁刑适用情况

监狱人口(prison population)是指一个国家监狱系统中被关押人的总人数，包括已决犯和未决犯。监禁率(prison population rate)是指一个国家每10万人口中被监禁人员的数量。[1] 监禁率是衡量一国监禁情况的核心指标。根据“世界监狱简报”(World Prison Brief)网站公布的统计数据，截至2021年10月，囚犯比率最高的国家是美国(每10万人中629人)，其次是卢旺达(每10万人中580人)、土库曼斯坦(每10万人中576人)、萨尔瓦多(每10万人中564人)、古巴(每10万人中510人)等国。相比而言，欧洲各国的监禁率较低，英格兰和威尔士为每10万人中131人，法国为每10万人119人，意大利为每10万人91人，德国为每10万人70人，瑞典、挪威和芬兰则分别为每10万人中73人、56人和50人。大洋洲的监禁率高于欧洲，其中澳大利亚的监禁率为每10万人中167人，新西兰为每10万人中164人。[2]

---

〔1〕 周勇:《2000－2015年世界监狱人口发展趋势》，载《犯罪与改造研究》2018年第10期。

〔2〕 See Helen Fair & Roy Walmsley, *World Prison Population List,* 13*th ed.*, available at: https://www.prisonstudies.org/sites/default/files/resources/downloads/world_prison_population_list_13th_edition.pdf.

美国的监禁刑适用具有特殊性,引起了较多的学术关注,这主要是基于“大规模监禁”背景下美国监狱当中关押的犯人数量始终居高不下的状况。犯罪学家富兰克林·齐姆林(Franklin Zimring)将大规模监禁时代划分为三个主要的历史时期,其中第一个时期(20世纪70年代中期到80年代中期)表现为被监禁犯人数量的急剧增长,并且这种波动没有明确的模式可以探寻;第二个时期(20世纪80年代中期到90年代初)毒品犯罪的增长速度远远超过其他犯罪的增幅,因涉毒被关押的犯人数量随之跃升,同时,少数族裔犯人因更多牵涉毒品犯罪而不成比例地增加;第三个时期(20世纪90年代初到2005年前后)则突出表现为刑事政策引领的监禁率上升,美国出台的犯罪控制相关的政策、法律如对“三振出局”政策的维护和加强,以及更为严厉的量刑政策延长了犯罪人特别是累犯的刑期。[1]

除了监狱关押犯人之外,看守所关押(jail incarceration)情况也不容忽视。在美国,被关押在看守所主要基于三种情形:短期服刑、审前羁押以及基于其他原因如非法移民、违反缓刑、假释规定等情况被羁押。1985年,美国每10万人有108人被关押在看守所中,这一数字在2007年达到高峰,为每10万人中有259人,此后有所下降,在2016年,为每10万人中有229人。2017年,美国看守所中关押的日均人数为73.1万人,占美国被监禁人口总数的1/3。其中84%的被监禁人关押在地方看守所,16%关押在联邦监狱、美国法警局(US Marshals)和其他设施当中。[2]

如何解释美国的高监禁率?犯罪率本身并不能解释这一点。[3] 需要从犯罪率以外的角度入手。从刑事政策的角度,大规模监禁时代的政策变得更具惩罚性。例如,关于毒品犯罪的相关法案明确规定了一些犯罪的强制最低量刑,这导致了入狱的可能性增加。在刑事司法裁判中,受刑罚思想的影响,法官的判罚也倾向于更为严厉。20世纪80年代之后的新刑罚哲学要求量刑时不仅要

---

〔1〕 See Richard B. Felson & Andrew T. Krajewski, *Did Mass Incarceration Lead to the Disproportionate Admission of Minorities and Marginal Offenders*, Criminology and Public Policy, Vol. 19: 4, p. 1211 (2020).

〔2〕 See Kristin Turney & Emma Conner, *Jail Incarceration: A Common and Consequential Form of Criminal Justice Contact*, Annual Review of Criminology, Vol. 2: 1, p. 267(2019).

〔3〕 参见赵希、龚红卫、刘志松编著:《国际犯罪学前沿问题综述(2017-2018)》,中国政法大学出版社2020年版,第79页。

考虑罪行的性质或对罪犯的性格进行评估,更要对风险进行判断和管理,保护公众利益成为刑事政策的重要主题。在这种规避风险、强调公共保护的背景下,法官可能更倾向于对具有危险性的犯罪人判处监禁刑——特别是具有犯罪记录的累犯。具体来说,法官在司法裁判中会有三个方面的考虑,一个是罪责情况,即罪行的严重情况以及犯罪人的主观责任,另一个是相关决定的实际后果如被告人是否适应被监禁的环境以及监狱条件是否存在限制等,还有一个是法官会考虑社区保护因素,即假设罪犯没有被判处监禁刑,被释放回社区之后其再犯的可能性。法官越来越关注风险管控的后果之一,就是在实践中对监禁刑的依赖性增强。[1]

二、监禁刑后果调查

鉴于世界各国矫正体系对监禁刑的依赖,监禁刑的重要性不言而喻。监狱被假定能够在特殊和一般意义上减少犯罪,对犯罪人而言,在狱中服刑使其丧失犯罪的行为能力,并且威慑其之后不再轻易犯罪;对社会一般公众而言,通过对犯罪人的惩罚达到一般威慑的犯罪预防效果。但是监狱的弊端也不容忽视,包括:监狱服刑经历将个体标记为越轨者,阻碍其融入社会;具有心理上的破坏作用;破坏其家庭关系和其他社会关系;狱中与其他犯罪人的交往容易强化犯罪人身份和犯罪倾向等。因此,衡量监禁刑正负两方面的影响,对监禁刑的效果评估具有重要意义,这涉及监禁刑未来的改革方向。其中涉及的维度既包含监禁对犯罪人的改造价值评估,也包括刑满释放之后监禁对犯人及其家庭产生的影响这两个方面。就本次综述所掌握的材料来看,前者主要集中在监狱服刑中的限制性监禁的后果研究,监狱环境对于犯人思想的影响等;后者包含了"刑事司法涉入的代际传递"、污名化效应等内容,此外,学者也注意到了看守所的特殊性。

在监禁刑的具体适用当中,限制性监禁(restrictive housing)或者说单独关押(solitary confinement)这种特殊的监禁形态引起了学者的关注。被施加限制性监禁的犯人每天除了最多1~2小时之外,大部分时间都被单独关押,这种关

---

〔1〕 See Ryan D. King, *Cumulative Impact: Why Prison Sentences have Increased*, Criminology, Vol. 57:1, p. 159 – 160(2019).

押形式主要有三种:行政性隔离(administrative segregation)、纪律性隔离(disciplinary segregation)以及保护性监禁(protective custody)。其中行政性隔离用来关押在监狱中具有破坏性的犯人,很多犯人可能会因为具有暴力性被单独关押——甚至被关押长达几十年。而因纪律性隔离和保护性监禁的犯人在限制性监禁的状态中时间相对较短,前者的适用是出于对违纪行为的惩罚——如试图逃跑、持有违禁品、拒绝配合进行酒测或药检、破坏公物等情况,后者的适用则是基于犯人需要隔离以获取保护。[1]

限制性监禁或单独关押是一种相对残酷的处罚,国外学者相关的研究涉及四个方面:一是其伦理性,关注于单独监禁的正当性争议;二是关于单独关押对囚犯心理健康影响的调查;三是涉及单独关押对监狱环境的影响,包括对其他犯人和对工作人员的影响等;四是单独关押对于犯人释放之后会产生哪些后续作用力,特别是对累犯是否构成一定的影响因子。大量的研究认为,限制性监禁会对犯人造成比较严重的心理伤害,如产生睡眠困难、注意力不集中、愤怒、抑郁、企图自杀等问题。在释放之后,这种影响也会存续几个月甚至若干年,进而对刑满释放后重返社会带来负面效应。[2]

监狱环境是一个特殊的压力环境,监狱生活所具有的强迫性、压抑性、犯罪人密集性可能会滋生一些负面影响,其中一个不利因素是增加接触其他极端暴力分子的机会,监狱是恐怖分子培养其团体的"温床"。对于激进组织来说,犯人是一个可供招募的潜在目标人群,因为被监禁的环境使得犯人在很大程度上减少了与家人和朋友的联系,更容易被孤立、疏远,在封闭的环境中容易为了寻求支援或保护而倾向于靠拢极端分子。相关的实证研究发现,被监禁的经历与释放后从事暴力极端主义活动之间存在相关性。无论在入狱前是否具有某些极端政治思想,入狱的经历都可能增加这些人在之后从事极端暴力犯罪的可能性。[3]

---

[1] See Christopher Wildeman & Lars Højsgaard Andersen, *Long – term Consequences of Being Placed in Disciplinary Segregation*, Criminology, Vol. 58: 3, p. 423 – 424(2020).

[2] See Christopher Wildeman & Lars Højsgaard Andersen, *Long – term Consequences of Being Placed in Disciplinary Segregation*, Criminology, Vol. 58: 3, p. 424 – 426(2020).

[3] See Gary LaFree et al., *Prison and Violent Political Extremism in the United States*, Journal of Quantitative Criminology, Vol. 36: 3, p. 473 – 498(2020).

对于监禁刑的后果研究，还有一个较为重要的领域是“刑事司法涉入的代际传递”（the intergenerational transmission of criminal justice contact）问题。这一问题主要是研究父/母涉入刑事案件——特别是被监禁对于其子女之后犯罪情况的影响。根据相关统计，2018 年在 18 ~ 29 岁的美国人当中，有大约 35% 的人的父/母因涉及刑事案件而被监禁。[1] 这一比例是相当高的，有必要研究父/母被监禁对于其子女的影响。

犯罪学者的基本假设之一是，相比于其他孩子，有犯罪记录、被卷入刑事司法程序中的人的子女在日后更有可能犯罪，从而产生犯罪活动的“代际传导”。学者们提出，这种代际传导主要通过若干渠道来达成，这些渠道主要包括物质利益剥夺、家庭结构变化、教育质量降低、污名化效应、不良同伴关系以及与学校等机构的联系等。具体来说，父/母被监禁显然会给家庭收入带来压力，影响食宿等生活方面，给子女的生活环境状况造成阴影。对于家庭结构来说，监禁很有可能带来父/母的关系破裂、离婚、家庭重组，这对于子女的成长是一个不稳定的因素。教育质量降低是父/母被监禁无法陪护、监禁引发经济压力、监禁导致婚姻变动等因素带来的必然后果。而污名化效应也是显而易见的，作为犯罪人的子女，这一标签无疑会影响他人对孩子的看法和彼此的互动关系。当犯罪人的子女难以与其他孩子交往时，可能更倾向于与不良少年交往，进一步增大日后犯罪的风险。父/母被监禁会对子女与学校的关系产生影响，特别是学校老师对孩子的看法和对待方式、孩子对学校纪律规定的遵从情况以及退学情况等。[2]

“代际传导”也被描述为犯罪人子女学业表现恶化并逐渐走上犯罪道路，这被称为“由学校到监狱的通道”（school - to - prison pipeline）。如前所述，被监禁的状态下，亲子关系被侵蚀，不稳定的家庭状况阻碍对孩子的教育能力，减少了对孩子的监督，增加了孩子在学校受处罚的概率。监禁使父/母的经济能力下降，进一步限制了子女参与亲社会活动的机会，使可供子女身心发展的资源减少，不利于遏制子女的某些不良行为倾向。另外，父/母被监禁可能会影响他

---

〔1〕 See Christopher Wildeman, *The Intergenerational Transmission of Criminal Justice Contact*, Annual Review of Criminology, Vol. 3: 1, p. 218(2020).

〔2〕 See Christopher Wildeman, *The Intergenerational Transmission of Criminal Justice Contact*, Annual Review of Criminology, Vol. 3: 4, p. 217 - 244(2020).

人对其子女的评价。特别是学校的教师可能会因此将被监禁人的子女评估为"有风险"的孩子,他们在课堂上的表现会受到额外关注,增加受到学校处罚的风险。这种"由学校到监狱的通道"还存在种族差异性,与白人或西班牙裔儿童相比,黑人儿童的父亲被监禁的风险更大,这些孩子也更可能在小学时期被停学或开除。[1]

在此类"代际传导"研究当中存在的主要困惑是,难于验证子女日后的犯罪行为究竟是父/母被监禁所造成的,还是父/母在犯罪之前一系列问题的积累所致。换言之,无法从中剥离出有效的因果链条,是研究方法论面临的主要难题。此外,父/母被监禁对于子女来说通常是有害的,但也并非全然如此。在父/母一方或双方存在家庭暴力行为时,被监禁或许对于子女来说并不是坏事,反而可能意味着更安全的生活环境。[2]

监禁刑的另一个可见后果是给犯罪人带来"污名化"效应。被定罪关押的人会被打上某种"烙印"或"标记",这会阻碍他们重新融入社会。污名化效应可以分为社会性污名化(social stigma)和结构性污名化(structural stigma)两种。社会性污名化是在人际交往当中经由他人的社会排斥、回避而被强化的,被污名化的个体被逐渐驱逐出社会交往网络,并可能会经历自我价值贬低。结构性污名化是借由制度性的歧视造成的,如刑事司法系统对个体的定罪量刑、监禁等过程。结构性污名化会进一步放大社会性污名化。对于不同类别的犯罪来说,污名化的后果可能存在差异性,性犯罪人所遭遇的污名化后果相对最为严重。在美国,性犯罪人会被要求强制登记、限制居住、GPS 监控、强制治疗等,"性犯罪"标签会成为一个可见的、永久的标记。[3]

上述对监禁刑不利后果的研究对象主要是监狱(prison),但看守所(jail)同样不容忽视。看守所被视为刑事司法系统制度化的起点,因为几乎所有入狱的

---

〔1〕 See Wade C. Jacobsen, *The Intergenerational Stability of Punishment: Paternal Incarceration and Suspension or Expulsion in Elementary School*, Journal of Research in Crime and Delinquency, Vol. 56:5, p. 651 – 693(2019).

〔2〕 Peggy C. Giordano et al., *Linking Parental Incarceration and Family Dynamics Associated with Intergenerational Transmission: A Life – course Perspective*, Criminology, Vol. 57:3, p. 398(2019).

〔3〕 See Beth M. Huebner et al., *Structural Discrimination and Social Stigma Among Individuals Incarcerated for Sexual Offenses: Reentry Across the Rural – urban Continuum*, Criminology, Vol. 57:4, p. 715 – 738(2019).

犯人都至少在看守所中被关押过一段时间。相比监狱而言,看守所具有几点特殊性:看守所关押的人口情况相对复杂,既包括低风险犯罪人,也包括一些高风险罪犯,他们在看守所中被关押的期限也不稳定;一些因付不起保释金被审前羁押在看守所中的被告人多属于社会弱势群体,往往也是少数族裔;看守所的环境相对受限,犯人之间的物理距离更窄,设施较不完备。很多人将看守所视为比监狱更具有惩罚性的关押方式。美国设有全世界最大的移民拘留系统,每天有 3 万 ~4 万人因非法移民被监禁,这些人很多被关押在边境看守所中。看守所羁押的后果,在很多方面与监狱类似,甚至有过之而无不及。与监狱监禁相比,在看守所被羁押与释放的与不利的就业情况、家庭关系之间存在关联性。此外,在看守所被羁押更有可能患上重度抑郁症、酗酒或吸毒。有学者认为,对于那些原本处于社会劣势地位的人来说,被看守所关押的经历创造、强化、延续了社会的不平等。[1]

由上可知,对监禁刑后果的研究重点在于如何认识和评估监禁对于犯人、犯人家庭的不利影响,以及如何消减这些负面效应。监禁刑的重要目的在于惩罚与改造犯罪人,预防犯人再次犯罪。但是从其产生的实际后果来看,惩罚性或许远大于改造意义,这种惩罚性还会经由犯人本人“传导”至其家庭成员,使潜在的惩罚结果更为严厉。

但与上述强调监禁刑危害的研究不同,也有研究认为,监禁刑在特定条件下对于破裂家庭关系的重塑具有某种积极作用。监狱的控制性环境有助于重构一种有序、稳定的生活方式,帮助犯人远离监狱之外的不良生活以及吸毒、酗酒等有害嗜好。入狱生活有助于犯人进行自我反思,有充分的时间重新审视既往的生活。对于一些年轻男性犯人来说,入狱在某种程度上可以重塑他们与父母的破裂关系。通过对过去行为的遗憾、懊恼、痛苦的情绪表达,能够帮助增进家庭成员之间的沟通,改善亲子关系。另外,许多年轻犯人在入狱前辍学,毫无所长,监狱能够帮助这部分人培养一些基本的职业技能。[2]

---

〔1〕 See Kristin Turney & Emma Conner, *Jail Incarceration: A Common and Consequential Form of Criminal Justice Contact*, Annual Review of Criminology, Vol. 2:1, p. 265 - 290(2019).

〔2〕 See Daniel McCarthy & Maria Adams, *Can Family - prisoner Relationships Ever Improve During Incarceration? Examining the Primary Caregivers of Incarcerated Young Men*, British Journal of Criminology, Vol. 59:2, p. 378 - 395(2019).

从本次综述涉及的论文来看,在监禁刑后果调查方面,相关研究更为侧重监禁给监禁人的家庭、近亲属带来的负面影响。受到刑事惩戒措施制裁的不仅是犯罪人本人,其家庭也被迫涉入其中并承受不利后果。如何减少这样的波及效应,特别是切断犯罪人子女“由学校到监狱的通道”,是未来监禁刑后果主题研究的重要议题。

第二节　监狱管理和监狱亚文化

一、关于监狱管理的新议题

监狱管理的特点是通过设置一个相对孤立的环境,将各种纪律条例和改造方法进行有效的制度化,监狱当中的强制劳动具有惩罚性,因为相比于正常工作,强制劳动的报酬有限,也缺乏自主选择权。监狱的日常管理主要通过管理人员对犯人的行为和态度体现出来,反过来,犯人对监狱管理人员和管理方式的看法和行为也会在一定程度上影响管理体系,二者的关系是动态、交互的。监狱中的社会控制方式是正式机制与非正式机制的混合体,正式机制表现为监狱的运行制度、监狱日常管理,非正式机制既包括犯人之间的内部控制机制,也包括监狱管理人员在制度化管理之外的一些灵活处置措施。

监狱管理当中的一个突出问题是如何预防和减少监狱暴力,因为这类行为会对监狱的基本秩序产生较大冲击。国外理论对监狱暴力事件的解读主要有三个基本模型:输入模型(importation model)采取个体视角,认为监狱暴力主要源自具有暴力犯罪史的犯人将自身的价值观和亚文化输入监狱中;剥夺模型(deprivation model)认为总体环境起到了推波助澜的作用,监狱环境中的压迫感、拥挤感以及被剥夺感会促使犯人产生愤怒等情绪,在这些情绪的推动下进行暴力行为;情境模型(situational model)整合了个体与总体层面的因素,认为犯人的个体特征和监狱的特殊环境因素结合起来,促生了监狱暴力。其中个体特征包括性别、年龄、暴力史、是否初犯、婚姻状况、在押时间等,环境因素不仅包括监狱的管理模式、监狱管理人员与犯人的互动方式,也包括监狱的建筑环境等因素。[1] 本书认为，输入模式侧重的是将监狱暴力的原因诉诸有暴力行为史的犯人，这无法解释为什么不具有暴力犯罪史的犯人在监狱中也会实施一些暴力行为；而剥夺模型更适用于监狱条件比较恶劣的环境下监狱暴力的成因。情境模型作为一个综合性模型，整合了犯人、犯人以外的环境因素以及犯人与监狱管理人员彼此的对待关系，尽管在理论上可能有失深刻，但其诠释力能够涵盖大部分监狱暴力。

在监狱管理当中，以往比较重视的是在监狱管理规范之下，监狱管理人员对犯人的单方面管理中产生的若干问题，近年来欧洲监狱学研究者开始着重讨论犯人在监狱生活中的角色。《欧洲监狱规则》(European Prison Rules)第50条规定："根据良好秩序、安全和保障的需要，应允许囚犯讨论有关一般监禁条件的问题，并应鼓励囚犯就这些问题与监狱当局沟通"；第27.6条规定："应提供娱乐机会，包括体育运动、游戏、文化活动、业余爱好和其他休闲活动，并应尽可能允许囚犯组织这些活动。"[2]美国学者谢莉·阿恩斯坦(Shery Arnstein)在《市民参与的阶梯》(*A Ladder of Citizen Participation*)中，根据参与程度的高低，将民众参与权力划分为八个不同的级别，其中最低级别是"操纵"(manipulation)和"治疗"(therapy)，这两个层次当中公民是权力运作的对象，基本没有"参与"；接下来的三个层次是"通知"(informing)、"咨询"(consultation)和"安抚"(placation)，这三个层次属于象征性的参与，公民获得信息，被征求意见或被要求提出意见，但决策权由权力者保留；而在"伙伴"(partnership)、"代理权"(delegated power)以及"公民控制"(citizen control)这三个层次，公民与权力者分享权力和职责，或代权力者行使权力，或直接实施权力。[3]

最近，上述阶梯理论已经被运用在监狱中的犯人参与当中。学者们目前认为，犯人参与监狱管理大致有三个方面的可能性：一是参与一定限度的监狱活动，二是对监狱制度的民主参与，三是同伴干预(peer - based interventions)。具

---

〔1〕 See Meng Ru Shih, *Examining the Fear of Victimization among Taiwanese Inmate*, Asian Journal of Criminology, Vol. 15:3, p. 219 - 223(2020).

〔2〕 See Council of Europe, *(2006) European Prison Rules*, available at: https://www.drugsandalcohol.ie/27695/.

〔3〕 See Sherry R. Arnstein, *A Ladder of Citizen Participation*, Journal of the American Planning Association, Vol. 85:1, p. 24 - 34(2019).

体来说,参与监狱生活包括文化活动、教育课程、体育活动、职业培训等,通过参与这些活动帮助犯人获得重新融入社会的能力和释放后就业需要的相关技能,也有助于维护监狱内的秩序;民主参与是通过囚犯理事会、囚犯论坛、囚犯委员会、代表理事会、协商委员会等形式参与有关监狱制度的决策,这些民主参与有助于改善监狱的工作。目前在苏格兰和威尔士监狱的"囚犯委员会"由犯人代表组成,讨论监狱管理方面的问题;美国的一些监狱中犯人组织了俱乐部,如戒酒会、运动俱乐部等,代表监狱内不同群体的利益和需求;犯人参与的最后一种形式——同伴干预,是指犯人接受相关的培训,成为同伴教育者,在同伴犯人当中帮助开展卫生、健康、急救方面的工作。例如,犯人作为教师帮助、教授其他犯人开展教育课程,或者提供情感支持、预防自杀自残行为,如法国监狱中的一些承担职责的犯人的任务是识别和帮助有自杀风险的狱友。[1] 允许犯人有序、适度参与监狱管理,开辟了监狱管理的新思路,是国外探索监狱管理改革的重要实验措施。然而,监狱的作用是惩罚与改造,作为被管理者的犯人参与管理过程,甚至成为决策者,这是否背离了监狱制度的初衷?这可能需要深入挖掘监狱生活的性质,需要讨论"福利"型监狱生活在一国的监狱制度中究竟应当占据怎样的比例?

二、关于监狱亚文化的讨论

就像人类适应其他外部环境一样,在监狱的特殊环境中,为了克服特定挑战,也会发展出作为适应手段的文化/亚文化,表现为居于其中的犯人们特定的信仰、组织结构和特殊用语的集合。国外研究者将美国的监狱文化研究划分为三个时代:20 世纪 30 年代至 60 年代中期对监狱文化的探寻主要基于社会学的观察。社会学家汉斯·雷默(Hans Reimer)在监狱中作为参与者和观察者生活了三个月,他描述了监狱环境是如何被一群囚犯首领所塑造的。这一时期的研究主要围绕着监狱环境的特殊性如何影响监狱亚文化的生成这一主题。为了克服监狱生活的困难、保证安全,囚犯内部进行分层,有着地位和权力的划分,形成了一套内部"规范"。20 世纪 60 年代中期到 70 年代中期,美国监狱犯

---

[1] See Dorien Brosens, *Prisoners' Participation and Involvement in Prison Life: Examining the Possibilities and Boundaries*, European Journal of Criminology, Vol. 16:4, p. 466 – 485(2019).

人的构成发生了显著变化,少数族裔的比例提高了,犯人群体之间产生了价值观上的差异和冲突。监狱文化研究开始转向以种族、宗教或意识形态为基础的监狱亚文化。而在20世纪70年代末到2019年前后,基于犯人——特别是街头帮伙成员的不断涌入,研究更为关注监狱帮派文化,监狱团伙发挥着比以往任何时期都更为重要的囚犯内部管理功能。同时在这一时期,对监狱中女犯的关注增多了,相比于对男犯地位竞争、暴力行为、帮派纷争的研究主题,女犯文化研究更为关注心理健康、家庭角色、性侵害等问题。[1]

罗伯特·K. 默顿(Robert K. Merton)在其著名论文《社会结构与失范》(*Social Structure and Anomie*)中提出,根据文化目标和制度化手段之间的关系,人们的行为模式可以分为五种:遵从、创新、仪式主义、逃避主义以及反叛。其中社会大部分群体都属于"遵从"者,这有利于维护社会稳定和持续性。而创新、反叛这样的行为模式有可能会通过非法手段来实现自己的目标,从而导致越轨和犯罪行为。[2] 受到默顿类型学的启发,有学者提出从个体适应环境的不同方式出发,被监禁犯人存在四种应对监狱生活的形式:退缩、反抗、顺从和创新。[3] 对犯人行为模式的解读有助于帮助监狱管理更加细致、个性化。

犯人为了应对在监狱中的污名化身份,往往会想尽办法将自身处境与监狱外更广泛的时空、事件联系起来,赋予其意义。如对于女犯来说,"家庭"是很多被长期监禁的女犯人讲述监狱生活的关键词,早日与家人团聚的目标是努力获得提前释放最常被提及的理由。家庭是她们在监狱中努力工作、表现良好的主要动力。这些女犯在入狱前都以妻子、母亲或女儿的身份生活在一个核心家庭当中,通过父母、丈夫和子女的探望、通信获得家庭支援和抚慰。[4]

监禁带来的自由的丧失和自主权的剥夺,也伴随心理痛苦。对犯人来说,音乐具有很重要的作用,音乐激活了监狱中的情感空间。国外监狱学研究者发

---

〔1〕 See John Wooldredge, *Prison Culture, Management, and In - prison Violence*, Annual Review of Criminology, Vol. 3: 1, p. 168 - 172(2020).

〔2〕 See Robert K. Merton, *Social Structure and Anomie*, American Sociological Review, Vol. 3:5, p. 672 - 682(1938).

〔3〕 See Liu Liu et al., *Make Sense of Self in Prison Work: Stigma, Agency, and Temporality in A Chinese Women's Prison*, Asian Journal of Criminology, Vol. 15: 2, p. 137(2020).

〔4〕 See Liu Liu et al., *Make Sense of Self in Prison Work: Stigma, Agency, and Temporality in A Chinese Women's Prison*, Asian Journal of Criminology, Vol. 15: 2, p. 134 - 135(2020).

现,音乐在监狱中的辐射范围是很广泛的,对于犯人自身、犯人之间的人际交往以及犯人群体层面都发挥着无形的作用。听音乐可以帮助犯人创造一个释放情感痛苦的渠道,让他们短暂地从痛苦的监狱生活中解脱出来。对特定音乐类型的偏好可以帮助犯人之间建立亲密感,产生团结感,从而缓解监狱生活的孤独。但是音乐也可能会产生负面作用。摇滚、重金属、朋克、迷幻等音乐类型可能会激起犯人对毒品、酒精的欲望,也可能产生反抗权威、冲动、暴力等行为,犯人之间围绕着音乐类型、音量大小可能产生冲突、打架甚至严重暴力。[1] 由此可见,在监狱管理中应当重视对音乐的管理。

以往的研究往往强调监狱的制度化、权力化以及这些特点给犯人带来的高压管理和所产生的监狱亚文化。一个具有争议性的论点是,监狱的影响不一定是扭曲的或完全消极的。监狱有害论的前提是,犯人入狱前的社会环境是友好的、支持性的,他对自己的生活是相对满意的,可以控制的。但对社会底层承受压力的犯人来说,监狱生活可以在一定范围内发挥稳定和恢复关系的作用,如戒除毒瘾或家庭暴力。监狱对某些犯人来说还可能是一个潜在的精神成长的场所,有研究者认为监狱为个体探索人格转变提供了一个鲜明且生动的社会环境,监狱生活的创伤性、羞辱性挑战和破坏了个体既有的错误世界观,可能成为个体生活中的一个"转折点"。研究者认为,上述观点并不是主张应扩张监禁刑范围或者为其辩护,而是旨在增进人们对监狱作用的理解。监禁的基本功能——包括隔离、约束等具有高度的破坏性和摧残性,这些功能对于不同的犯人会产生不同的影响,对其中一些人来说,这样的相对激进和破坏性的方式更有益于他们扭转自己的错误思想和观念。[2] 这一研究强调的是,即使我们试图寻求监禁刑以外的替代措施,对于一些犯人的矫正来说,只有某些具有相对激进和破坏性的替代措施,才能达到类似监禁刑的改造效果。

从国外学者对监狱亚文化的关注程度来看,在监狱管理这一研究主题项下,监狱暴力、监狱帮伙、恐怖主义和极端主义对监狱的渗透以及监狱的污名化后果等仍然是研究中长期关注的重点问题,与此同时,研究的角度呈现多样性

---

[1] See Ortal Edri & Moshe Bensimon, *The Role of Music Among Prisoners and Prison Staff: A Qualitative Research Study*, European Journal of Criminology, Vol. 16:6, p. 633 – 651(2019).

[2] See Ben Crewe & Alice Ievins, *The Prison as a Reinventive Institution*, Theoretical Criminology, Vol. 24:4, p. 568 – 589(2020).

特点。学者不仅关注对犯人的行为合规性管理,也关注犯人的内心感受、犯人群体的价值观、独特的监狱亚文化等内容,这是很有必要的,因为行为的合规与内心对法律和秩序的信服与遵从并不总是一致的。通过对犯人个体以及犯人群体主观感受、价值观的研读,可以深入了解监狱在矫治改造过程中存在哪些漏洞和不足,并有针对性地作出调整,制定个性化矫治方案,更好地实现帮助犯人纠正错误观念、掌握技能、回归社会的目的。

第三节　监禁刑替代性措施的探索

监禁刑给服刑人员带来的痛苦是显而易见的,如身心健康、工作收入、家庭关系等都会出现问题和挑战,美国的大规模监禁给个体、家庭、社区乃至整个社会都造成了深远的不利后果,这在前文已有论述,此处不再赘述。除了监禁刑造成的破坏性后果之外,监狱的运转与扩张也带来极高的财政成本。这些因素的叠加促使理论研究与司法实务积极探寻监禁刑的替代性措施。

学者苏珊·塔克(Susan Tucker)和艾瑞克·卡多拉(Eric Cadora)在2003年提出了"司法再投资"(Justice Reinvestment)概念,他们认为监狱的扩张是国家对重刑政策过分依赖的结果,这种政策不仅没有加强公共安全,反而牺牲了公共安全。他们建议,可以通过减少监狱关押人数来促进公共安全,如可将节省下来的资金用于投资社区,改善就业、住房、医疗保健以及其他社区福利设施,用以减少和预防犯罪。与此同时加强以社区为基础的地方司法机构和犯罪干预机制,促进罪犯融入社区。在这一概念提出后的十几年里,司法再投资的概念不断发展,被视为扭转大规模监禁的重要措施。在美国,司法再投资的主要形式是美国司法援助局和皮尤慈善信托基金(Pew Charitable Trusts)之间建立公私合作伙伴关系,投资于相关的立法和司法改革。在英国,司法再投资项目集中于减少个人再犯罪,关注累犯问题。在澳大利亚,司法再投资的重点扶持对象是社会弱势群体,如当地土著居民、岛民、有精神疾病或认知受损的犯罪人。[1]

---

〔1〕 See William J. Sabol & Miranda L. Baumann, *Justice Reinvestment: Vision and Practice*, Annual Review of Criminology, Vol. 3: 1, p. 317 – 322(2020).

一些国家和地区探索在刑事判决执行的各个阶段做出努力,如增加缓刑和假释的适用,减少缓刑和假释的考验期,减少缓刑和假释的撤销,以社区服务来替代监狱服刑等。社区服务(Community Service)可以追溯到18世纪晚期,当违规者资不抵债时,可以通过不剥夺自由的无偿工作来支付罚款,避免监禁。这一实践随后逐渐转变为一种刑罚替代措施。1905年在布达佩斯举办的第七届国际刑罚及监狱会议(7th International Penal and Penitentiary Congress)上,这种替代性制裁措施得到了认可。惩罚的意义不仅在于罪犯必须在特定场所和特定时间进行义务劳动,还在于将其劳动成果归于社会。[1] 但在犯罪学界,对于替代性措施的效果仍然存在很多疑虑。下面结合相关论文资料,对涉及的一些具体问题进行概述:

在美国的司法实践当中,缓刑期间需要遵守戒毒、戒酒,避免与其他犯罪人接触,支付罚款和费用,定期向缓刑监督官员报告等规定。缓刑监督官员具有较大的自由裁量权来决定是否在过程当中撤销缓刑,并且相比于刑事犯罪的庭审流程而言,撤销缓刑的程序相对较少。研究者比较关注的是缓刑执行中的两种情况:一是因所谓技术性违规被撤销缓刑,被执行人因未及时报到等被撤销缓刑;二是对非洲裔等少数族裔缓刑撤销情况的关注,研究者发现受教育水平较低的非洲裔美国人被判缓刑后,在执行期间撤销缓刑的比例更高。由此,缓刑的效果可能发生两极分化:对于一些人来说,被判处缓刑有助于改善就业、融入社区、维持家庭关系,缓刑对他们来说可能是一种真正意义上的监禁刑替代措施,但对于作为社会弱势群体的少数族裔来说,缓刑仅仅是延缓了入狱的时间。国外关于缓刑效果的争论还在持续,悲观的看法认为,缓刑在某种程度上比监禁刑更为阴险,因为在电子监控、社区监督等措施之下,缓刑被执行人的个人生活被暴露,刑事司法监管延伸到了社区和家庭领域。[2]

对于假释制度而言,美国《犯罪学年度评论》2020年第3卷的《假释与监管:美国监狱政策的关键驱动因素》(*Parole Release and Supervision: Critical Drivers of American Prison Policy*)一文系统论述了美国假释制度的现状、缺陷

---

〔1〕 See Patricia Faraldo Cabana, *Paying off a Fine by Working Outside Prison: On the Origins and Diffusion of Community Service*, European Journal of Criminology, Vol. 17: 5, p. 628 – 646(2020).

〔2〕 See Michelle S. Phelps, *Mass Probation from Micro to Macro: Tracing the Expansion and Consequences of Community Supervision*, Annual Review of Criminology, Vol. 3: 1, p. 261 – 271(2020).

和发展前景:[1]

美国的假释适用具有不确定性,这一方面表现为各个州假释日期的不确定,对于可适用假释的案件来说,各个州可以选择相应罪行最高刑期的1/4、1/3或1/2来确定,在罪犯已服相应刑期之后予以假释,但具体的年限由各个州决定,而各州在释放规则上存在模糊的政策或原则;另一方面,在美国大多数州,假释委员会对于假释的执行具有很大的自由裁量权,在一些特定的情况下,犯人在监狱中最低服刑期限是由假释委员会决定的,而不是由法院决定的。在犯罪率较高的时期,假释委员会可能更少作出假释裁定,政策导向倾向于惩罚犯罪人、控制风险和剥夺犯罪人的行为能力,而非帮助犯罪人复归。除此之外,美国假释制度的实际效果也遭到了质疑,因违规(包括技术违规)而被撤销假释,被视为美国监禁增长的一个重要“驱动力”,在假释撤销“高峰期”的2008年,美国有约24.8万人被撤销假释,占总入狱人数的37%,其中被撤销的原因多是技术性违规,而不是基于犯新罪。相比于在欧洲,因撤销假释入狱仅占入狱人数的一小部分而言,美国的相应比例过高。有研究者认为,美国的假释制度已经偏离了改造、复归目的,转变为监督风险、控制犯罪人的惩罚性目的。

从上述对于监禁刑替代措施的讨论中,一个重要且有难度的议题是,缓刑、假释等措施究竟起到了监禁刑的替代效果,还是反过来增加了监禁率或无形中增加了对个体的不当干预和管控?其中可以划分为数个子课题,如对社会弱势群体、少数族裔群体适用替代性措施时是否存在适用中的不公平现象?缓刑、假释委员会的职权是否过大且缺乏程序性限制?技术性违规与实质违规之间是否需要作出区分处理等。这些问题集中于缓刑、假释决定作出的科学性,如何准确地进行风险评估,如何对犯人进行合理分流处遇。司法人员的个人决策可能会受犯人身份以及其他因素的影响,这些因素无法如实反映出犯人被释放后的真实危险。对此,很多专家学者认为,在风险评估时需要引入算法技术。例如,劳拉和约翰·阿诺德基金会(Laura and John Arnold Foundation)开发了公共安全评估(Public Safety Assessment, PSA)系统,该系统基于美国150多万起案件的数据创建,包含被告人的罪行特征、犯罪历史数据等,用以协助法院作出

〔1〕 See Kevin R. Reiz & Edward E. Rhine, *Parole Release and Supervision: Critical Drivers of American Prison Policy*, Annual Review of Criminology, Vol. 3: 1, p. 281 – 298(2020).

相关司法裁决。[1] 美国多个州在审前转处、缓刑和假释决定作出时采用风险评估工具,用以对罪犯的风险系数进行识别。若干州的立法明确要求社区矫正项目的实施要基于循证实践,即在犯罪风险和需求模型的评估基础上作出相应决策。[2] 有研究者认为,这些风险评估工具应该被公开,决策工具应当是透明的,由社会公众对其进行监督并提出改进意见,并在实践当中不断优化。[3]

第四节 国外监狱民营化趋势评估

建造和管理监狱和犯人是政府的一项核心职能,因此监狱职能被视为政府专享而非可外包或民营化,但是在很多西方国家,这一理所当然的原则发生了动摇,出现了所谓监狱民营化趋势。本节将结合近两年相关文献对这一情况进行概述。监狱民营化涉及若干词汇,如"矫正的民营化"(privatized corrections)、"监狱私有化"(prison privatization)、"民营监狱"(private prisons),从严格意义上,只有将对"监禁"的监管这一核心职能外包给民营机构,才能算作监狱民营化,即将被监禁者关押在某个地点,保证他们的安全,并进行日常管理和监督,这一整个流程都是由民营机构运作的。除了监狱之外,还包括少年拘留、移民拘留、囚犯运送、维护法庭安全等事宜的外包情况。而在实际论述当中,监狱监管之外的卫生、教育、培训、食品、运输、通信等服务也可能被外包,这也被纳入监狱民营化或半民营化的讨论当中,但这些并不属于严格意义上的监狱民营化。

一、国外监狱民营化的历史起源

私人参与司法系统在西方并不是一个新现象,其源头主要是英国及其殖民

---

〔1〕 See Kristin Turney & Emma Conner, *Jail Incarceration: A Common and Consequential Form of Criminal Justice Contact*, Annual Review of Criminology, Vol. 2: 1, p. 283(2019).

〔2〕 See William J. Sabol & Miranda L. Baumann, *Justice Reinvestment: Vision and Practice*, Annual Review of Criminology, Vol. 3: 1, p. 328(2020).

〔3〕 See Kevin R. Reiz & Edward E. Rhine, *Parole Release and Supervision: Critical Drivers of American Prison Policy*, Annual Review of Criminology, Vol. 3: 1, p. 292 - 293(2020).

国家。在中世纪的英国,监狱在名义上由国王统辖,但是监狱的运转是自我负责的,监狱向囚犯征收费用,包括进出监狱、日常生活中的食品、用品等。囚犯的关押费用因社会地位而异,地位较高的犯人缴费更高昂。16 世纪晚期开始,英国的监狱作为一种社会控制工具,用来关押社会中游手好闲之人、流浪汉、小偷小摸和其他轻罪犯罪人,这样的监狱由私人经营。在这之后的几个世纪,英国监狱中关押的犯人数量急剧膨胀,加之 18 世纪起英国人口激增,工业革命使得大量人口从农村迁移到城市,而城市又缺乏就业和住房,导致贫困人口增加,进一步刺激犯罪的发生,监狱迅速变得更为拥挤。为解决这一问题,英国政府开始将部分犯人运送到其在美国的殖民地,根据英国 1717 年颁布的运送重罪犯法案,被判有期徒刑 7 年以上的重罪犯被运到弗吉尼亚州的烟草和棉花农场,整个运输与管理犯人的过程都由私人承包商负责,后者从中获利。在 1718 年到 1775 年间,约有 5 万名英国犯人在审判后被运送到英国在美殖民地。在美国独立战争爆发之后,英国选择将犯人运送到澳大利亚。从 1788 年到 1849 年间,私营机构大量参与了对被运送犯人的管理工作,约有共计 16.8 万名犯人被运往澳大利亚。[1]

19 世纪中期开始,英国、美国、澳大利亚开始了将监狱完全国有化的过程,更多的人认为政府应当成为监狱矫正机构的核心管理者。监狱私营化当中存在的若干弊病也逐渐暴露出来,压抑的工作环境和严苛的工作要求引发犯人的不满、骚乱和暴动,一些宗教人士、人道主义者抗议一些私人监狱对犯人的打骂、虐待、酷刑。到第二次世界大战之前,私人矫正机构似乎已经成为过去时。然而,在 20 世纪 80 年代之后,民营监狱又重新登上舞台。有学者总结道,下述因素促使民营监狱再次复出:其一,监狱人口的指数型增长,如英国、美国等国犯人数量在过去 40 年间的大幅度增长给新建监狱带来了压力,尤其是财务压力。其二,新建监狱的资本支出受到了政治或法律因素的限制,新建监狱不是政治决策中的优先事项,或者建造新监狱的议案被否定。其三,政府运行监狱的条件可能逐渐无法适应新的要求,如囚室过度拥挤、监狱暴力问题增加,无法满足犯人心理健康、行为矫治等多方面、个性化的需求等。监狱民营化为解决

---

〔1〕 See Richard W. Harding et al., *History of Privatized Corrections*, Criminology and Public Policy, Vol. 18:2, p. 241 – 244(2019).

上述问题提供了一个出路。政府与私人矫正运营机构签订合同,由后者帮助政府实现安全、有效地关押犯人的目的。[1]

从监狱民营化的起源及发展变化的上述简述来看,普通法系国家监狱运行管理方式从一开始就涉入了私人因素,这可能是监狱运营私营化在普通法系国家接受度较高的历史原因之一。监狱私营化的主要驱动力是降低成本的现实考虑,政府部门对于压缩成本的需求与私营机构追逐利益的目的交汇在一起,以合同方式达成契约关系。尽管这一合作关系之后有所破裂,但在国外大规模监禁的背景下,民营机构又重新登场,甚至在更广泛的范围发挥作用。

二、国外监狱民营化的现状

就全球范围监狱关押人数最多的 50 个国家而言,美洲是监狱民营化程度最高的区域,有 9 个国家实施了一定程度的监狱民营化。亚洲则相反,只有韩国和日本两个国家允许私营部门参与监狱管理。在欧洲,10 个拥有较大监狱系统的国家当中,有四个国家实施了一定程度的监狱民营化,分别为英国、法国、德国和西班牙。英国大约有 14% 的犯人被关押在民营监狱;法国探索出一种政府与私营机构合作的混合模式,根据 2016 年的调查,法国 188 所监狱中有 68 所部分地由私营部门运营。德国与私营机构的合作较为谨慎、保守,与拘留相关的职责仍由政府保留,食品、医疗保健、维护监控设施等其他职能服务通过与私营矫治公司签订合同,由后者负责。此外,俄罗斯的监狱系统较为庞大,但并非实施监狱民营化措施,私营企业在俄罗斯的社区矫正系统中发挥着重要作用。[2]

美国是监狱民营化的代表性国家。根据美国司法统计局的报告数据,截至 2016 年 12 月 31 日,有 128,323 名犯人被关押在民营监狱当中,这占全美在押犯人总人数的 8.5%。从 2000 年到 2016 年,被关押在私营监狱的犯人数量增加了 42%。关于看守所的情况,有学者统计提出,约有 5.4% 的看守人在押人员由私营机构管理。美国三家最大的私营矫正公司分别为“美国惩教公司”

---

〔1〕 See Richard W. Harding et al., *History of Privatized Corrections*, Criminology and Public Policy, Vol. 18:2, p. 246 – 248(2019).

〔2〕 See James Byrne et al., *International Perspectives on the Privatization of Corrections*, Criminology and Public Policy, Vol. 18:2, p. 478 – 491(2019).

(Core Civic)、“地缘集团公司”(the Geo Group, Inc.)以及“管理培训公司”(Management and Training Corporation)。[1] 以地缘集团公司为例,根据互联网相关信息,该公司位于佛罗里达州,其业务范围涉及监狱、拘留所等相关场地设备的租赁和管理服务,监狱和拘留所的范围包括高、中、低度的防备等级监狱、看守所、移民拘留中心和社区矫正服务等。该公司为美国、澳大利亚、南非、英国、加拿大等国提供相关服务。[2] 而对于青少年司法系统而言,民营机构为涉案的年轻人提供服务在美国非常寻常,大多数以社区为基础的青少年行为矫治方案是由民营机构提供的。[3]

私营矫正机构提供的服务主要包括治疗项目、心理健康服务、教育项目,以及其他相关的监管和控制技术方面的服务。具体来说,治疗项目涉及对患有精神疾病、酒瘾、毒瘾、性侵犯和家庭暴力的犯罪人进行教育以及康复治疗,还提供评估服务以确定罪犯的情况;心理健康服务包括对具有心理问题的服刑犯人及社会矫正人员提供心理咨询、护理等服务;教育项目包括职业技能培训、禁毒教育培训等。在社区矫正实践当中,私营矫正机构具有灵活性、专业性、整合性等特点,在采用管控技术方面可能比较灵活,不受政府采购烦琐程序的限制,快速开发、测试新技术并带入矫正实践当中。精神卫生专家、心理学专家、教育专家和职业技能培训师的大量参与方便矫正人员获得更专业的治疗和培训。另外,民营企业的参与使得社区矫正获得了更广泛的社会资源,这也有助于对犯罪人进行矫治。[4]

三、国外监狱民营化存在的问题和展望

反对民营化的观点之一是,私人经营者为了确保更大的利润空间可能设法

---

〔1〕 See Gerald G. Gaes, *Current Status of Prison Privatization Research on American Prisons and Jails*, Criminology and Public Policy, Vol. 18:2, p. 270 – 271(2019).

〔2〕 Available at: https://xueqiu.com/snowman/S/GEO/detail.

〔3〕 See Jeffrey A. Butts & John Pfaff, *It's about Quality, Private Confinement Facilities in Juvenile Justice*, Criminology and Public Policy, Vol. 18:2, p. 364(2019).

〔4〕 See Edward J. Latessa & Lori Brusman Lovins, *Privatization of Community Corrections*, Criminology and Public Policy, Vol. 18:2, p. 326 – 334(2019).

延长犯人在监狱中的时间,但这一观点目前还缺乏实证研究的检验。[1] 类似的意见也认为,私人经营者会因为逐利的驱动而干预矫正过程,例如,从电子监控设备的开发和适用中获益的公司可能会支持和游说政策制定者延长对相关犯罪人的监控期限,导致监控措施的失当、滥用等。另外,在多个民营公司存在的情况下,如何保证监管及相关服务的一致性、标准性是比较困难的,也缺乏相关的指导和监管。在不同的司法管辖区域,罪犯可能会被区别对待。[2]

从刑罚文化的角度,有研究人员认为监狱私营化挑战了公众对于刑罚的传统情感和认知。惩罚是公众对社会越轨行为的一种排斥和反对,公众要求国家而非私人惩罚违反神圣社会准则的罪犯,这是政府的基本责任,而不应当下放给私人企业。即使允许民营化,也必须限定在特定的范围之内,例如,电子监控技术的管理和运营可以外包给某些民营企业,但是涉及一些严重挑战社会基本规范的罪行的处罚——如对恐怖活动犯罪人的处罚——不应假手于人。[3]

研究者提出,需要对监狱和社区矫正民营化的价值进行公正评判,需要从多个维度进行全面评估,包括对民营化的需求程度;民营企业可提供服务的数量和质量;民营化对于监禁和矫治效果的影响;相应的成本效益;对社会控制产生的影响以及伦理道德因素的考虑等。对于监狱民营化的讨论不应被政治因素和意识形态所主导,而应围绕上述问题进行事实上的研究和判断。[4]

采取监狱民营化政策,不是一个放之四海而皆准的道理,而是因时因地的政策评估和选择结果,英国、美国等普通法系国家的监狱民营化有其特殊的历史、文化、政治背景。采取监狱民营化政策的国家在实际的司法实践当中暴露出很多问题,如美国某些私人监狱中的强迫劳动现象被冠之以“现代奴隶制”。从国外学界观点来看,监狱民营化政策毁誉参半。采取或不采取监狱民营化的效果究竟有怎样的差别? 或者说监狱民营化对于矫正效果、刑罚执行体系、社

---

〔1〕 See Gerald G. Gaes, *Current Status of Prison Privatization Research on American Prisons and Jails*, Criminology and Public Policy, Vol. 18: 2, p. 279(2019).

〔2〕 See Edward J. Latessa & Lori Brusman Lovins, *Privatization of Community Corrections*, Criminology and Public Policy, Vol. 18: 2, p. 335 – 336(2019).

〔3〕 See Brett C. Burkhardt, *The Politics of Correctional Privatization in the United States*, Criminology and Public Policy, Vol. 18: 2, p. 408 – 409(2019).

〔4〕 See Jeffrey A. Butts & John Pfaff, *It's about Quality, Private Confinement Facilities in Juvenile Justice*, Criminology and Public Policy, Vol. 18: 2, p. 363(2019).

会控制效果而言究竟意味着什么？这些问题还没有得到妥善的回答,尤其是欠缺相关的实证研究。但是也应当注意到,对于矫正服务的现实需求来说,民营力量的加入可能的确有助于提供个性化、专业化服务,尤其是在社区矫正的心理健康咨询、精神疾病治疗、行为偏差矫正等方面。我国目前的社会矫正工作存在专业力量不足等困难,社区矫正需要多部门和全社会的共同参与,一些地方已经在探寻“政府+企业+社会公益组织”的工作模式,获得了较好的社会效果。在这方面,国外的相关经验或许可以为我们所用。

专题十二

公众生活与犯罪学

第一节　公众对犯罪风险的感知和恐惧

公众对犯罪的恐惧被视为犯罪学的中心话题之一，从 20 世纪 60 年代开始，它在美国成为一个高度热门并具有重要政策意义的研究领域，并在此后不断扩张其影响力，成为国际性、跨学科的研究问题。公众对犯罪的恐惧会产生很多负面后果，包括生活质量的下降、日常行动的受限、高昂的预防犯罪开销、逃离贫困地区的行动等。对犯罪的恐惧不仅包括对被害的焦虑，也反映出公众对当地社区秩序的一种担忧。在西方社会当中，对犯罪的恐惧与种族问题、贫富差距问题交织在一起，最终有损社会信任、群体关系和社区治理。公众对犯罪的恐惧情况也间接反映出国家对犯罪的治理能力，是刑事司法系统运作的"晴雨表"(barometer)。[1]

如何获得公众对犯罪风险的感知和恐惧情况？国外主要是通过被害调查来进行的。美国于 1973 年第一次开展了全国范围的犯罪受害调查(National Crime Victimization Survey, NCVS)，目前 NCVS 每年进行一次，已成为美国犯罪统计的一个组成部分。欧洲各国如英国、法国、西班牙、意大利、匈牙利等国

---

〔1〕 See Emily Gray et al., *Political Socialization, Worry about Crime and Antisocial Behaviour: An Analysis of Age, Period and Cohort Effect*, British Journal of Criminology, Vol. 59: 2, p. 438 -439(2019).

也对本国国民的犯罪风险感知和犯罪被害恐惧情况进行了调查。[1] 比较有代表性的被害人调查除了美国 NCVS 之外,还包括英格兰和威尔士犯罪调查(the Crime Survey for England and Wales),国际犯罪受害者调查(the International Crime Victims Survey),欧洲犯罪和安全调查(the European Crimeand Safety Survey)等。[2]

举例而言,NCVS 分为简报、详细报告等内容,以美国发布的 2020 年 NCVS 的调查简报为例:从 2019 年到 2020 年,总体的暴力受害率下降了 22%,从每 1000 名 12 岁或 12 岁以上的人中 21 人受害减至 16.4 人受害。暴力受害(强奸、抢劫、普通伤害和加重伤害)的减少主要是由于攻击行为的减少。普通伤害(simple assault)的犯罪率从 2019 年的 13.7‰下降到 2020 年的 10.7‰,加重伤害(aggravated assault)的犯罪率从 3.7‰下降到 2.9‰。财产犯罪受害率从 2019 年的 101.4/千家户(households)下降到 2020 年的 94.5 /千家户。这一时期财产犯罪(入室盗窃、非法侵入住宅、机动车盗窃和其他类型的家庭盗窃)的下降可主要归因于入室盗窃和非法侵入率的下降。入室盗窃下降了 19%(从 11.7/1000 下降到 9.5/1000),非法侵入下降了 24%(从 5.5/1000 下降到 4.1/1000)。从 2019 年到 2020 年,机动车盗窃和其他家庭盗窃的比率没有统计上的显著变化。2020 年,大约 40% 的暴力受害者和 33% 的财产受害者向警方报案。2019 年至 2020 年,向警方报案的暴力犯罪率从每 1000 名 12 岁及以上人群中 8.6 起下降到 6.6 起。未报告的暴力犯罪率从每 1000 名 12 岁或 12 岁以上的受害者有 12.1 人下降到 9.5 人。报告的和未报告的暴力犯罪率的下降都归因于袭击事件的减少。[3]

上述犯罪被害人调查能够补足官方犯罪数据统计的不足,此外,公众对犯罪的恐惧也是公众调查的重要部分。对犯罪的恐惧有多个层面,包括风险认知、恐惧感受和回避行为。公众对犯罪风险的认知和感受会受诸多方面的影

---

[1] See Riccardo Valente et al., *Participatory Design of a Thematic Questionnaire in the Field of Victimization Studies*, European Journal of Criminology, Vol. 16:2, p. 170 – 187(2019).

[2] See Min Xie & Eric P. Baumer, *Crime Victims' Decisions to Call the Police: Past Research and New Directions*, Annual Review of Criminology, Vol. 2:1, p. 219(2019).

[3] See Bureau of Justice Statistics: Criminal Victimization, available at: https://bjs.ojp.gov/sites/g/files/xyckuh236/files/media/document/cv20_sum.pdf.

响。犯罪率、性别、年龄、受教育水平、社区环境、经济状况、种族多样性等因素都可能对公众对犯罪问题的认识和感受产生作用。从理论上看,犯罪率越高的地区,公众的被害风险感知越强烈。但研究人员发现二者并不总是匹配的。恐惧程度可能无法直接对应当地的犯罪率情况,有学者指出,受害风险恐惧是一个既严重又与实际受害或犯罪率无关的社会问题。[1]

对犯罪的恐惧不仅包括对犯罪被害的焦虑,也会反映出公众对当地社区犯罪治理能力的担忧。低收入地区,尤其是种族多元化、居住环境不稳定地区的公众更容易产生不安感。根据集体效能理论,集体效能是指社区居民之间关系网络、交往准则和相互信赖的结合,社会凝聚力强的社区拥有更为完善的社交网络和高度的人际信任关系,居民之间具有干预犯罪行为的共同意愿,这种集体效能赋予社区控制和压制犯罪行为的能力。集体效能的降低与不安全感有关。[2]

传统观点认为,社区内发生的失序状态或不文明行为可能也会影响人们对犯罪的恐惧,例如,在公共场所中的饮酒、吸毒、打架、乱扔垃圾、乱涂乱画、破坏公物等行为。"破窗理论"(broken window theory)认为上述社会失序行为的存在会继而导致更严重的犯罪行为的发生和扩散。破窗理论的核心是一个心理学问题,即无序会诱发进一步的态度和行为反应,进而导致犯罪。不受控制的混乱是一个信号,不文明或违法的行为将不受惩罚,从而这样的行为会予以延续和扩张。近年来,破窗理论的有效性受到了一定的质疑,有研究者认为失序不会直接鼓励犯罪,而是使犯罪变得更容易,如废弃的房屋滋生毒品犯罪,并不是废弃的房屋本身是犯罪的信号,而是无人管理的状态有助于隐藏或销售毒品。[3]

被害风险认知在不同的年龄层当中也可能呈现出分层式差异。"政治世代"(political generations)理论认为,在同一年龄层群体的性格形成时期,由于他

---

[1] See Iris Glas et al., *Going Spatial: Applying Egohoods to Fear of Crime Research*, British Journal of Criminology, Vol. 59:6, p. 1413(2019).

[2] See Iris Glas et al., *Going Spatial: Applying Egohoods to Fear of Crime Research*, British Journal of Criminology, Vol. 59:6, p. 1413 - 1414(2019).

[3] See Daniel T. O' Brien et al., *Looking Through Broken Windows: The Impact of Neighborhood Disorder on Aggression and Fear of Crime is an Artifact of Research Design*, Annual Review of Criminology, Vol. 2:1, p. 53 - 71(2019).

们经历了共同的政治历史事件,这些事件会对他们的性格特征产生影响,群体成员之间会分享类似的价值观。有研究者将这一理论纳入犯罪恐惧感研究当中,认为不同年龄层的人对犯罪的焦虑存在着分层差异。例如,在撒切尔夫人执政时期,犯罪率上升,公众对于法律、秩序和安全问题广泛重视,在这一时期成长起来的群体对于犯罪的焦虑更严重,并会产生持久的心理影响。[1] 此外,在种族问题比较严重的社会状态下,公众对犯罪的风险认知可能出现偏差,如研究发现,非裔美国人的出现会增加公众对犯罪的风险认知,这并不能反映实际的犯罪风险,而是基于刻板印象、种族歧视产生的恐惧心态。[2]

类似的主题调查在我国也有开展,例如,早在20世纪80年代末,公安部组织开展的"公众安全感指标研究与评价";2001年国家统计局组织开展的全国群众安全感调查;每年各地市开展的群众安全感调查。这类调查能够填补刑事司法统计不足的缺点,帮助发现官方犯罪统计中遗漏的犯罪情况,也有助于评价社会治安状况,提高刑事政策、公共安全管理的针对性和实效性。从国外相关研究成果来看,研究安全感/恐惧感产生的来源比研究安全感/恐惧感本身更为重要,但由于来源的多样性和复杂性,个体因素、社区因素、社会政治因素等交织在一起,研究中可能需要更多维度、更细致地划分,如区分个体、世代、社区、城乡等不同语境,才能抽丝剥茧地找到安全感/恐惧感的来源,并有针对性地调整相关的治理策略。

第二节　公众对警方执法的态度研究

在日常生活中,社会治安基本秩序的维护主要依赖警务活动。相对来说,公众与警方的接触是较为频繁的,公众对警方的信任程度、对警务活动的态度以及是否愿意向警察求助等情况,可以反映出公众对警务乃至对国家治安管理的看法和态度。

---

〔1〕 See Emily Gray et al., *Political Socialization, Worry about Crime and Antisocial Behaviour: An Analysis of Age, Period and Cohort Effect*, British Journal of Criminology, Vol. 59: 2, p. 435 – 460(2019).

〔2〕 See Shannon K. Jacobsen et al., *Gender, Racial Threat, and Perceived Risk in an Urban University Setting*, Journal of Research in Crime and Delinquency, Vol. 57: 5, p. 612 – 639(2020).

汤姆·泰勒认为,个体对权威的信任取决于三个因素:程序正义、分配正义以及可感知的有效性。程序正义侧重对决策作出的过程的正当性评估,分配正义指向结果的公正程度。其中程序公正是个体信服权威的关键因素。具体到公众对警务活动的看法这一问题,对上述三个因素的评估可能源自直接经验,即作为治安事件或犯罪事件的目击者、被害人等与警方接触,或者作为旁观者观察事件的处理;也可能源自间接经验,如在与家人和朋友的聊天中分享相关见闻,通过电视、互联网等途径浏览相关的新闻、视频等。[1] 还有学者认为,公众对警察的态度在本质上是多维度的,包括个体对警务的认可程度,以及对程序正义、警务效能、机构效能、警务实践、警察的更为具体的看法。[2]

近年来,法律犬儒主义成为研究的热点之一,这一概念是指对法律或规则的蔑视、嘲讽,认为法律制度无效或不产生约束力。在涉及公众对警务活动的看法时,保持犬儒主义看法的人会认为警务活动是低效的,对其不感兴趣,认为不可信任或不屑一顾。国外学者的研究发现在有色人种和经济弱势群体中,更多人怀有犬儒主义,对警察更为怀疑、不满、不信任。对警务工作程序正义的感知主要基于与警察的具体互动,但犬儒主义观念涉及对警察和法律体系更概括的评价,并且具有地方性、历史延续性特点。从法律文化的角度,犬儒主义在某些社区成为一种文化叙事,居民通过它来理解他们社区的历史以及共同经历、目睹或分享的事件,进而形成某种集体记忆、历史意识。[3] 犬儒主义会影响警民关系,不利于警察执法,影响公众对警务的信任和信心。

值得注意的是,研究人员认为,公众与警察的关系是互动的,警察接收到的公众态度,也会影响警务活动的工作取向。“感知到的受众合法性”(perceived audience legitimacy)指的是警员们对公众态度的感受和评判。受到不尊重对待的警员更有可能将这种敌意推而广之,认为社区周边的居民对他们充满敌意,作为一种回应,他们更有可能采取更为激进的警务方式。这可以在一定程度

---

〔1〕 See Stefan Machura et al., *National Identity and Distrust in the Police: The Case of North West Wales*, European Journal of Criminology, Vol. 16:1, p. 63 – 64(2019).

〔2〕 See Min Xie & Eric P. Baumer, *Crime Victims' Decisions to Call the Police: Past Research and New Directions*, Annual Review of Criminology, Vol. 2:1, p. 222(2019).

〔3〕 See Bill McCarthy et al., *Neighborhood Climates of Legal Cynicism and Complaints about Abuse of Police Power*, Criminology, Vol. 58:3, p. 511 – 529(2020).

上解释,为何在美国种族和经济不平等的地区,警察使用暴力的发生率更高。[1]

第三节　公众对犯罪治理策略的态度

在现代民主制度中,民意具有很重要的功能,民意的汇聚为政府决策提供依据,在某种意义上实现政治参与和利益表达。民意主要通过调查获得,但是民意的获取并非易事。受访者在调查中的回答可能不一致、相互矛盾,并且问题的措辞、访谈的语境、提问者的反驳等都会影响其回答。研究者发现,当被问及一般性问题时,很多民众支持惩罚性刑事政策,如对累犯加重处罚、延长刑期、保留死刑等,但当问题变得具体化,或者给出替代性选项时,公众对惩罚性措施的支持又会降低,例如,在一项研究中,76%的受访者表示支持死刑,但当无假释的终身监禁是一个替代选项时,就只有40%的人支持死刑了。[2] 这引发了如下思考:公众对犯罪治理策略的态度究竟在何种程度上反映了客观的犯罪变化趋势?这种态度究竟是理性的,还是主观的、感性的,甚至是被误导的?

在这一问题上存在两种观点,根据客观主义模型,个体拥有真实、稳定的态度,即使存在测量误差,调查结果也是围绕着其意见的集中趋势随机波动的。公众总体的政策偏好具有很强的惯性倾向,特别是在国内事务相关问题上不会发生重大变化,即使发生变化,这些变化也是渐进式的。公众意见比个体的态度更有洞察力、更有思想。[3] 这种态度与真实的犯罪率变化之间存在相关性,是源自媒体对犯罪现象的真实报道信息。相反,建构主义的看法认为,媒体对犯罪事件的选择性报道以及有目的的政治修辞的引导,在一定程度上"操纵"了民意。民意对于犯罪政策的看法与真实的犯罪情况不相关,或者仅有很微弱的

---

〔1〕 See Justin Nix et al., *Testing a Theoretical Model of Perceived Audience Legitimacy: The Neglected Linkage in the Dialogic Model of Police - community Relations*, Journal of Research in Crime and Delinquency, Vol. 57: 2, p. 217 - 259(2020).

〔2〕 See Justin T. Pickett, *Public Opinion and Criminal Justice Policy: Theory and Research*, Annual Review of Criminology, Vol. 2: 1, p. 407(2019).

〔3〕 See Justin T. Pickett, *Public Opinion and Criminal Justice Policy: Theory and Research*, Annual Review of Criminology, Vol. 2: 1, p. 409 - 411(2019).

关联。西方媒体惯于夸大犯罪事件的出现频率与严重程度,导致公众认为犯罪率在上升,暴力事件层出不穷,因此更支持惩罚性刑事政策。[1]

以美国大规模枪击事件媒体报道之后的公众反响为例,尽管最常见的枪击事件的犯罪人是中年白人,并且不涉及意识形态,但媒体更倾向于强调涉及年轻的中东意识形态犯罪人的大规模枪击事件。除了传统媒体对事件的报道之外,在线网络社交平台如 Twitter、Facebook 已成为突发新闻的主要信息来源,此类网络平台具有高度的参与性。研究者试图寻找公众在网络平台关注大规模枪击事件的过程中是否存在一定的规律,一项研究发现,公众对相关事件的关注在最初的 24 小时至 48 小时达到顶峰,在此后逐渐衰减,最长为 1 个月左右。与传统媒体相比,在线网络社交平台更容易、也更频繁地被用来传播和放大一些误导性或虚假叙述,以达到操纵公众舆论的目的。[2] 建构主义的观点在实证研究中得到了佐证,媒体和有影响力的人物对社会问题的看法会影响和塑造公众认知,但媒体报道并不致力于跟踪犯罪率的变化。[3] 但也有相反的观点认为,传统的新闻媒体对犯罪事件的报道与公众的惩罚性情绪相关,但互联网等新媒体与公众的惩罚性态度要么不相关,要么呈现负相关。[4]

由上可知,当认为某一刑事政策是基于民意而出台时,其背后隐含了若干需要证实的命题:首先,民意调查是否能真实获取民意?公众意见并不是完全一致的,会呈现出复杂性、矛盾性等特点。例如,认为对特定犯罪需要严惩的情绪,也可能与支持非惩罚性措施如早期干预、复归措施的态度同时并存。如何通过科学、严谨的调查获取民众对某一事件的真实看法?如何能从公众对特定犯罪的看法推断出对整体犯罪防控策略的看法?这些看法随着时间的推移发生了怎样的变化?其次,即便能够获取民意,这种民意是客观的、理性的、与犯罪趋势相贴近的,还是在某种程度上被影响甚至是被操纵的?新媒体与传统媒

---

〔1〕 See Luzi Shi et al., *The Public Salience of Crime, 1960 – 2014: Age – period – cohort and Time – series Analyses*, Criminology, Vol. 58: 3, p. 569 – 571(2020).

〔2〕 See Arie Croitoru et al., *Responses to Mass Shooting Events: The Interplay Between the Media and the Public*, Criminology and Public Policy, Vol. 19: 1, p. 335 – 360(2020).

〔3〕 See Luzi Shi et al., *The Public Salience of Crime, 1960 – 2014: Age – period – cohort and Time – series Analyses*, Criminology, Vol. 58: 3, p. 587(2020).

〔4〕 See Justin T. Pickett, *Public Opinion and Criminal Justice Policy: Theory and Research*, Annual Review of Criminology, Vol. 2: 1, p. 422(2019).

体对犯罪事件的报道或传播是否有本质上的差异,对公众对犯罪问题的看法产生怎样的影响?与传统媒体相比,新媒体是否更有助于公众获取真实、客观的犯罪事件情况?这些问题都需要实证研究的深入挖掘。

国内篇

专题一

整体数据分析

第一节　样本选择与研究主题

2019～2020年卷中主要收集2019年1月1日至2020年12月31日这个时间段的相关期刊论文，所涉及期刊范围由原先2017～2018年卷中收集的44种期刊增加到60种期刊，论文总数达1035篇。即原先2017～2018年卷共收集44种期刊，分别为：《当代青年研究》《法律适用》《法治研究》《河北法学》《交大法学》《科技与法律》《中国法律评论》《中国青年社会科学》《当代法学》《东方法学》《法律科学》《法商研究》《法学》《法学家》《法学论坛》《法学评论》《法学研究》《法学杂志》《法制与社会发展》《国家检察官学院学报》《行政法学研究》《华东政法大学学报》《环球法律评论》《清华法学》《现代法学》《政法论丛》《政法论坛》《政治与法律》《中国法学》《中国刑事法杂志》《中外法学》《青年研究》《人口学刊》《心理发展与教育》《心理科学》《中国临床心理学杂志》《中国青年研究》《中国社会科学》《北京警察学院学报》《江苏警官学院学报》《山东警察学院学报》《中国监狱学刊》《中国检察官》《中国人民公安大学学报（社会科学版）/（自然科学版）》，在2019～2020年卷中又增加了16种期刊，分别为：《青少年犯罪问题》《犯罪研究》《预防青少年犯罪研究》《犯罪与改造研究》《公安学研究》《青年探索》《北方法学》《甘肃政法学院学报》《河南财经政法大学学报》《警学研究》《人民检察》《西部法学评论》《上海政法学院学报（政治论丛）》《刑法论丛》《中国刑警学院学报》《河南警察学院学报》。

本综述由于篇幅限制,无法对所涉期刊论文一一加以详细研究,只能从众多有关犯罪学研究论文中遴选出若干具有代表性和笔者认为对学术推进有重要意义的论文,以期形塑出该阶段我国犯罪学研究的整体映像。这一工作既具有重要意义和价值,也具有困难和挑战。其意义和价值在于,只有准确把握我国犯罪学研究的理论图景,才能深刻反思这一领域的研究现状,从而更好地寻求今后研究的不断发展和突破;其困难和挑战在于,就遴选标准而言,尽管笔者努力秉持中立的立场,仍不免在遴选过程中加入评价者自身的主观偏好,难以真正实现纯粹的理想,从而可能遗漏了一些同样出色甚至更为精彩的论文。2019~2020年综述中我们将国内该阶段的研究主题按论文所涉主要内容归纳为11个,只按主题确定范围并对有代表性价值和意义的论文进行内容综述。这11个主题分别是:青少年犯罪与青少年保护研究、恐怖主义、黑恶势力犯罪的防控与治理、网络犯罪研究、疫情期间的犯罪问题与防控研究、刑事立法与刑法观研究、企业(家)犯罪与腐败犯罪预防、女性犯罪与女性保护研究、自杀行为研究、暴力犯罪防控研究、裁判、监禁与矫治研究、国外犯罪学理论、本土犯罪学思想对当今犯罪学研究的启示。

第二节 基本印象

一、对犯罪形势及预测方面的文献数量激增

2019~2020年国内期刊发表犯罪学方面的论文中对犯罪形势及预测方面的文献数量相较2017~2018年呈现激增的态势,这说明犯罪学研究者们越来越重视犯罪学科在犯罪治理中的预测作用,也越来越专注于某一主题的长期研究和纵深研究。中国人民公安大学的靳高风老师带领的团队继续对2018年中国的犯罪形势发布分析报告,并对2019年的犯罪形势进行预测,即2019年随着扫黑除恶、安保活动和社会治理的逐步深入,刑事案件立案数和被判处罪犯人数预计会有所增加,有抬头迹象的"盗抢骗"等多发性犯罪、新型涉众经济犯罪、极端暴力事件仍是防控的重点,同时扫黑除恶专项斗争从专项治理向深挖

根治、行业治理和源头治理转化。[1] 该团队还对新冠肺炎疫情防控背景下我国犯罪形势的变化与趋势发布了分析与预测报告,发现2019年犯罪形势与之前发布的预测报告大致吻合,但野生动物交易走私犯罪走进公众视野。2020年新冠肺炎疫情的暴发和蔓延改变了社会运行的正常轨道,犯罪现象也发生了前所未有的变化。疫情蔓延期间犯罪数量大幅减少,但是与疫情防控相关的犯罪行为有所增加。随着经济社会秩序的逐步恢复,犯罪数量会逐步增多。下半年随着疫情的好转,犯罪与经济发展和社会活动一样将回归正常轨道。违法犯罪出现的新特点、新情况作为疫情引起的主要次生社会问题之一应引起社会的关注,并做到未雨绸缪、防患于未然。[2] 该团队还基于"一带一路"共建国家社会安全风险及对我国的影响对2018~2019年社会安全形势做了分析报告,认为当前社会安全风险指数较高,我国驻外机构、企业及旅游务工人员面临的社会安全风险威胁较大。[3] 除此之外,原鹏辉等为了拓展犯罪预防思路、实现有效犯罪防控,以2005~2014年北京市外来者入室盗窃罪为例,对其户籍地空间分布及其演变发布分析报告,提示犯罪预防策略不应仅局限于本地区域。[4] 张桂荣、王奕超撰文对近年来全球犯罪与刑事司法发展新趋势进行研究,发现总体犯罪趋势下降,但监狱人数持续增长,造成监狱过度拥挤,并引发罪犯待遇、监狱卫生制度、监狱安保等一系列问题,据此提出了相应的量刑和矫正方面的对策。[5] 李峰、梁爽撰文基于中国社会状况综合调查(CSS2013-2017)的分析,发现在控制其他变量的情况下,"80后"对警察的信任度比"80前"要低;受教育程度、收入与警察信任呈负相关;主观阶层认同度越高,其对警察的信任度也越高;本地人对警察的信任度比外地人的更高;就全国范围来说,我国警察的总体

---

〔1〕 靳高风、守佳丽、林晞楠:《中国犯罪形势分析与预测(2018-2019)》,载《中国人民公安大学学报(社会科学版)》2019年第3期。

〔2〕 靳高风、郭一霖、李昂霖:《疫情防控背景下中国犯罪形势变化与趋势——2019-2020年中国犯罪形势分析与预测》,载《中国人民公安大学学报(社会科学版)》2020年第3期。

〔3〕 靳高风、邢更力、俞青青:《"一带一路"共建国家社会安全风险及对我国的影响——基于2018-2019年社会安全形势分析》,载《中国人民公安大学学报(社会科学版)》2019年第6期。

〔4〕 原鹏辉、陈鹏、姜超、侯超、石少冲、明红霞:《北京市外来犯罪者的户籍地空间分布及其演变——以2005-2014年入室盗窃犯罪为例》,载《犯罪研究》2019年第3期。

〔5〕 张桂荣、王奕超:《近年来全球犯罪与刑事司法发展新趋势研究》,载《犯罪与改造研究》2020年第2期。

信任度呈逐渐上升趋势。[1]

二、对犯罪学领域的综述研究有一定幅度增长

2019～2020年国内期刊中发表的犯罪学方面的论文中有关对犯罪学领域的综述研究有一定幅度增长,这说明犯罪学研究领域开始重视站在前人的肩膀上展开研究,开始关注本学科的研究发展趋势和脉络,从宏观视角透视整个犯罪学研究的热点与前沿,这也反映出我国的犯罪学研究逐渐被重视。

有关犯罪学文献整体综述的分析,具有代表性的是司法部犯罪预防研究所的张婧老师,2019年来开始关注对犯罪学研究进展、热点与前沿进行梳理,认为2018年我国犯罪学研究呈现以下趋势:在问题意识的引导下开拓犯罪学学科发展的方向;在不同学科的交叉渗透中探寻犯罪学学科独有的立场;以丰富、科学的研究方法助力犯罪学研究发展创新。[2] 她还运用文献计量分析软件,以2018～2019年中发表的190篇犯罪学研究文献为样本,从研究主题、研究群体、研究阵地等维度展开分析,并进一步厘清当前我国犯罪学的研究热点和发展趋势,并且为完善该领域的相关研究提供了若干启示。[3] 还有基于1988～2020年间环境犯罪学核心期刊及CSSCI文献,对我国环境犯罪学研究进行述评的,如李映男、代孟良撰文用文献计量方法分析发现,我国环境犯罪学研究在发文数量、学术规范、学术影响力、研究技术水平、研究内容等方面均取得了显著进步,但同时也存在研究缺少跟进、数据难以获取、研究方向过于集中、法学研究人员“缺位”等问题。[4] 该文还针对这些问题提出了具有建设意义的建议。还有关于社区矫正研究的文献分析,如刘强、武玉红等人撰文对2016～2019年社区矫正研究概况和发展趋势做了分析,认为这一期间的相关研究兼顾理论和实际应用层面,具有内容丰富、思想活跃、方法多元、指导工作、助推立法的特点,但也暴露出在国家层面缺乏组织协调、实证研究欠缺、比较研究不足、研究力量

---

[1] 李峰、梁爽:《谁更信任警察? 基于中国社会状况综合调查(CSS2013－2017)的分析》,载《犯罪研究》2020年第4期。

[2] 张婧:《2018年犯罪学研究进展、热点与前沿》,载《犯罪与改造研究》2019年第3期。

[3] 张婧、王延涛:《2018－2019年我国犯罪学文献分析与启示》,载《犯罪与改造研究》2020年第2期。

[4] 李映男、代孟良:《我国环境犯罪学研究回顾与思考——基于文献计量方法的分析》,载《犯罪研究》2020年第6期。

分散、研究重点不突出、研究成果转化不明显等问题。今后的研究需要更加贴近现实、加强针对性、注重实证研究和效果评估，加强国家层面的组织协调，促进该制度在加强社会治理、促进刑罚及刑罚执行现代化的进程中发挥更重要的作用。[1]

其中有关犯罪学研究主题内容综述的，既有关于警察信任的，也有关于具体犯罪类型研究的，还有关于研究方法方面的。如李峰、梁爽撰文基于中国社会状况综合调查（CSS2013－2017）的分析，对有关警察信任的实证研究进行述评，认为这一调查数据一方面可以从不同亚群体对警察信任态度差异的层面，与现有的研究结论对话；另一方面可以从发展的角度探讨我国警察信任的变化趋势。[2] 再如，王嘉、李春雷撰文对1985～2019年有关危害食品安全犯罪的研究进行分析，发现该领域研究深受刑事立法、刑事司法、行政监管模式和食品安全重大事件的影响，研究从单一学科向多元学科，从被动应对向主动预防，从刑法规制向社会共治转变。理论研究在快速发展的同时，存在着研究方法单一、基础理论薄弱，学科研究不平衡和跨学科研究不足等问题。展望危害食品安全犯罪研究的发展，应当规范研究与实证研究兼顾、刑事学科与相关学科交融、单一对象研究与复合对象研究并举、借鉴国际与立足国情互补、后犯罪学科与前犯罪学科齐观、应用研究与理论研究并重、理论继承与理论创新结合。[3] 还如，刘斌志、周宇欣撰文对我国青少年网络暴力研究进行了回顾，认为如今相关研究应该不断扩展和深化研究内容，发展和创新研究范式。[4] 又如，周奕澄撰文对我国近二十年犯罪学研究方法进行考察发现，其流变始终围绕思辨方法与实证方法两条主线，并引入社会学、心理学、生物学等邻近学科的研究方法，取得了较为丰硕的成果，但同时也存在思辨方法创新上的不足、实证方法深度不够以及跨学科方法淡化本体的问题。未来我国犯罪学研究应当坚持思辨方法与

---

〔1〕 刘强、武玉红、郭琪、孙燕锋：《2016－2019年社区矫正研究概况及发展趋势》，载《犯罪与改造研究》2020年第1期。

〔2〕 李峰、梁爽：《谁更信任警察？基于中国社会状况综合调查（CSS2013－2017）的分析》，载《犯罪研究》2020年第4期。

〔3〕 王嘉、李春雷：《回顾·反思·展望：危害食品安全犯罪研究（1985－2019）》，载《公安学研究》2020年第5期。

〔4〕 刘斌志、周宇欣：《新世纪我国青少年网络暴力研究的回顾与前瞻》，载《预防青少年犯罪研究》2019年第1期。

实证方法相融合,建构以本体犯罪学研究方法为基础的、多学科视角下的犯罪学研究方法之路径。[1] 这些综述研究有述有评,展现出我国犯罪学者的开阔视野和较强的研究能力。

三、研究主题更多关注热点问题及动态趋势

西方犯罪学成长史表明,犯罪学作为一门新兴的经验学科,应当是对社会现实反应最为敏捷的学科之一。[2] 2019~2020年国内期刊上发表的犯罪学相关研究成果表明,当前我国犯罪学研究更多的是关注现代社会中的热点犯罪现象及动态趋势。具体表现在研究中坚持问题导向,结合我国这两年出台的相关法律文件以及热点事件,以回应热点问题为主,其中不乏有很多对域外知识理论的引介。如在"青少年犯罪与青少年保护研究"这一主题研究中,全部相关文献占据犯罪学文献总数的15.74%,其中有很大一部分是在涉及未成年人两部法律(《中华人民共和国未成年人保护法》和《中华人民共和国预防未成年人犯罪法》)的修订背景下展开探讨的。又如针对新冠肺炎疫情的暴发,国内犯罪学研究反应迅速,刊出了不少有关"疫情期间的犯罪问题与防控研究"方面的成果。恐怖主义、黑恶势力犯罪的防控与治理以及网络犯罪研究方面的成果也颇多。另外,在具体展开犯罪学研究过程中,也注重从内容上坚持问题导向,如杨学锋撰写《犯罪学视域中的问题导向警务》一文中就指出,现有的经验证据与叙述综述至少可以证明问题导向警务是"有前途的"。在实际的应用过程中,应该将问题导向警务与热点警务、社区警务等加以必要的整合,还应该注重过程评估与效果评估中的科学严谨性,从而厘清真正有效的警务措施,着力避免在警务创新的旗号之下"新瓶装旧酒"。在社区警务改革面临"瓶颈"期之时,应该将问题导向警务、热点警务等以科学证据为经验基础的新警务模式纳入其中,这可以为推进本土化的社区警务改革增添新动力、新内容。[3]

---

[1] 周奕澄:《近二十余年我国犯罪学研究方法之流变与反思》,载《犯罪研究》2020年第3期。

[2] [美]理查德·昆尼、约翰·威尔德曼:《新犯罪学》,陈兴良等译,中国国际广播出版社1988年版,第22~79页。

[3] 杨学锋:《犯罪学视域中的问题导向警务》,载《中国人民公安大学学报(社会科学版)》2019年第6期。

四、呈现更明显的理论研究与应用研究并重的趋势

2019～2020 年国内期刊上发表的犯罪学相关研究成果越发呈现出理论研究与应用研究并重的趋势。如在“青少年犯罪与青少年保护研究”主题板块，既有对青少年犯罪基础理论的研究，也有对青少年犯罪矫治的实践研究；既有对校园欺凌现象的犯罪学解释研究，也有对我国校园欺凌现象防控的对策研究；既有对青少年防性侵的基础理论研究，也有对青少年防性侵的对策研究；既有对我国有关未成年人社区矫正理念、价值等方面的理论研究，也有对未成年人社区矫正的实践探讨；既有对青少年保护的基础理论研究，也有对青少年保护的实践探讨。而且这种理论研究与应用研究并重的趋势和特征基本贯穿于每一个主题研讨之中，包括对网络犯罪的治理、企业（家）犯罪与腐败犯罪预防、女性犯罪与女性保护研究等专题研究。这种双向并重的趋势中，呈现出更注重社会现实与犯罪学基础理论研究之间的双向互动的特点，实践应用对基础理论的促进不单只有方向性的指引，还有观念和研究范式的转变；基础理论对实践应用的指导则更促进实践发展的科学化和规范化，还能更有效地实现犯罪治理作为社会治理的有效工具的手段功能。如阮重骏撰写的《大数据时代下我国犯罪数据公开研究——以中美比较研究为视角》一文中，就建议我国目前需要公开更多样的更加全面的犯罪统计数据，建立交互式的犯罪数据公开平台，切实发挥犯罪数据在犯罪学研究和犯罪防治中的作用。[1]

五、犯罪学研究中继续秉持刑事一体化思想

2019～2020 年国内期刊上发表的犯罪学相关研究成果继续秉持刑事一体化思想，这样对犯罪原因的探讨围绕着客观现象进行事实层面的探讨更具有现实意义，立足于客观事实进行原因和对策的分析，包括对规范层面问题的检视分析，以及对侦查领域和司法实务领域的相关问题探讨，体现的都是一种更为严谨、科学的犯罪预防观。同时，犯罪预防对策的研究以及相关理论的建构中，体现出更为宽广的研究视角、注重交叉学科领域成果的融合以及学科群研究模

〔1〕 阮重骏：《大数据时代下我国犯罪数据公开研究——以中美比较研究为视角》，载《山东警察学院学报》2019 年第 4 期。

式的建立,在对犯罪前、犯罪中和犯罪后相关问题的探讨,都融合了侦查学、犯罪学、刑法学、刑事诉讼法学、刑事执行法学等科学领域的研究成果,体现出刑事一体化思想。如房清侠撰写的《职务犯罪案件中被调查人的权利救济》一文中主张监察机关只有坚持“既转权力,又转权利”的改革方向,才能从源头上保证职务犯罪案件被调查人得以被公正地调查,其权利才能得到根本保障;[1]方军撰写的《刑事被害人救助:问题与前景》一文中注重对刑事被害人的救助问题,建议建立专门救助法以解决现实困境和难题[2];刘冰捷撰写的《民间经济纠纷类治安案件警察介入的界限》一文中指出,警察在面对民间经济纠纷时要以保护人身权为原则,但在涉及非强制力违法私力救济的案件时,保护人身权、财产权的介入界限仍然存在着局限性,警察的有序介入还需依赖今后行政立法的完善与案例指导制度的运用[3];时延安、王熠珏撰写的《比特币洗钱犯罪的刑事治理》文章中,则综合运用犯罪学、刑法学、刑事诉讼法学的知识,主张针对网络洗钱(尤其是利用虚拟货币洗钱)的治理应该考虑“制度—机制—技术”之间的创新融合。[4]

第三节 学术推进

2019~2020年国内期刊上发表的犯罪学相关研究成果的学术推进方面,我们仅从研究内容、研究范式、研究方法层面进行总结,这主要借助于后面的11个主题研讨内容进行探讨。虽然,2019~2020年间,犯罪学研究领域出现了一些其他向好的趋势,如自然科学研究技术被广泛引进犯罪学研究等。

一、关注犯罪现象研究中的本源问题探讨

2019~2020年国内期刊上发表的犯罪学相关研究成果中更加关注犯罪现象研究中的本源问题探讨,能够透过犯罪现象的外在特征通过层层剖析,最终

---

〔1〕 房清侠:《职务犯罪案件中被调查人的权利救济》,载《河南财经政法大学学报》2020年第1期。
〔2〕 方军:《刑事被害人救助:问题与前景》,载《犯罪研究》2020年第4期。
〔3〕 刘冰捷:《民间经济纠纷类治安案件警察介入的界限》,载《行政法学研究》2019年第6期。
〔4〕 时延安、王熠珏:《比特币洗钱犯罪的刑事治理》,载《国家检察官学院学报》2019年第2期。

抵达最核心的问题，还原到对最基础理论的探讨，如对概念的解构，对解释理论的解构与重构等，这都反映了我国犯罪学研究逐步在向纵深化方向发展；对国外相关研究理论不单是引介，还更注重对其本土化改造，针对我国实际情况进行重构和建构。如王瑞山、许蔓莉撰写的《犯罪研究中流动青少年概念的多维分析》一文，就是从厘清流动青少年概念的维度出发，进一步探讨流动青少年犯罪的研究和应对，这对我国治理流动青少年犯罪提供了很强的理论基础和研究思路。[1]

二、拓展犯罪学理论研究阵地

2019～2020年国内期刊上发表的犯罪学相关研究成果中进一步拓展了犯罪学理论研究的阵地，注重从犯罪学科发展的角度探讨犯罪学今后的研究方向，也进一步显现出了犯罪学科的重要性。如王广聪撰写《从犯罪学透视未成年人刑事司法的理性》一文，认为坚持科学主义的犯罪学处于刑事法学的前置地位，能够为刑事政策、刑事立法以及司法改革提供客观参考。犯罪学实证研究的成果强调了未成年人犯罪的社会原因，为施行教育挽救未成年人刑事司法政策提供了客观依据。犯罪学研究应当深刻阐释未成年人特殊刑事政策的科学依据；更加凸显未成年人特别程序的独立价值；有力回应司法实践的热点问题，以科学精神和客观立场来增强未成年人刑事司法改革的实践理性，为中国特色未成年人刑事司法制度科学发展作出贡献。[2] 再如廖奕撰文对生活中的纠纷解决进行探讨，指出其有赖于法治模式和法学思维的整体更新，在多元化纠纷解决机制的话语分析中，凸显法律与情感的本体关联。不仅研究纠纷成因的消解方式，还要探寻情感契合与社会合作路径，以“关系均衡”为法律情感修复实践的基准，实现纠纷的生理、心理、物理、伦理、论理研究与法理概念分析的有机勾连，将作为“法学中心话语”的“法理”具象化。[3] 可见，今后在刑事司法以及基层社会治理层面的纠纷解决方面，犯罪学理论研究还将大有作为。

---

〔1〕 王瑞山、许蔓莉：《犯罪研究中流动青少年概念的多维分析》，载《青少年犯罪问题》2019年第5期。

〔2〕 王广聪：《从犯罪学透视未成年人刑事司法的理性》，载《中国青年社会科学》2020年第4期。

〔3〕 廖奕：《面向美好生活的纠纷解决——一种“法律与情感”研究框架》，载《法学》2019年第6期。

三、注重犯罪学科与其他学科研究交融

2019～2020年国内期刊上发表的犯罪学相关研究成果中进一步注重交叉研究领域成果的运用,且呈现出注重犯罪学科与其他学科交融的趋势。如王瑞山撰写的《犯罪科学的界定及其与犯罪学的关系——以伦敦学院大学的犯罪科学学科建设为例》一文中,就强调犯罪科学与犯罪相比,它聚焦犯罪控制而非解释犯罪,关注影响犯罪发生的情境因素而非使犯罪人产生犯罪性的心理学、生物学、社会学等方面的宏观原因。犯罪学与犯罪科学并非水火不容,而是各有所长,甚至是互补的。[1] 更值得一提的是,规范刑法学研究学者张明楷和车浩老师均在其论文中明确指出"在推进犯罪化的过程中,立法机关应当着眼于社会的现实问题,通过犯罪学实证研究确认刑法干预的必要性"[2]"借助犯罪学理论观察和分析疫情期间的一些犯罪现象,希望实现一种通过犯罪学抵达刑法适用的刑事政策精准化的实现途径"[3]。可见,犯罪学的相关研究成果将会被进一步引入刑事立法和刑事政策领域,犯罪学理论研究将进一步受到其他学科领域学者的关注与重视。

四、关注理论继承与理论创新的结合

2019～2020年国内期刊上发表的犯罪学相关研究成果中呈现出关注理论继承与理论创新的结合的特征,整体上国内犯罪学呈现向好的趋势。在研究中,既积极对国外犯罪学成果进行引介,也积极对本土犯罪学思想成果进行总结;既有对国外犯罪学研究成果的批判性继承,也有对本土犯罪学理论的创设与拓展。如有关基层社会治理中犯罪学研究成果中就有不少对"枫桥经验"的借鉴,这是对我国本土犯罪学思想的总结,当然也有在此基础上进行拓展的,如陈寒非、高其才撰写的《新乡贤参与乡村治理的作用分析与规制引导》一文就是

---

〔1〕 王瑞山:《犯罪科学的界定及其与犯罪学的关系——以伦敦学院大学的犯罪科学学科建设为例》,载《中国人民公安大学学报(社会科学版)》2019年第2期。

〔2〕 张明楷:《增设新罪的观念——对积极刑法观的支持》,载《现代法学》2020年第5期。

〔3〕 车浩:《刑事政策的精准化:通过犯罪学抵达刑罚适用——以疫期犯罪的刑法应对为中心》,载《法学》2020年第3期。

我国特有基层社会治理思想的总结与拓展。[1] 再如姚建龙撰写的《作为监狱学家的严景耀：方法、理论与实践》一文，即是对中国犯罪学、犯罪社会学的主要开拓者严景耀先生在监狱学领域的贡献的重新梳理和考证，[2]说明我国晚近时代的犯罪学研究学者的研究方法和研究成果已经斐然，这有助于我国犯罪学研究树立自信心。又如白建军老师撰写的《法学研究中的实证发现——以刑事实证研究为例》一文中，指出法律实证研究只是用实证的方法研究法学，并非独立的学科，也并非与规范法学相并列。犯罪定义是主客体间不断往返交互的中介，包括主体（被）客体化和客体（被）主体化两个方向上的过程，这一解释可以说是刑法学和犯罪学之间交叉部分的一点理论创新。[3] 这至少可以说是区分犯罪学与刑法学的理论创见，也是合理划分出了犯罪学与刑法学的科际界限。

---

〔1〕 陈寒非、高其才：《新乡贤参与乡村治理的作用分析与规制引导》，载《清华法学》2020 年第 4 期。

〔2〕 姚建龙：《作为监狱学家的严景耀：方法、理论与实践》，载《上海政法学院学报（法治论丛）》2019 年第 5 期。

〔3〕 白建军：《法学研究中的实证发现——以刑事实证研究为例》，载《政治与法律》2019 年第 11 期。

专题二

青少年犯罪与青少年保护研究

第一节 青少年犯罪基础理论研究

一、青少年犯罪的现象论

(一)青少年犯罪的整体概貌

2019~2020年国内期刊发表的犯罪学论文中有关青少年犯罪的现象论研究,一般都是和预防论联系一起进行分析。其中,有关未成年人犯罪低龄化的现状,邬雨岑撰文分析其具有五大特征:一是未成年犯罪嫌疑人低龄化现象不断加剧;二是犯罪主体文化程度低,男多女少;三是从其犯罪客观行为方面来看,犯罪手段呈成人化、暴力化倾向;四是犯罪形式多以共同犯罪为主,兼具偶合性;五是犯罪诱因具有高度的重合性。[1] 有关在校未成年人犯罪的现象,王海啸撰文以山东省L市的在校未成年人犯罪为样本,从触犯罪名、犯罪地点、犯罪形态、激情犯罪等角度剖析了在校未成年人犯罪的现状和特征,分析了导致在校未成年人犯罪的家庭教育的缺陷、学校管理的漏洞和社会不良因素的影响,提出了加强法治宣传教育、优化家庭教育、净化社会环境和强化教育挽救的对策建议。[2] 有关青少年犯罪现状,张戈曦撰文指出当前我国青少年犯罪存在低龄化、团体化、新型化的趋势。预防未成年人犯罪需要结合当前经济和互联

〔1〕 邬雨岑:《犯罪低龄化的原因及其预防》,载《犯罪与改造研究》2020年第4期。

〔2〕 王海啸:《在校未成年人犯罪的调查分析报告》,载《预防青少年犯罪研究》2019年第1期。

网发展的新形势,分析不足,总结经验,对于当前频发的青少年犯罪类型,如互联网化、暴力化犯罪,采取有针对性的重点防范措施。[1]

(二)不同类型青少年犯罪现象的描述

2019~2020年国内期刊发表的犯罪学论文中有关不同类型青少年犯罪现象的描述,主要包括对失踪儿童、不同户籍未成年人犯罪、高校学生越轨行为、未成年人网络失范行为、吸毒行为等特征的描述。

关于对失踪儿童的特征分析,周俊山、陈小燕撰文依据“宝贝回家”网失踪儿童登记数据,采用定量研究方法分析发现,失踪儿童年龄集中于3~5岁,主要是男孩,随着年龄增长,女孩失踪人数增多。失踪时间9~19时最高,独自外出途中失踪概率最大,失踪地点主要集中于公共场所,且多是农村流动儿童和留守儿童,中低阶层家庭的占大多数,在流动人口较多的城市以及买卖孩子聚集地,失踪风险较高。但宝贝回家网是个民间组织,还存在很多犯罪黑数。基于此,建议官方建立起儿童失踪风险标准,以便更好地查找失踪儿童。[2] 关于城乡不同户籍未成年人犯罪的比较,吴鹏森撰文通过实证研究发现,我国城乡未成年人犯罪既有共同特征,也有各自的特殊性。城乡未成年人犯罪的共同性主要表现为成长过程中都受到父母的溺爱并过分满足其物质要求;都喜欢上网并有相当比例的网瘾;在犯罪前都有较高的不良行为记录和离家出走经历;犯罪行为都有比较显著的暴力倾向;犯罪所获主要满足自己的消费;出狱后再犯的可能性都达到20%左右。但他们也有不同点,主要表现为文化程度、家庭教育方式、犯罪类型等方面。农村户籍未成年人的侵财型犯罪更为突出,而城市户籍未成年人的强奸犯罪明显高于农村户籍未成年人犯罪。[3]

关于高校学生越轨行为的特征分析,周健撰文分析指出,我国大学生面临的社会风险主要有四个方面,分别是校园网贷的风险、误入传销的风险、邪教渗透的风险和感染艾滋病的风险。这四个社会风险在发展的过程中都呈现一些独有的特征,表现为风险产生的必然性、风险爆发的不平衡性、风险展现的层次

---

[1] 张戈曦:《青少年犯罪现状及预防探讨》,载《犯罪研究》2019年第3期。

[2] 周俊山、陈小燕:《中国失踪儿童的特征分析——兼论建立儿童失踪的风险标准》,载《犯罪研究》2019年第2期。

[3] 吴鹏森:《城乡不同户籍未成年人犯罪的比较》,载《青少年犯罪问题》2020年第1期。

性和风险蕴含的隐藏性。[1] 管素叶、袁秋红撰文对高校部分学生干部微腐败现象进行分析,发现其呈现形式直白、利益对象多非物质性、行动方式多样性、违背道德但很多时候不违规等特点。高校学生干部微腐败现象主要有以下几个方面的表现:一是嵌入私人关系网络的干部选拔机制;二是滥用职权的评奖和自治管理运作空间;三是官文化影响下的学生干部话语表达体系。[2] 祁萌撰文对大学生无序自群体进行透视,发现他们以群体核心黏聚力为纽带,呈现出典型性分类并形成了结构形态去中心化,成员身份非定义化,网语体系个性化,关系生态圈子化,群体归宿多元化等基本群体特征。[3] 万昊、邓智平撰文对大学生网络贷款现象进行分析,认为消费主义在中国的蔓延容易导致青年陷入消费主义的陷阱,消费欲望的日益膨胀才是导致贷款消费产生社会问题的根本原因,而网络贷款平台的出现只不过为大学生实现自己的消费主义幻想提供了手段。[4]

关于其他未成年人失范行为,王寓凡、白天伟撰文以"锦鲤"现象为例对网络青年亚文化的形成进行考察,发现在青年亚文化与传统文化的融合过程中,首先形成了与传统文化"形异意近"的亚文化符号——"锦鲤"。而当消费文化逐渐介入后,"锦鲤"逐渐异化成了与传统文化"形亡意异"的营销符号。[5] 这提示在网络亚文化形成过程当中,面对网络亚文化对社会主流价值的消解与抵抗,主流文化应对网络青年亚文化进行积极干预。针对青少年吸毒行为,张永林、褚宸舸撰文基于相关问卷调查与统计分析,发现吸毒青少年呈现出受社会环境影响较大、经济状况较差、初始吸毒低龄化以及强制隔离戒毒青少年中农村户籍的比例较高、使用新型毒品的比例相对较高、复吸率高、戒治难度较大等特点。[6]

---

〔1〕 周健:《风险社会视域下我国大学生面临的社会风险问题研究》,载《中国青年研究》2019 年第 8 期。

〔2〕 管素叶、袁秋红:《学生干部微腐败现象的特点、成因与预防研究——基于青少年廉洁教育视角》,载《中国青年研究》2019 年第 6 期。

〔3〕 祁萌:《大学生无序自群体透视:成因、特征及引导策略》,载《中国青年研究》2020 年第 10 期。

〔4〕 万昊、邓智平:《消费主义视野下的大学生网络贷款现象分析》,载《当代青年研究》2019 年第 2 期。

〔5〕 王寓凡、白天伟:《形意之变:网络青年亚文化形成与异化——以"锦鲤"现象为例》,载《当代青年研究》2019 年第 6 期。

〔6〕 张永林、褚宸舸:《青少年吸毒行为的特点、成因与预防——以陕西省为例》,载《江苏警官学院学报》2020 年第 1 期。

二、青少年犯罪的原因论

(一)青少年犯罪的影响因素分析

2019 ~2020 年国内期刊发表的犯罪学论文中有关青少年犯罪影响因素的整体分析,主要包括文化因素、政策因素、社会因素、个体因素、家庭因素等,其中既有综合性分析,也有侧重某一因素的分析。如李萌、涂龙科在撰写的《我国青少年犯罪的案件分布及影响因素研究》一文中,通过实证研究分析发现,影响青少年犯罪的主要因素为教育因素、经济因素和重点犯罪的治理因素[1];耿强社、刘娟、李砚明撰文以山西省某未成年犯管教所为样本,分析指出当前我国青少年犯罪主要受家庭因素、朋辈关系、负面评价、不良行为、社会环境因素等方面的综合影响。[2]

在文化因素分析上,姜楠、闫玉荣撰文以布迪厄场域理论来考察不同社会形态下(农耕社会、工业社会、信息社会)青年与社会的信息互动实践,发现青年与社会的信息互动在具有"位置—权力"关系的场域中展开,"位置—权力"关系通过信息资本的占有而建构。青年与社会信息互动场域的转换,正是人类在不同社会形态下对"用时间消灭空间"的信息传播时空观的生产实践与社会表征。在信息社会语境下,传统权威应该意识到互动主体之间的平等关系,放弃一味以教化方式面对青年群体的姿态,建立起基于"理解和信任"的对话关系;同时,青年也应保有对文化传统的尊重与敬仰,在现实秩序的基础上发挥主体性与能动性,在继承弘扬民族文化的同时树立文化自信、实践文化创新,完成对自我身份的认同。[3]

在政策因素分析上,曾鹏、陈嘉浩撰文分析发现,惩戒犯罪的严厉性政策对青少年犯罪具有震慑效果,高中入学率有助于降低青少年犯罪率,惩戒犯罪的确定性、司法投入、处于青春期人口占总人口的比例等对青少年犯罪的影响不

---

〔1〕 李萌、涂龙科:《我国青少年犯罪的案件分布及影响因素研究》,载《青少年犯罪问题》2020 年第 3 期。

〔2〕 耿强社、刘娟、李砚明:《当前未成年人违法犯罪实证研究——以山西省某未成年犯管教所为样本》,载《犯罪与改造研究》2019 年第 8 期。

〔3〕 姜楠、闫玉荣:《场域转换与文化反哺——青年群体与变迁社会的信息互动》,载《当代青年研究》2020 年第 2 期。

显著。因此,加大教育投资、提升高中入学率有利于解决青少年犯罪问题。[1]

在社会因素分析上,常进锋撰文从时空社会学的视角解释青少年犯罪成因,认为青少年犯罪是一种动态的社会问题,具有时空波动性和时空延展性的特点。未来学术界分析青少年犯罪的成因,绝不能静止地、教条式地简单重复过去的分析程式和结论,需要将青少年犯罪置于一定的时间和空间当中,在反思时空发展规律的基础上,深入阐释促成青少年犯罪的各类因素,从而为有效防治青少年犯罪提供参考。[2] 福建省晋江市人民检察院课题组以晋江外来工的未成年子女为样本进行实证研究,分析犯罪成因有社会资源分配不均、社会联系减弱、无法较好地融入当地生活等主要因素。[3] 不直接阐述青少年犯罪原因,而是从青年离婚变动趋势进行社会原因分析,也有助于预防青年越轨行为。刘汶蓉撰文对影响青年人婚姻稳定性的社会原因从婚姻理想、人口流动、媒体传播和性别角色变化进行分析,提出倡导和践行全社会共同分担育儿、养老责任是促进婚姻制度发挥人类再生产功能的必要,只有提升家庭服务能级,打破刻板的性别分工文化,提升青年人在婚姻生活中的安全感和获得感,才是保障婚姻制度有效性的基础。[4]

在个体因素分析上,姚尧撰文认为需要的满足对正处于道德成长关键期的青少年而言,是道德人格成长的重要基础,需要受挫将会阻碍其道德品质的良性发展。非理性的需要心理是青少年不道德行为产生的心理根源,道德需要驱动着青少年对道德的主动践行,道德需要不足会阻碍其道德实践。[5] 陆芳撰文认为在诸多身心特征发展的关键时期,留守经历带来的与父母长时间和远距离的分离体验,导致儿童缺少父母(尤其是母亲)持续而稳定的爱,进而陷入情感支持薄弱、安全基地和避难港湾匮乏、人际交往的典型榜样和有效指导缺位等诸多发展困境,降低了对他人和周围世界的安全感、信任感,成为诱发儿童心理

---

〔1〕 曾鹏、陈嘉浩:《我国青少年犯罪的影响因素分析——基于时间序列数据的实证研究》,载《青年研究》2019 年第 3 期。

〔2〕 常进锋:《时空社会学:青少年犯罪成因的新视角》,载《中国青年社会科学》2020 年第 1 期。

〔3〕 福建省晋江市人民检察院课题组、王文龙:《企业外来工未成年子女犯罪问题实证研究——以晋江外来工的未成年子女为样本》,载《中国检察官》2020 年第 18 期。

〔4〕 刘汶蓉:《青年离婚变动趋势及社会原因分析》,载《当代青年研究》2019 年第 6 期。

〔5〕 姚尧:《论青少年的需要与道德行为》,载《当代青年研究》2020 年第 3 期。

发展危机的重要原因。[1] 李力、金昕撰文认为,全媒体视域下青年道德社会化体现出全程媒体、全息媒体、全员媒体、全效媒体四个特点,同时也面临传播者、传播内容、传播方式、受众主体四个层面所带来的困境,即传播主体多元格局造成主流道德引领边缘化、传播内容多元杂糅消减了主流道德主导作用、传播方式多样造成了监管困难、群体极化等问题、青年媒体偏好与接收不一导致效果难以保证。[2] 张婧撰文通过实证研究对再犯青少年生命历程进行考察,主要分析了犯罪青少年自小拥有的资源和生活机会、在家庭和学校中受到的教育、早早辍学后浪迹社会、在不良同伴影响下越轨犯罪、犯罪后的刑罚体验以及回归社会过程中的障碍等重要生活事件,发现再犯青少年的生命轨迹均存在劣势累积的趋势。故而应当积极把握人生的重要转折点,促成青少年犯罪行为转变,阻断青少年犯罪生涯。[3] 张萌、夏培芳撰文对犯罪青少年的心理发展进行考察,发现生活事件作为相对客观的心理影响源,可以从某种程度上为解释犯罪青少年的心理发展进程提供一种新视角。理性认识犯罪青少年和普通青少年的生活事件差异,正确对待影响犯罪青少年负性心理的生活事件源,对于防范青少年犯罪,为犯罪青少年提供循证心理矫治具有积极作用。[4]

在家庭因素分析上,张小华、梁敏、陈立毅、马岩撰文以实证研究发现,父母教育方式在青少年的成长过程中发挥着不同作用。同时,青少年的反社会倾向和心理健康水平对父母教育行为和青少年违法犯罪行为之间相互关系的中介作用也有所区别。[5] 路琦、张萌撰文以实证研究发现父母基本情况、养育方式、家庭模式、亲子互动和家庭学校合育五个层面的家庭因素与青少年问题行为密切相关,但是程度有所不同。[6] 宫秀丽撰文以随机抽样法考察青少年自主权与父母教养方式、家庭社会经济地位、亲子关系的相关性,根据结果分析得出结

---

〔1〕 陆芳:《农村留守儿童同伴关系与心理安全感关系及教育应对》,载《当代青年研究》2019 年第 6 期。

〔2〕 李力、金昕:《全媒体视域下的青年道德社会化探赜》,载《当代青年研究》2019 年第 5 期。

〔3〕 张婧:《劣势累积:再犯青少年生命历程研究》,载《犯罪研究》2020 年第 6 期。

〔4〕 张萌、夏培芳:《生活事件对犯罪青少年的心理影响研究——基于与普通青少年的对比分析》,载《公安学研究》2019 年第 1 期。

〔5〕 张小华、梁敏、陈立毅、马岩:《家庭教育对未成年人违法犯罪行为的影响——反社会倾向和心理健康的中介作用》,载《预防青少年犯罪研究》2019 年第 5 期。

〔6〕 路琦、张萌:《家庭因素对青少年问题行为的影响研究——基于五个群体及不同年份的对比分析》,载《青少年犯罪问题》2020 年第 3 期。

论:家庭中青少年自主权的实现不意味着亲子关系的疏离,青少年争取自主权的行为对亲子关系的影响受父母教养方式的调节,权威型教养方式下,青少年自主权实现最好,自主性发展最好,亲子关系最为融洽。[1] 于阳、周丽宁撰文基于青少年弑亲行为的分析,发现导致青少年实施弑亲行为的因素主要有两类:内在的个人因素、外在的家庭因素与学校因素。[2] 王殿玺撰文对童年经历与成年转变模式关系进行研究,发现童年的家庭经济状况、友谊质量具有明显的累积效应,童年的家庭经济地位越高,个体越倾向于早转变型的成年转变模式;童年的友谊状况越好,个体归于迟转变型的可能性越高。伴随成年转变模式从传统到现代的历程,成年转变的纵向影响因素则经历了从童年期的优势家庭经济地位向优质同伴关系转变的过程。[3] 迟新丽、黄巧敏、王秋英撰文以实证研究方法考察个人因素和家庭因素对青少年适应行为的影响,结果发现,性别、成绩、家庭功能对青少年的适应行为具有显著的预测作用。[4]

(二)青少年暴力犯罪的原因分析

2019～2020 年国内期刊发表的犯罪学论文中有关青少年暴力犯罪的原因分析,主要包括朋辈关系、教育模式、童年经历等方面的因素分析。

在朋辈关系上,沙晶莹、夏培芳撰文在实证研究的基础上发现同伴暴力行为不仅能够直接预测青少年后期暴力行为,而且可以通过道德推脱产生间接影响。自尊在同伴暴力行为与道德推脱之间起调节作用,自尊水平高的青少年,同伴暴力行为影响作用相对较大;自尊水平低的个体,同伴暴力行为的影响较小。[5] 董及美、周晨、侯亚楠、赵蕾、魏淑华撰文在实证研究的基础上揭示了同伴侵害与攻击性的关系机制,即留守初中生同伴侵害、歧视知觉、孤独感、心理韧性与攻击性之间均呈显著相关;留守初中生的歧视知觉、孤独感和心理韧性在其同伴侵害与攻击性的关系中具有链式多重中介作用;同伴侵害与攻击性关系模型具有一定稳定性,同时在是否留守及单亲与双亲外出留守初中生群体中

---

[1] 宫秀丽:《家庭背景下青少年自主权的影响因素研究》,载《青少年犯罪问题》2020 年第 4 期。

[2] 于阳、周丽宁:《青少年弑亲行为的主要特征、成因分析与防治对策——基于 2010－2019 年的 31 起典型案件分析》,载《青少年犯罪问题》2020 年第 1 期。

[3] 王殿玺:《童年经历与成年转变模式研究——以生命历程为视角》,载《青年研究》2019 年第 2 期。

[4] 迟新丽、黄巧敏、王秋英:《青少年适应行为及影响因素追踪研究》,载《青年研究》2020 年第 2 期。

[5] 沙晶莹、夏培芳:《同伴对青少年暴力行为的影响——有中介的调节模型》,载《中国人民公安大学学报(社会科学版)》2020 年第 6 期。

存在显著差异。[1]

在教育模式上,欧阳爱辉、刘旋撰文以益阳弑母案为例,发现专制和暴力教育手段的刺激是引发吴某杀母行为的重要因素之一。对专制型教育模式理论与犯罪心理学进行跨学科分析表明,在专制型教育模式下,父母的专制粗暴教育会影响孩子性格和"依恋情感"的发展,从而导致父母在其成长期间的中心地位产生偏差,良性控制作用也随之减弱。与此同时,孩子对父母的专制、暴力行为也会出现阶段性应激反应。这种情绪上的爆发,往往是滋生青少年严重暴力犯罪的直接动因。[2]

在童年经历上,倪孝苏撰文通过实证考察述情障碍、犯罪心态在儿童期虐待与攻击行为间的中介作用,发现儿童期虐待可显著正向预测攻击行为的愤怒和敌意维度。[3]

(三)青少年网络失范行为的原因分析

2019～2020年国内期刊发表的犯罪学论文中有关青少年网络失范行为的原因分析,主要包括文化因素、社会环境因素、个体因素等方面的分析。

在文化因素分析上,王健认为网络社交媒介中有关自我信息的表达方式从早期的纯文字、静态图像到语音信息、网络动图再到视频展播,形成了一种网络"景观"。身体作为表达自我的符号功能受到重视,这一方面导致了网络青年对外在身体形象的极度关注,形成了自恋主义;另一方面为了逃避来自现实世界的真实问题,从而建构起一种虚假身份。造成这种结果的根源在于当代狂热的消费文化和焦虑的社会心态,最终加剧了网络青年的自我认同危机。对此,社会系统应该通过网络为青年提供更多的自反性的渠道或实践途径。[4] 敖成兵撰文认为随着青年网民的个体化崛起和智媒时代的到来,青年网络亚文化仪式抵抗的温和特质(特质有三:一是挪用与拼贴,二是同构与狂欢,三是表征与意旨)越发明显,这主要是由青年网络亚文化的风格立异、族群区隔、屡被收编和

---

〔1〕 董及美、周晨、侯亚楠、赵蕾、魏淑华:《留守初中生同伴侵害与攻击性的关系:链式多重中介模型》,载《心理发展与教育》2020年第5期。

〔2〕 欧阳爱辉、刘旋:《专制型教育模式对青少年严重暴力犯罪心理的影响——以益阳弑母案为视角》,载《中国监狱学刊》2020年第1期。

〔3〕 倪孝苏:《儿童期受虐对罪犯攻击行为的影响》,载《犯罪与改造研究》2020年第4期。

〔4〕 王健:《景观社会中青年网络社交的文化反思》,载《当代青年研究》2019年第4期。

困境犹存造成的。青年网络亚文化的温和抵抗方式虽然并不意味着其仪式抵抗精神的渐至消泯,但也要防止青年网络亚文化圈层内部负能量的累积,并警惕青年群体在网络媒介场域里的“精神沉迷”。[1] 郭董董、方杲撰文考察网络民粹主义对大学生的负向影响,发现其负向影响表现为大学生理想信念模糊化、思维方式极端化、生活方式虚拟化、行为方式盲从化。影响网络民粹主义在大学生中传播的主要因素有:一是大学生心智尚未完全成熟;二是高校学术氛围宽松;三是互联网普及率极高;四是发展的不平衡不充分。[2]

在社会环境因素分析上,钟坚龙通过实证研究发现,集体愤怒、集体效能、感性动因、身份认同、网络道德信念这五条社会心理路径能正向预测网络反腐行动,集体愤怒是最重要的路径。集体愤怒、集体效能和感性动因直接影响网络反腐行动,身份认同和网络道德信念间接影响网络反腐行动。当青年认可国家身份与青年责任时,对损害国家利益、人民利益的腐败行为容易产生不公平感与愤怒情绪,从而促使网络反腐行动。个体对网民身份的认同也是基于对网络社会、网民群体的认同,从而维护网民群体秩序和道德底线的意识更强,对违背网络道德的行为更容易产生愤怒情绪。[3] 孟丽媛、郑欣通过对青少年网络污语言生产机制进行考察,发现青少年自主能动地将可污化的文化元素符号与污化模因结合,通过拼贴、嫁接等污化处理方式生成新的污语言,进而在传播过程中形成躲避权威,在同侪群体与亲密关系中竞技式生产,以及高度情境化的传播格局,深刻影响了青少年的话语风格、思维方式及价值观念。[4] 可见,健康、积极向上的网络环境对于塑造青少年的健康行为模式具有重要作用。有关日常环境中的暴力暴露与青少年网络欺凌行为的关系研究,张珊珊、张野通过实证研究发现,日常环境中的暴力暴露环境因素影响着青少年诸多不良行为的产生,具体体现为男生的暴力暴露程度、网络欺凌发生、亲子沟通水平和自我控制能力均低于女生,初中生在这四个变量上得分也均低于高中生;暴力暴露能够正向预测网络欺凌的发生,母子沟通以及自我控制能力均能负向预测网络欺凌的发生;父子沟通和自我控制在暴力暴露与网络欺凌间起中介作用,母子沟通

---

[1] 敖成兵:《青年网络亚文化的温和抵抗:特质、缘由及审视》,载《当代青年研究》2019 年第 2 期。
[2] 郭董董、方杲:《网络民粹主义对大学生负向影响及其消解》,载《当代青年研究》2019 年第 1 期。
[3] 钟坚龙:《青年网络反腐行动的社会心理路径》,载《当代青年研究》2019 年第 1 期。
[4] 孟丽媛、郑欣:《青少年网络污语言生产机制与传播情境》,载《当代青年研究》2020 年第 1 期。

和自我控制在暴力暴露与网络欺凌间起中介作用，且前者的中介效应在暴力暴露与网络欺凌关系中高于后者。[1] 有关网络暴力游戏对青少年的行为影响研究，何化利、李纪岩发现网络暴力游戏通过娱乐化、暴力合理化、低成本快速成功化以及游戏意识内化等策略消解青少年的主体性，阻碍了青少年的主体性发展。[2]

在个体因素分析上，周林通过对大学生自我表露差异进行实证的比较研究发现，在网络情境中，大学生兴趣与快乐表露、观点与评价表露存在显著性别差异；失望与痛苦表露、兴趣与快乐表露、不满与愤怒表露、观点与评价表露存在显著的年级差异；失望与痛苦表露、不满与愤怒表露存在显著的文理科差异；失望与痛苦表露，不满与愤怒表露、兴趣与快乐表露均存在显著的年级与专业交互作用。客观认识当代大学生网络自我表露心理与差异，对高校开展针对性的思想政治教育、心理健康教育和犯罪预防工作具有理论意义和实践意义。[3] 胡兴蕾、余思、刘勤学、张微通过实证研究考察青少年网络被欺负与自杀意念的关系，发现网络被欺负直接影响自杀意念，且存在三条间接路径：通过自尊的单独中介作用影响自杀意念；通过情绪应对方式的单独中介作用影响自杀意念；通过自尊和情绪应对方式的链式中介作用影响自杀意念。[4]

（四）青少年其他越轨行为的原因分析

2019～2020 年国内期刊发表的犯罪学论文中有关青少年其他越轨行为的原因分析研究，主要包括对吸毒行为、校园贷、恶逆变等行为的原因探析。

在对青少年吸毒行为的原因探讨方面，吴乐通过实证分析认为青少年初次吸食毒品的原因主要是满足好奇心和受朋友影响，朋辈群体的影响在青少年中占据重要地位；农村户口、交友不考虑兴趣爱好、对朋友的心理依靠、家庭管教方式不正确、父亲的恶习等因素是青少年在初次吸食毒品时更容易受朋辈群体

---

〔1〕 张珊珊、张野：《日常环境中的暴力暴露对青少年网络欺凌行为影响》，载《当代青年研究》2020 年第 1 期。

〔2〕 何化利、李纪岩：《网络暴力游戏对青少年主体性的消解及其破解对策》，载《当代青年研究》2019 年第 1 期。

〔3〕 周林：《犯罪预防视野下的大学生网络自我表露差异比较与思考》，载《犯罪研究》2019 年第 1 期。

〔4〕 胡兴蕾、余思、刘勤学、张微：《青少年网络被欺负与自杀意念的关系：自尊和情绪应对方式的链式中介作用》，载《心理发展与教育》2019 年第 3 期。

影响的原因。[1]

在对校园贷的原因探讨方面,朱迪发现“校园贷”高风险人群集中于家庭背景或高等教育背景较弱势的大学生,就读于高职院校或普通本科、学习成绩较差或很差的大学生更可能使用高风险贷款平台和高风险贷款利率,来自低收入家庭的大学生更可能使用高风险还款方式。可见,其原因层面既有家庭、学校的,还有社会方面的,建议联动政府、高校、企业、家庭等多方面力量,完善高校救助机制和应急管理机制,引导大学生建立起健康适度的消费观,增强大学生的金融知识和金融素养,构建和完善大学生金融支持体系。[2]

在恶逆变行为的原因探讨方面,莫翊凯认为未成年人恶逆变的成因有二:一是直接原因,即个体的加害行为;二是间接原因,即环境的不良交互。[3] 另有研究,虽未直接涉及恶逆变防治,但从犯罪恐惧感对警察信任的影响角度研究,可以对警察执法中可能产生的一些冲突问题进行预防。许博洋、王薇通过以辽宁省大学生为例的实证研究,发现在引入性别、年级、对他人普遍信任、对警察文化素质程度认知、社会现状满意度、个人生活满意度这些控制变量后,公众的犯罪恐惧感高低会显著影响其对警察的信任程度,即认为城市越不安全的人,其对警察信任程度越低;对成为犯罪被害人担心程度越高的人,其也越不信任警察。而公民对于警察的信任程度的高低是决定当下警察能否正常执法、社区警务等活动能否顺利开展的重要因素,而公众的犯罪恐惧感,即对于成为犯罪侵害对象的风险预知程度以及城市安全状况的预知程度,往往成为其评价公安机关人民警察的主观指标。[4]

三、青少年犯罪的预防论

(一)青少年犯罪的整体预防

2019~2020年国内期刊发表的犯罪学论文中有关青少年犯罪的整体预防

---

〔1〕 吴乐:《朋辈导致青少年初次吸食毒品的影响因素分析——以上海市数据为例》,载《青少年犯罪问题》2019年第5期。

〔2〕 朱迪:《当代大学生的信贷消费与“校园贷”风险》,载《青年研究》2019年第6期。

〔3〕 莫翊凯:《未成年人恶逆变成因及控制对策》,载《犯罪与改造研究》2020年第12期。

〔4〕 许博洋、王薇:《犯罪恐惧感对警察信任的影响——以辽宁省大学生为例的实证研究》,载《犯罪研究》2019年第1期。

研究，体现为从不同视角进行着手探讨，包括社会学视角、意识形态影响视角、环境犯罪学视角和不同类型主题概念的渊流视角等。

在社会学视角下，炊国亮从诠释社会学、分析社会学两个学科分支的理论视角考察青少年犯罪发现，社会公开的畅通和社会环境的改善是预防青少年犯罪现象的重要考量，一是推进司法公开进程；二是改善青少年成长环境。[1] 管伟康认为应在充分立足我国法治建设与社会现实的基础上，参考借鉴国外少年司法制度中的“恶意补足刑事责任年龄”“虞犯行为早期干预”等规定，建设“救助”与“惩戒”并重的未成年人犯罪三级防治体系，逐步探索建立我国的少年司法制度。[2]

在意识形态影响视角下，杨乐强、沈甜玲对西方意识形态的具象化渗透进行考察，发现当今时代的西方意识形态就是以生动化的影视形象、具体化的商品物体和差别化的价值符号等具象化的方式来实现对人们生活的微观渗透，这种微观渗透力量通过可视化、立体化的具象对我国当代青年的思想观念和价值判断产生了不容忽视的影响。该文提出了当代青年应对西方意识形态具象化渗透的策略：一是坚持对外开放的心态，在知己知彼中实现自我意识的不断觉醒，在平等基础上合作共赢；二是持有辩证思维和求索真理的精神，在全面的认识下进行理性判断；三是坚守本心，积极树立自我意识与自我认同感；四是发挥社会主流意识形态的引导功能。[3]

在环境犯罪学视角下，冯承才提出街角青年“易罪错空间”概念，对街角青年罪错行为进行实证研究发现，空间物质要素通过影响街角青年罪错动机直接作用于其罪错行为的发生，空间非物质要素通过影响街角青年心理状态间接作用于其罪错行为的发生。基于此，根据环境设计预防犯罪理论框架提出了对街角青年易罪错空间可操作化的治理策略。[4]

在不同类型主题概念的渊流视角下，王瑞山、许蔓莉对流动青少年概念进行了多维分析，认为对流动青少年的界定要从流动维度、年龄范围、居留状态来

---

〔1〕 炊国亮：《青少年犯罪的社会学简议》，载《犯罪与改造研究》2019年第4期。
〔2〕 管伟康：《未成年人犯罪防治研究》，载《预防青少年犯罪研究》2019年第2期。
〔3〕 杨乐强、沈甜玲：《西方意识形态的具象化渗透及青年引导的应对策略》，载《当代青年研究》2019年第5期。
〔4〕 冯承才：《环境犯罪学视角下街角青年易罪错空间研究》，载《青年研究》2019年第3期。

把握,概念使用要注意研究样本中流动青少年流动变化前后及相应期间与父母、伙伴、学校、社区等因素的联结,区别不同流动状态青少年犯罪情况的比较,以利于流动青少年预防政策的精细化。目前,户籍歧视和社会资源的不公平分配仍是解释流动青少年犯罪的重要因素,但并不限于此。对流动青少年概念的厘清有利于帮助我们按照不同的流动维度对流动青少年犯罪进行分类研究,进而促进流动青少年犯罪的治理。[1]

(二)青少年暴力犯罪的预防

2019~2020 年国内期刊发表的犯罪学论文中有关青少年暴力犯罪的预防研究,主要以弑亲案件为样本进行分析。胡佳以 2015~2019 年全国 11 例弑亲案为样本进行分析,主张在应对措施上,应首先厘清办案思路:明确惩罚与教育、预防与惩治相结合的政策理念,综合运用刑罚、教育、监管等多元方式。预防对策包括加强未成年人心理健康教育、完善未成年人家庭暴力特殊防治机制和推动家庭教育立法三方面。惩治对策包括实现刑罚个别化、加强对不负刑事责任的未成年人的改造教育两方面。以此,有效预防未成年人弑亲案件,挽救和惩处涉案未成年人。[2] 史炳军对北大学生吴某弑母案进行分析,提出预防大学生暴力犯罪要从以下方面着力:一是加强高校学生的德育教育;二是加强对大学生的心理健康教育;三是大学生犯罪应该引起全社会高度关注;四是加强社会治安的综合治理。[3]

(三)青少年网络失范行为的预防

2019~2020 年国内期刊发表的犯罪学论文中有关青少年网络失范行为的预防研究成果不多,主要是对治理路径和治理对策的探讨。朱松岭、王颖主张针对青少年网络暴力行为,需要通过行政手段加强对网络行业的规范管理,用法律手段加大对青少年网络暴力的惩罚力度,运用预防和干预手段加强对新型网络暴力的惩治力度,遏制青少年网络暴力行为的发生。[4] 胡霞、周俐莎、胡璨瑀针对网络直播行为可能引起青少年网络失范问题,建议在治理网络直播时必

---

〔1〕 王瑞山、许蔓莉:《犯罪研究中流动青少年概念的多维分析》,载《青少年犯罪问题》2019 年第 5 期。

〔2〕 胡佳:《未成年人弑亲案件犯罪学分析——以 2015 年至 2019 年全国 11 例弑亲案件为样本》,载《预防青少年犯罪研究》2019 年第 3 期。

〔3〕 史炳军:《北大学生吴谢宇弑母案的警示》,载《江苏警官学院学报》2019 年第 4 期。

〔4〕 朱松岭、王颖:《青少年网络暴力的治理路径初探》,载《中国青年社会科学》2020 年第 3 期。

须凸显预防的理念，以保障未成年人网络权益为目标，实现从道德人至理性人的重新定位，充分挖掘和转化网络直播的正面效应，进一步明确网络直播中各相关主体的责任类型，从而为未成年人网络安全筑牢防线。[1]

(四)青少年其他越轨行为的预防

2019～2020年国内期刊发表的犯罪学论文中有关青少年其他越轨行为的预防研究，主要包括套路贷预防、财产犯罪预防、涉黑犯罪预防、涉毒犯罪预防、恶逆变预防等。

在套路贷预防方面，赵祖斌撰文认为“培训贷”是披着“马甲”的“套路贷”，加强“培训贷”法律风险防控的对策主要有：一是完善法律规范，如应出台诸如《培训贷服务规范》等专门打击“培训贷”的法律规范；二是加强外部监管，高校、金融管理部门以及商务主管部门、工商管理部门、教育主管部门等需要加强对其监管；三是严格内部管控，金融机构应加强行业自律、内部管控；四是提高青年职业规划和自我保护意识；五是建立预警机制，高校、银监会、工商、教育主管部门等建立“培训贷”防控预警机制，将其消灭在萌芽状态；六是加大正规培训贷的供给，坚持疏堵结合，从源头上治理“培训贷”。[2] 何树彬对美国大学生校园贷治理模式进行考察，认为应该从以下三方面着手应对我国大学生校园贷款所产生的问题：一是加强金融创新水平；二是加强对大学生校园贷款的绩效评估；三是构建系统教育体系。[3]

在财产犯罪预防方面，于阳、祝梦宇、席竞宜、贺泱植、杨佩瑶、庄渊智对中美城市青少年财产犯罪的时空分布进行了比较研究，通过借鉴美国城市青少年财产犯罪的防范对策，结合中美城市青少年财产犯罪时空分布规律，提出我国预防和治理相结合的防治对策。即基于青少年财产犯罪时间分布规律的预防，基于青少年财产犯罪空间分布规律的预防，基于青少年财产犯罪防范对策比较的预防。[4]

---

[1] 胡霞、周俐莎、胡璨瑀：《网络直播对未成年群体的负面效应及规制对策研究——基于对C市中学生2500份调查问卷的分析》，载《预防青少年犯罪研究》2020年第6期。

[2] 赵祖斌：《青年“培训贷”的法律风险防控研究》，载《当代青年研究》2020年第5期。

[3] 何树彬：《当前美国大学生校园贷款问题研究》，载《青少年犯罪问题》2019年第5期。

[4] 于阳、祝梦宇等：《中美城市青少年财产犯罪的时空分布与防范对策》，载《预防青少年犯罪研究》2020年第5期。

在涉黑犯罪预防方面,冯承才通过对上海市K社区"斧头帮"的田野调查,发现当下街角青年的组织结构形式、资金获取渠道、冲突处理方式、活动空间类型都有涉黑犯罪趋势,而"再嵌入机制"是其涉黑犯罪的主要动因。该文提出"打击与预防并举"治理模式,以减少和预防街角青年涉黑犯罪,即多方联动,设计专门针对街角青年涉黑犯罪的打击措施;宏观微观相结合的街角青年涉黑犯罪预防模式。[1]

在涉毒犯罪预防方面,王燕飞对湖南"妈妈禁毒联盟"进行实证分析,认为其创新经验对未成年人涉毒行为治理有如下启发:未成年人毒品犯罪社会预防应探寻自我特色道路,激活新力量使得社会柔性治理的民间力量崛起,坚定文化自信促进本土文化转化与创新发展。[2]

在恶逆变预防方面,莫翊凯指出对恶逆变犯罪中未成年犯的刑事处罚应充分考虑被害人有罪性,积极适用非监禁性刑罚与建立未成年被告人判前社会调查制度。对其预防需从以下三方面着手:一是构建综合防控体系,预防未成年人刑事被害;二是设立心理救助机构,积极干预心理危机;三是加强全面素质教育,实现未成年人自我防范。[3] 周浪撰写的《男性青少年自我性满足有害观生成及实践》一文,以民族志的研究方式,以性的主体建构为分析视角,关注男性青少年自我性满足有害观念生成的主体经验和实践。该文建议对青少年新研究要"回到主体"。[4] 同样,"回到主体"在某种程度上也是犯罪学视角下犯罪人的社会建构视角的补充,它让我们知道在科学和社会话语的宏大叙事下,还存在活生生的人,要关注行为人主体,这对犯罪学中越轨行为的研究很有启示。

四、青少年犯罪的矫治

2019~2020年国内期刊发表的犯罪学论文中有关青少年犯罪的矫治研究,主要体现为对少年司法的理论与实践的探索和反思。

---

[1] 冯承才:《街角青年涉黑犯罪研究——基于上海市K社区"斧头帮"的田野调查》,载《青年研究》2020年第3期。

[2] 王燕飞:《未成年人涉"毒"社会预防模式创新发展——湖南"妈妈禁毒联盟"实证分析》,载《警学研究》2019年第4期。

[3] 莫翊凯:《未成年人恶逆变成因及控制对策》,载《犯罪与改造研究》2020年第12期。

[4] 周浪:《男性青少年自我性满足有害观生成及实践》,载《青年研究》2020年第2期。

在少年司法的理论研究方面，姚建龙从《未成年人保护法》与《预防未成年人犯罪法》修订的角度出发，认为当前未成年人立法应着重解决：保护未成年人责任稀释困境、涉法涉罪未成年人保护处分措施缺位、困境儿童国家监护制度不健全三大难题。《未成年人保护法》的修订宜适度“福利法化”，将修法的重心定位为保护困境儿童及未成年人的受保护权；同时，《预防未成年人犯罪法》宜进行“少年法化”，将其改造为司法性质的少年法典，建立独立的少年司法制度。其他相关法律也宜进行配套修改，将未成年人法确立为独立的法律部门，改变未成年人法附属于成年人法的“小儿酌减”状态。〔1〕 刘扬、虞浔对恶意补足年龄规则进行借鉴，认为其针对未成年人恶性犯罪个案的犯罪主体资格补足机制，对未成年人恶性犯罪追责机制完善乃至犯罪防控具有重要意义。针对特定犯罪适当设置特殊年龄区间，并在该区间内，针对特定的犯罪人加以适用“恶意补足年龄”规则，可考虑其于未来我国未成年人恶性犯罪追责机制补充衔接的合理性。〔2〕 有关未成年人犯罪的量刑问题，韩玫、田旭以64个未成年人故意杀人案件的判决书为研究样本，通过回归分析发现，在未成年人故意杀人案件中，影响犯罪人刑期的变量非常少，适用无期徒刑的标准也并不明确。究其原因，一是故意杀人罪本身量刑规则不甚清晰，二是将未成年从宽处罚的根据定位于抽象的刑事责任能力不足而非具体的社会交往能力较弱。对此，应当将故意杀人罪基本犯罪构成的法定刑顺序调整为从轻到重；明确未成年人故意杀人案中不同犯罪构成对应的量刑基准；完善社会调查制度以充实未成年人身份从宽处罚的公正根基；构建独立的未成年人量刑规范体系；打造专门针对未成年犯罪人的刑事侦查、检察和审判制度。〔3〕 有关青少年犯罪的分类矫治问题，张萌、夏培芳、李孟采用成熟的青少年道德推脱调查问卷，以155名犯罪青少年为研究对象，使用SPSS23.0和AMOS23.0对数据进行处理，对其道德推脱分类矫治的可行性进行考察的结果表明：不同犯罪类型的青少年道德推脱均未表现出显著性差异，不适宜以此为标准对其实施道德推脱分类矫治；通过聚类分析，

---

〔1〕 姚建龙：《未成年人法的困境与出路——论〈未成年人保护法〉与〈预防未成年人犯罪法〉的修改》，载《青年研究》2019年第1期。

〔2〕 刘扬、虞浔：《论未成年人恶性犯罪追责机制之完善——以恶意补足年龄规则为鉴》，载《当代青年研究》2020年第2期。

〔3〕 韩玫、田旭：《未成年人故意杀人案量刑经验研究》，载《河北法学》2020年第3期。

将犯罪青少年分为四种类别,各类别青少年道德推脱均表现出显著性差异,依照道德推脱的特点,分别将其命名为法不责众类、执迷不悟类、颠倒是非类和积极可塑类,据此可以分门别类地对犯罪青少年实施有针对性的教育矫治。[1] 有关未成年人犯罪记录封存制度的探讨,宋英辉、杨雯清通过调查发现,犯罪记录封存制度在实践中发挥了积极的作用。但是,制度运行中仍然存在监督与救济程序缺失、查询程序不规范、封存效力不明确以及相关部门之间的衔接与配合脱节等问题。此外,该制度在运行中与少年司法其他制度之间存在冲突,而且单一的封存模式以及适用条件,不利于实现双向保护的目的。对此,应当通过采取"原则+例外"的立法模式、设置合理的考验期、完善监督与救济、明确封存效力以及加强各部门之间的衔接与配合等方式,对制度进行完善。此外,还应当以整体性视角看待该制度,缓解犯罪记录封存制度与其他少年司法制度之间的冲突,使制度内部相互协调。[2]

在少年司法的实践研究方面,尹泠然考察欧洲对涉罪未成年人参与诉讼的重视,发现立足法律文本形成若干参与诉讼的标准,有助于保障涉罪未成年人在诉讼中更好地获得理解与表达意见。同时,这一标准也为欧洲学者开展实证研究提供了依据。在一定意义上,涉罪未成年人参与诉讼的状况应当被视为评价少年司法发展进程的重要标准。这亦为我国涉罪未成年人参与诉讼提供了一定的启示:一是要强化参与意识,注重三方主体的一致性;二是提供参与机会,要有明确的职责与专业的方法;三是改善参与环境,完善相关配套措施。[3] 唐玲对未成年人社会调查制度进行立法脉络梳理,发现其经历了起步与探索——转折与发展——深化与进步这样一个从地方尝试到立法明确的过程。实践中社会调查制度仍然存在主体不规范、社会调查报告质量欠佳、社会调查方式不完善等诸多弊端。为有效应对这些实践适用困境,应当回归未成年人社会调查制度兼顾诉讼经济与人权保障的功能定位,建立科学的未成年人社会调查评估体系,完善社会调查的程序设计及重新定位其证据效力,从而使社会调

---

[1] 张萌、夏培芳、李孟:《道德推脱视角下的犯罪青少年分类与矫治》,载《中国人民公安大学学报(社会科学版)》2019年第2期。

[2] 宋英辉、杨雯清:《我国未成年人犯罪记录封存制度研究》,载《国家检察官学院学报》2019年第4期。

[3] 尹泠然:《欧洲涉罪未成年人参与诉讼考察及其启示》,载《中国刑事法杂志》2020年第5期。

查制度切实发挥应有的制度价值,为少年司法的完善提供助力。[1] 席小华、金超然以少年案件的443份司法社会调查报告为研究样本(这些报告以H区人民检察院所受理的案件为主,其他检察院所受理的案件为辅,涉及北京地区2011年至2014年5月的大部分少年案件),提取影响少年犯罪与越轨的个体因素与社会因素,评价其再犯风险性,掌握少年犯罪的规律;引鉴美国相对成熟的YLS/CMI、YASI、OYAS少年风险评估量表,并结合司法社会调查报告制定了适合我国司法实际的少年风险评估量表;通过利用因子分析的方式得出了再犯风险评价的指标,进一步优化了量表设计,为少年犯罪的社会调查提供工具和数据支持。少年风险评估作为社会调查制度的重要环节,对推动社会调查的科学性与客观性、破解社会调查在实践中的应用难题具有直接意义。[2] 滕洪昌、李月华对我国涉罪未成年人心理测评实践进行反思,认为对涉罪未成年人的心理测评,应该将自评与他评相结合,综合使用包括观察、面谈、心理测评等多种方法,除了对涉罪未成年人要进行半结构的访谈,还要对他们的家人进行访谈,如果有可能还要对他们的老师进行电话访谈,从而综合多方面的信息,与心理测评的结果互相印证,尽可能减少心理测评的误差。大部分情况下,心理测评并不是单独进行的,而是与其他方面的测评结合起来共同进行,形成一个比较完整的评估报告。[3] 关于在未成年犯罪人司法矫治过程中,国家、家庭、社会应该共同发挥合力的问题,席小华、金超然在《社会工作在不良行为青少年群体中的应用》一文中强调社会工作介入不良行为青少年的教育矫正工作的重要性[4];牟君发以广东省英德市预防治理未成年人违法犯罪调查为例,倡导创新体制、组建社会团队力量共同教育矫治涉案未成年人回归社会[5];任文启通过对司法社会工作参与涉罪未成年人观护帮教服务的个案研究发现,我国在未成年人国家亲权制度建设方面存在"制度隙地",致使涉罪未成年人观护体系内外

〔1〕 唐玲:《未成年人社会调查制度省察:制度检视与变革路向》,载《当代青年研究》2020年第6期。
〔2〕 苏明月、王威智:《少年案件的风险评估实证研究》,载《刑法论丛》2019年第2卷。
〔3〕 滕洪昌、李月华:《对我国涉罪未成年人心理测评实践的反思》,载《青少年犯罪问题》2019年第2期。
〔4〕 席小华、金超然:《社会工作在不良行为青少年群体中的应用》,载《预防青少年犯罪研究》2019年第1期。
〔5〕 牟君发:《教育矫治涉案未成年人回归社会的实践探索——广东省英德市预防治理未成年人违法犯罪调查》,载《人民检察》2019年第24期。

均存在“国家缺位”。建议在国家层面确立未成年人保护的国家责任,并在未成年人法治体系建构、监护权考察以及社会支持体系建构的多层次中做到“国家在场”[1];邢红枚、袁利平、王蓉以2018年北京市X区33位涉罪未成年人及其所在家庭的调查发现涉罪未成年人的家庭功能均存在不同程度的失调现象,提出解决涉罪未成年人家庭功能问题需要家庭增强角色认知,转变教育理念,及时纠正未成年人认知行为偏差。同时社区应拒绝标签化,承担起对困境未成年人的社会责任。国家应以立法来明确家庭对未成年人的监督教育职责,用政策推动亲职教育的普及与体系完善[2];张荣丽、刘晓娇、马建认为在对涉罪未成年人帮教服务时要确立少年司法理念,对帮教工作中的困难,可以通过完善社工帮教机制、丰富帮教内容、加强社工机构和人才队伍建设、提高社工的社会认可度等方法解决。[3]

五、国外青少年犯罪理论与实践的引介及启示

2019~2020年国内期刊发表的犯罪学论文中有关国外青少年犯罪理论与实践的引介研究,既有述评类的,也有综述类的,还有批判性借鉴探讨的。

关于西方虐待成因的发展生态模型理论,李锋、边霞撰文考察该理论的主要观点,即认为儿童虐待产生自互动个体与嵌套生态系统层面间的交互影响,它主要以生态系统理论为理论基础,并以“生态整合模型”和“生态交互模型”为代表性理论模型。该理论具有重要的方法论意义,它可促使研究者突破单因素变量研究的窠臼,并转向多因素共构视角去理解儿童虐待成因;同时,也为儿童虐待治理实践提供了多因素和多层次的系统干预视角。该理论的出现丰富了儿童虐待研究者的理论想象力,可为我国家庭、学校等场域的儿童虐待和儿童保护研究和干预提供启示。[4] 关于转型时期的父职研究,王向贤撰文对国外父职社会研究进行考察后发现,转型时期的父职正在延续与变迁。对于未成年

---

〔1〕 任文启:《国家如何在场?——国家亲权视野下涉罪未成年人服务个案的实践与反思》,载《青少年犯罪问题》2020年第5期。

〔2〕 邢红枚、袁利平、王蓉:《涉罪未成年人家庭功能失调问题研究——以北京市X区为例》,载《警学研究》2020年第2期。

〔3〕 张荣丽、刘晓娇、马建:《涉罪未成年人帮教服务个案介入研究》,载《警学研究》2020年第2期。

〔4〕 李锋、边霞:《西方儿童虐待成因的发展生态模型理论研究述评》,载《当代青年研究》2020年第2期。

子女，父亲普遍在日常照顾方面缺席，被期待以经济支持为首要责任。积极为孩子提供日常照顾的关爱父职正在萌芽，但新旧父职话语相互收编。对于成年子女，父代责任强化且性别微调，权利减少。对照国内相关研究发现国内社会学界对子女未成年时期的父职构建与功能虽已有初步研究，但父职视角的缺失使其对转型期父亲的责权变化失于详察，特别是对子女成年时期的父职。促进父职范畴独立，将儒家父职与社会主义父职结合起来进行历史社会学考察，推动这两项中国本土父职机制与性别、阶层和城乡交叉，明确地将父职研究置于社会群体、社会结构和社会制度中，将有效促进父职研究的学术产出，深化对转型时期父亲责权的理解。[1]

有关青少年犯罪成因的解释理论，常进锋、陈国栋撰文对吉登斯的结构化理论进行介绍，该理论认为青少年犯罪的成因是多元的、复杂的，一是由青少年自身心理和社会化进程引起，二是由社会结构与青少年能动之间的相互作用存在的时空差引起，三是由现代性增强、现代社会时空分离现象引起。[2] 赵希对阿内特的“成人初显期”理论进行介绍，成人初显期的起点比较明确，即 18 周岁，但终点则不容易精确确定，18～25 岁或 18～29 岁都可以被涵括其中，但 18～25 岁是成年初显期的核心年龄段。成人初显期有五大特点，即身份探索、不确定性、自我关注、中间感觉以及可能性/乐观性。成人初显期理论强调主观的心理成熟度，提倡一种个体本位的成人观，从客观身理标准转向社会心理标准，从而颠覆并重塑了旧有的“成人”概念。伴随互联网时代教育资源垄断性的破除以及全球青年文化的趋同性，制约该理论适用的阶层局限性和国别局限性将会逐步松动，“成人初显期”理论将会对我国青年发展变化的解读具有更强的诠释价值。[3] 有关精神疾病对青少年再次犯罪严重程度的影响研究，叶靖翻译荷兰学者的实证研究文章发现，患有药物使用障碍或者同时发生多种精神紊乱症状的青少年，随着时间的推移，其犯罪严重性的上升风险更大。在青少年进

[1] 王向贤：《转型时期的父亲责任、权利与研究路径——国内父职社会学研究述评》，载《青年研究》2019 年第 1 期。

[2] 常进锋、陈国栋：《结构化理论：青少年犯罪成因的新视角》，载《预防青少年犯罪研究》2020 年第 2 期。

[3] 赵希：《解读“成人初显期”：理论创见性与本土适用性》，载《青年探索》2020 年第 6 期。

入司法程序初级阶段,若是能得到有效的治疗,可以有效地防止其后续犯罪升级。[1] 关于警察与青少年的有效接触和互动作为预防未成年人犯罪和被害的重要渠道的相关研究,陈朗梓通过对美国警察与青少年互动的现状和相关项目的研究进行全面、系统的概述,为促进我国公安民警参与未成年人犯罪预防、干预、制止和被害服务工作的全面提高,提出了改善我国公安民警与青少年互动方面的一些方法和建议:一是重视民警与未成年犯罪被害人的互动;二是坚持执法环境中与青少年互动的公平正义原则;三是加强公安机关对青少年服务项目的研究工作;四是加强对未成年人不良行为的警诫工作;五是加强对公安民警与青少年互动的教育和培训工作;六是把握好警察与青少年互动相关研究的主要发展方向。[2]

关于预防青少年涉恐犯罪,兰迪撰文对欧洲青少年去极端化实践的典型"丹麦模式"进行介绍,丹麦将青少年极端化现象视作社会融合不充分、边缘化群体融入度不高的结果,"丹麦模式"以"预防青少年极端化计划"为中心,结合相应的刑事政策与社会政策,具有政府主导与社会参与相结合,反对一切极端主义,"标本兼治""预防为主",突出重点去极端化目标,"柔性"与"刚性"干预措施并重的基本特征。[3] 兰迪对各国青少年去极端化进行比较,发现英国、荷兰、新加坡与沙特阿拉伯等制定的青少年去极端化在实施主体、实施体系与实施方式上具有共性特征,但在总体思路、矫治模式、预防重点和防范对象上表现出一定差异。借鉴域外经验,我国青少年去极端化应坚持以国情为依据,推行价值观念教育,完善社会治理政策,明确一般预防重点,建构类型化的特殊预防机制,促进国家与社会共同合作,综合运用刚性与柔性的具体措施,并制定统一的《反极端主义法》。[4]

关于对国外青少年反社会行为控制体系的介绍,王小光撰文对英国的相关体系进行介绍,英国新工党胜选组阁后,采取强硬措施治理青少年反社会行为

---

〔1〕 [荷]马蒂尔德·霍伊、[美]拉金·麦克雷诺、[美]盖尔·沃瑟曼、[美]凯瑞·麦克米伦:《论精神疾病对青少年再次犯罪严重程度的影响》,叶靖译,载《青少年犯罪问题》2019 年第 1 期。

〔2〕 陈朗梓:《美国警察与青少年互动项目研究对我国预防未成年人犯罪的启示》,载《预防青少年犯罪研究》2020 年第 1 期。

〔3〕 兰迪:《去极端化视域下青少年涉恐犯罪防范策略研究——以"丹麦模式"为例》,载《山东警察学院学报》2019 年第 1 期。

〔4〕 兰迪:《预防性反恐视域下青少年去极端化的比较及启示》,载《刑法论丛》2020 年第 1 卷。

问题，先后发布大量反社会行为法令，青少年被贴上反社会标签，警察权力不断渗入校园管理，出现青少年反社会行为控制强化趋势。英国青少年反社会行为控制存在应对手段强硬、教育问题被当作刑事问题处置等问题。这最终导致20世纪末英国青少年反社会行为问题呈现恶化趋势。反思这一结果，提示治理青少年反社会行为时不能仅依赖严厉的惩罚措施，还应深入发掘学生个体实施反社会行为的根源，综合运用恢复性措施等达到最佳治理效果。[1]

第二节　校园欺凌现象的防控

一、域外校园欺凌的治理介绍

（一）英国

冯达飞撰文指出，英国政府在防治网络欺凌方面的一系列实践举措取得了成效，尤其是以“反欺凌联盟”为代表的社会组织发挥了重要作用。“反欺凌联盟”具有以下三个主要目标：首先，提高公众对欺凌的认知水平，使人们对“欺凌严重影响儿童和青少年正常生活和健康成长”这一理念具有更加清晰、深入的认识；其次，在英国全国范围内，创造一种人人都认为“欺凌不可接受”的舆论氛围；最后，通过联盟开展的一系列反欺凌活动，确保教师、青年从业人员、家长、保育员、儿童和青年人具备有效应对欺凌的知识和技能，提高欺凌易感人群的自我保护能力。“反欺凌联盟”目标的实现方式主要有以下三种：一是对政府部门制定的反欺凌政策进行及时有效地宣传，扩大反欺凌的社会影响力；二是在鼓励开展科学研究和反欺凌项目有效性评估的基础上，广泛收集被实践检验过且行之有效的校园欺凌干预措施，同时予以大力推广；三是与其他反欺凌社会组织进行深度合作和信息共享，进一步推动英国反欺凌工作的深入开展。“反欺凌联盟”开展反网络欺凌活动的主要形式有四种，即策划反欺凌周、实施反欺凌项目、加入特别工作组以及参与成员组织的反欺凌活动。“反欺凌联盟”开展反网络欺凌活动的特征：一是线上资源与线下活动相结合，形式灵活多样；二是

---

〔1〕 王小光：《英国青少年反社会行为控制体系的形成及反思》，载《青少年犯罪问题》2020年第5期。

覆盖学校、教师及儿童,反欺凌内容丰富;三是预防与治理并重,关爱受害者的同时关注欺凌实施者。[1]

(二)法国

陈禹衡对《法国刑法典》中相关罪名以防治校园欺凌犯罪进行了介绍,戏弄刚入学的新生罪便是对此类行为加以规制,不违背刑法的谦抑性且相较而言取得了良好的效果。其具体特征表现为:其一,对于硬暴力和软暴力进行合理的区分,将本罪的司法适用范围限定为排除了"暴力、威胁或性侵害"之外的"令他人承受或实施侮辱或下流行为",从而可以将区别于硬暴力的软暴力侵害行为也纳入刑法规制的范畴。其二,对于被侵害人在一般学生身份的基础上进行了细分,并且对应了不同的刑罚,突出了对弱势群体的保护,在第 225 - 16 - 2 条中,对一般学生中"因为年龄、疾病、残疾、身体或精神缺陷、怀孕原因明显为极易受伤害之人或犯罪人明知为极易受伤害之人"进行了更多的保护,对于侵害此类主体的行为人的刑罚基本是一般学生对应刑罚的 2 倍。其三,在刑罚种类的选择上,适用监禁刑和罚金刑,刑罚相对较轻,考虑到该罪多发生在同学之间,实施侵害的人本身一般也具有未成年人身份,出于教育和矫正的目的,对其慎用自由刑而多用罚金刑。其四,《法国刑法典》在这里不仅注重对侵害行为人进行刑法规制,同时也追究进行相应侵害行为的法人的刑事责任,并对应相应的刑罚。[2]

(三)日本

杨岭、方艺霖、毕宪顺对日本校园欺凌防治的实践进行了考察,发现日本针对中小学校园欺凌问题采取了有力的措施,积累了富有特色的防治经验,包括广泛收集数据,为校园欺凌防治提供坚实的依据和支撑。日本政府自 1985 年起,每年都会发布前一年针对校园欺凌统计的官方报告,其中不仅包括各地校园欺凌的发生数量、变化趋势,还会针对不同种类的欺凌进行分类统计;颁布专门法律,对校园欺凌行为"零容忍"。如对于欺凌者的追责与处遇,日本构建了针对未成年人的独立刑法体系,如《少年法》《少年审判规则》等;构建多元防治

---

[1] 冯达飞:《英国社会组织反网络欺凌实践研究——以"反欺凌联盟"为例》,载《预防青少年犯罪研究》2019 年第 5 期。

[2] 陈禹衡:《〈法国刑法典〉对中国校园欺凌犯罪治理的镜鉴——基于 54 份校园欺凌案件刑事裁判的分析》,载《预防青少年犯罪研究》2019 年第 3 期。

体系，多途径为学生提供专业帮助。针对此校园欺凌事件，日本政府早就参考了欧美诸国的做法，拟定了以学校为核心的对策，并就各等级学校的标准设置了“对应策略（各级对策）”；重视不良行为教育矫正，强化道德教育和心理辅导等。如日本文部科学省针对中小学现有的道德课没有统一教材、教师授课不规范、课程效果不理想等问题，要求中小学的道德课必须被列为正式的教学科目，并将其提高到与国语、数学等学科一样的地位。与此同时，学校配备统一的教科书，教师的教学也被规范和考评。[1]

（四）美国

李鑫对美国青少年校园欺凌治理的多层路径进行解析，发现美国目前已实现对校园欺凌的法治化治理。官方机构通过统合理论研究中个人独立、隐私权保护等不同立场，合理限定校园欺凌的内涵与外延。在治理层面，美国由联邦到各州全面细化反欺凌立法的多层体系；以恢复性司法为指导，注重民事、刑事司法手段在欺凌冲突治理中的差异化应用；以学校为中心，打破“零容忍”政策壁垒，探索确立积极开放的欺凌干预策略和多元互补的欺凌治理模式。[2]

（五）瑞士

曹文、张香兰对瑞士伯尔尼反校园欺凌项目进行了介绍，该项目是针对幼儿园和小学低年级的欺凌干预项目。伯尔尼反校园欺凌项目主要通过会议学习的方式提升教师干预技能，阿拉萨克与万肯诺沃在后期总结中，根据八次会议的情况将伯尔尼项目内容调整为六大模块，即提高教师对校园欺凌的认识、发现“隐蔽”的校园欺凌、打破沉默，共同探讨欺凌问题、建立契约，制定反欺凌的规则、合理使用奖赏和惩戒、发展社交技能。该项目要求教师参加反欺凌主题会议/模块学习，通过培训提升教师干预欺凌的自信心、积极性及灵活性。[3]

（六）联合国教科文组织

陈殿兵、杨新晓撰文对联合国教科文组织（UNESCO）发布的2018年校园暴力及欺凌行为的全球评估报告进行述评，指出当前校园暴力及欺凌行为的广

---

〔1〕 杨岭、方艺霖、毕宪顺：《日本校园欺凌的问题、防治及其经验启示》，载《中国青年社会科学》2020年第6期。

〔2〕 李鑫：《美国青少年校园欺凌治理的多层路径解析》，载《警学研究》2020年第2期。

〔3〕 曹文、张香兰：《瑞士伯尔尼反校园欺凌项目研究》，载《预防青少年犯罪研究》2020年第6期。

泛性、对广大青少年身心发展与人格形成的破坏性引起了全球范围内的关注。因此,作为教育领域内的国际组织,UNESCO 发布了 2018 年校园暴力及欺凌行为的全球评估报告。该报告依托全球学生健康调查和学龄儿童健康行为两大调研数据库,从欺凌的规模、性质、缘由、后果等层面进行了最新和最全面的全球证据展示。UNESCO2018 中指出,校园暴力和欺凌包括身体、心理和性三个层面,且其主要由同龄人造成,在某些情况下可以由教师和其他学校工作人员造成;从学生个体和校园环境两个视角分析了校园暴力及欺凌事件发生的原因,为校园暴力及欺凌治理提供了两个层面的治理方案等。校园欺凌全球评估报告为我国学校欺凌治理提供了全球视野与数据参考,值得借鉴,但在一些核心概念界定、暴力及欺凌的成因、有效治理的具体策略等方面值得思考和进一步的探究。[1]

二、我国校园欺凌现象的防治

(一)青少年遭受校园欺凌的影响因素分析

2019～2020 年国内期刊发表的犯罪学论文中有关青少年遭受校园欺凌的影响因素分析(或者说原因分析),主要是以实证调研为基础进行分析,且多数是与防治对策研究一起进行研究。

申燕妮、辛涛、张佳慧、林喆以 PISA2018 的数据为基础,通过各参测国家和地区的对比,分析我国四省市校园欺凌及学生对校园欺凌认识的基本情况,并进一步探究校园欺凌对我国四省市学生心理健康方面的影响,结果表明:约 17.7% 的学生在近一年频繁遭受校园欺凌,约 92.9% 的学生反对校园欺凌;频繁遭受欺凌的学生对生活的满意度更低,心理弹性更低,更加害怕失败,在生活中会较少产生积极情感;留级、家庭社会经济地位低、成绩差的学生会因为缺乏在校归属感而更易遭受校园欺凌,来自父母和教师的支持与理解及学校良好的纪律氛围可以减少这部分学生遭受欺凌的风险。[2] 程激清、胡庆英、程秀敏通过对 D 校中学生的欺凌行为形成及其所处课堂和学校互动进行观察,研究发

---

〔1〕 陈殿兵、杨新晓:《UNESCO 2018 校园暴力及欺凌行为全球评估报告的评述》,载《预防青少年犯罪研究》2019 年第 4 期。

〔2〕 申燕妮、辛涛、张佳慧、林喆:《中国四省市学生校园欺凌的现状及防治策略——来自 PISA 2018 的证据》,载《中国教育政策评论》2019 年刊。

现,校园欺凌者的行为形成并非仅因其人格因素,某种程度上其是教育期待、社会期待、家庭期待等多因素综合对学业失败者的压力,以及由此形成的排斥或边缘化所塑造的。面临的不当教养方式、学校工具性的排斥评价或技术型规训和社会规范对他们的负面评价等,使学业失败负面标签内化,混淆其独立主体形成时期的同一性,进而陷入反学校文化和校园欺凌行为的旋涡之中,最终走向"弃学不弃课"的尴尬境地。[1] 井世洁、陈玉莹通过对安徽、北京、河北、河南、广西、上海等六省市初一到初三的1055名学生进行调查,探索父母教养方式及各类人口等变量对初中生遭受校园欺凌的影响。结果发现:(1)遭受校园欺凌初中生的检出率为35.5%,揭示了我国较为严峻的校园欺凌形势;(2)是否会遭受校园欺凌与初中生的性别、年级、是否为独生子女及父母离异等因素有关;(3)父母教养方式能够中介年级、独生子女与否和父母离异等变量对初中生是否遭受校园欺凌的影响作用,其中母亲温暖显著负向预测校园欺凌被害,父亲控制和母亲控制则显著正向预测校园欺凌被害。这提示在未来的反欺凌行动中,应把对家长的干预纳入校园欺凌服务计划之中,通过减少不良教养方式带来的影响改善学生受欺凌状况。[2] 徐淑慧以浙江省温州市某中学初一、初二、初三年级学生为调查对象,进行抽样调查探讨初中生父母依恋与校园欺凌行为的特点,并进一步检验了年级以及性别对初中生父母依恋与校园欺凌行为的独特效应以及二者对初中生父母依恋和校园欺凌行为的交互作用。结果发现:(1)初中生的校园欺凌水平总体上呈现从初一到初三逐渐上升的趋势,但不存在性别差异;(2)初中生母亲疏离维度和校园欺凌行为水平上的年级和性别交互作用显著;在父母信任维度、母亲沟通维度上年级主效应差异显著;在所有变量水平上,性别主效应均不显著;(3)除父亲沟通维度外,初中生校园欺凌行为与其父母依恋各个维度均显著相关,通过建立回归模型,初中生父亲疏离、母亲信任维度与初中生校园欺凌行为存在显著的多重线性关系。因而,在分析校

---

〔1〕 程激清、胡庆英、程秀敏:《校园欺凌者:从欺凌行为到被边缘化的情境分析——基于D乡初级中学的观察为例》,载《预防青少年犯罪研究》2020年第6期。

〔2〕 井世洁、陈玉莹:《父母教养方式对初中生遭受校园欺凌的影响研究》,载《预防青少年犯罪研究》2020年第5期。

园欺凌行为发生的原因时,初中生与其父母的依恋关系是一个关键性因素。[1]

高丽茹利用国际学生评估项目2015年调查数据,重点考察、比较我国内地四省市、香港和澳门的校园欺凌状况,并运用二元Logistic模型对内地四省市、香港和澳门校园欺凌的主要影响因素进行比较分析,获得了以下研究发现:(1)澳门中学生遭受欺凌的程度最严重,香港次之,内地四省市中学生遭受欺凌的程度最轻微,但三者均高于经济合作与发展国家的平均水平;(2)性别、融洽的同伴关系、教师的不公正对待、学校的不良纪律氛围是显著影响内地四省市、香港和澳门地区中学生是否经常被欺凌的共同变量;(3)留级经历、父母支持变量仅对内地四省市中学生是否经常遭受欺凌具有显著影响;(4)对于澳门中学生,家庭社会经济文化指数变量具有显著的正效应。[2] 陈璇基于广东省珠海市某中学全体初二学生384份问卷调查,以差别接触理论为视角,运用中介效应依次检验模型,就青少年校园欺凌行为的影响因素展开探讨。研究显示:青少年自身的越轨行为直接增加其欺凌行为的可能性;失范经历的朋友越多越显著增加青少年的欺凌认同及行为风险;朋友欺凌他人直接激发青少年用霸凌方式解决冲突的倾向,进而增加其欺凌行为;青少年欺凌行为存在性别差异,女生倾向于用冷暴力手段而男生更倾向于肢体暴力行为;"从众效应"在女性青少年群体中凸显。关注青少年早期互动,构建"亲社会行为模式"改变冷漠的大多数,重视朋辈影响,强化正向行为等可有效干预欺凌事件。[3]

刘程基于2017年下半年至2018年上半年在上海市开展的"未成年人成长发展状况调查"和对上海市中小学生抽样调查数据的统计分析,探讨中小学校园欺凌行为的类型及其影响因素。研究发现,36.32%的中小学生都有过受欺凌经历,16.19%的中小学生有过欺凌他人的行为;身体欺凌和言语欺凌是校园欺凌的主要类型;中小学生遭受校园欺凌的风险主要受个体特征、微观系统和宏观系统的影响;中小学生是否欺凌他人主要受个体特征、微观系统和历时系

---

〔1〕 徐淑慧:《初中生父母依恋对校园欺凌行为的影响及性别和年级差异》,载《预防青少年犯罪预防》2019年第5期。

〔2〕 高丽茹:《我国中学生校园欺凌现状和影响因素——对内地、香港和澳门的比较研究》,载《中国青年研究》2020年第10期。

〔3〕 陈璇:《青少年校园欺凌行为的影响因素及干预模式研究——基于中介效应依次检验模型的构建》,载《预防青少年犯罪研究》2019年第3期。

统的影响。从历时系统来看，父母婚姻出现变故的非原生家庭子女以及有过受欺凌经历（尤其是身体欺凌和言语欺凌）后欺凌他人的风险更高。微观系统中的父母打骂教育、教师体罚学生也会显著增加这一风险；而文明的校园环境则会产生抑制效应。此外，中层系统的学校安全教育和反欺凌辅导，外层系统的社区活动参与、减少网络依赖，以及宏观系统的经济发展水平的提高和未成年人成长环境的改善也具有类似作用。[1] 张香兰、曹文、王梦亭、化丹青采用分层整群抽样法，抽取了山东省 14 所初中对 2161 名初中生的调查结果，发现初中生被欺凌发生率和欺凌他人发生率均低于已有调查，欺凌者与被欺凌者多在同一班级，多数欺凌事件中的欺凌者为多人。影响初中生欺凌、被欺凌的因素有性别差异、寄宿、较弱的同伴关系、旁观者与被欺凌者的关系以及教师和家长对欺凌的关注度等。即初中男生比女生更易卷入欺凌；年级对初中校园欺凌的影响不大；寄宿对欺凌者影响较大，而对被欺凌者影响不明显；较弱的同伴关系对被欺凌者有影响；旁观者与被欺凌者的关系影响其是否干预欺凌；教师和家长对欺凌的低关注度影响欺凌的发生。[2]

谢家树、魏宇民、ZHU Zhuorong 采用特拉华欺凌受害量表、病人健康问卷抑郁量表和广泛性焦虑量表对湖南省八个地区 20 所中学初一到高三 3761 名学生进行调查，探索学生欺凌受害模式，并对不同模式亚群体的人口学特点及其心理健康状况展开研究。结果发现：(1) 校园欺凌中，言语欺凌、身体欺凌、关系欺凌、网络欺凌这四种常见欺凌类型具有较高的共发性，潜在剖面分析表明存在四种典型的校园欺凌受害模式："所有类型欺凌受害组"（1.5%）、"传统类型受害组"（3.9%）、"传统类型轻卷入组"（14.9%）和"未受害组"（79.6%）；(2) 欺凌受害模式的人群分布受不同人口学特征（性别、年级、学校位置、自评学习成绩）的影响，男性、初中、乡村学校、成绩较差的学生更易受到欺凌；(3) 即使是轻度的欺凌受害卷入，也会对个体心理健康产生较为严重的消极影响，对校园欺凌行为"零容忍"确有依据。[3]

---

[1] 刘程：《中小学校园欺凌行为及其影响因素》，载《青年研究》2020 年第 6 期。

[2] 张香兰、曹文、王梦亭、化丹青：《初中生校园欺凌的现状及影响因素——基于山东省 2161 名初中生的调查》，载《青少年犯罪问题》2019 年第 2 期。

[3] 谢家树、魏宇民、ZHU Zhuorong：《当代中国青少年校园欺凌受害模式探索：基于潜在剖面分析》，载《心理发展与教育》2019 年第 1 期。

(二)校园欺凌的预防与治理

2019~2020年国内期刊发表的犯罪学论文中有关校园欺凌的预防与治理研究成果较多,其中《青少年犯罪问题》2019年第5期还专门针对“校园欺凌的治理与预防”开辟了主题专栏,邀请多名学者和司法实务部门的相关专家进行了研讨;还有对国内有关该主题研究的综述性研究的;另有其他学者对该论题的探讨多是采用实证研究方法进行理论探索和对策应对。

在综述研究方面,井世洁、周健明运用CiteSpace软件对中国知网数据库中收录的3243篇与校园暴力相关的论文进行可视化分析发现,我国校园暴力研究热点从对国外校园暴力状况和相关干预措施介绍向对国内校园暴力行为与事件、青少年犯罪相关法律问题和校园安全等问题研究转化,目前研究呈现出研究视角多元化和研究对象丰富化等特征。今后应强化研究方法规范性,进行研究范式转型,推动我国校园暴力研究向纵深方向发展。[1] 井世洁、邹利运用Python技术对校园欺凌研究进行大数据分析,从加强反校园欺凌法律规制、构建多主体协同的反校园欺凌治理体系和注重校园欺凌舆情动态监控与引领等方面提出了对策建议。[2]

在理论探索和对策应对方面,成果很多。如侯艳芳、秦悦涵认为从犯罪学的视角看,校园暴力的预防应在政府主管部门主导和司法机关协同之下,督促学校树立主动预防的意识,从预案制定、预防教育的常态化和风险评估的常态化三个方面予以完善;应抓紧建立一般性预防和特殊性预防有效结合的校园暴力预防体系,对其中的家庭功能和社会功能进行重点塑造。校园暴力处理措施的体系构建与机制完善应从处理措施的系统化、应急体系的法治化、矫治手段的全面化以及参与主体的多元化四个方面来展开。在校园暴力的预防与处理过程中,不能对青少年进行具有歧视的差别性对待,应根据暴力的程度和形式进行切实有效的整治。[3] 代娟主张在校园欺凌预防领域,中央和地方各级政府需尊重教育规律,转变工作理念,平衡设置政府与学校之间的职责,在清晰界定

---

〔1〕 井世洁、周健明:《我国校园暴力研究(1990-2019年)的回顾与展望——基于CiteSpace的可视化分析》,载《青少年犯罪问题》2019年第6期。

〔2〕 井世洁、邹利:《“校园欺凌”的网络表达与治理——基于LDA主题模型的大数据分析》,载《青少年犯罪问题》2020年第6期。

〔3〕 侯艳芳、秦悦涵:《犯罪学视角下校园暴力的预防与处理》,载《法学论坛》2019年第5期。

政府应负职责的基础上，通过政府购买反欺凌教育，促使政府选择最有效率的路径去履行肩负的责任，从高成本政府向高效能政府转变，改变现有校园欺凌社会化综合防治体系低效的现状。[1] 姚建龙主张要进一步加强学校保护，一是主张学校保护与学校教育的区分，不应将两者混同，更不宜将保护与教育、管理并列视为学校与未成年学生的法律关系；二是将学校对未成年学生的保护义务区分为安全保障义务和权益维护义务。[2] 游志麒、徐钰、张陆运用中文版校园欺凌旁观者干预量表进行有效实证调查分析发现，校园欺凌旁观者干预量表具有良好的信度和效度，可作为国内初中生校园欺凌旁观者干预的评测工具。[3] 任海涛主张重构防治校园欺凌的综合性法治体系，具体需要在坚持法治原则的基础上进行专项立法及适度改革现有法律框架，从而确立多层次立法模式、建构职责分明的政府运作机制、制定细致的学校防治方针以及注入社会力量。[4] 于阳、史晓前通过分析 2010 年以来 50 起典型的校园欺凌事例，归纳了校园欺凌的行为特征，并对此提出了相关的社会预防对策，即采用综合性的防治举措对施暴者施加个别预防；通过校方实施“噪声干扰”破坏犯罪环境进而对行为类型进行预防；通过多措并举净化滋生欺凌行为的社会土壤；通过割离“被害倾向”进而促进对欺凌行为被害人的被害预防。[5] 龚江、王英建议构建校园欺凌专业化应对模型，即构建党委和政府领导下跨部门的校园欺凌协调机制，配备合理的校园欺凌的应对主体，以及设置科学的校园欺凌防治运作流程。[6] 莫然、杨灏研、龙潭从借鉴美国在校园欺凌现象治理方面的成功经验出发，建议尽快形成纵向到底、横向到边的矩阵式管理体系，由市级、区政府牵头，组织社会力量编写校园欺凌行为防治指导手册，切实引导学校落实执行校园欺凌防治工

---

[1] 代娟：《构建政府购买教育服务的校园欺凌社会化防治体系》，载《当代青年研究》2020 年第 1 期。

[2] 姚建龙：《论学校保护——以未成年人保护法学校保护章为重点》，载《东方法学》2020 年第 5 期。

[3] 游志麒、徐钰、张陆：《校园欺凌旁观者干预量表在初中生群体中的信效度检验》，载《中国临床心理学杂志》2020 年第 1 期。

[4] 任海涛：《我国校园欺凌法治体系的反思与重构——兼评 11 部门〈加强中小学生欺凌综合治理方案〉》，载《东方法学》2019 年第 1 期。

[5] 于阳、史晓前：《校园霸凌的行为特征与社会预防对策研究——基于 50 起校园霸凌典型事例分析》，载《青少年犯罪问题》2019 年第 5 期。

[6] 龚江、王英：《校园欺凌的综合治理思考》，载《青少年犯罪问题》2019 年第 5 期。

作。[1] 张寒玉、雷珺、余芳通过统计分析、教师座谈、学生访谈等方式,以K市为样本调查,提出六大防控对策:一是达成法治共识;二是完善立法;三是明确责任主体;四是完善处置工作流程;五是健全责任追究机制;六是建立健全预防机制。[2] 王茜、张济洲、金峰建议发挥检察机关的引领作用,探索推进检校合作与共建,构建校园欺凌社会化综合防治体系。[3] 邵守刚从立法及制度设计角度出发,认为从明确相关责任主体的强制报告义务、强化专门学校的教育矫治功能等方面着手,建立起长效性、常态化的防治机制是预防校园欺凌的根本之道。[4] 褚宸舸、柯德鑫从完善《未成年人保护法》和《预防未成年人犯罪法》立法修订的角度,提出了积极主动有效预防、创建平安校园的各项制度和机制、加强监督和落实环节等建议。[5] 刘思硕、李勇、宋广文建议通过营建非攻击性的环境,引导欺凌者进行合理归因,合理地使用惩罚等手段,从源头上减少儿童青少年暴力行为和欺凌行为的发生。[6]

第三节　青少年防性侵的研究

一、美国校园性侵防治的介绍与启示

2019~2020年国内期刊发表的犯罪学论文中有关美国校园性侵防治的研究与介绍之所以没有放在校园欺凌防控一节,一是因为专题的特定性和典型性;二是因为所涉主体的年龄特征,综述中所涉美国校园性侵防治多是在高校

[1] 莫然、杨灏研、龙潭:《校园欺凌治理困境及应对策略研究》,载《预防青少年犯罪研究》2020年第2期。

[2] 张寒玉、雷珺、余芳:《校园欺凌的防控对策研究——基于K市的调查》,载《预防青少年犯罪研究》2020年第5期。

[3] 王茜、张济洲、金峰:《基于检校共建视角下校园欺凌社会化综合防治体系的构建》,载《预防青少年犯罪研究》2019年第1期。

[4] 邵守刚:《犯罪预防视角下校园欺凌防治机制的构建与完善》,载《预防青少年犯罪预防》2019年第5期。

[5] 褚宸舸、柯德鑫:《"两法"修订背景下校园欺凌和暴力治理之完善》,载《预防青少年犯罪研究》2020年第5期。

[6] 刘思硕、李勇、宋广文:《青少年的暴力与欺凌:人格心理学的分析与对策》,载《预防青少年犯罪研究》2019年第6期。

中,虽然高校学生年龄属于广义上"青少年"年龄范围,但与国内一般意义上讲的"未成年人"年龄范围有差异。

胡裕岭翻译的《美国校园性侵普遍率调查研究综述(2000－2015)》一文中,通过筛选和比较分析自2000年以来美国校园性侵问题普遍率调查的研究成果,讨论该类调查实证研究中方法论的优势与不足,发现该类调查中研究设计、研究方法、抽样技术和测量措施(包括性侵类型的分类)对普遍率结果的影响。研究表明,非自愿性接触和性胁迫在大学校园中最为普遍,其次是丧失行为能力的强奸、强奸既遂和强奸未遂。目前对少数群体特别是高危群体的性侵研究成果很少,而对仅有的相关研究成果审查发现这些人群的性侵受害风险较高,如同性恋和双性恋女性,女生联谊会成员和有性侵受害史的学生。但由于研究设计、抽样技术和测量措施的不同,每种性侵类型(包括未分类)的调查结果,存在广泛差异。[1] 胡裕岭对美国高校性侵防治校园裁判立法进行考察,发现美国校园裁判的建立与发展享受了女权斗争的历史成果,直面了司法救济的现实障碍与难题,寻找了相对合理的解决方案。它通过设置专岗专员、规范校园裁判程序、制定申诉与处罚办法、实施犯罪年度统计等措施,校园裁判往往成为美国校园性侵案件的一审程序。校园裁判的设立依据(《民权法》第七章与《1972年高等教育法修正案》第九章、《克莱瑞法》及其相关解释、教育部工作指引与白宫特别工作组报告、各州法案)、运行机制、问题与成果等对我国高校法治建设和同类问题的解决具有重要借鉴意义。一是要从立法上重视校园性侵问题,明确性侵认定标准;二是从实践上探索高校防治举措,建立校园专项法制;三是从整体上把握校园性侵情况,建立常态监控机制。[2]

二、我国青少年防性侵的理论与实践探讨

(一)青少年防性侵的对策研究

2019～2020年国内期刊发表的犯罪学论文中有关我国青少年防性侵的对策研究,既有基于实证研究后根据存在问题提出对策的,也有基于理论分析后

[1] [美]丽莎·菲蒂娜、詹妮弗·琳妮·福尔摩斯、宝芬妮·巴克斯:《美国校园性侵普遍率调查研究综述(2000－2015)》,胡裕岭译,载《青少年犯罪问题》2019年第3期。

[2] 胡裕岭:《美国高校性侵防治校园裁判立法的经验与启示》,载《青少年犯罪问题》2020年第1期。

提出相应对策的。

张晓冰认为,当前我国农村留守儿童遭受性侵害案件中呈现出以下特点:受害人年龄偏小,人数次数偏多;劳务输出大省的相关问题更为严重;侵害地点隐蔽性强,多为家里;犯罪手段中哄骗最为普遍;熟人作案率高;犯罪行为以强奸罪、猥亵儿童罪为主。农村留守儿童遭受性侵害案件的主要困难集中于教师作案如何从业禁止、多次作案是否信息公开、未成年人之间的性安全、农村留守儿童性教育不足几个问题。对此,其提出相应的建议:一是提升家庭对留守儿童的认知,加强性知识教育;二是加强对父母的性安全教育、亲子教育;三是完善司法保护体系,注重恢复视角;四是明确性侵害的定义,将性骚扰等包含其中;五是完善农村心理卫生教育,弘扬优秀传统文化。[1] 何玲通过分析儿童性侵害案件相关数据,发现自2013年以来儿童性侵害案件数量大幅上升:熟人作案为主,家庭监护缺失的儿童容易被侵害;男童被性侵、家庭成员实施性侵、校园性侵比例与以往相比有所上升,方法以诱骗和恐吓为主,网络性侵问题值得警惕;多次作案、一人性侵多名儿童案件的比例高。针对儿童性侵害的问题,我国在法律上积极回应,通过修改刑法,废除嫖宿幼女罪,出台《反家庭暴力法》《关于依法惩治性侵害未成年人犯罪的意见》等法律文件,多方面织密法网。在此基础上,还应进一步完善相关的法律,依法从严惩治儿童性侵害行为,建立严格的从业禁止工作制度;积极推进强制报告、应急处置制度的完善;建立受害儿童特殊关爱的救助保护制度和多方合作的新型儿童保护制度,开展对受性侵害儿童的特殊保护和救助。[2] 倪莎、姚倩男、戴丽以S市D区五年来所有性侵害未成年人案件为考察样本,经分析发现疑难案件多,退补率较高;受害人趋于低龄化,多为外来人口;犯罪嫌疑人以男青年为主,多为外来人口,且熟人作案居多。性侵害未成年人案件在惩治方面存在事实认定、证据收集、定罪、量刑等困境,在救助方面存在精神损害赔偿难、司法救助落实难、心理干预跟踪难、法律援助成效难等问题,在预防方面存在家庭监管不力、学校教育不足、社会治理不严等难题,应该进一步完善立法、司法、被害人救助、社会支持,以期对进一步加

---

〔1〕 张晓冰:《农村留守儿童遭受性侵案件的特征、难点及出路》,载《法律适用(司法案例)》2019年第4期。

〔2〕 何玲:《儿童性侵害与解决对策研究——基于2013－2018年的相关数据》,载《中国青年社会科学》2019年第2期。

强未成年人双向、综合、全面的司法保护提供有益的探索。[1] 李振林认为实践中只有部分性侵未成年人案件真正进入司法程序，主要是因为性侵未成年人案件存在发现难、证明难、定性难等司法问题。[2] 汤婉婷认为，我国性侵未成年人犯罪预防机制存在相关法律法规尚未健全、家校护苗行动难见实效、社会保护网络存在漏洞等问题。可从加害者、被害者的角度分别探寻完善对策，加重法律惩罚力度，建立性罪犯预警机制，同时加强未成年人的性权利保护，构筑专业化的未成年人司法保护网。[3]

（二）性侵青少年案件中的司法保护

2019～2020年国内期刊发表的犯罪学论文中有关我国性侵青少年案件中的司法保护问题研究的成果虽不多，但既有宏观层面的建构，也有微观层面的制度探讨。

宏观层面，佟丽华针对目前校园性侵害、家庭内部性侵害以及网络性侵害的案件不能进入司法程序或者未受到公正处理，甚至还出现了"二次伤害"等情况，建议为了加大对性侵害未成年人犯罪的打击力度，更好地保护未成年人的合法权益，应不断提升司法人员的专业化水平；建立健全多专业的社会服务机制，为未成年被害人提供一体化综合性的服务；进一步完善强制报告制度，增加性侵害未成年人违法犯罪的成本，预防校园性侵、家庭性侵、网络性侵等案件的发生。[4] 林越坚、王玮以近5年来温州市两级检察机关办理的性侵害未成年人犯罪案件相关情况为样本，发现该类案件及未成年被害人有如下特征：一是案件数与被害人人数呈逐年上升趋势；二是未成年被害人呈低龄化趋势；三是大部分被害人系遭受熟人侵害；四是性侵犯罪罪名以强奸罪居多；五是被害人很少得到案外救助保护，配套保护措施欠缺。建议通过构建包含六大保护制度在内的统一机制，完善立法、司法、配套机制方面的现实不足，达到有效保障性侵

---

[1] 倪莎、姚倩男、戴丽：《性侵害未成年人案件实证研究——以2015－2020年S市D区受理的案件为样本》，载《预防青少年犯罪研究》2020年第3期。

[2] 李振林：《性侵未成年人的惩治与防范》，载《青少年犯罪问题》2020年第4期。

[3] 汤婉婷：《完善性侵未成年人犯罪预防机制》，载《中国检察官》2019年第11期。

[4] 佟丽华：《预防和处理性侵害未成年人案件的难点与对策》，载《中国青年社会科学》2019年第2期。

案件未成年被害人权益之目的。[1] 在具体司法实践中,邢五一建议在办案中应建立"一站式"询问、救助、保护机制,设立从业禁止,完善对未成年被害人的救助。同时联合社会各方力量,加强性侵未成年人犯罪预防机制。[2] 吴慧敏针对性侵儿童案中被害人陈述可信度判断问题,通过对371份性侵儿童案件的裁判文书的分析指出,判断儿童被害人陈述可信度的因素与判断成年被害人陈述可信度的因素大致相同,在判断儿童被害人陈述可信度时,可以主要依靠判断被害人(证人)可信度的通常方法,同时更多地引入专家证人/辅助人帮助理解儿童行为和心理特点。这样将有助于解决儿童作证涉及的证明问题,更好地保护儿童权益。[3]

第四节 未成年人社区矫正研究

一、未成年人社区矫正的理论与实践

2019~2020年国内期刊发表的犯罪学论文中有关未成年人社区矫正的理论与实践,既有理念路径等宏观层面的,也有方法对策等中观层面的。

在宏观层面,汤君撰文从恢复性司法理念的角度,分析未成年人社区矫正工作中存在的一些问题,即缺乏统一的法律规范,未成年人社区矫正体系尚不科学规范;缺乏充分的参与和协商,忽视了被害人的参与;社区矫正措施单一,尚未摆脱传统刑罚执行的阴影,无法起到矫正之功效;社区角色不清;社区矫正中社会力量的参与偏离预期。基于实践中未成年人社区矫正缺乏实质有效性的现状,提出要以渐进式推动未成年人犯罪社区矫正立法,让被害人参与未成年犯罪人社区矫正过程的完善进路,充分利用社区资源,最大限度地体现社区矫正中社区参与的本质,优化未成年犯罪人社区矫正社会力量参与机制,丰富

---

[1] 林越坚、王玮:《性侵未成年人犯罪案件被害人保护的实证考察及体系化构建》,载《中国检察官》2020年第15期。

[2] 邢五一:《性侵未成年人刑事案件办理及预防机制研究》,载《中国检察官》2020年第1期。

[3] 吴慧敏:《性侵儿童案中被害人陈述可信度判断研究》,载《河北法学》2020年第4期。

社区矫正措施以贯彻恢复性司法理念。[1] 李岚林认为2020年7月1日起开始施行的《社区矫正法》标志着我国社区矫正工作开始更为"法治化"。作为社区矫正重点工作的未成年人社区矫正，亦应对此积极回应。我国未成年人社区矫正的法治化进程应构建完备的未成年人矫正制度法律体系，遵循区别于成年矫正对象的价值理念，并在加强矫正机构专门化、矫正工作人员专业化、矫正措施特别化、监护人职责法律化以及相关部门配合规范化等方面推进法治化发展。[2]

在中观层面，李岚林对未成年人社区矫正实行"柔性"方法的理论溯源，认为其理论基础和逻辑起点可溯源于从"报应刑"到"教育刑"，从"罪责自负"到"国家亲权"，从"风险管控"到"儿童利益最大化"。未成年犯"柔性"矫正的实践路径是基于社会控制理论，以社会联系的四个要素为逻辑起点，从家庭层面加强治疗，增进情感"依恋"；从社区层面进行融入，强化社会"参与"；从认知行为层面进行干预，形成正向"抱负"；从角色认同层面重塑，保持坚定"信念"。[3] 彭佳成以我国发达地区直辖S市P区与欠发达地区H省部分地区的对比为视角，发现从社会经济与家庭状况角度考察对未成年人的社区矫正治理与预防策略很重要，要着重以本地区未成年人社会经济因素与家庭因素制定地区化的矫正方案。[4]

二、未成年人社区矫正的社会支持体系研究

2019～2020年国内期刊发表的犯罪学论文中有关未成年人社区矫正的智慧支持体系研究很少，但是这一研究非常有意义，故此将其单列出来。刘常庆、凌依依考察发现，国内外学者多数采取实证的研究方法对社会支持的概念、作用机制以及影响因素进行了研究，得出的结论往往不具有普遍性，甚至会相互矛盾。鉴于此，该文从宏观出发，利用国家统计局、各地司法厅(局)公布的数

---

〔1〕 汤君：《恢复性司法理念下未成年犯罪人社区矫正制度完善进路》，载《青少年犯罪问题》2019年第1期。

〔2〕 李岚林：《规范与理念：未成年人社区矫正的法治化转型——以〈社区矫正法〉为视角》，载《山东警察学院学报》2020年第4期。

〔3〕 李岚林：《"柔性"矫正：未成年人社区矫正的理论溯源与实践路径》，载《河北法学》2020年第10期。

〔4〕 彭佳成：《未成年社区矫正犯罪治理与预防策略分析——社会经济与家庭状况为考察因素》，载《预防青少年犯罪研究》2020年第1期。

据,对未成年社区矫正人员的社会支持普遍状况进行分析,发现其现存的一些问题,即政府部门提供支持的人员及财政保障不足、社区支持受制于社区服务机构的规模、专业社会工作者人才储备不足、部分家庭支持能力有限;进而分析产生相关问题的原因,即政府主管部门权责不明、社会参与社区矫正的空间不足、社会工作者的激励和保障机制不足、困难家庭未成年人的帮扶不力等。针对此,提出了完善未成年社区矫正社会支持体系的对策,即完善立法,厘清政府主管部门职责权限;转变观念,拓展社区的参与空间;逐步提高社会工作者准入门槛和职业保障;保障困难家庭未成年人的再社会化。[1]

第五节 青少年保护研究

一、域外青少年保护的经验及启示

2019~2020 年国内期刊发表的犯罪学论文中有关域外青少年保护的经验与启示研究,包括原则适用、机构设置、教育实践等方面。

在儿童最大利益原则适用方面,郭施雯、虞浔结合该原则的内涵和特征,主张我国作为《儿童权利公约》的缔约国在少年刑事司法中适用该原则时,不仅应当立足国家与社会实践,还应进一步调整刑事司法理念。应该在我国少年刑事司法中采取转化的方式对儿童最大利益原则进行适用,建立确立"儿童最大利益原则"的统一解释制度,建立我国少年刑事法院(具体应设在基层且淡化刑事诉讼色彩,合理安排少年刑事法院的程序设置),完善我国未成年人犯罪的社区矫正制度,建立独立的未成年人社区矫正体系,通过独立的矫正场所,配备专门的矫正人员,结合"量身定制"的矫正方法来有效地保证矫正的效果。对未成年犯罪实施个案矫正,进行社会帮教。[2] 在机构设置方面,邓宁从考察美国高校校园安全治理的结构与组织保障出发,发现美国高校有较高的自主权,各个高

〔1〕 刘常庆、凌依依:《未成年社区矫正人员社会支持存在的问题及完善》,载《犯罪研究》2020 年第 1 期。

〔2〕 郭施雯、虞浔:《儿童最大利益原则在我国少年刑事司法中的适用》,载《当代青年研究》2019 年第 3 期。

校能根据自身需求灵活设计本校校园安全治理结构和校园警察组织结构，使校园安全治理结构和校园警察组织结构设计能够较好地契合本校实际需要。美国校园警察在维护其高校校园安全方面发挥了重要作用，整体效果良好。据此建议为更好地促进我国高校安全善治的实现，应进一步加强完善我国校园安全立法，更新安全治理理念并加强校园安保队伍的专业化建设。[1] 董新良、张梅对澳大利亚“儿童求助热线”服务进行了考察，发现澳大利亚是20世纪90年代在广泛动员社会力量开展儿童保护方面创设的“儿童求助热线”服务项目（Kids Helpline，简称为KHL服务），这是澳大利亚儿童社会支持系统中的重要组成部分，在儿童保护方面积累了丰富经验。KHL服务干预模式主要包含初级预防、二级预防、指导性干预和三级干预，形成了一套匹配儿童和青少年个体需求性质和水平的干预措施。其服务的特点体现为服务范围广泛、服务内容全面、服务路径多元、服务保障有力。KHL服务给我国儿童保护提供了诸多借鉴启示：一是要进一步扩大儿童保护对象，丰富儿童保护内容；二是培养儿童保护专业力量，促进儿童保护的机构和服务的专业化发展；三是吸纳社会力量，构建儿童保护多方支持体系。[2] 南方、李萍、吴子劲对有效应对和处置暴力侵害儿童案件中多领域专家团队（Multi - Disciplinary Team，MDT）与儿童保护中心（Child Advocacy Center，CAC）相结合的措施进行考察，发现美国在1985年建立首个CAC，在其中设置了包含警察、儿童保护专员、检察官、律师、心理咨询师、医疗人员在内的多部门专家团队MDT。2005年瑞典结合本国情况引进并改进了MDT/CAC作为处理针对儿童的暴力个案的主要模式，并进一步扩展了CAC的功能，使每一个服务儿童的CAC也成为儿童保护和儿童权益维护的倡导中心。MDT/CAC背后的儿童保护理念存在两种不同的取向：一是以美国为代表的儿童保护取向，系统全面地回应受害儿童的个体需求；二是以瑞典为代表的家庭服务取向，建立一个社工、警察、检察官、法医人员、儿科医生、儿童精神科医生可以就针对儿童的暴力案件进行合作、为儿童及其家庭提供服务、进行社会调查的儿童友好场所。据此分析认为，在我国建立儿童保护中心和多领域专

---

〔1〕 邓宁：《美国高校校园安全的实现：治理结构与组织保障——兼论对我国高校校园安全治理的启示》，载《山东警察学院学报》2019年第4期。

〔2〕 董新良、张梅：《儿童保护：澳大利亚“儿童求助热线”服务经验及启示》，载《当代青年研究》2020年第4期。

家团队合作机制很有必要,但要结合各地情况,注重模式构建的差异化和多元化。具体应该基于《反家暴法》和各地政策细化 MDT/CAC 的建立和操作流程,推动有潜力的社会组织和服务机构向专业化受暴儿童庇护中心转型,通过政府购买服务鼓励试点社会组织主导 MDT 的建立与运作。[1] 在教育实践探讨方面,秦治国对古罗马共和国时期的青少年教育进行考察,发现其实践为当今提供了诸多启示和借鉴:在爱国主义精神培养方面,它强调国家、社会、学校和家庭的有机统一;在勤劳节俭的生活教育方面,它注重父母的言传身教;在全面和谐发展的理性教育方面,它突出法制教育,并注重与社会实际的相结合;在创新学校教育方面,它注重外来先进教育理念与本民族优秀传统文化之间的融合。这些特征可以与当今我国的时代特征相结合,为我们创新教育模式提供借鉴。[2]

二、我国青少年保护的理论与实践探讨

2019～2020 年国内期刊发表的犯罪学论文中有关我国青少年保护理论与实践探讨的研究,既有对青少年保护制度变迁的纵向考察,也有对具体保护制度的困境与破解。

在对青少年保护制度变迁的纵向考察上,王建敏将中华人民共和国成立 70 年来的青少年权益保护工作总结为经历了自发萌芽、发展探索、框架构建、规划建设、发展完善等阶段。目前,青少年权益保护工作取得了显著成效:青少年权益保护意识增强;青少年权益保护法律体系日臻完善,基本形成了“家庭、学校、政府、社会”共同参与的维权体系;法治化维权、组织化维权、专业化和社会化维权等青少年权益保护的工作模式不断创新;青少年的生存权、发展权、受保护权、参与权等基本权利得到有效保障。为了更好地维护青少年权益,党团组织应将青少年权益保护工作嵌入自己的职能之中,政府应多措并举加大保护青少年权益的力度,立法机关及相关部门要适应新时代要求,创新理念,进一步促进有关青少年权益保护的立法,司法机关应进一步完善少年司法体制。[3] 杜雅

[1] 南方、李萍、吴子劲:《儿童保护中多领域专家团队的国际经验及在中国的探索》,载《中国青年社会科学》2019 年第 1 期。

[2] 秦治国:《古罗马共和时期的青少年教育及当代启示》,载《当代青年研究》2020 年第 3 期。

[3] 王建敏:《新中国 70 年来青少年权益保护变迁与发展》,载《中国青年社会科学》2019 年第 3 期。

琼、杜宝贵对我国儿童保护制度的历史演进进行考察,发现其是儿童福利政策的一部分,在1989年之前是无意识发展阶段,自1989年之后,"儿童保护"理念的深入逐步带动了儿童保护制度的建立与发展,2020年至今呈持续性专业化建设趋势。但我国儿童保护制度还需要继续完善和发展,需进一步提高制度执行机构的协调合作程度,获取更多的人力资源与经费支持,构筑对所有儿童有效的保护网。[1]

在网络时代关于未成年人权益保护的方式探讨上,阮晨欣、范洁坚持以未成年人软性保护权益为导向,运用软性保护思维,制定软性保护策略,加强对未成年人权益的教育预防、加强对网络文化内容的规范审查以及加强网络安全保护感知平台建设,具体从以下四个方面着手:一是加强对网络文化内容的规范审查;二是加强网络安全保护感知平台建设;三是以未成年人权益软性保护为导向;四是加强对未成年人权益的教育预防。[2] 同样在网络时代虚拟社会语境下,青少年保护工作是否存在冲突以及该如何化解?对此,陈钢分析指出,在虚拟社会这个新语境中,青少年保护工作面临技术发展与保护滞后、口头重视与实际忽视、青少年权益与成人权益、网络规制和网络自由等方面的冲突。认为虚拟社会中的青少年保护不应该单单作为道德或者伦理层面的诉求而存在,更应该具体化为制度安排,即通过法律、政策等建构起保护青少年权益的制度框架。要形成一个文明、积极的虚拟社会形态,为青少年提供一个理想的成长环境,不仅需要技术的开发和应用,法规的颁布与执行,也需要绝大多数人网络道德的培养。[3] 对于实践中未成年人保护面临的一些困境研究,邓泉洋、汪鸿波对"双向保护原则",即对于未成年人实施侵害未成年人犯罪的,应当在依法保护未成年被害人的合法权益时,依法保护未成年人犯罪嫌疑人、未成年被告人的合法权益进行困境分析,发现现代法律导向的"法律个人"过于强调个体权利的保护,实践中强调未成年人发展权利,从而强调对未成年人的教育而弱化对其惩戒,这导致法律实践在不断做加法,陷入了法律内卷化的困境。应该从现代法律原则的导向以及传统社会的法律要义中寻求智慧来破解这一原则的实

〔1〕 杜雅琼、杜宝贵:《中国儿童保护制度的历史演进》,载《当代青年研究》2019年第3期。
〔2〕 阮晨欣、范洁:《网络3.0时代未成年人权益的软性保护》,载《青少年犯罪问题》2019年第4期。
〔3〕 陈钢:《虚拟社会语境下我国青少年保护的冲突分析》,载《当代青年研究》2020年第1期。

践困境,实现权利保护与惩戒教育的平衡,注重恢复性司法实践的关系修复,完善社会监护体系的建设。[1] 黄振威通过2014年1月1日至2018年7月31日期间相关199份裁判文书的实证分析,发现儿童最大化原则在我国涉及儿童案件的司法适用中存在不确定适用、不平衡适用以及过激适用的特征。这主要是因为该原则在适用过程中面临概念的高度概括性、原则属性以及缺少规范性指引等问题。为规范儿童利益最大化原则在裁判文书中的适用,建议:一是要厘清儿童利益最大化原则的概念内涵。二是要明确该原则的适用规范。目前立法上可以通过修改部门法形式将该原则本土化,进而提高该原则在裁判文书中适用的可能性。司法上可由最高人民法院出台相关司法解释,规范性指导文件或是通过指导案例的方式明确该原则的适用标准与适用技巧等都是具有很强可行性的做法。三是要跳出该原则的适用困境,在司法实践中通过说理方式对该原则进行解释即为一种有益尝试。四是要加强国际法相关知识的普法工作,积极倡导新的儿童权利观,营造儿童利益最大化原则规范适用的社会法律文化环境。[2] 针对我国儿童保护基层预防体制的虚置现状,颜湘颖建议须搭建我国儿童保护基层预防体系,需要从儿童保护的普遍化与细化、提高治理惩处强度、加大预防保护力度和加快干预介入速度这几个方面入手。[3]

三、青少年的被害预防

加强青少年的被害预防也是对青少年保护的一种有效方式。2019～2020年国内期刊发表的犯罪学论文中有关青少年的被害预防研究,主要包括家暴被害、网络社交被害、留守儿童被虐待、女大学生被害等预防。

关于家暴被害预防,李贞元认为青少年家暴行为的发生和延续与当前家校分离的传统教育模式具有很大关系。传统的家校合作是以学生"在校表现"为中心展开的,而其"在家表现"却并未纳入合作范畴,这种合作模式在功能上的

---

〔1〕 邓泉洋、汪鸿波:《我国未成年人"双向保护原则"的实践困境及破解之策》,载《中国青年研究》2020年第5期。

〔2〕 黄振威:《论儿童利益最大化原则在司法裁判中的适用——基于199份裁判文书的实证分析》,载《法律适用》2019年第24期。

〔3〕 颜湘颖:《我国儿童保护基层预防体制的虚置与完善——对困境儿童非正常死亡事件的反思》,载《预防青少年犯罪研究》2019年第5期。

缺失不利于学生的全面培养。通过优化家校合作模式,以家校协同干预青少年家暴行为,对该行为的矫正与青少年的全面发展都有积极意义。[1] 关于网络社交被害预防,王贞会认为应当从立法和制度层面制定有针对性的对策方案,构建国家、家庭、学校、互联网企业和社会组织等多方参与的未成年人网络保护体系:一是完善未成年人网络社交保护的法律规范体系,明确利用社交平台实施侵害未成年人网络犯罪的平台责任及其承担方式;二是建立行业自律组织,制定行业规则,引导网络社交行业规范化发展;三是推进社交平台刑事合规建设,落实社交平台的预防犯罪主体责任;四是落实政府监管职责,加强执法协作和司法参与;五是健全教育和宣传制度体系,提高未成年人自我保护能力。[2] 关于留守儿童被虐待预防,万国威、裴婷昊基于四川省 Z 市 1245 名被访者的实证调查发现,留守儿童与普通儿童的虐待成因有所差异,父母的抑郁性人格对于普通儿童的受虐风险具有预测力,婚姻冲突的外溢与暴躁性人格则对留守儿童的虐待防范威胁最大,而"压力释放"及"暴力循环"等学理解释则相对较弱。我国政府应增强留守儿童保护政策的落实能力,提升虐待创伤干预的专业性和制度化水平,积极纾解留守家庭的婚姻冲突。[3] 关于女大学生被害预防,陆倩慧认为女大学生的被害预防应该从她们的被害倾向性、被害敏感性、被害受容性入手,以使被害预防措施更具针对性与可行性。如针对女大学生的被害倾向性,预防被害的措施主要是做好被害前的预防。提高女大学生的被害敏感性则要注重加强学校和家庭的公共安全风险教育以及被害中的合法自卫、情景周旋能力的培养,使女大学生随时留意自己的人身和通信的状态、避免轻信他人,从而增强女大学生的危机识别能力,养成安全防范意识;并形成日常生活中的安全行为习惯以及养成应对危险的必要技能,提升情境处理能力。[4]

---

〔1〕 李贞元:《青少年家暴行为成因及家校合作干预路径》,载《中国青年社会科学》2020 年第 5 期。

〔2〕 王贞会:《未成年人网络社交中的犯罪被害:风险类型与防范之策》,载《中国青年社会科学》2020 年第 6 期。

〔3〕 万国威、裴婷昊:《留守儿童的虐待风险及其治理策略研究》,载《人口学刊》2020 年第 3 期。

〔4〕 陆倩慧:《论女大学生的被害性》,载《犯罪研究》2019 年第 5 期。

专题三

恐怖主义、黑恶势力犯罪的防控与治理

第一节 暴恐犯罪研究

一、暴恐犯罪的特征描述与生成机理

(一)暴恐犯罪的趋势与特点

2019~2020年国内期刊上发表的犯罪学论文中并没有独立和专门的有关暴恐犯罪的趋势与特点描述,主要穿插于暴恐犯罪的成因与防控研究之中。针对全球恐怖主义犯罪的整体形势,王秀梅指出其呈现出以下趋势:一是生物恐怖主义犯罪再次引发国际社会的关注,由于新冠肺炎疫情的出现,甚至成为当下预防恐怖主义犯罪的焦点;二是恐怖主义分子利用先进信息通信技术,甚至通过人工智能平台实施恐怖犯罪行为;三是极端右翼恐怖主义的跨国犯罪成为国际社会的威胁;四是妇女与女童虽是恐怖主义犯罪的受害者,但其中也不乏恐怖犯罪的实施者;五是资助恐怖主义犯罪的行为仍很突出;六是走私或非法贩运小型武器和轻型武器的行为,既是对恐怖主义犯罪提供武器的行为,也是非法资助恐怖主义犯罪。[1] 关于当前国际恐怖主义活动对中国影响的特点,李恒指出,主要存在三个方面的特点:一是恐怖袭击已较少像以往那样在攻击前有扩展性的行动规划,"独狼式"恐怖袭击较少与国际恐怖组织有关联,更多的

[1] 王秀梅:《全球恐怖主义犯罪:形势、应对与执法合作》,载《法学》2020年第11期。

是在小范围内实施恐怖袭击，恐怖分子使用的皆为一些简易爆炸装置、炸药与小型武器。就攻击目标而言，政府机构、人员密集地、航空等交通运输工具、公共场所以及重大关键基础设施仍是恐怖袭击的重点。二是受“东伊运”叙利亚分支遭受打击的影响，“东伊运”向中国周边转移渗透和派遣人员“回流”动向突出。三是国际热点地区恐怖活动仍高温不退，对中国境内暴恐活动刺激影响加大。[1] 关于国外反恐形势，如孟加拉国的反恐局势，王殿玺、宋文静撰文分析指出：其反恐局势不断恶化，以暴力活动为主要特征的恐怖袭击事件频发，具有恐袭者低龄化、恐袭诱因贫困主导、网络恐怖主义深度演化、宗教极端思想不断蔓延等特征和趋势。孟加拉国反恐行为面临的挑战有：一是国际国内恐怖主义势力相互勾结；二是网络恐怖主义隐匿性强，情报信息获取难度增加；三是恐怖袭击方式出现转向，不可预测性增强；四是反恐能力培养的现实困境。[2] 吴宗宪对国外自杀型恐怖主义研究进行考察发现，自杀型恐怖主义是指通过自杀方式进行的恐怖主义行为及其相关的信念，这类犯罪具有一些显著的行为特征，包括事先准备、行为方式、伤亡人数、组织网络、变化趋势上都有显著特征；实施这类犯罪的人也有一些明显的个人特征（年龄特征、性别特征、婚姻特征、教育程度、社会地位、宗教信仰、个人恩怨、人格特质、行为动机）。[3]

有关国内暴恐犯罪的趋势分析，李恒认为中国面临的国内反恐怖斗争特点是：一是“三股势力”是破坏新疆地区社会稳定与发展的毒瘤；二是中国反恐怖斗争正处于关键期；三是严打专项行动成效明显，中国反恐局势总体可控。[4] 陈世伟对“独狼”恐怖主义犯罪做了研究，认为“独狼”恐怖主义中的“个人”不会与恐怖主义组织有直接联系或者获其资助，更不会受其控制和智慧，而是在自我激进化的基础上独立地实施恐怖主义活动，但“独狼”恐怖主义必须还是出于“实现其政治、意识形态等目的”。该文将“独狼恐怖主义犯罪”定义为“不隶属于任何恐怖组织的单个自然人所独立实施的恐怖主义犯罪行为”。近年来“独狼”恐怖主义犯罪的生成特点有：一是该类罪案在同期恐怖主义袭击总量中

---

〔1〕 李恒：《当前中国面临的恐怖主义态势、特点与应对策略》，载《山东警察学院学报》2019 年第 6 期。

〔2〕 王殿玺、宋文静：《孟加拉国反恐形势、挑战、策略及对中国的启示》，载《山东警察学院学报》2019 年第 6 期。

〔3〕 吴宗宪：《国外自杀型恐怖主义研究述评》，载《公安学研究》2019 年第 1 期。

〔4〕 李恒：《当前中国面临的恐怖主义态势、特点与应对策略》，载《山东警察学院学报》2019 年第 6 期。

的占比极小;二是“独狼”恐怖主义袭击主要针对“软目标”;三是“独狼”利用互联网渐成常态;四是较低的致死率,但却能够制造更大的社会恐慌。[1] 董少平、李晓东、魏俊斌撰文发现,近年来“独狼式”恐怖袭击呈现愈演愈烈的趋势,其具有隐蔽性、简易性、灵活性、独立性、高伤亡率等特点,使其成为各国反恐部门和警察部门持续关注的焦点。[2] 赵鑫、陈卓然撰文对网络恐怖主义做了分析,将网络恐怖主义定义为由非国家组织或个人发动,针对计算机系统、程序、软件和数据进行攻击或威胁,从而制造社会恐慌、危害公共安全、侵犯人身财产,以达到影响政府决策、实现政治目的的行为。其表现形式有:传播恐怖主义思想,散布涉及暴恐的音视频、利用网络募集资金,招募恐怖组织成员、传授暴恐技术,教唆、煽动恐怖主义犯罪。网络恐怖主义的特征有以下几个方面:一是网络恐怖活动隐蔽性高,难以防范;二是网络恐怖活动成本低廉,破坏性大;三是网络恐怖活动的目的具有鲜明的政治性;四是恐怖组织分散化特征明显;五是“独狼式”恐怖袭击案件激增。[3] 王春梅、张恒对我国西北地区宗教极端思想进行了研究,发现其具有以下特点:一是宗教极端思想的传播受国内外多种因素的共同影响;二是宗教极端思想具有强烈的政治意图。这种思想在我国西北地区不断蔓延,严重威胁着国家安全和社会稳定。[4]

(二)暴恐犯罪的生成机理

2019~2020年国内期刊上发表的犯罪学论文中有关暴恐犯罪的生成机理研究,主要是从其生成整体原因或部分原因进行探讨。李恒认为,恐怖主义在中国的存在有着复杂的社会背景,是境内与境外、历史与现实、网上与网下等多种因素相互交织、长期积累的结果。[5] 吴宗宪撰文分析指出,自杀型恐怖主义的发生有一些值得关注的社会与心理原因;在进行自杀型恐怖袭击之前,恐怖组织会对实施这类犯罪的恐怖分子进行招募和训练。[6] 董少平、李晓东、魏俊

---

[1] 陈世伟:《“恐怖的孤魂”:“独狼”恐怖主义犯罪研究》,载《刑法论丛》2019年第1卷。

[2] 董少平、李晓东、魏俊斌:《独狼式恐怖袭击的成因与治理研究——基于班杜拉三元交互决定论模型分析》,载《北京警察学院学报》2019年第3期。

[3] 赵鑫、陈卓然:《网络恐怖主义的特点、发展趋势及对策》,载《江苏警官学院学报》2020年第4期。

[4] 王春梅、张恒:《论西北地区宗教极端思想的特点、危害及治理》,载《江苏警官学院学报》2019年第1期。

[5] 李恒:《当前中国面临的恐怖主义态势、特点与应对策略》,载《山东警察学院学报》2019年第6期。

[6] 吴宗宪:《国外自杀型恐怖主义研究述评》,载《公安学研究》2019年第1期。

斌撰文通过演绎推理的研究路径，选择三元交互决定论这样一个集社会学、犯罪学和心理学于一体的理论研究范式，通过分析"独狼式"恐怖袭击的环境、认知以及行为，较全面地分析出"独狼式"恐怖袭击产生的原因，发现"独狼式"恐怖袭击在其环境因素中具有天然的后发优势，借助网络"爆炸式"传播、跨时性、跨域性以及主体隐蔽性的特点，大大加速了"独狼式"恐怖袭击者思想激进化的过程；同时在智识上，也方便袭击者获取发动恐怖袭击的方式、方法、策略等关键要素。"独狼式"恐怖袭击者对其行为的选择更具理性和目的性，并进行了一定的"成本—效益"考量。袭击者之所以选择这种低成本、周期长、独自实施的袭击方式，是因为它更具有杀伤性、破坏性和戏剧性，更容易成功也更容易扩大所谓的"战果"，从而实现其思想和地位上的提升，无论是网络环境的影响，还是"经济—理性"行为方式的考量，抑或思想激进化的过程，三种因素都交互影响，共同构成了"独狼式"恐怖袭击区别于传统恐怖袭击的特有成因。〔1〕 陈世伟认为异域"独狼"恐怖主义犯罪生成主要源于"个人"与"社会"两方面的根本原因。个人原因主要是受到极端主义思想的直接影响，心理疾病或者障碍所导致的"自我的暴力激进化"；社会原因主要有：一是欧美主要国家近年来推行的"单边"反恐战略及其国内累积的社会问题；二是互联网技术的发展和普及。基于此类活动的生成机理以及我国 21 世纪以来恐怖主义活动的态势作出初步研判，我国将来可能会出现数量极少的"独狼"恐怖主义犯罪，因此完全可控。〔2〕杨博对欧美国家"独狼式"恐怖袭击的成因分析，发现利用安全压力、战略意图和实施条件的三元分析框架可以较好地提升对这一现象的解释力。研究表明，这三个维度所涉及的自变量均与"独狼式"恐怖袭击的发生频数具有强相关性。其中，安全压力的相关程度相对较低。在实施条件方面，与难民数量相比，本国投奔国际恐怖组织的人数与因变量之间的相关程度明显更高。〔3〕 赵军撰文以定量研究分析方法对暴恐犯罪的生成作了研究，具体通过设计控制抽样偏差、克服入户及沟通障碍、防止"社会欲望偏差"的调查研究方法，基于新疆概率样本的分析发现，经济状况、就业就学、家庭生活、民族交往、干群关系、宗教文化

〔1〕 董少平、李晓东、魏俊斌：《独狼式恐怖袭击的成因与治理研究——基于班杜拉三元交互决定论模型分析》，载《北京警察学院学报》2019 年第 3 期。
〔2〕 陈世伟：《"恐怖的孤魂"："独狼"恐怖主义犯罪研究》，载《刑法论丛》2019 年第 1 卷。
〔3〕 杨博：《对欧美国家"独狼式"恐怖袭击成因的量化分析》，载《公安学研究》2019 年第 1 期。

等大量犯罪以外的因素,对新疆地区分裂、极端、暴恐倾向的滋生具有显著促成作用。[1]

二、暴恐犯罪的预防与治理

(一)暴恐犯罪的刑罚预防

2019~2020年国内期刊上发表的犯罪学论文中有关暴恐犯罪的刑罚预防研究,主要体现在对其刑事政策和刑事规制的探讨上。

有关暴恐犯罪的刑事政策研究,沙涛认为我国防治暴恐犯罪的“既严又厉”刑事政策忽视了犯罪的发生机理,因未能对症下药而难以取得预期效果。在预防暴恐犯罪方面,重刑威慑效果有限,以公正为导向的积极一般预防能够发挥较大作用。我国反恐刑事政策应转向“严而不厉”,刑法应凸显公正、淡化威慑,通过严密法网阻断犯罪生成。[2] 有关暴恐犯罪的刑事规制研究,苟震、黄晓丽认为我国恐怖活动犯罪刑罚配置存在缺憾,表现为保护功能不足和改造功能缺失。对此有必要在预防刑法理论指导下,从制度设计、实践需求和外围保障三个层面推进刑罚的“预防性”转向,以实现保护社会公共法益的目的。预防性转向需具备以下实体内容才能加以实现:一是司法裁量上给予重刑思想存在空间;二是对严重犯罪人实施终身监禁制度;三是激活反恐法中的安置教育条款;四是建立暴恐犯罪人身危险性评估工具;五是推行教育矫治分流共进机制。[3] 梅传强、童春荣撰文主张对恐怖融资行为施行预防性刑法规制,应当以全民人权保障为主线,从行为是否侵害全民利益,且已达刑法适用的不得已予以切入。在践行中,遵循危害测量→罪名定性→刑量匹配→罪数补强的规制路径,从刑法边界层推刑罚梯度,从公众意愿反制刑名罪数。具体而言,在恐怖融资的入罪认定上,贯通全民人权侵害的行为目的,综合恐怖融资的概念内涵,合理限定恐怖融资的入罪范围;在罪名定性上,比对全民人权侵害程度,参照行为阶段的发展进程和危害结果的大小分层定性罪名;在罪数判断上,测量公众刑量意愿,

---

〔1〕 赵军:《暴力恐怖主义犯罪的生成与本土治理定量研究——基于“三股势力”理论框架的通径分析》,载《中外法学》2019年第5期。

〔2〕 沙涛:《暴恐犯罪的机理与刑事政策反思》,载《甘肃政法学院学报》2019年第5期。

〔3〕 苟震、黄晓丽:《“预防性”:恐怖活动犯罪刑罚的一个转向》,载《河北法学》2019年第5期。

补强罪名定性的刑罚偏差,致力刑罚梯度的均衡配置。[1]

(二)暴恐犯罪的治理

2019~2020年国内期刊上发表的犯罪学论文中有关暴恐犯罪的治理研究,主要包括域外反恐对策实践与启示、国内暴恐犯罪治理探讨两个方面。

在域外反恐对策实践与启示方面,有对不同类型暴恐犯罪防治的述评,也有对不同国家暴恐形势及其防控的分析,还有对域外反恐制度的介绍与反思。王秀梅撰文强调全球反恐当前有了很多好的做法,但所有措施的落地还要依托国家间的执法合作,并严格限制军事打击的条件,遵守国际人道主义法和国际人权法的标准。[2] 兰立宏撰文对国外金融反恐研究进行考察,发现其渗入较为系统,且主要在反恐怖主义理论的框架下进行,对反恐怖融资机制的独特内涵和重要价值较为重视。建议依照最新的国际反恐怖融资标准,借鉴欧美国家的良好做法对我国反恐怖融资机制的独特性进行系统深入的研究,全面准确把握恐怖融资现状,不断完善反恐怖融资监管机制,协调细化恐怖活动组织与个人的认定及涉恐资产冻结管理办法,加强刑事司法打击,深化国际国内合作。[3] 吴宗宪撰文对国外自杀型恐怖主义研究进行考察,认为我国应当在借鉴国际社会研究成果的基础上,提高预防这类犯罪的科学化水平。一是要恰当认识自杀型恐怖分子;二是合理评估威慑活动的效果;三是重视组织层面的预防;四是开展个人层面的预防;五是进行设计层面的预防;六是开展国际交流与合作。[4] 刘莹对西方社区反恐警务发展进行考察,以英美的反恐警务实践为典型范例,运用比较研究方法,发现传统"社区目标型"模式逐渐被"社区导向型"模式取代,然而在国家安全领域运用社区参与型警务始终存在根深蒂固的矛盾。在宗教极端主义和民族分裂主义对我国特别是新疆地区的社会稳定形成现实和潜在威胁的背景下,西方国家通过社区警务治理激进化的理论成果与实践经验可以为我们提供经验借鉴。[5] 杨博撰文对欧美国家"独狼式"恐怖袭击进行分

---

〔1〕梅传强、童春荣:《恐怖融资行为的预防性刑法规制》,载《华东政法大学学报》2020年第5期。

〔2〕王秀梅:《全球恐怖主义犯罪:形势、应对与执法合作》,载《法学》2020年第11期。

〔3〕兰立宏:《国内外反恐怖融资研究现状、原因及对策分析》,载《刑法论丛》2018年第2卷。

〔4〕吴宗宪:《国外自杀型恐怖主义研究述评》,载《公安学研究》2019年第1期。

〔5〕刘莹:《激进化治理维度下西方社区反恐警务的发展与启示》,载《山东警察学院学报》2020年第2期。

析,认为在反恐中除了关注安全压力之外,还需加强对国际恐怖组织战略意图的监测,同时阻止本国公民出境参加“圣战”,以减少本国极端分子与国际恐怖主义之间的关联对于防范“独狼式”恐怖袭击具有重要意义。[1] 黄彬撰文对域外恐怖分子、极端分子的危险性评估实践做了考察,发现其中 VERA 工具、SAVE 工具、ERG22 + 工具与 TRAP - 18 工具最有典型性。这四种评估工具在评估角度、评估设计、评估结果的表现形式上有不同特点,同时每种工具在评估人员素质、本土化特性、政府合作保障等方面有其独到之处。这四种工具在评估主体的专业化、评估设计的本土化、评估保障的政府支持与多学科支撑等方面的经验,为我国社会危险性评估工作的优化提供了有效借鉴。[2]

凌胜利、胡碧钰撰文对 21 世纪以来法国反恐政策进行考察,发现法国在 21 世纪的第一个十年间发生的恐怖主义活动数量总体保持在较低水平,较 20 世纪 90 年代有非常明显的下降。但进入 21 世纪第二个十年,法国本土连续发生的几起具有世界影响的恐怖袭击事件,暴露出了法国反恐面临的困境。导致这些困境的原因,除了网络恐怖主义的蔓延,还有法国经济不景气导致反恐经费缩水,由此带来法国反恐部门人员资金和信息技术手段的缺乏等。此外,法国长期实行的共和式移民政策、长期的反恐警戒带来的反恐心理疲劳也是造成法国反恐困境的重要原因。这些都不是短期内能够解决的问题,也意味着法国的反恐之路依然任重道远。[3] 吕美琛对英国反极端主义策略进行考察,发现其主要策略有:一是通过立法不断完善全民反极端主义预防策略;二是推动预防性通道计划的实施;三是防止少年、儿童受极端思想的影响;四是加强社区凝聚力构建;五是加强反叙事话语体系建设。英国政府推进反极端主义面临的挑战有:一是预防策略扩大了政府的反恐行政权力,削弱了司法系统对人权的保护;二是预防策略侵害了公民的言论自由权;三是预防策略使伊斯兰信众和社区被污名化;四是预防策略不能解决其他因素引发的极端主义暴力犯罪问题。据此,预测英国政府推进反极端主义策略走向:一是将极端主义的概念适当缩小

---

〔1〕 杨博:《对欧美国家“独狼式”恐怖袭击成因的量化分析》,载《公安学研究》2019 年第 1 期。

〔2〕 黄彬:《恐怖分子、极端分子危险性评估的域外实践及启示》,载《中国人民公安大学学报(社会科学版)》2020 年第 6 期。

〔3〕 凌胜利、胡碧钰:《21 世纪以来的法国反恐政策研究:观念、体系、举措与效果》,载《公安学研究》2020 年第 4 期。

为引发仇恨的极端主义；二是增加反极端主义工作的透明度，减少公众猜疑；三是采取更严格的互联网管制，遏制极端主义信息的传播。[1] 王殿玺、宋文静撰文对孟加拉国反恐策略进行考察，发现孟加拉国采取的反恐行动策略包括：制定修订反恐法律，成立反恐部门，确立反恐为第一要义；重视反恐情报搜集，开展全球反恐合作；发动宗教领袖和群众参与反恐活动。孟加拉国反恐实践对我国反恐工作的启示意义主要体现在：完善反恐法律法规体系；坚持情报主导，由反恐处置转变为反恐与防恐并重；变革反恐模式，由精英反恐转向全民反恐；加强国际反恐合作，由反恐本土经验走向多元合作。[2] 李光钰撰文对后"伊斯兰国"时期秘密网络恐怖活动模式进行考察，发现其组织结构、运作方式、活动战术都发生了变化，形成了秘密网络恐怖活动模式。在这种模式下，"伊斯兰国"将组织成员分为核心领导层、骨干成员层、普通人员层，以及全球众多受其极端意识形态影响的极端人员层四个层次，并采取与有组织犯罪团体合流渗透的运作方式，在核心地区和其附属组织地区运用不同的恐袭战术。这给中国的"一带一路"倡议带来消极影响，国际社会必须对"伊斯兰国"改换战术、外转求生恐怖形态保持警惕，树立人类命运共同体意识，加强务实合作，消除恐怖主义产生的土壤，合力应对恐怖主义威胁。[3] 对于美国暴恐治理，刘志勇撰文对美国跨境反恐的经验与困境考察，发现其经历了战争反恐、综合反恐及以内为主、内外兼顾的战略转变，在法律、政策、战略宣传、武力打击等方面有很多的实践。也面临着反恐目标扩大化、侵害他国主权、过度用武、侵犯人权等诸多问题。在此基础上，认为我国在推动"一带一路"倡议，维护我国海外权益时，必须立足长远，着力完善法律政策体系、反恐力量体系和反恐行动样式，依法谨慎行动，充分尊重人权与主权，构建反恐"话语权"，探索一条适合我国国情与符合国际法框架下的跨境反恐道路，提出中国跨境反恐的方案。[4] 杨博、赵辉、蒲思丞撰文对美国反生物恐怖主义政策进行考察，发现它是由三大体系构成的政策框架，

---

[1] 吕美琛：《英国反极端主义的策略、挑战及趋势》，载《江苏警官学院学报》2020 年第 3 期。

[2] 王殿玺、宋文静：《孟加拉国反恐形势、挑战、策略及对中国的启示》，载《山东警察学院学报》2019 年第 6 期。

[3] 李光钰：《后"伊斯兰国"时期秘密网络恐怖活动模式研究》，载《山东警察学院学报》2020 年第 4 期。

[4] 刘志勇：《美国跨境反恐评述与启示》，载《中国人民公安大学学报（社会科学版）》2019 年第 4 期。

即着眼于“威胁识别＋环境监测”的情报预警体系；着眼于“医护力量＋医疗物资”的生物防御体系；着眼于“问题诊断＋决策支持”的能力评估体系。对中国而言，从美国的经验教训中可以得到的启示有：树立生物恐怖主义风险管理理念；通过强化执法部门的情报预警职能以实现“双轨响应”；构建大生物安全防御体系；高位优化反生物恐怖主义工作格局。[1] 对于宗教极端主义组织招募的心理策略考察，赵桂芬撰文指出，极端组织有意吸引的是有挫折感或被边缘化的个体，利用他们在身份上的认同危机，强化极端组织对于他们在身份上的吸引力，并通过鼓励积极的行动固化他们从事宗教极端主义活动的态度倾向，最终达到使被影响者从精神到行为完全受制于极端组织的目标。[2] 关于欧美国家“外籍战士”的分析，翟化胜、周明撰文发现在“伊斯兰国”等恐怖组织的蛊惑下，“外籍战士”的流动呈现出全球化的特点。欧美国家也无法置身事外，“生产”了大量的“外籍战士”进入伊叙地区进行“圣战”，但是不同的欧美国家在“输出”“外籍战士”数量上存在明显差异。究其原因，移民融入程度和边界管控能力是影响一国“外籍战士”数量多寡的核心因素。比利时的移民融入程度较低且边界管控能力较弱，因而“输出”了较多的“外籍战士”；意大利的移民融入程度较低，但凭借强大的边界管控能力，依旧有效地控制了“外籍战士”的“输出”数量；相对而言，美国的移民融入程度和边界管控能力均呈现较高水准，因此“输出”的“外籍战士”相对较少。为防止恐怖主义尤其是“外籍战士”的出走，欧美国家应提升少数族裔经济地位，避免对其进行差别对待，强化其对社会的认同感，进而提升其融入程度；与此同时，运用法律手段、强化情报与执法部门的配合以增强本国的边界管控能力，是防止恐怖分子尤其是“外籍战士”出走的重要保障。[3] 关于反恐国际制度的考察，张波撰文发现目前反恐国际制度存在的困境主要表现在四个方面：兼具超国家性和国家性；目标价值理性和制度本身体现权力分配之工具理性并存；不完善、不一致及滞后性；执行不彻底等。

---

〔1〕 杨博、赵辉、蒲思丞：《美国反生物恐怖主义政策评析及其启示》，载《中国人民公安大学学报（社会科学版）》2020 年第 3 期。

〔2〕 赵桂芬：《宗教极端主义组织招募的心理策略研究》，载《中国人民公安大学学报（社会科学版）》2019 年第 2 期。

〔3〕 翟化胜、周明：《欧美国家“外籍战士”的数量差异：分析框架与案例研究》，载《公安学研究》2020 年第 5 期。

而中国反恐政策和法律体现了遵守国际制度，通过对话、交流等方式平衡制度的超国家性与国家性，尊重联合国主导地位抵消主权国家体系在反恐国际合作中的干扰，以及治理手段的综合性等。[1] 另外，王志亮、秦丙生撰文对国外恐怖袭监进行考察，将其类型化为伤害型恐怖袭监、越狱型恐怖袭监、劫囚型恐怖袭监。该文根据监狱反恐防范的盲点，为确保我国监狱安全稳定，提出一些防范措施：一是以习近平总书记关于反恐怖工作的系列重要指示为指导；二是树立防患于未然的防恐思想意识；三是要建立起反恐防范具体措施，如建立监狱防恐的军、警、民联防联动机制，构筑监狱防恐体系。[2]

在国内暴恐犯罪治理探讨方面，包括对治理路径的宏观探讨，也包括对刑罚预防的中观检视；包括对整体暴恐犯罪治理的探讨，也包括对不同领域、不同地域等范围内的暴恐犯罪治理的研究。在治理路径探讨上，赵军撰文指出，解决中国现阶段暴恐问题的根本路径是促进新疆与中东部地区、南疆与北疆、维吾尔族与我国主体民族的平衡发展和充分发展。[3] 李恒撰文主张从中国的实际国情出发，既需要制定与实践同步进行的反恐策略，也需要将宏观防控与微观防控相结合。要在客观分析当前中国面临的国内外反恐怖主义斗争态势与特点的基础上，充分发挥法律治理在反恐怖中的重要作用，科学构建反恐怖安全防范体系和社会化参与机制，全面提升反恐怖情报信息工作能力，深化反恐怖警务合作，推动反恐怖国际法律合作和刑事司法协助等。[4] 张书增、王新建撰文提出构建中国特色暴力恐怖犯罪防范机制的总体思路是：在宏观“战略—法律”层面，坚持综合施策、先发制敌、群防群治战略，不断完善我国反恐法律体系；在中观“制度—组织”层面，完善相关制度，关心基层困难群众，加强组织体系建设；在微观“管理—技术”层面，实行精准管控，强化防范意识，寻求公共安全和个人自由的平衡。[5] 在对刑罚预防的中观探讨方面，张丽霞撰文通过对“北大法宝法律数据库”恐怖主义行为认定相关案例分布情况进行检索发现，几

---

[1] 张波：《反恐国际制度困境与“中国方案”》，载《山东警察学院学报》2020年第6期。

[2] 王志亮、秦丙生：《国外恐怖袭监的特征及其启示》，载《犯罪与改造研究》2020年第3期。

[3] 赵军：《暴力恐怖主义犯罪的生成与本土治理定量研究——基于“三股势力”理论框架的通径分析》，载《中外法学》2019年第5期。

[4] 李恒：《当前中国面临的恐怖主义态势、特点与应对策略》，载《山东警察学院学报》2019年第6期。

[5] 张书增、王新建：《中国特色暴力恐怖犯罪防范机制研究》，载《中国人民公安大学学报（社会科学版）》2020年第1期。

乎不存在恐怖主义分子因为恐怖主义违法行为被判承担行政责任的案例,都是刑事案件,由此可见,我国行政执法实践中尚未出现恐怖主义违法案例。该文主张从理念导引、形式与实质并重的法律保障方面建构恐怖主义行为认定的行刑衔接机制。[1] 简琨益撰文指出,应缩短分裂主义与宗教极端主义二行为犯的立法模式,在犯罪构成要件的意义上进行恐怖主义思维的表达,这样针对恐怖主义的理性识别方法才能贯彻到司法实践中。[2] 李梁撰文考察发现,我国恐怖主义犯罪立法的"倒逼式"特点决定了在恐怖主义犯罪的司法判定中应当确立开放型司法判定方法,把反恐行政法和民间法规范作为司法判定的重要依据。其中,反恐行政法不属于参照性法律法规,应当将其理解为作为解释依据的法律。面对恐怖犯罪的"倒逼式"立法,不能仅仅以既有理论为根据反思立法,而应当根据立法的特点来反思既有理论,并寻求司法展开的各种途径。[3] 针对"独狼式"恐怖袭击的治理路径,董少平、李晓东、魏俊斌撰文主张应从环境、行为、个人认知三方面着手,营造健康环境,为三元良性互动打下基础;纠正认知偏差,为三元良性互动提供内在动力(加强思想引领,强化社会认同;建立社会学习体系,自觉抵制极端思想;建立社会互信机制,健全社会心理服务体系);加强行为管控,为三元良性互动提供机制保障(加大对社交媒体的管控、增强对特定行业和管制物的监管、加强重点场所的视频监控)。[4] 对于我国城市防控恐怖袭击的探究,李丽华、陈成鑫、曾庆华撰文建议从总体风险预警、城市实体评估与防范、网络安全态势感知和重要人员社会危险性评估四方面构建"虚实结合"的城市安全综合风险评估机制,从而达到全方位预防和应对城市恐怖主义袭击的目的。[5] 针对网络恐怖主义的治理路径,明乐齐、史业程撰文要从以下几个方面进行建构:一是健全法律法规,精准制约和打击网络恐怖主义犯罪(进一步完善《反恐怖主义法》,更加细化修订《网络安全法》,制定网络恐怖主义犯

---

〔1〕 张丽霞:《恐怖主义行为认定的行刑衔接机制探究》,载《法律科学(西北政法大学学报)》2019 年第 5 期。

〔2〕 简琨益:《恐怖主义的刑法规范识别》,载《法学家》2020 年第 5 期。

〔3〕 李梁:《我国恐怖主义犯罪立法的特点及其司法展开》,载《法学杂志》2019 年第 12 期。

〔4〕 董少平、李晓东、魏俊斌:《独狼式恐怖袭击的成因与治理研究——基于班杜拉三元交互决定论模型分析》,载《北京警察学院学报》2019 年第 3 期。

〔5〕 李丽华、陈成鑫、曾庆华:《我国城市面临恐怖袭击的安全风险评估机制与方法探究》,载《公安学研究》2019 年第 5 期。

罪的刑事独立立法);二是组建专业队伍,不断提升网络反恐的技战能力水平;三是加强国际合作,共同携手遏制网络恐怖主义的发生;四是加强信息共享,不断提升反恐信息挖掘、研判能力;五是强化反制谋略,筑牢打击网络恐怖主义犯罪防护网。[1]

赵鑫、陈卓然撰文总结的网络恐怖主义的治理对策有:一是做好顶层设计,制定国家网络反恐战略;二是加强国际合作,共筑反恐屏障;三是完善立法工作,推进制度配套;四是创新关键技术,支撑网络反恐;五是成立专业队伍,加强长期建设;六是落实主体责任,促成全民反恐。[2] 针对体育领域的暴恐犯罪防控,张训、赵涵撰文认为防范和控制体育领域的恐怖活动需要发动社会各种力量并运用多元手段加以应对,而构建多层次的法律控制体系是最根本的路径。法律之外的控制路径主要指提倡绿色体育、营造纯净的体育人文环境,提升体育活动的安保规格,构筑多元化、多层次的防控力量体系,切断恐怖活动的经济来源等。应对体育领域暴力恐怖活动犯罪的法律控制路径则包括构筑严密协同的反恐法律体系和构建切实有效的司法介入路径等两个层面。[3] 针对新疆南疆农村"去极端化"治理研究,王贵花撰文分析其主要举措有:依法严厉处置,形成"去极端化"的强大震慑;全面覆盖,形成"去极端化"的全员格局;宣传教育,形成"去极端化"的思想共识;文娱活动,形成"去极端化"的社会氛围;干部推动,形成"去极端化"的组织力量。通过综合运用政治、法律、行政、经济、文化、教育等手段,南疆农村"去极端化"治理取得了阶段性成果,积累了有益经验。[4] 针对西北地区宗教极端思想的治理,王春梅、张恒撰文指出要通过倡导"族教分离",树立正确的民族观和宗教观;加强公民教育,树立国家观念,增强文化认同;深化区域反恐合作,打击境内外宗教极端势力;加强宗教教职人员的教育、培养和管理等,可以有效防治西北地区的宗教极端思想,维护当地的社会稳定与发展。[5]

针对城市地铁恐怖袭击的防控,舒洪水、史临盆撰文指出为提升城市地铁

---

〔1〕 明乐齐、史业程:《网络恐怖主义犯罪治理的困境与路径》,载《江苏警官学院学报》2020年第1期。
〔2〕 赵鑫、陈卓然:《网络恐怖主义的特点、发展趋势及对策》,载《江苏警官学院学报》2020年第4期。
〔3〕 张训、赵涵:《体育领域暴力恐怖活动犯罪控制路径探析》,载《江苏警官学院学报》2019年第2期。
〔4〕 王贵花:《新疆南疆农村"去极端化"治理的实践与思考》,载《江苏警官学院学报》2020年第3期。
〔5〕 王春梅、张恒:《论西北地区宗教极端思想的特点、危害及治理》,载《江苏警官学院学报》2019年第1期。

的防恐怖袭击水平,可以在站外设计小型预留场地,配备流动警务站,在站内提高监控与安检技术,加大工作人员培训力度,打造地铁危机预警平台,实现情报共享。[1] 关于如何进一步提升社会治安防控能力以及合理分配警力资源,李小波、李波撰文从社会治安防控体系视角出发,指出治理恐怖主义应当立足社区,依托情报,打击前置,走专群结合的道路,通过各类防控网的构建,形成一个全方位、立体化的防范恐怖主义网络。[2] 倪春乐、陈嘉鑫撰文以大型内陆城市C市的实证调查为例,认为探索构建科学合理的警力资源布局体系具有必要性,要深入认识警力资源的概念和内涵,根据城市自身特点打造警力资源布局的立体框架,合理调整和优化警力资源布局,通过重新建构城市恐怖主义犯罪防控的警力资源,最大限度地提升内陆城市防控暴恐犯罪的成效。[3] 针对如何提升公众反恐能力(全民反恐)以此提升防控暴恐犯罪的效果,刘玉雁撰文认为公众反恐能力的提升可遵循两种演进路径:一是通过缩减、预备、反应和恢复的循环演进模式的顺序演绎,遵循能力储备、能力实践、能力反思的演绎逻辑,实现能力增强的递进发展;二是基于FPC模式[即为熟悉度(familairity)、预见度(predictability)、能力(capability)三个要素对应的英文单词首字母组成的危机有效反应的整合体模式,简称为FPC模式],增加公众对恐怖主义危机的熟悉度和预见度,从而有效提升其反恐能力,降低恐怖主义危机发生的风险,减少可能的破坏性后果。[4]

第二节 黑恶势力犯罪研究

一、黑社会性质组织犯罪的特征探讨

2019~2020年国内期刊上发表的犯罪学论文中有关黑社会性质组织的特

---

〔1〕 舒洪水、史临盆:《城市地铁恐怖袭击及其防范对策》,载《山东警察学院学报》2020年第2期。

〔2〕 李小波、李波:《立体化社会治安防控体系下治理恐怖主义多维思考》,载《中国人民公安大学学报(社会科学版)》2019年第4期。

〔3〕 倪春乐、陈嘉鑫:《内陆城市暴力恐怖犯罪防控警力资源布局的再构建——以C市为例》,载《山东警察学院学报》2020年第1期。

〔4〕 刘玉雁:《基于4R理论的公众反恐能力提升的演进路径》,载《中国人民公安大学学报(社会科学版)》2019年第5期。

征探讨,既包括对我国黑社会性质组织犯罪的整体态势和特征的分析,也包括对该罪司法认定中具体特征的论述。

在我国黑社会性质组织犯罪的整体态势和特征的分析方面,徐洁、刘锋撰文以黑社会性质组织犯罪规律为基础,从组织特征、经济特征、行为特征和危害性特征等四个特征的逻辑联系入手,对熊才祥等 32 人黑社会性质组织进行认定。[1] 柳林、马忠红撰文通过调研等方法获取并依相关标准以某省 15 份典型黑社会性质组织犯罪样本案件的裁判文书为样本,对所涉 245 名犯罪行为人的人口统计学变量及前科状况进行卡方检验,并将上述变量与组织成员层级纳入同一理论模型进行多元 Logistic 回归方程计量分析,再对组织形态、行为方式、行业领域、"打伞断血"情况进行描述性统计分析,从中发现:部分人口统计学变量对黑社会性质组织成员的层级有一定影响;组织成员之间以地缘关系为主且从众心理突出;组织孕育与存续周期缩短,组织形象公司化;犯罪行为样态软暴力化;非法控制的地域有限但领域扩张速度较快;"保护伞"的保护方式多样;涉案资金来源广、认定难。[2] 彭博撰文考察发现,当前黑社会性质组织犯罪的主要特点:一是犯罪组织滋生发展快,再生能力强,外围组织结构更加松散;二是犯罪的暴力性减弱,反侦查能力不断增强;三是犯罪活动领域扩大,专业化程度增高;四是犯罪组织的腐蚀性、渗透性进一步强化。[3]

在我国黑社会性质组织犯罪司法认定中的具体特征论述方面,肖中华撰文从整体上把握黑社会性质组织的四个特征时,提示需要重点注意组织特征、经济特征、行为特征、危害性特征。至于"恶势力",其本身并非刑法规范术语。"恶势力"实际上是在打击黑社会性质组织犯罪过程中,因为有的犯罪具备黑社会性质组织的部分特征而又难以认定为黑社会性质组织犯罪,故而提出的一个范畴。创设该范畴,显然是为了严格限制黑社会性质组织的成立范围,避免降低认定标准。"恶势力"虽然不是任何具体犯罪的构成要件要素,但是往往成为影响行为刑法评价的实质违法要素;一些原本属于一般违法而尚难以评价为犯

---

〔1〕 徐洁、刘锋:《浅析黑社会性质组织的认定——以熊才祥等 32 人涉黑案为例》,载《中国检察官》2019 年第 20 期。

〔2〕 柳林、马忠红:《黑社会性质组织案件的基本特征及治理路径》,载《中国人民公安大学学报(社会科学版)》2020 年第 5 期。

〔3〕 彭波:《黑社会性质组织犯罪的文化成因及其治理》,载《山东警察学院学报》2019 年第 1 期。

罪的行为,一旦具有恶势力性质,则有可能升格为犯罪。[1] 对于黑社会性质组织的组织特征,魏东撰文主张基于功能特征关系论和社会团结理论的综合考量,借鉴既有的"三要素解构法",黑社会性质组织"组织特征"的法理内涵可以概括为稳定组织性、高级群体性(次级群体性)、群体威权人格性三方面,由此展开规范诠释可以消解各种解释论分歧,得出合法、合理、合目的性的刑法解释结论。[2] 陈兴良撰文主张黑社会性质组织的组织特征应当从组织成员、组织层级、组织结构和组织纪律这四个方面加以把握。其中,组织成员和组织层级是黑社会性质组织的人员构成要素;而组织结构和组织纪律则是黑社会性质组织的制度构成要素。黑社会性质组织的组织特征与恶势力集团的组织特征相比,可以从组织成员数量、组织成员联系紧密程度和组织结构松散程度三个方面进行区分。[3] 对于黑社会性质组织的经济特征,陈兴良撰文认为黑社会性质组织的经济特征表现为一定的经济实力,这里的经济实力可以从获取经济利益的手段、规模和目的这三个方面进行考察。在认定黑社会性质组织经济特征的时候,应当将黑社会性质组织与恶势力集团等犯罪类型加以区分,同时对于套路贷等案件中的经济特征的认定应当更加关注其所获取的经济利益是否用于支持黑社会性质组织的违法犯罪活动。只有这样,才能将黑社会性质组织与采用暴力手段的经营活动和采用暴力手段的牟利活动加以科学区分。[4] 对于黑社会性质组织的行为特征,陈兴良撰文主张在认定黑社会性质组织的行为特征时,应当对其独特的内涵加以科学界定。行为特征虽然不能等同于黑社会性质组织所实施的具体犯罪行为,但它又是从这种具体犯罪行为中提炼和抽象出来的,两者之间具有紧密关联性。[5] 对于黑社会性质组织的危害性特征,陈兴良撰文认为非法控制(危害性)特征可以分解为:非法控制和危害性这两个既相互联系又相互独立的要素。非法控制是指对社会生活的实际支配,而危害性是指对社会的重大影响。非法控制发生在一定区域或者行业,这是非法控制的空间范围。非法控制的实现途径主要有暴力途径和借助于"保护伞"的途径。作者

---

〔1〕 肖中华:《黑恶犯罪的基本范畴》,载《法治研究》2019 年第 5 期。

〔2〕 魏东:《黑社会性质组织"组织特征"解释论》,载《当代法学》2020 年第 5 期。

〔3〕 陈兴良:《论黑社会性质组织的组织特征》,载《中国刑事法杂志》2020 年第 2 期。

〔4〕 陈兴良:《论黑社会性质组织的经济特征》,载《法学评论》2020 年第 4 期。

〔5〕 陈兴良:《论黑社会性质组织的行为特征》,载《政治与法律》2020 年第 8 期。

认为主要还是通过对政府的渗透实现非法控制，通常采取的手段是“打进去、拉出来”。[1] 对于对黑社会性质组织非法控制特征中的“区域”和“行业”如何解释的问题，王志祥撰文认为，在对“区域”进行解释时，不宜将其仅仅限定为现实空间，而是应当也涵盖网络空间。在黑社会性质组织非法控制特征中“区域”系网络空间的情况下，既然具体的法益侵犯形态表现为对网络秩序的侵犯，那么，相应的危害结果就应当是网络空间的秩序的混乱，而不应当是现实空间的秩序的混乱。从刑法的目的是保护法益、犯罪的本质是对法益的侵犯出发，对于黑社会性质组织非法控制特征中的“行业”，只能解释为合法行业，并且应当将非法行业排除在外，因为就非法行业而言不存在需要动用刑法进行保护合法的经济、生活秩序的问题。[2] 实践中，如何将恶势力、恶势力犯罪集团与黑社会性质组织进行准确区分，周立波撰文认为“组织体”特征主要包含组织成员、组织结构、目标导向、活动系统、外部联系、物质基础等内容；“恶性”特征主要包含手段的恶性、形象的恶性和结果的恶性。“组织体”特征和“恶性”特征都是类型化特征。这两个特征相互影响，相互作用，共同构成黑恶势力犯罪组织的本质，是黑恶势力犯罪组织之间进行相互区分的主要标准。[3] 对于黑恶势力“保护伞”的认定，莫洪宪、吴智慧撰文主张将“保护伞”作为认定黑社会性质组织存在的选择性要件，更切合实践中打击的需要和犯罪预防的目的；同时应将黑恶势力“保护伞”范围界定为“国家工作人员”，正确理解和辨析“保护伞”须具备的行为特征和对象特征，以及“保护伞”涉及的相关刑法罪名。[4]

二、恶势力犯罪的特征探讨

2019～2020年国内期刊上发表的犯罪学论文中对恶势力犯罪的特征探讨，既有实证调查研究得出的犯罪整体特征的把握，也有对该罪司法特征的梳理。欧阳爱辉撰文以2017年1月至2019年7月间发生在H省的宗族恶势力犯罪为研究对象，分析其主要特点：一是在犯罪形式和犯罪手段上，寻衅滋事等犯罪

---

[1] 陈兴良：《论黑社会性质组织的非法控制（危害性）特征》，载《当代法学》2020年第5期。

[2] 王志祥：《论黑社会性质组织非法控制特征中“区域”和“行业”的范围》，载《法治研究》2019年第5期。

[3] 周立波：《黑恶势力犯罪组织的本质特征及其界定》，载《法治研究》2019年第5期。

[4] 莫洪宪、吴智慧：《“保护伞”的司法认定》，载《河南警察学院学报》2020年第1期。

形式和“软暴力”犯罪手段占主体;二是在犯罪的组织上体现出核心化色彩;三是在犯罪分布上主要趋向欠发达农村地区和民族地区;四是在犯罪嫌疑人(含已决犯)性别、文化程度、职业和有无前科方面,犯罪嫌疑人(含已决犯)以男性为主,文化程度普遍较低,务农和无业者占大多数,但犯罪前科对宗族恶势力犯罪影响较大;五是在犯罪嫌疑人(含已判决犯)年龄构成上,普通成员年龄趋向年轻化。[1] 汪鹏撰文选取自2018年开展“扫黑除恶”专项斗争以来在新闻媒体报道中西部地区某两个省份217件涉及黑恶势力犯罪刑事案件作为分析对象,发现黑恶势力犯罪具有以下特征:一是恶势力犯罪占绝大多数;二是在区域分布上,“城中村”、成熟社区发生的黑恶势力犯罪数量高于新社区;三是黑恶势力犯罪初次违法犯罪时间的分布呈现出波浪形特征;四是对违法犯罪次数的统计上,大部分涉黑涉恶案件以五次到七次为主;五是在罪名分布上,涉黑案件主要涉及组织、领导黑社会性质组织罪、非法拘禁罪、敲诈勒索罪等违法犯罪行为,涉恶案件主要涉及敲诈勒索罪、寻衅滋事罪、诈骗罪等违法犯罪行为;六是在打击领域分布上,农村地区主要涉及“操纵基层政权,破坏基层选举等村霸”,城市地区主要涉及“非法高利放贷,暴力讨债”,“在征地拆迁过程中,煽动闹事”等领域。[2] 陈兴良撰文对恶势力犯罪概念的形成和演变过程进行了描述,阐述了恶势力犯罪的特征,根据司法解释总结出恶势力的特征为:一是人数特征,恶势力是多个人的犯罪;二是手段特征,恶势力采取暴力、威胁或者其他手段;三是地域特征,恶势力犯罪可以发生在任何地域,在一定区域或者行业内多次实施违法犯罪;四是犯罪特征,恶势力实施的违法犯罪活动,主要包括强迫交易、故意伤害、非法拘禁、敲诈勒索、故意毁坏财物、聚众斗殴、寻衅滋事,但也包括主要以暴力、威胁为手段的其他违法犯罪活动;五是本质特征,其本质特征表现为,为非作恶,欺压百姓,扰乱经济、社会生活秩序,造成较为恶劣的社会影响。[3]

---

〔1〕 欧阳爱辉:《宗族恶势力犯罪防控实证研究——以H省为例》,载《山东警察学院学报》2019年第6期。
〔2〕 汪鹏:《打击黑恶势力犯罪的治理化路径探析》,载《法治研究》2019年第5期。
〔3〕 陈兴良:《恶势力犯罪研究》,载《中国刑事法杂志》2019年第4期。

三、黑恶势力犯罪的治理

2019～2020年国内期刊上发表的犯罪学论文中有关黑恶势力犯罪的治理研究,既有宏观层面有关治理价值、治理路径等的探讨,也有微观层面对不同类型黑恶势力犯罪治理对策的研究。

在宏观层面的探讨上,李俊明撰文从法治价值整合的角度,认为黑恶势力犯罪案件往往被告人数多、犯罪事实起数多、犯罪时间跨度长、案情复杂程度数倍于普通刑事案件且经常涉及罪与非罪,此罪与彼罪相关法律适用问题,若法官自由裁量权行使不当,极易造成冤假错案,损害司法权威。因此,必须加强对法官自由裁量权行使的规范,具体可以从制定出台黑恶势力犯罪量刑指导意见、建立案例指导制度、加大法官培训力度、完善法官履职监督机制四个方面进行完善。[1] 徐岱、史家家也撰文强调扫黑除恶的法治保障,认为扫黑除恶必须坚持尊重和保障人权、严格贯彻宽严相济的刑事政策、构筑扫黑除恶长效机制的法治理念,具体体现为:程序上的法治保障方面,要主动适应以审判为中心的刑事诉讼制度改革,慎重分析黑社会性质组织犯罪认定上的言词证据与传来证据,注重保障"恶势力"认定程序中被追诉人的诉讼权利,逐步规范黑恶势力涉案财物处置程序;实体上的法治保障方面,要避免降低对"黑社会性质组织""恶势力""保护伞""寻衅滋事罪"的认定标准,准确认定涉案财物。[2] 王兆忠、孙晨撰文从W市扫黑除恶实践入手,认为从战术上看,"纵深掘进"扫黑除恶专项斗争,应该至少包含"掘漏鱼"、"掘早小"、"掘黑财"和"掘黑伞"四个实践路径。但是,根治黑恶势力犯罪战略的逻辑向度应该表现为,通过完善刑事司法制度供给,有效提升治理能力,并最终实现黑恶势力犯罪治理体系现代化。[3] 对于扫黑除恶专项斗争中"打早打小"刑事政策的分析,栾莉撰文认为目前该刑事政策已在共同犯罪、黑社会性质组织犯罪和相关个罪的定罪、量刑、行刑的规定中有所体现,政策的渊源、对象和手段在司法层面也实现了一定程度上的规范化。但是在立法上,恶势力的界定与共同犯罪的规范有相抵之处;在具体司法实践

---

[1] 李俊明:《论新时代黑恶势力犯罪治理的法治价值整合》,载《法律适用》2020年第17期。

[2] 徐岱、史家家:《论扫黑除恶的法治保障》,载《法治研究》2019年第5期。

[3] 王兆忠、孙晨:《从推进到掘进:黑恶势力犯罪治理现代化的基本向度》,载《警学研究》2020年第1期。

当中,将恶势力作为构成要件评价要素,有违罪刑法定原则;恶势力的认定标准存在模糊的解释,难以适应司法需求。应将恶势力定性为共同犯罪,限缩其适用范围,以一定范围内公共秩序和公平法益是否被破坏以及破坏程度作为实质标准,结合规范特征,正确认定恶势力,依法、合理实现"打早打小"刑事政策。[1] 关于打击黑恶势力犯罪的治理化路径分析,汪鹏撰文经类型化考察分析,发现当前政法机关扫黑除恶协作模式主要是为金字塔、平行流通以及流线型三种模式,这些模式在打击黑恶势力犯罪中,存在"核查力量严重不足""尚未形成打防并举防控局面""扫黑除恶与基层治理结合的力度不足"等问题。故而,其提出应当结合黑恶势力犯罪的犯罪学特征,准确把握"打早打小"与"打准打实"的辩证关系、涉黑涉恶案件与一般刑事案件的辩证关系、专项斗争与常态化治理之间的辩证关系,构建新时期打击黑恶势力犯罪的治理化路径。[2]

针对公安机关在扫黑除恶中面临的深挖路径不畅、"毁伞"难度较大、取证支撑不足等多方面挑战,丁洋撰文主张公安机关应坚持采取打财"断血"、重点打击、协作联动、广开渠道等应对策略,从而为打赢扫黑除恶攻坚战提供坚实保证。[3] 针对黑社会性质组织案件出现的新特征,柳林、马忠红撰文认为,提高重点人员矫正实效,强化动态管控;提高早期识别能力;强化重点行业的布控与监管,明确治理主体责任;提升摧毁"保护伞"的根源性惩治理念认知;有效辨别和彻查涉案资产,是构建扫黑除恶常态化、长效化、精准化治理路径的重要举措。[4] 针对黑社会性质组织犯罪对犯罪行为必然受到相应犯罪亚文化影响这一事实,彭波撰文从社会文化视域下,提出预防当前黑社会性质组织犯罪应继承和发展我国的优良文化传统,构建以社会主义核心价值观为中心的中国文化体系,着力加强主流文化及其政治文化建设,剔除封建糟粕和西方的犯罪亚文化观念,强化文化监管职能,清洁文化传播渠道,以消除黑社会性质组织犯罪产生的社会文化根源。[5]

---

〔1〕 栾莉:《扫黑除恶"打早打小"刑事政策法律化研究》,载《公安学研究》2020 年第 5 期。

〔2〕 汪鹏:《打击黑恶势力犯罪的治理化路径探析》,载《法治研究》2019 年第 5 期。

〔3〕 丁洋:《公安机关扫黑除恶面临的挑战及应对策略》,载《江苏警官学院学报》2019 年第 6 期。

〔4〕 柳林、马忠红:《黑社会性质组织案件的基本特征及治理路径》,载《中国人民公安大学学报(社会科学版)》2020 年第 5 期。

〔5〕 彭波:《黑社会性质组织犯罪的文化成因及其治理》,载《山东警察学院学报》2019 年第 1 期。

在微观层面探讨上，针对网络领域黑恶势力犯罪治理，赵楠婷撰文认为网络领域黑恶势力犯罪的治理对策有：一是要提高思想认识；二是提升打击效能；三是强化阵地控制；四是促发协同联动。[1] 针对邮政运输业爆炸袭击的防控，杨佐琦、陈成鑫撰文分析邮政运输业爆炸袭击的特点有：一是爆炸物结构简单，易于制作；二是爆炸物材料广泛，易于获取；三是爆炸技术发展，袭击方式多样；四是袭击目标数量多，取证困难；五是恐怖效应大，社会影响面广。提出通过加强对邮寄行业的监管，完善对个人信息的保护，强化信息安全的保护以及构建HSNRC[(Homeland Security National Risk Characterization，HSNRC)是兰德公司提出的一种风险评估模型，即为国土安全风险特征描述模型，通过选择威胁和危害、选择风险属性、描述威胁和危害等步骤对特定的风险进行评测。]国土安全风险特征描述模型对潜在风险进行评估等，能够有效降低此类案件发生的风险。[2] 针对在东南亚地区恐怖活动的中国应对，韦益毅撰文主张中国应与东南亚地区增强"亚洲命运共同体"意识，利用"中国—东盟 10 + 1"区域安全治理框架，加快反恐司法合作特别是反恐情报合作机制建设，共同推动"去极端化"进程和"防回流"机制构建，以提升防恐能力，降低恐怖活动内生力量和外溢效应；中国要持续加强海外利益防恐反恐能力建设，与"一带一路"沿线东南亚国家共同构建区域性安全治理样板，为人类命运共同体的构建提供解决方案和生动实践。[3] 针对乡村治理进程中的黑恶势力犯罪，郝洁撰文主张深化农村基层治理体系，加强各级政府管控能力及部门间协调并进，培育农民法治意识，构建和完善乡村治理的法规体系以及着力加强各方监督力度，坚决严厉打击乡村黑恶势力，以保障乡村治理与自治现代化的发展进程，实现建设美丽乡村的宏伟愿景。[4] 针对宗族恶势力犯罪的治理，欧阳爱辉以近三年在 H 省发生的宗族恶势力犯罪为研究对象，分成中心城市群、北部、南部、中部和西部地区五大块展开实证调研，获得了 H 省宗族恶势力犯罪总体情况统计、宗族恶势力犯罪嫌

---

〔1〕 赵楠婷：《浅析网络领域黑恶势力犯罪现状及治理对策》，载《犯罪与改造研究》2020 年第 11 期。

〔2〕 杨佐琦、陈成鑫：《邮政运输业爆炸袭击的预防研究》，载《警学研究》2019 年第 3 期。

〔3〕 韦益毅：《东南亚地区恐怖活动特点及中国应对策略》，载《中国人民公安大学学报（社会科学版）》2020 年第 3 期。

〔4〕 郝洁：《乡村治理进程中黑恶势力衍生的社会机理、样态考察与根治路径》，载《中国监狱学刊》2020 年第 2 期。

疑人总体情况统计两部分主要数据信息。根据该数据信息的归纳分析,提出要从法律、社会管理、具体警务三个层面完善宗族恶势力犯罪防控的构想:一是法律层面出台有针对性的实体法和程序法实现犯罪有效防控;二是社会管理层面突出经济调节、行政管理、文化引导等多重手段的运用;三是具体警务层面展开有针对性的犯罪防控。[1]

---

〔1〕 欧阳爱辉:《宗族恶势力犯罪防控实证研究——以 H 省为例》,载《山东警察学院学报》2019 年第 6 期。

专题四

网络犯罪研究

第一节　网络犯罪的类型及防控

一、网络犯罪的类型与特征

以网络在网络犯罪中的地位看，网络犯罪先后经历了以网络为对象的犯罪、以网络为工具的犯罪和以网络为空间的犯罪三个发展阶段。本综述就按这种类型化对2019～2020年国内期刊发表的犯罪学论文中有关网络犯罪的研究进行划分，然后分别阐述。

（一）以网络为对象的犯罪研究

以网络为对象的犯罪是网络犯罪的第一个发展阶段，主要是破坏计算机信息系统之类的犯罪，就是早期所说的计算机犯罪，还有就是网络黑客犯罪。明乐齐撰文认为网络黑客攻击行为的出现，严重搅乱和干扰了互联网的发展，给网络空间带来了极大的安全隐患。尤其是各种黑客组织、黑客群体和黑客者胆大妄为，肆意传播攻击技术和手段，广泛进行论坛经验交流，免费提供下载黑客软件工具，明目张胆地在网上出版黑客杂志，疯狂地进行网络攻击，严重影响了网络安全环境，危害社会和谐稳定，侵犯公民的财产利益。[1] 同时，2019～2020年国内期刊发表的犯罪学论文中有关以网络为对象的犯罪基本上已经没有涉

〔1〕 明乐齐：《网络黑客犯罪的趋势与防范对策》，载《山东警察学院学报》2020年第1期。

及了,但是有关比特币这种虚拟财产因其也要利用网络系统进行变现和交易,在此综述中我们把它视作是以网络为对象的犯罪。时延安、王熠珏撰文对比特币洗钱犯罪进行了探讨,该文认为治理比特币洗钱犯罪,要先明确认识其洗钱风险和洗钱模式。目前非金融机构领域是我国反洗钱监管的“短板”,反洗钱内控机制的缺失和反洗钱义务的模糊是放大比特币交易平台洗钱风险的主要原因。国际社会对反洗钱问题的关注,正是因为洗钱行为对跨国(境)犯罪的积极促进作用。当传统金融体系对洗钱问题日益重视并建立起有效的防范机制的同时,互联网金融的便利性却无形中形成另一个反洗钱的“边疆地带”,而运用虚拟货币进行洗钱则更处于反洗钱机制最为边缘的地带。[1]

(二)以网络为工具的犯罪研究

2019~2020年国内期刊发表的犯罪学论文中有关以网络为工具的犯罪研究,主要集中于利用网络工具实施的诈骗等侵财犯罪以及杀人等侵犯人身权利的犯罪。

关于利用网络工具实施侵财犯罪的研究,陆璟妍、廖根为撰文通过关键词搜索中国裁判文书网上的有关利用短视频平台实施的诈骗犯罪的法律文书,发现该类犯罪具有受害群体广、年轻化,单个诈骗金额小、总诈骗金额大,诈骗信息传播速度快、传播途径广,诈骗行为链条长、跨多个平台行为明显等特点。[2] 陈伟、宋坤鹏撰文抽取所检索裁判文书网中发生在沿海省份的电信诈骗罪文书,并随机抽取已经生效的400份电信诈骗犯罪刑事判决书,研析个人信息依托型电信诈骗犯罪呈现出犯罪人学历层次整体较低、犯罪人就业状态相对不佳、电信诈骗作案手段多样化、团伙作案、分工负责趋向明显、“精准式”个人信息依托型电信诈骗比例增加等特点。[3] 陈睿毅、刘双阳撰文分析“互联网+”时代下电信诈骗犯罪借助于信息网络技术快速迭代、深度融合,呈现犯罪组织集团化、涉案人员低龄化、诈骗手法多样化、作案工具智能化以及作案范围跨境化等诸多特点。[4] 熊纬辉、付樱撰文对以非接触式“短信嗅探”技术实施的网

---

〔1〕 时延安、王熠珏:《比特币洗钱犯罪的刑事治理》,载《国家检察官学院学报》2019年第2期。

〔2〕 陆璟妍、廖根为:《利用短视频平台诈骗犯罪的情境预防策略研究》,载《犯罪研究》2020年第2期。

〔3〕 陈伟、宋坤鹏:《个人信息依托型电信诈骗犯罪联防共治模式探究——基于某省400份判决书的实证分析》,载《犯罪研究》2020年第2期。

〔4〕 陈睿毅、刘双阳:《“互联网+”背景下电信诈骗犯罪防控机制研究》,载《犯罪研究》2019年第3期。

络侵财犯罪进行考察分析，发现其具有作案手法隐蔽化、作案选择随机化、攻击过程全链条化、犯罪成员分工化、设备操作简单化等特点，并已形成由短信嗅探设备制造、“跑机”、个人信息兜售、盗刷、洗钱等环节组成的、全链条化的黑色产业链。[1] 另外，网络传销作为一种新型传销模式，李莉撰文发现其出现了传销形式的虚拟性、传销活动的专业性、参与人员的复杂性、经济水平的关联性、波及范围的发散性及资金流动的多元性等特征。[2]

关于利用网络工具实施杀人等侵犯人身权利的犯罪研究，郑琛琚撰文以2016~2018年经媒体公开报道并进入司法程序的11起网约车杀人案件（特指在滴滴网约车司机提供载客服务过程中，发生在滴滴网约车司机和乘客之间的，故意造成对方死亡结果的案件）为研究样本，分析滴滴网约车司机杀害乘客的犯罪特点是顺风车发案占比更高，被害人多为女性，地点多发生在深夜和凌晨，大多发生在偏僻路段；分析滴滴网约车乘客杀害司机案的犯罪特点是所属网约车类型比司机杀害乘客所涉范围要广，被害人中中年司机占比为一半以上，作案时间也多为凌晨时段，地点多为偏僻路段。[3]

因为本综述是对犯罪学领域的论文进行分析阐述，所以此处的犯罪学意义上的犯罪外延很广泛，还包括一些越轨行为，如此处将要谈到的利用网络等媒介进行的追星行为。为考察媒介形态变迁与网络亚文化社群演进的关系，张世超、徐润雪、李雪撰文通过对我国港台明星钟汉良的粉丝社群的参与式观察及对粉丝的深度访谈，发现从天涯社区、百度贴吧到当下的微博，在媒介形态的变迁之中，粉丝社群大致经历了从“精英”走向“大众”、从深度走向碎片，从中心化走向开放弥散、从“散粉”到紧密的组织再到相对松散的演进。在动态的演进中，流动的粉丝社群在不同媒介形态之间的变迁并非完全互斥，而是存在复活、逆转等演进关系，这种互动关系无论是赋权还是限制，甚至是阻碍，都是一个不断协商的过程。[4] 该研究虽未对有关粉丝群追星中导致的越轨行为如何防治

---

[1] 熊纬辉、付樱：《利用“短信嗅探”技术实施网络侵财犯罪刍议》，载《江苏警官学院学报》2019年第3期。

[2] 李莉：《试论网络传销犯罪的新问题及对策》，载《山东警察学院学报》2020年第5期。

[3] 郑琛琚：《滴滴网约车杀人案的司法特点和犯罪原因》，载《中国检察官》2019年第2期。

[4] 张世超、徐润雪、李雪：《媒介形态变迁与网络亚文化社群演进——以钟汉良粉丝社群为例》，载《当代青年研究》2020年第2期。

给出具体的建议,但是却从网络亚文化社群在媒介形态变迁的互动关系中得到上述发现,为今后该领域的关联犯罪防控提供了很好的视角。

(三)以网络为空间的犯罪研究

2019~2020年国内期刊发表的犯罪学论文中有关以网络为空间的犯罪研究,主要包括暗网犯罪、P2P校园网贷、自媒体敲诈勒索以及网络谣言等方面。

有关暗网犯罪的研究,明乐齐撰文认为暗网犯罪中犯罪分子利用其隐蔽性强的特点,肆意在暗网进行恐怖宣扬、毒品交易、贩卖人口、武器倒卖、色情服务、数据泄露和公民个人信息买卖等违法犯罪活动,给国家和社会造成了极大的威胁和安全,更给人民群众的财产带来重大损失。[1] 秦总根撰文对暗网环境中的涉毒案件进行探讨,发现暗网环境中的涉毒犯罪具有隐匿性、简易性、暴力性、全球性、再生性等特点。[2] 有关P2P校园网贷的研究,钟升撰文认为它是指出资成立的非存款性借贷公司或借贷中介平台,或民间放贷机构和放贷人,以大学生为目标群体,满足大学生对商品、服务消费、求学或创业投资需求等的目的,以出借资金并获得分期偿还为形式所开展的借贷业务。它在广告宣传内容上更具诱导性和欺诈性,大学生债务的扩张性、催债手段的私立性和网络的隐蔽性都增加了行业中的犯罪风险。由此,可能发生对大学生群体财产、人身权利的犯罪,同时可能涉嫌妨碍了社会秩序犯罪,甚至诱发大学生犯罪风险。[3] 有关自媒体敲诈勒索研究的,柴春云、胡玉明撰文认为通过对所收集的25起相关案例进行研究分析,发现自媒体敲诈具有威慑力大、伪装性强、作案目标广、团队化运作、联盟化程度高的特征。[4] 有关网络谣言的研究,卢建平、司冰岩撰文认为网络商业谣言大行其道,已严重危害社会稳定、威胁企业生存和发展,迫切需要刑法进行有效规制。[5] 化国宇撰文认为涉恐怖主义网络谣言以虚假的恐怖事件或恐怖危险为内容,其生成与传播主要受双层社会形成与网络松绑效

---

〔1〕 明乐齐:《暗网犯罪的趋势分析与治理对策》,载《犯罪研究》2019年第4期。

〔2〕 秦总根:《暗网环境中的涉毒犯罪及其治理》,载《犯罪与改造研究》2020年第12期。

〔3〕 钟升:《P2P校园网贷犯罪风险及防控》,载《犯罪研究》2019年第2期。

〔4〕 柴春云、胡玉明:《自媒体敲诈勒索现象研究——以25起自媒体敲诈勒索案例为分析样本》,载《犯罪研究》2019年第3期。

〔5〕 卢建平、司冰岩:《刑事一体化视野下网络商业谣言的法律规制——以损害商业信誉、商品声誉罪为例》,载《法律适用》2020年第1期。

应、恐怖主义与网络联姻以及大众和个体认知心理的影响。[1]

二、网络犯罪的预防与反思

（一）网络犯罪的防控对策研究

2019～2020年国内期刊发表的犯罪学论文中有关网络犯罪的防控对策研究，主要是从网络平台的角度展开论证。金泽刚撰文考察发现“互联网＋”社会中第三方网络平台在网络犯罪中的类型发生演变，逐渐由直接或间接的犯罪参与者演变为只在消费者和服务提供者之间起居间作用的媒介主体，以利用“滴滴”等第三方网络平台实施的故意伤害罪、强制猥亵罪和强奸罪等暴力犯罪的预防为主要讨论对象，提出对有效预防利用第三方网络平台实施犯罪行为的建议。即要做到犯罪预防社会化、法治化、智能化和专业化。通过减少社会弊端，避免社会问题，来减少可能引起犯罪发生的社会刺激因素；将犯罪治理的各个环节都纳入法律调整的范围和轨道，依法行事、重视程序，在预防犯罪的同时也注重保护犯罪人的基本人权；注重信息化时代中大数据、移动互联网、云计算等先进技术在犯罪预防领域的应用，以及强调“破窗理论”在犯罪预防中的适用。[2] 陆璟妍、廖根为撰文主张针对防控利用短视频平台诈骗犯罪，可根据情境预防理论对其采取相应措施，包括通过加强审核力度、完善平台“黑名单”制度等途径增加犯罪难度，通过实名认证、多方联动、涉外合作等途径增加犯罪被发现风险，通过实施举报减流、加大防骗宣传、增强风险警示等途径降低犯罪预期收益，通过和谐社会建设、阻碍模仿等途径减少诱发犯罪动机挑衅，通过强化道德谴责、提供醒目说明、制定规则、发布招聘信息等途径消除犯罪借口。[3] 柴春云、胡玉明撰文将自媒体敲诈勒索定义为自媒体从业人员或者其他相关人员以非法占有为目的，违背自媒体行业准则及相关法律规定，以“监督维权”为由，以发布或删除相关敏感信息为要挟，迫使被侵害对象交出一定财物的行为。实践中，自媒体敲诈勒索通常包括发帖型和删帖型两种。自媒体平台准入门槛低、犯罪成本收益悬殊、监管力度不足、相关立法缺失是自媒体敲诈乱象存在的

---

〔1〕 化国宇：《涉恐怖主义网络谣言的生成、传播机理及治理路径》，载《公安学研究》2020年第6期。

〔2〕 金泽刚：《第三方网络平台的类型演变与犯罪危机预防》，载《东方法学》2020年第1期。

〔3〕 陆璟妍、廖根为：《利用短视频平台诈骗犯罪的情境预防策略研究》，载《犯罪研究》2020年第2期。

主要原因。为此,要提高准入门槛,加大打击力度,落实监管责任,推动相关立法,共同发挥各主体防控此类犯罪的合力。[1]

另外,还有从宏观层面对大数据安全管理在网络犯罪防治中的重要性进行阐述的,程燕撰文主张在犯罪信息资源的收集和数据产生、大数据平台的安全合理使用、数据安全管理司法理论与实践、防治网络犯罪中提升数据安全意识,以防治网络犯罪,要全面开展防治教育,不仅在法律教育层面,包括道德、伦理、网络文化、网络行为规范、行业自律规范、网络空间文明等,都需要不断提升正能量的教化作用,从思想、理念、心理上构筑预防网络犯罪的大数据安全防线,并转化为实际的自觉性和行动力。[2] 对于网络犯罪中灰色推广手段的防控对策研究,陈奕屹撰文选择中国裁判文书网中有关网络诈骗、盗窃类、网络赌博类以及网络色情类最为典型的网络犯罪共计 22,305 份文书进行犯罪学研究,以黑帽 SEO、社交软件以及非法广告为主要方式的灰色推广手段在网络诈骗、盗窃类犯罪、网络色情类犯罪及网络赌博类犯罪的实施过程中起到了重要作用。该文认为,在目前尚未有明确法律规范对灰色推广手段进行规制的前提下,为减少其对典型网络犯罪的正面推动作用、减轻其对网络环境的污染,应明确运营者的责任,完善主动筛查、投诉—处理及上报的专门应对机制,并在刑事法律规范层面对使用灰色推广手段的行为进行整体的规制和管理。[3]

(二)防治网络犯罪中的问题反思

2019 ~ 2020 年国内期刊发表的犯罪学论文中有关防治网络犯罪中的问题反思,主要是从具体类型网络犯罪的防治中存在的问题及反思角度展开。

在加强网络安全执法方面,林凯撰文选取 2018 年度公开披露的执法案件共计 462 例为分析样本,对其进行了网络安全执法年度分析,行政执法资源在个人信息保护这一高度关切民生的领域投入有所欠缺,以致刑事法治被迫前置、屏障于行政执法前线。相较执法制度供给、部门职权界分事项,执法的规范性缺失事项更值得重视。具体建议以优先级排序,分别为执法文书公开、执法文书针对行政责任成立要件说理论证、以规范执法者权力为旨限缩约谈的裁量

---

[1] 柴春云、胡玉明:《自媒体敲诈勒索现象研究——以 25 起自媒体敲诈勒索案例为分析样本》,载《犯罪研究》2019 年第 3 期。

[2] 程燕:《网络犯罪防治中大数据安全管理对策研究》,载《犯罪研究》2019 年第 5 期。

[3] 陈奕屹:《网络犯罪中灰色推广手段的作用及对策研究》,载《犯罪与改造研究》2020 年第 8 期。

空间。[1]

在防治以网络为对象的网络犯罪方面，关于网络黑客犯罪，明乐齐撰文主张要从五个方面加强对网络黑客犯罪的打击与治理：一是加强宣传教育，提高民众防范黑客攻击的能力；二是加强技术防范，提升系统防御攻击的能力；三是加强源头治理，筑牢网络安全的坚固防线；四是完善法律规制，提升打击黑客犯罪纵深度；五是提升打击效能，形成打击黑客犯罪的合力。[2] 关于网络黑产犯罪，明乐齐撰文认为网络黑产，即网络黑灰产业链，通常是指通过网络技术形成的分工明确、衔接密切的利益团体，包括技术教学、制作销售黑产工具、通过入侵计算机信息系统，非法窃取公民个人信息和计算机系统数据，提供交易平台变现、洗钱等各个环节分工合作的多元化、产业化的非法产业体系。尤其是以黑账号、"杀猪盘"、"薅羊毛"、"钓鱼"诱骗、数据窃取、信息贩卖、木马病毒等形式的网络黑产违法犯罪行为呈不断上升趋势。我国打击网络黑产犯罪的对策建议有：一是积极深化大数据的建设开发与应用；二是强力构建政企研民多方联动机制；三是提升网络黑产"防堵疏"的综合治理能力；四是加大网络黑产犯罪的打击查处力度；五是增强法律法规的可操作性和约束力。[3] 关于防治比特币洗钱犯罪，时延安、王熠珏撰文认为能否有效地开发、完善针对运用虚拟货币进行洗钱的工具和机制，就要求对这类特殊的洗钱现象的风险和模式进行分析，对现有的规制手段进行反思，进而建立起更为有效的监管机制。同时，对于已经发生的违法犯罪问题，须合理把握反洗钱规制与刑事惩罚之间的关系，并从犯罪协作角度理解其中的犯罪产业链现象，同时有必要以《刑法》第 312 条为洗钱犯罪的普通法条、第 191 条和第 349 条为特殊法条的思路，来辨明我国洗钱罪名之间的逻辑关系。[4]

在防治以网络为工具的网络犯罪方面，关于对利用网络工具实施侵财犯罪的防治，熊纬辉、付樱撰文认为深入分析研究此类犯罪模式及其作案特点，切实构建专业侦查办案机制，增强手机用户安全防范意识，健全完善运营商和第三方支付平台安全保障机制（提升安全服务水平，改进安全验证技术，强化客户合

---

〔1〕 林凯：《2018 网络安全执法分析报告》，载《犯罪研究》2019 年第 6 期。

〔2〕 明乐齐：《网络黑客犯罪的趋势与防范对策》，载《山东警察学院学报》2020 年第 1 期。

〔3〕 明乐齐：《网络黑产犯罪的趋势与治理对策研究》，载《山东警察学院学报》2019 年第 4 期。

〔4〕 时延安、王熠珏：《比特币洗钱犯罪的刑事治理》，载《国家检察官学院学报》2019 年第 2 期。

法权益保障,加快网络技术更新换代),是防范其发展蔓延的有效路径。[1] 关于防治非法网络贷款行为,明乐齐撰文主张有关部门要持续加大防控非法网贷犯罪的打击力度,精准监管,重拳整治非法网贷犯罪行为,维护网络空间秩序和人民群众的合法权益。打击防控非法网贷的策略有:加强宣传教育,提高民众防范保护意识;强化监督管理,堵塞产生非法网贷源头;坚持智慧引领,精准防控非法网贷犯罪;推进共建共治,提升联合打击治理合力;注重建章规制,织牢网络金融的铁笼子。[2] 在防治电信诈骗犯罪中,祝越野撰文建议构建起电信诈骗中有关通信活动的具有优先连接、三元闭合、权重加强和节点删除等特点动态演化时变网络模型,为发现此类犯罪活动的规律并由此开展有针对性的预防工作提供重要的理论支持。[3] 关于电信诈骗犯罪防控,要先进行原因分析,吴照美撰文认为其产生主要有社会原因和个体原因,其中,社会原因主要包括经济、文化、社会管理、法律等方面的因素,个体原因则包括犯罪人因素和被害人因素。基于此,需同时从法律防控、社会管理防控、道德防控、侦查与打击等方面开展防控电信网络诈骗犯罪工作,实现电信网络诈骗犯罪的整体预防、打击和治理。[4] 陈睿毅、刘双阳撰文认为,必须从保持高压打击态势、强化相关行业监管、完善个人信息保护规范、增强公众安全防骗意识、提升涉外警务司法合作水平等方面构建全方位的电信诈骗犯罪防控长效机制。[5] 对此,安俊衡撰文主张要构建多方联动、区际合作机制;规范信息网络、金融监管制度;重视发展电子证据取证技术;优化电子证据取证规制;利用刑法典规制电信诈骗犯罪。[6] 关于网络传销犯罪的防控,明乐齐撰文主张从被害人的角度研究、探讨、防控和打击网络传销犯罪,阻断和割离被害人与网络传销犯罪嫌疑人之间的传播联系渠道,有效遏制网络传销犯罪。申言之,其防控与打击策略有:一是强化监督管理,阻断网络传销犯罪的链条;二是加强宣传引导,挤压网络传销生存的空间;

---

〔1〕 熊纬辉、付樱:《利用"短信嗅探"技术实施网络侵财犯罪刍议》,载《江苏警官学院学报》2019 年第 3 期。

〔2〕 明乐齐:《互联网金融时代非法网贷的危害及其防控》,载《江苏警官学院学报》2019 年第 3 期。

〔3〕 祝越野:《电信诈骗中通信网络模型的构建及其特征分析》,载《江苏警官学院学报》2020 年第 5 期。

〔4〕 吴照美:《电信网络诈骗犯罪原因论》,载《中国刑警学院学报》2020 年第 4 期。

〔5〕 陈睿毅、刘双阳:《"互联网 +"背景下电信诈骗犯罪防控机制研究》,载《犯罪研究》2019 年第 3 期。

〔6〕 安俊衡:《电信诈骗犯罪防控路径探析》,载《警学研究》2020 年第 2 期。

三是构筑联动机制，创建立体网络传销防控网；四是完善法律法规，堵塞网络传销犯罪的漏洞；五是加大技术应用，充分运用大数据精准防控；注重战法研究，提升打击防控的能力水平。[1] 在网络传销犯罪的防治研究方面，李莉撰文认为在网络传销犯罪防控上存在着线索发现难，证据收集、固定难，数据分析能力弱等问题，需要依托大数据构建类罪模型，对案件进行研判，以此实现对网络传销犯罪的精准打击。具体如下：一是壮大公安经侦队伍，加强公安经侦力量；二是及时掌握网络传销线索，精准锁定侦破对象；三是做好调查取证工作，掌握关键证据；四是掌握现代化信息处理手段；五是加强与政府部门的协调配合，形成治理合力。[2]

在防治以网络为工具的网络犯罪方面，关于利用网络工具进行侵犯人身权利犯罪的防治，尤其是对利用网约车进行杀人、伤害等行为的防治，丁延龄撰文从网约车监管制度的反思角度，认为当前我国网约车法律监管决定了其存在下列问题：首先，网约车监管的巨大信息量和工作量使政府部门不堪重负；其次，对于预防性监管，政府部门往往缺乏热情；再次，权力寻租的可能性变大；最后，政府和网约车企业之间缺乏缓冲，政府将与网约车企业共同分担风险。针对上述问题，程序导向的反思理性法理论提供了一种可行的制度设计思路，即主张通过对被监管者的内部决策和外部协调机制的矫正，实现社会公共责任的内化，社会主体内部管理体系的重塑才是元层面的监管策略。[3] 郑翔、山茂峰撰文从进一步规范网约车的准入出发，建议取消类数量限制，建立兼职网约车特殊的准入退出机制，做到网约车的真正“实名化”；实行政府指导定价，以防治恶意低价和掠夺性定价；强化保险缴纳和网约车驾驶员背景核查准入，建立强有力的事后惩罚机制以及动态透明的沟通监管机制，以确保网约车之安全性。同时充分肯定网约车动态加价的减堵功能，考虑巡游出租车补偿和司机权益保护问题，做好网约车再规范化的配套保障措施，以此实现网约车安全之治、秩序之治。[4] 王辰撰文通过对甘肃省兰州市“滴滴打车”事情情况的实证调查分析，

---

〔1〕 明乐齐：《被害人学视角下网络传销犯罪的成因分析及防控对策》，载《警学研究》2019 年第 1 期。

〔2〕 李莉：《试论网络传销犯罪的新问题及对策》，载《山东警察学院学报》2020 年第 5 期。

〔3〕 丁延龄：《网约车监管制度的反思理性法设计》，载《北方法学》2019 年第 3 期。

〔4〕 郑翔、山茂峰：《功能进路的网约车安全与秩序之治——从网约车准入规范异化谈起》，载《中国人民公安大学学报(社会科学版)》2019 年第 3 期。

建议通过技防和信息防多种手段构建完备防范体系,明确网约车司机准入门槛的例外和禁止情形,规范和限定司乘双方信息公开的特定内容,“司机接单”模式改成“抢单+选择”模式,对行程进行全程录音及监控,加强平台与警方的合作,在推动共享经济市场需求增长的同时,有效降低互联网出行模式下的犯罪发生。[1] 针对滴滴网约车杀人案的原因分析,郑琛琚撰文认为除了有犯罪人自身的原因以外,还有滴滴平台的原因。一是根据司法机关目前发布的案件信息,无法认定案发当日滴滴客服对被害人亲友的投诉处理及时并降低了阻止犯罪发生的可能性;二是案发之前滴滴客服对乘客投诉的处理不到位,给犯罪提供了可乘之机。[2] 对此,张启飞撰文建议:一是通过大数据分析预防网约车犯罪;二是打通网约车企业与警方的重点人员数据库,建立网约车从业人员和警方的重点人员数据库之间对比、碰撞的常态机制;三是警方和网约车平台高效联动,在明确双方职责边界的基础上,打通接警高速公路;四是建立网约车平台投诉处理的分级处理机制,针对不同类型的投诉,采取不同的措施;五是网约车企业要严格落实整改措施,避免形式化。[3] 对此,赵希撰文以情境犯罪学的理论,建议进一步加强对各类网约车的安全监管,严格规范对司机的背景筛查,同时采取综合性预防措施削减网约车运营中的犯罪性情境因素。整体监管思路如下:法律框架下的市场主体自我改进;具体预防措施的设计上,必须加强对网约车司机的背景审查,采取综合性犯罪预防措施,除了人身暴力伤害犯罪的预防,网约车的其他隐患也需要重视。[4]

在防治以网络为空间的网络犯罪方面,卢建平、司冰岩撰文认为对于网络商业谣言的刑法预防,应树立刑事一体化思想,严密刑事立法和完善司法(制裁应趋向轻刑化、多元化),同时完善损害商业信誉、商品声誉罪之前置条款的规定(强调法律间的协同共治)。[5] 华国宇撰文认为我国目前在涉恐网络谣言的

---

[1] 王晨:《互联网出行模式下的犯罪防控体系研究——基于甘肃省兰州市“滴滴打车”使用情况的调查报告》,载《中国刑警学院学报》2019 年第 4 期。

[2] 郑琛琚:《滴滴网约车杀人案的司法特点和犯罪原因》,载《中国检察官》2019 年第 2 期。

[3] 张启飞:《滴滴顺风车杀人案的侦查与预防》,载《中国检察官》2019 年第 2 期。

[4] 赵希:《网约车犯罪的预防——以“情境行为理论”为视角》,载《江苏警官学院学报》2019 年第 5 期。

[5] 卢建平、司冰岩:《刑事一体化视野下网络商业谣言的法律规制——以损害商业信誉、商品声誉罪为例》,载《法律适用》2020 年第 1 期。

治理方面存在法的制定和适用与双层社会新格局不兼容、传统反恐模式应对涉恐网络谣言失灵以及忽视心理机制在网络涉恐谣言传播中的作用等问题,需要从实现与网络社会兼容的法律规范和理念转型、完善网络恐怖主义监管策略、运用好网络治理的软法规范以及完善突发公共事件信息公开问责机制等方面进行补足。[1]

针对公安机关在办理互联网金融平台犯罪案件中存在的定性和适用法律、情报信息搜集和舆情引导、调查取证、涉案财物处置和集资参与人认定等诸多方面疑难问题,汪勇专、章志丰撰文建议应在警察法治理念的指引下,从以下方面予以完善:一是准确把握刑事介入条件,提升法律适用准确度;二是构建全景情报信息机制,完善全程舆情引导;三是高度重视电子数据搜集,提高取证手段专业化水准;四是严把涉案财物认定关,切实保障集资参与人的各项权利。[2]针对跨境电商领域走私犯罪的防治,马方、王玉龙撰文建议可通过紧跟货物流通渠道和资金流转链条以"由货到人"挖掘线索、完善情报经营以强化综合打击、及时突破口供并多环节印证主观故意等方法强化对该领域的走私犯罪打击力度;可通过推进大数据平台建设并破除数据壁垒、强化电商主体责任并发挥经营者自律功能、健全法律法规以实现走私犯罪治理与公民隐私权保护的有机统一等路径加强该领域的犯罪预防。[3] 对于网络游戏可能引发的一些治安问题甚至犯罪问题的防治,周李娟、罗毅恒撰文认为,导致这些问题的原因主要有现行监管体系亟待完善、相关自治组织缺少导向、部分运营商家唯利是图、网络游戏引导教育缺位等。对上述问题,可以通过推动专门立法、明确监管主体、规范行业自治、强化网游教育等途径加以防范。[4]

---

〔1〕 化国宇:《涉恐怖主义网络谣言的生成、传播机理及治理路径》,载《公安学研究》2020年第6期。

〔2〕 汪勇专、章志丰:《公安机关办理互联网金融平台犯罪案件的实证分析与刑事对策研究》,载《警学研究》2019年第2期。

〔3〕 马方、王玉龙:《跨境电商领域走私犯罪风险及其防治对策》,载《中国刑警学院学报》2020年第1期。

〔4〕 周李娟、罗毅恒:《论网络游戏引发的治安问题及防范对策》,载《山东警察学院学报》2019年第4期。

第二节　网络犯罪治理的实践探索与模式研究

一、网络犯罪治理的实践探索

2019～2020年国内期刊发表的犯罪学论文中有关网络犯罪治理的实践探索,既有宏观层面的国家安全视域,也有微观层面的个人信息保护角度。在国家安全视域下,虞文梁、韩娜撰文对美国危害国家安全信息治理进行评析,认为美国在危害国家安全信息治理理论、战略和立法等方面的发展始终服务于其不同时期的国家利益需要,具有前后延续和一以贯之的发展特点,并通过塑造安全威胁、制造安全需求和投放安全力量来达到相应的战略目的。同时,美国奉行“美国优先”的网络霸权主义,在危害国家安全信息治理上长期坚持“双重标准”,对华大打“网络新冷战”,严重威胁着国际共同安全和我国国家安全。对此,一方面,要加强对美国危安信息治理的体系性研究,从理论、政策、法律和治理实践等不同维度加强比较研究,打造和完善我国的危安信息法治体系,走出一条符合我国国情和国家利益需要的危安信息治理之路。另一方面,要倡导构建普遍安全的人类命运共同体,摒弃单边安全主义、秉持合作共赢的共同安全主义,坚定不移地高举反对国际网络霸权主义的旗帜,在国际网络空间的话语体系、规则体系和技术体系等方面掌握主导权,为实现中华民族伟大复兴中国梦提供良好的外部保障。〔1〕 韩娜、虞文梁撰文主张我国应重视政治宣传,开展网络治理。在顶层设计上,应制定顶层应对战略,增强网络空间命运共同体意识;在底层逻辑上,提升国家情报预警能力,构建风险评估机制与保障体系;在治理范式上,拓宽多主体平台参与治理,增进国家间信任形成;在传播战略上,强化国家战略传播能力,加快全球传播体系建设;在公共教育上,提升各主体算法素养,增强全民媒介安全意识。〔2〕

在微观层面的个人信息保护方面,王叶刚撰文对域外的个人信息保护法律

---

〔1〕 虞文梁、韩娜:《美国危害国家安全信息治理评析与借鉴》,载《公安学研究》2019年第6期。

〔2〕 韩娜、虞文梁:《国家安全视域下的计算政治宣传:运行特征、风险识别与治理路径》,载《公安学研究》2020年第6期。

实践进行考察,发现美国主要采“消费者保护模式”,侧重于维护交易安全与交易秩序,防止企业从事欺诈行为和不公平交易,隐私协议大多情况下并不被认定为合同;欧洲则主要采“数据保护模式”,侧重于强化数据主体对个人数据的控制,同时监管较为严厉,以实现个人信息保护。相比之下,我国立法与实践目前并未体现较为明确的个人信息保护模式取向,欧美两种模式可兼采改造,在调整隐私政策时,应以强化个人信息保护为核心,既尊重企业的自治与自律,同时亦注重发挥合同法在隐私政策方面的调整作用。[1] 针对网络金融犯罪案件的司法实践,董彬撰文以浙江省杭州市检察机关在办理跨区域网络金融犯罪案件中所遇到的难点以及具体应对,形成了一套可资借鉴的实践方案,一是形成专案专办制度;二是做好大控方建设;三是加强类案总结和指导;四是严格区分网络集资和企业间合法拆借、网络诈骗和涉网企业违规经营等行为,用好检察机关不批捕、不起诉权,依法保护民营企业和企业家合法权益,避免“抓一个人,倒一家企业”现象的发生。[2]

二、网络犯罪治理的模式研究

2019~2020年国内期刊发表的犯罪学论文中有关网络犯罪治理的模式研究,有从不同视角进行论述的,虽很少形成对话式交流,但整体而言都强调合作与发挥各部门、各主体之间的合力。

就宏观层面而言,网络犯罪治理模式包括公力模式、私力模式和公私合作模式。江溯撰文认为,网络犯罪治理公私合作模式虽具有一定的立法和现实基础,但还存在一些困难和挑战。我国当前的网络犯罪治理模式可归入公力模式,该模式的缺陷在于,过于强调执法机构在网络犯罪治理中的能动性,容易造成网络犯罪治理过于追求监管有效性而忽视整体效益最大化。为克服这种缺陷,我国有必要借鉴公私合作模式,将包容性与多元化的价值理念融入网络犯罪治理的各个环节。公私合作模式能合理解决公私部门在应对网络犯罪危机中的紧张关系,使网络犯罪治理模式不再固守传统的一元治理机制,而是通过

---

〔1〕 王叶刚:《网络隐私政策法律调整与个人信息保护:美国实践及其启示》,载《环球法律评论》2020年第2期。

〔2〕 董彬:《跨域网络金融犯罪案件办理难点与应对》,载《人民检察》2020年第12期。

对话和合作来消除信息和资源的不对称性。有必要将公私合作模式落实到我国当前网络犯罪治理过程中,提升网络犯罪治理的实际效益,实现多元共赢的治理目标。[1] 在微观层面,针对不履行网络安全监管义务及渎职行为的预防,龚红卫撰文主张公私合作治理,需在前置性法律责任体系建立的前提下,通过刑事立法规制网络服务提供者不履行网络安全管理义务的行为以及国家网络安全监管部门的监管渎职行为,倒逼网络服务提供者加强自身的合规管理,预防网络违法犯罪行为的发生,最终实现国家网络安全监管部门与网络服务提供者的双赢。在强调国家主体对于网络安全的监管和引导前提下,从外部给予网络服务提供者压力以促使其进行自我合规管理,从而实现网络犯罪的合作治理。[2]

对于网络风险与法律治理,2018 年年末,由中国犯罪学学会、中国人民大学刑事法律科学研究中心、腾讯公司安全管理部共同主办的“2018 互联网刑事法制高峰论坛”在北京举行。本次论坛由来自理论界和实务界的专家学者围绕《刑法修正案(九)》中针对网络犯罪新增设的拒不履行信息网络安全管理义务罪、非法利用信息网络罪、帮助信息网络犯罪活动罪三个罪名的适用、互联网账号恶意注册黑产治理、互联网金融风险及治理、互联网知识产权司法保护等专题展开讨论。其中有学者主张在政策上考虑引入法律合规制度;对大型网络企业,可以考虑引入更高端的刑事合规制度,以此压实网络企业的社会责任,激发其自主预防犯罪动力。[3] 也有对司法实践中针对网络犯罪的办案工作模式进行总结的,吴美满撰文介绍福建省泉州市检察院自 2015 年开始着手构建金融检察专业机构,最终形成的“1+6”工作模式。认为该模式具有很强的可复制性和适应性,除了金融检察,也可以将其应用在网络犯罪治理方面。具体而言体现在:一是职能协同和技术赋能,聚焦“专业化”。二是牵头机制共建和拓展协作主体,凝聚治理合力。三是注重追赃挽损和信访柔性化解。抓住制约网络犯罪案件办理效果的核心痛点,强化追赃挽损并融通办案实践、理论研究与成果

---

[1] 江溯:《论网络犯罪治理的公私合作模式》,载《政治与法律》2020 年第 8 期。

[2] 龚红卫:《不履行网络安全监管义务及渎职行为的预防研究——以合规与合作为视角》,载《警学研究》2019 年第 2 期。

[3] 刘传稿:《网络风险与法律治理——2018 互联网刑事法制高峰论坛观点述要》,载《人民检察》2019 年第 5 期。

转化。四是强化线索研判和实务研讨,严惩洗钱犯罪。五是以网络犯罪防范为主轴进行教育基地建设,牵头多部门共建“泉州市金融安全教育防范基地”,构建全市“一个中心多个基本点”的立体化知识产权警示教育基地集群等,搭建网络犯罪社会化预防格局。[1] 司法在网络社会治理中的作用不可替代,李占国撰文认为面向互联网、人工智能的未来发展,需要推动司法与网络思维、技术、监管等治理要素的耦合,以更加专业化的网络司法来整合监管资源,推进网络社会治理能力现代化,保障网络发展,维护国家主权,为全球网络治理贡献中国智慧。网络社会治理是在各种不同的制度关系中运用权力去引导、控制和规范公民的各种活动,以增进公共利益。面对尚未完全掌握的网络社会及其规则,司法应当秉持“积极的存疑态度”,充分重视技术理性与制度理性的耦合性,以高度的包容性逐渐实现传统司法的自我超越。互联网司法在国际上没有现成的经验可循,构建中国特色的互联网司法体系需要发挥首创精神先行探索。[2]

在网络犯罪治理的模式探讨中,也有对网络犯罪的刑事政策探讨的。许桂敏撰文认为,网络犯罪刑事政策的制定应建立在网络安全监督管理、减少犯罪激增、打破传统犯罪思维定式的基础之上。网络犯罪是当今社会面临的巨大挑战,刑事规制仅仅是其中的重要防范举措之一。伴随网络犯罪的滋生、蔓延与发展,以及不断出现的新情况、新问题,我们应尽可能完善刑事立法,并在此基础上与其他法律共同筑起防御网络犯罪的法律体系。[3] 关于网络平台犯罪的治理研究,皮勇撰文认为当前我国网络平台犯罪治理模式仍是传统的条块管理模式,以属地管理、管理物态对象和分行业管理为基础。这种治理模式存在以下问题:一是国家的信息网络空间治权流失;二是用户个人信息的法律保护不足,加剧了网络平台利用用户个人信息实施犯罪的可能;三是网络平台与管理机关在违法犯罪管理数据上联通不畅,不利于发现和防控网络平台中的违法犯罪。治理网络平台犯罪,应以控制力理论为治理根据,从网络平台控制法益侵害事实的程度上落实网络平台的刑事责任。同时,强化管理机关的信息网络空间治权和用户个人信息的刑法保护,畅通网络平台与管理机关在违法犯罪管理

〔1〕 吴美满:《网络犯罪治理可用“1+6”模式》,载《人民检察》2020年第12期。

〔2〕 李占国:《网络社会司法治理的实践探索与前景展望》,载《中国法学》2020年第6期。

〔3〕 许桂敏:《网络犯罪的多重解析及刑事对策》,载《山东警察学院学报》2019年第3期。

数据上的联通,完善对网络平台犯罪的治理。既要有消极的事后惩罚对策,也要有积极的管控对策。[1]

对于电信网络诈骗犯罪的治理研究,王洁撰文认为对其采用传统的末端司法管控的治理模式难以达到良好的治理效果。治理电信诈骗犯罪应充分考虑其态势与特性,从被害预防角度引入新的管控理念,以期实现被害主体不应和、单方面脱离诈骗锁链等目标,有效维护社会安全与公民权益。[2] 还有主张对电信诈骗犯罪采取联防共治模式的,如陈伟、宋坤鹏撰文从电信诈骗参与人、信息技术发展、宏观防控三个维度分析个人信息依托型电信诈骗犯罪形成的多重因素,并以此为基础倡导构建个人信息依托型电信诈骗犯罪的联防共治模式。即要通过均衡义务教育发展、完善就业保障机制、加强电信行业监管、建立国家级反诈骗中心、构建公民信息保护法律体系、规范刑罚处罚等措施具体构建该模式。[3] 在司法实践中,还有倡导打击跨境电信诈骗国际警务合作的,如刘道前撰文分析实践中打击跨境电信诈骗存在管辖权及刑事司法主权、证据的收集和采信、违法所得及涉案财物难以追回等很多问题,建议实行高效的国际警务合作,通过签订国际警务合作协议建立个案合作机制,在解决跨境电信诈骗管辖权的基础上,解决侦查阶段的证据收集、固定、转换和庭审中的采信问题;解决违法所得及涉案财物的认定、追缴和返还问题。[4]

---

〔1〕 皮勇:《网络平台犯罪及其治理对策》,载《中国检察官》2019 年第 10 期。

〔2〕 王洁:《电信网络诈骗犯罪的独特属性与治理路径》,载《中国人民公安大学学报(社会科学版)》2019 年第 4 期。

〔3〕 陈伟、宋坤鹏:《个人信息依托型电信诈骗犯罪联防共治模式探究——基于某省 400 份判决书的实证分析》,载《犯罪研究》2020 年第 2 期。

〔4〕 刘道前:《打击跨境电信诈骗国际警务合作的问题与对策》,载《犯罪研究》2019 年第 6 期。

专题五

疫情期间的犯罪问题与防控研究

第一节 疫情期间犯罪治理的刑事政策思考

2020 年新冠肺炎疫情暴发，犯罪学界对疫情期间采取何种刑事政策进行治理相关犯罪反应迅速，其中即包括疫情期间的普通犯罪治理，也包括对涉疫情犯罪的治理。车浩撰文认为刑事政策研究应该放弃大而无当的概念演绎，回归到如何结合本土国情合理组织对犯罪的反应这一根本需求上来。即应当提倡一种以犯罪学考察为基础和根据进行宽严分配的刑事政策研究，在刑事一体化视野中，运用犯罪学分析犯罪成因，实现刑事政策与其他社会系统的沟通，对症下药地划定宽严范围，精准化地指导刑法适用，从而实现犯罪学、刑事政策与刑法体系之间的理想关系。疫情期间的司法活动，都是在应时而动的刑事政策指引下展开，提供了观察当前中国刑事政策运行逻辑的极佳样本也是重新理解刑事政策与犯罪学和刑法适用之间关系的理论契机。该文以疫情犯罪的刑法应对为中心，围绕着编造、传播虚假信息罪、妨害公务罪、诈骗罪和妨害传染病防治罪的犯罪成因和法教义学，借助犯罪学理论观察和分析疫情期间的一些犯罪现象，希望实现一种通过犯罪学抵达刑法适用的刑事政策精准化的实现途径。[1] 在疫情防控的关键时期，最高人民法院、最高人民检察院出台的司法解释提出对涉疫情犯罪依法从严从重处罚，这是疫情防控期间建构的刑法适用规

〔1〕 车浩：《刑事政策的精准化：通过犯罪学抵达刑法适用——以疫期犯罪的刑法应对为中心》，载《法学》2020 年第 3 期。

则。姜涛、柏雪淳撰文认为,对疫情防控期间的涉疫情犯罪依法从严从重处罚,并未背离罪刑法定原则的基本旨趣,反而说明了需要发挥罪刑法定原则的灵活性。从严从重的法理依据在于,涉疫情犯罪除侵犯各个罪名保护的法益外,还附带性侵害了疫情防控秩序这一新生法益。其中,从严意味着严密法网,需要在涉疫情犯罪遇到罪与非罪临界点争议时,适当强化重罪解释;从重处罚意味着严厉刑度,需要依据情节加重犯的法理,对被告人在法定刑幅度内选择较重刑罚种类或较长刑期。刑法的正当性离不开满足民众的报应情感,刑法的适用亦离不开"公众话语",集体意识对疫情的恐慌及对疫情防控秩序的期待,为疫情防控期间对涉疫情犯罪的从严从重适用提供了正当性和合法性资源,从严从重隐含着人民对美好生活的向往,并不会带来过度干预的系统风险。[1]

针对重大或是特发公共卫生事件的刑事政策和治理问题,宾凯撰文考察紧急治理的自由主义模式是基于"国家与社会"的二元区分甚至二元对立,而紧急治理的系统论模式则认为应该把国家和社会看作社会诸系统之间相互支持的信任关系。常态时期培育起来的社会信任和国家能力,是非常时期紧急权行使的正当性担保。卢曼把社会系统化下环境复杂性的机制区分为熟悉、信赖与信任三种类型。卢曼的社会系统论对我们克服自由主义紧急治理模式提供了两点重要启示:一是紧急决策的例外特征不可能被形式法治以及实质法治所完全驯化;二是紧急决策的正当性可以获得社会信任的支持。系统论法学所特有的"功能分化"与"去功能分化","社会信任"与"组织决策"等理论,在观察社会诸系统之间相互作用机制上具有较为显著的理论优势,为我们考察紧急治理下法律系统与其他社会系统之间的相互作用提供理论框架。在非常时期来临,紧急权行使可以被划分为两个空间:"例行化空间"与"决断空间"。对于落在例行化空间的紧急措施,应该依照事先制定的紧急法加以规范。对于落在决断空间的紧急决策,紧急权主体作出紧急决断和执行紧急措施的内容,则应基于常态时期培育的社会信任,让国家机关充分发挥自由裁量权。此时,法律应该保持最大程度的克制和谦抑,为紧急决断预留充足的"开放结构"。[2] 王奇才撰文指出,突发公共卫生事件是对人民群众生命健康和国家经济社会发展的重大威

---

〔1〕 姜涛、柏雪淳:《从严从重:疫情防控期间刑法的特别治理之道》,载《人民检察》2020 年第 4 期。
〔2〕 宾凯:《重大突发事件的系统治理与法治》,载《国家检察官学院学报》2020 年第 6 期。

胁,也是对国家治理能力和治理体系的重大考验。突发公共卫生事件紧急处置权的实施运行,特别是对公民权利的限缩,是否以及如何符合法治要求,都是重要的理论和实践问题。应对突发公共卫生事件,至少应当遵守如下法治原则,即权利保障原则、权力依法行使原则、合理性原则、效率原则、比例原则、信息公开原则。这些原则既是应对突发公共卫生事件时紧急处置权必须遵循的法治原则,又是应对突发公共卫生事件法治化的基本法理。[1] 罗猛、田坤撰文认为刑事政策在应对突发公共卫生事件中,既要遵循罪刑法定原则、刑法适用平等原则、罪责刑相适应原则,也要遵循特殊时期的特殊原则。应对突发公共卫生事件的刑事政策具有时间、区域、案件类型等方面的区分。刑事政策在预防和惩罚不同类型犯罪行为(如一般主体实施的犯罪和公职人员实施的犯罪)具有灵活性和科学性优势。[2]

而针对疫情影响下的犯罪治理问题,主要是集中在对金融犯罪的刑事政策应对研究。逄政、汤志娟撰文考察疫情影响下金融犯罪趋势表现为骗取贷款类犯罪案件发案较为集中、非法集资类案件面临高发风险、涉金融诈骗类犯罪大量触发等特点。认为检察机关在疫情影响下办理金融犯罪案件中应该严格贯彻刑法的谦抑原则,充分尊重行政、民事方面的法律规范,最大限度适用宽严相济刑事政策。尤其是办理骗取贷款、非法集资、金融诈骗等金融犯罪案件,应把握好法律政策的适用。[3]

第二节　疫情期间的犯罪与防控

一、疫情期间的犯罪态势与防控研究

2019~2020年国内期刊发表的犯罪学论文中有关疫情期间的犯罪态势与防控研究,主要集中在介绍全球态势、我国态势、类案犯罪态势及其防控和罪犯矫治上。

---

〔1〕 王奇才:《应对突发公共卫生事件的法治原则与法理思维》,载《法制与社会发展》2020年第3期。
〔2〕 罗猛、田坤:《应对突发公共卫生事件的刑事政策思考》,载《预防青少年犯罪研究》2020年第2期。
〔3〕 逄政、汤志娟:《疫情影响下金融犯罪刑事政策应对》,载《人民检察》2020年第11期。

在全球犯罪态势研究方面,张婧、王延涛撰文考察发现,2020年上半年全球的刑事犯罪总量呈下降趋势,但犯罪的表现样态和侵害方式发生了较大变化、犯罪危害性更大。其中,网络犯罪和谋利型财产犯罪凸显,防疫物资领域是犯罪的"重灾区",传统诈骗犯罪等出现许多新的作案方式,犯罪的隐蔽性、目的性、智能化程度明显增强,抗拒隔离措施引发的犯罪增多,偷运移民和贩卖人口成为跨国犯罪新动向。面对疫情带来的犯罪问题的新挑战,应完善社会保障体系,转变犯罪治理模式,健全应急管理法治建设,积极开展国际刑事司法合作,提升全球犯罪治理能力。[1]

在针对我国疫情防控期间违法犯罪形势的研究方面,张婧撰文指出,其主要形势体现为:一是抗拒疫情防控措施犯罪处于高发态势;二是诈骗犯罪和造谣传谣类犯罪在疫情防控中凸显;三是暴力妨害疫情防控工作人员类犯罪增多;四是制假售假和非法经营类犯罪增多;五是职务犯罪风险增大;六是破坏野生动物资源犯罪行为受关注度高。对妨害疫情防控违法犯罪行为的司法应对应坚持以下原则:一是坚持"依法"与"从严"并重;二是坚持打击犯罪与人权保障相平衡;三是坚持标本兼治。[2]

针对新冠肺炎疫情中境外毒品交易犯罪的态势,王延涛撰文指出,疫情中毒品交易出现了新情况:一是疫情催生了毒品交易的新特点。面对运输渠道受阻和毒品供应短缺,毒贩们一方面抓紧扩宽运输渠道,寻找新的线路和方法,比如,通过电子邮件和"暗网"订购运送毒品,用比特币支付毒品货款,犯罪行为更加难以追踪;另一方面,毒贩们加速改进毒品生产技术,生产复合毒品,增加毒品出货量。二是新冠肺炎疫情也在一定程度上刺激毒品的需求增长。三是除了直接对毒品交易产生影响,新冠肺炎疫情还间接地推动了毒品消费。弱势群体和边缘化群体,如青少年、妇女和穷人比较容易受到毒品交易的影响。对此,该文提出疫情中遏制毒品交易的措施如下:一是加强国际合作,尤其是同联合国毒品和犯罪问题办公室、国际刑警组织等国际组织的合作;二是增加反毒、戒毒等方面咨询机构的设置;三是各国应重视与联合国粮农组织及其他一些国际

---

〔1〕 张婧、王延涛:《新冠肺炎影响下全球犯罪态势及应对举措》,载《犯罪与改造研究》2020年第11期。

〔2〕 张婧:《疫情防控期间违法犯罪形势分析与应对》,载《犯罪与改造研究》2020年第6期。

组织的合作,支持和帮助贫困地区的居民发展农业生产,以保障他们的经济收入,减少毒品的种植;四是在打击毒品犯罪中,针对毒品交易的高度科技化,应加大信息化的投入,采用大数据分析技术和区块链技术,追踪监控毒品交易全过程,模拟预测毒品交易的发展趋势,针对毒品交易最新的特点做出有效的应对。[1]

针对疫情期间罪犯的矫治问题,心理矫治应该成为重心。其中曼陀罗技术理论由瑞士著名心理学家、精神分析学家卡尔·古斯塔夫·荣格发现,借助绘制曼陀罗能够获得内心平静,从而获得心灵的治愈。在他的推广下,曼陀罗绘画疗法成为心理分析治疗的重要技术。罗坤撰文以对个案王某某的心理危机干预为例,证明采用曼陀罗技术对在新冠肺炎疫情期间出现心理危机的罪犯进行干预,效果良好。在危机干预中,应注意明确危机干预工作目标,建立良好的咨询关系,采用来访者容易接受和理解的方式进行认知调节等。[2]

二、涉疫情犯罪的防控与应对研究

(一)涉疫情犯罪的态势与司法应对

2020年国内期刊发表的犯罪学论文中有关涉疫情犯罪的研究主要是指疫情期间发生的与疫情或疫情防控存在关联的犯罪行为或现象的态势和司法应对方面的研究。

有关涉疫情犯罪的特点和整体态势,董纯朴撰文认为涉疫情违法犯罪的特点表现为:一是故意编造、散步、传播涉疫谣言和虚假信息;二是涉众型经济犯罪活动大幅增加;三是以危险方法危害公共安全犯罪造成严重后果;四是发生多例非法猎捕和销售野生动物案件。其发生的主要原因是:一是地方政府重大公共卫生疫情披露迟缓;二是国家应急医疗物资储备和生产暴露出"短板";三是反社会心理变态行为;四是野生动物产业管理存在诸多缺陷。[3] 对于涉疫犯罪的整体态势,周勇、张婧、王延涛撰文结合司法机关发布的惩治疫情防控期间违法犯罪的政策意见、案件办理情况和典型案例等有关资料,发现涉疫犯罪的

---

〔1〕 王延涛:《新冠疫情中境外毒品交易的变化及应对措施》,载《犯罪与改造研究》2020年第12期。

〔2〕 罗坤:《新冠肺炎疫情期间危机干预案例——曼陀罗技术在罪犯危机干预中的应用》,载《中国监狱学刊》2020年第6期。

〔3〕 董纯朴:《涉疫情防控违法犯罪研究》,载《犯罪与改造研究》2020年第9期。

危害性具体表现在对防疫秩序、医疗秩序、市场秩序和社会秩序等方面权益的侵害,同时具有明显的“叠加效应”,认为当前涉疫犯罪呈现多发态势,其背后的成因主要有疫情状态下的法律不足和社会治理缺陷、疫情引发的社会矛盾纠纷增多以及犯罪动机等个人主观因素。为有效应对和治理涉疫犯罪,应加强顶层设计、构建系统完备的法律体系、加大执法司法力度、积极排查化解涉疫矛盾纠纷和强化法治宣传教育。〔1〕

有关涉疫情犯罪的司法应对,集中在机制层面和警务应对方面。在机制层面,何静撰文认为,构建重大疫情中“涉疫”犯罪司法长效应对机制十分必要,应对重大疫情中的“涉疫”犯罪行为时,要求刑事司法机关做到及时、规范、公开和安全,但现行刑事司法制度在整体上缺乏体系化的应对机制,即存在犯罪线索的获取相对滞后,办案工作机制针对性不足以及各部门之间协作配合不够等问题。为此,构建重大疫情中“涉疫”犯罪司法长效应对机制,可以从犯罪识别、办案工作机制以及跨部门协作等方面着手。〔2〕 在警务应对层面,陈秋菊撰文认为在重大公共危机治理中,公安机关应根据重大公共危机治理情境构建以治理需求为导向的“应急警务”。该文通过对疫情防控期间江苏省各市县警务实践文本资料的扎根理论质性研究方法分析发现,在重大公共危机治理中公安机关的应急警务内容应突出“控”与“服”;警务运行机制应强调“组织技术”与“技术治理”的互嵌融合;警务理念标准应在坚持“人民至上”的同时兼顾规范、主动的“战时标准”。由此得出以下启示:一是应急警务之权责以危机治理需求为导向;二是应急警务之运行机制应重视组织技术及技术治理。〔3〕 王伟认为在当前背景下,公安机关要在当地党委、政府领导和上级公安机关指导下,围绕自身职责使命,全力协助有关部门防控疫情,积极应对可能出现的新的治安问题,采取有力措施维护政治稳定和社会安定,总结经验教训建立防控工作机制,遵循区分性质且妥善处置、分级分层出警、严格执法且讲究策略的原则。〔4〕

---

〔1〕 周勇、张婧、王延涛:《涉疫犯罪的态势与治理对策研究》,载《犯罪与改造研究》2020年第7期。

〔2〕 何静:《重大疫情下“涉疫”犯罪司法应对机制的再造》,载《山东警察学院学报》2020年第6期。

〔3〕 陈秋菊:《重大公共危机治理中应急警务运行机理研究——基于疫情防控中江苏省警务动态的文本分析》,载《中国人民公安大学学报(社会科学版)》2020年第5期。

〔4〕 王伟:《公安机关应对重大突发疫情防控工作研究——以新型冠状病毒感染肺炎防控为例》,载《江苏警官学院学报》2020年第2期。

（二）涉疫情犯罪的针对性防控

2020年国内期刊发表的犯罪学论文中有关涉疫情犯罪的针对性防控研究主要集中在网络谣言治理这一块。陈文撰文分析新冠肺炎疫情期间网络谣言盛行的原因有：一是手机用户与网民规模逐年增加，用户既有知识储备参差不齐，社交类、短视频类软件成为高效传谣工具；二是造谣技术难度和违法成本低；三是互联网经济下，造谣者利用短视频、粉丝关注度等获利的经营成本低；四是重大灾害事件关注度高、信息传递滞后加速了网络谣言的产生和传播；五是人们在恐慌、愤怒等情绪下容易轻信谣言、做谣言的传播者。重大灾害事件中网络谣言传播的特点有：一是传播速度快、载体丰富；二是微信群等群内群际传播更具迷惑性；三是善于利用煽动性语言诱导网络用户传播；四是伪造权威人士的观点或官宣。该文认为当前我国网络谣言的法律规制亟待完善：一是法律上对“谣言”的定义不周延；二是关于“情节严重、严重扰乱社会秩序”的界定可操作性不强；三是缺乏对涉事网络媒体及网络运营商法律责任的认定。对此，提出疫情期间网络谣言的法治应对之策：明确“虚假信息”的认定标准；明确“严重扰乱社会秩序”的认定标准；在重大灾害事件中，针对诽谤类谣言建议由亲告罪改为非亲告罪；对互联网上的“大V号”“营销号”“媒体号”加强管理，明确单位刑事责任；创新对社群圈、视频平台的谣言监管方式；政府在重大灾害事件中设立临时“谣言诊所”。[1] 姚琦、崔丽娟、王彦、杨莹撰文考察公众在重大突发公共卫生事件中网络谣言自治行为的心理机制，从社会心理学视角、以社交媒体信任为切入点，采用问卷方法于2020年2月10日至12日通过微信社交网络平台就我国新冠肺炎疫情全面暴发后三周，对963名成年居民进行调查。结果表明：（1）公众对官方社交媒体的信任既能直接促进公众的辟谣行为，也能通过增强公众对战胜疫情的信心产生间接影响；（2）公众对官方社交媒体的信任影响其对自媒体的信任，但自媒体信任不能独立于官媒信任影响辟谣行为。据此，认为我国社交媒体存在两个舆论场且官方舆论占主导地位，及时、有效的官方报道不仅能提高公众对战胜疫情的信心，也能促进公众网络谣言自治，进

---

〔1〕 陈文：《论重大灾害事件中的网络谣言传播及法律应对——以新型冠状病毒肺炎疫情为例》，载《北方法学》2020年第5期。

而实现网络谣言治理主体的多元化。[1] 冯昌波撰文从司法应对角度对网络谣言治理进行了探讨,认为涉疫情网络谣言刑事治理的难点在于虚假信息与危害结果之间因果关系难以认定、行政违法与刑事犯罪界限不清、此罪与彼罪难以区分等。准确判断涉疫情网络谣言的罪与非罪、此罪与彼罪,须综合考察其对公共秩序的破坏程度、虚假信息流传扩散程度、编造者和传播者的主观恶性程度和对疫情防控的阻碍程度四个方面,以确保刑事打击不偏不倚,做到宽严相济。[2]

2020 年国内期刊发表的犯罪学论文中有关涉疫情犯罪的针对性防控研究还有涉及哄抬物价扰乱市场经济行为的执法分析与相应建议探讨。张瑞萍、周嘉会撰文针对新冠肺炎疫情中一些商家趁机哄抬物价的现象,考察发现针对性执法暴露了执法依据的临时性、认定哄抬物价行为的标准单一、处罚标准不明确等问题。该文认为为有效处罚哄抬物价行为,应当完善《价格法》的相关规定,明确规制哄抬物价行为的依据,确定进销差价率的计算标准和处罚标准,依法规制突发事件下的哄抬物价行为。[3]

---

〔1〕 姚琦、崔丽娟、王彦、杨莹:《社交媒体信任对重大突发公共卫生事件中公众网络谣言自治行为的影响》,载《心理科学》2020 年第 2 期。

〔2〕 冯昌波:《涉疫情网络谣言惩治的难点与应对》,载《人民检察》2020 年第 7 期。

〔3〕 张瑞萍、周嘉会:《突发公共卫生事件中哄抬物价行为的执法分析与法律完善建议》,载《甘肃政法大学学报》2020 年第 6 期。

专题六

刑事立法与刑法观研究

第一节 刑事立法的反思与应对

一、预防性刑事立法的限度

2019～2020年国内期刊上发表的犯罪学论文中有关预防性刑事立法的限度研究，主要体现在对其正当性、合理性及其限度和边界的探讨。

王良顺撰文认为，在传统刑法与预防刑法并立的时代，只要预防刑法被界定为应对严重侵害重大超个人法益的高度危险犯罪的特殊措施，作为对传统刑法的必要性补充，就不会改变刑法作为"犯罪人的大宪章"的本质；相反，它合理地平衡了公民的自由保障与安全需求，必将有助于社会秩序的长期安定并符合党和人民的根本利益。同时，预防刑法在距离法益侵害较远的前行为时段禁止或者命令公民实施某些行为，既限制了公民更多的自由，也让社会付出昂贵的成本，应当受到严格的限制。因此，预防刑法须符合刑法的谦抑性原则，是现代社会刑法机能动态平衡的具体表现。[1] 张永强撰文认为，鉴于风险社会语境下公众的安全法益需要更加周延、有力的保护，通过预防性犯罪化立法的手段对间接危险行为进行处罚是极为必要的，因而在目的和手段上能够证成其正当性。基于对预防性犯罪化立法扩张属性和潜在危险的忌惮，必须基于刑法作为

---

〔1〕 王良顺：《预防刑法的合理性及限度》，载《法商研究》2019年第6期。

补充法的地位为预防性犯罪化立法划定合理的边界,从实质违法性原则从集体法益扩张下的关联性、比例原则约束下的适当性和实质违法坚守下的补充性三个层面展开。[1] 房慧颖撰文分析预防刑法存在具有可能侵害公民自由与权利的天然偏差,其产生原因既包括预防刑法以保护社会为价值支撑的内部因素,也包括现代社会风险防控需求和公民安全需求的外部因素。应从宏观、中观、微观三个维度运用公共法益还原考察方式,化解预防刑法的天然偏差,保持预防刑法的正当性。就宏观层面而言,预防刑法的发展应受限于宪法对公民基本权利之规定;就中观层面而言,预防刑法惩治的犯罪行为所造成的抽象法益侵害危害必须具有向实际危害结果严谨的现实可能性;就微观层面而言,应将刑法分则的部分罪名排除出预防刑法所涉范围,包括破坏社会主义市场经济秩序罪及其他不涉及公民个人生命权、健康权、财产权的犯罪。[2] 在 2019 ~ 2020 年,针对新冠肺炎疫情防控中法制建设,学界也对公共卫生立法体系进行了反思。任颖撰文认为回应型立法弥补了分析法学关于法律是主权者命令、自然法学关于法律代表自然理性的局限,但随着人类社会所面临的公共卫生风险升级,回应型立法的"后果控制"特征与公共卫生风险防控的前瞻性要求不相适应;风险社会的公共卫生立法应当及时跟进新的疫情防控要求,对立法模式进行系统重塑和更新调整,实现从回应型到预防型的立法进展。公共卫生预防型立法具有深厚的理论基础,即从重救轻防到预防为主的疫情防控法制建设思想、从危险防卫理论到风险控制理论的公共卫生风险的法律规制、病原体筛查与公共健康维护的公共卫生三级预防理论。公共卫生立法应当遵循风险社会的立法规律,以预防型立法为路径。在法律理论方面要以危险防卫理论到风险控制理论的转变为基础;在法律原则方面需要确立新发传染病防治"存疑从有"的原则;在实体法方面需推动公共卫生立法从"后果模式"向公共卫生风险源头监管的转变;在程序法设置方面要进一步完善公共卫生预警、报告、风险评估的法定程序,为疫情防控提供法治保障。[3]

---

〔1〕 张永强:《预防性犯罪化立法的正当性及其边界》,载《当代法学》2020 年第 4 期。

〔2〕 房慧颖:《预防刑法的天然偏差与公共法益还原考察的化解方式》,载《政治与法律》2020 年第 9 期。

〔3〕 任颖:《从回应型到预防型的公共卫生立法》,载《法制与社会发展》2020 年第 4 期。

二、刑法基本立场与犯罪化的反思

(一)刑法的基本立场

2019~2020年国内期刊上发表的犯罪学论文中对刑法基本立场的反思研究,主要包括要谨防刑法过分工具主义化、保持积极谨慎的基本立场、避免社会治理的泛刑法化。谢望原撰文指出,刑法过分工具主义化必将导致国家刑罚权的恶性膨胀和公民个人权利与自由的严重萎缩。刑法过分工具主义化在立法上表现为过度犯罪化,在刑事司法上则表现为司法裁量权与解释权的过度扩张。要从刑事立法上坚守刑法乃最后手段立场、刑事司法上彻底贯彻执行罪刑法定原则以及严格限制刑法解释来防止刑法过分工具主义化。[1] 孙国祥撰文认为,风险社会、信息社会和全球化社会是新时代的特征,高科技时代更要坚持积极谨慎的刑法发展基本立场。一方面,刑法应正视新时代给传统刑法法益保护的内涵和外延带来的变化,积极融入社会治理的现代化、法治化进程,及时调整刑法的规制范围和力度;另一方面,刑法的发展不能完全脱离传统自由主义刑法理念的钳制,应努力实现刑法保护和保障机能的平衡和良性发展。[2] 吴亚可撰文主张为了保证刑事立法在顺应社会变化发展而保持活性化的同时,也能够避免由于功能主义刑法观被异化而造成社会治理的泛刑化,在刑事立法实践中,要坚持"以事实为根据,以宪法为准绳"来把握国民的基本价值观念,确保国民规范认同的形成,将规范引导刑法目的理性观落实到刑事立法中。[3]

(二)犯罪化的反思

2019~2020年国内期刊上发表的犯罪学论文中有关犯罪化的反思,主要是从对犯罪化的正当性、犯罪化根据等方面展开。赵书鸿撰文考察前实证法的价值秩序和实证法的宪法基本价值,发现法益理论并不能合理说明犯罪化的正当性。刑法的对象和基准点是由立法者颁布的举止规范来规定的,而且通过刑罚威吓强化了规范的有效性,行为人通过承担责任表明受到有责行为威胁的规范

---

[1] 谢望原:《谨防刑法过分工具主义化》,载《法学家》2019年第1期。

[2] 孙国祥:《新时代刑法发展的基本立场》,载《法学家》2019年第6期。

[3] 吴亚可:《当下中国刑事立法活性化的问题、根源与理性回归》,载《法制与社会发展》2020年第5期。

有效性得到了维护。[1] 姜敏撰文考察发现,德日系的法益保护原则、英美系的危害原则和中苏(俄)系的(严重)社会危害性原则,均是重要的犯罪化根据,且指导着对应国家的犯罪化立法。危害原则体现的是消极刑法观,法益保护原则体现的是积极刑法观。危害原则对刑法立法的限制,不仅表现在对实体内容的限制,还表现在对刑法立法程序的限制。犯罪化根据应体现法治精神,危害原则与(严重)社会危害性原则相比,其内涵、价值诉求、自由主义血统,决定了其更符合法治精神;同时,与法益保护原则相比,其作为前(元)法律原则所具有的批判精神能限制刑法立法,因此,在我国更适合将危害原则作为刑法立法语境中的犯罪化根据。[2] 卢建平、皮婧靖撰文对我国刑法修正中的犯罪化与非犯罪化过程进行了考察,发现我国刑法发展的现实是既有犯罪化又有非犯罪化;既有罪质上的,又有罪量上的犯罪化与非犯罪化;整体呈犯罪化趋势。认为这是社会发展内在需要驱动下的结果,不是刑法发展刻意追求的目标。对具体的犯罪化或非犯罪化举措的合理性评价应以刑法规制的必要性为依托;对一国犯罪化与非犯罪化的整体评价应同时考虑增量和存量。未来我国刑法发展将呈现犯罪化与非犯罪化并行的趋势,一定时期内仍将主要体现为犯罪化,并应同步推进刑罚的轻缓化。[3] 张淑芬撰文通过近十年来刑法修正案的内容发现犯罪化的走向主要体现在妨害社会管理秩序、危害公共安全、破坏市场秩序、侵犯公共权利行为的犯罪化非常活跃,呈现出行政违法行为犯罪化、法益保护前置化等特点,将很多原来属于行政违法的行为予以犯罪化,纳入刑法规制范围,并将刑法保护法益的时间提前。这体现了刑法立法对社会转型期所出现的各类社会问题以及越来越明显感知的社会风险的回应,很大程度上解决了刑法立法的滞后性与社会生活中层出不穷的新问题之间的矛盾。但是,对于近年来犯罪化中出现的问题,我们还应当进一步反思,注意刑法与其他部门法之间的衔接问题,防止刑法法益保护的过度前置化,同时注重人权保护。[4]

---

〔1〕 赵书鸿:《犯罪化的正当性:法益保护?》,载《中国刑事法杂志》2019 年第 3 期。

〔2〕 姜敏:《论犯罪化的根据》,载《中国刑事法杂志》2019 年第 3 期。

〔3〕 卢建平、皮婧靖:《中国刑法犯罪化与非犯罪化的述评与展望——以犯罪化与非犯罪化的概念解构为切入点》,载《政治与法律》2020 年第 7 期。

〔4〕 张淑芬:《近年来我国犯罪化的走向——基于对刑法修正案的考察》,载《警学研究》2019 年第 4 期。

三、刑法个罪的反思与应对

2019～2020年国内期刊上发表的犯罪学论文中有关刑法个罪的反思与应对研究，主要是体现在对涉众型经济犯罪、骗取贷款罪、食品安全犯罪等的检讨与反思上。涉众型经济犯罪因具有受害人数众多、犯罪数额巨大、危害后果严重等特点，成为实务界和理论界近几年研究的焦点之一。石魏、贾长森撰文选取了北京市近5年（2013～2017年）的涉众型经济犯罪为研究样本，共涉及一审案件385件862人，涉案金额高达1500多亿元。通过分析发现，虽然我国在预防、惩治方面取得了一定实效，但在这类犯罪中刑事立法、预防机制构件上仍然存在严重不足，给司法机关处理涉众型经济犯罪带来困难。故此，基于治理犯罪需要，应从严密法网、统一司法适用标准和完善相关配套制度等方面进一步加强。[1] 骗取贷款罪在司法实践中存在对"其他严重情节"认定面临难题的情况，杨旭峰撰文通过在中国裁判文书网上检索相关裁判文书进行统计分析发现，"不法"的认定欠缺层次性，作为兜底条款予以适用，机械套用数额标准或次数标准，与"重大损失"的关系错位等，正是司法实务部门在认定贷款诈骗罪中所面临的问题。这些问题的症结在于法益界定不清、风险高低的无视以及体系性思考的欠缺。金融机构信贷资金安全是设立本罪保护的唯一法益，"其他严重情节"应认定为犯罪构成要件，并应限定为"有造成重大损失的危险"。数额标准或次数标准只是提供了进行"是否有造成重大损失的危险"判断的契机，能否进一步评价为"其他严重情节"还需做实质的、具体的判断。对"其他严重情节"的司法适用应构建一套体系性的判断框架，以消弭司法实务部门的疑惑。[2] 有关食品安全犯罪的检视，主要是从刑事政策的角度展开。章桦撰文通过考察，发现关于食品安全犯罪的刑事政策，在"从严"结构上，立法采取"既严又厉"而学界倡导"严而不厉"，该不同引起食品安全犯罪刑事政策在"从严"实现路径和着力点上的分歧，形成与"从严"刑事政策相背离的司法"瓶颈"：轻刑率高、有期徒刑和罚金刑整体偏轻、缓刑适用率高、禁止令和从业禁止适用混

---

〔1〕 石魏、贾长森：《涉众型经济犯罪实证分析及应对策略建议》，载《法律适用》2019年第9期。

〔2〕 杨绪峰：《骗取贷款罪中"其他严重情节"的体系性反思——基于169份刑事裁判文书的实证分析》，载《法商研究》2020年第2期。

乱,导致“从严”刑事政策在实质上向从轻异化。在保障人权和推进刑罚轻缓化的基础上,对“从严”进行“两维度、两层次”的解构,该文提出“司法严密—司法严厉—立法严厉—立法严密”的刑事政策顺序解构,确立食品安全犯罪“从严”刑事政策的应有立场和司法回归路径。[1]

第二节　处遇犯罪蕴含的刑法观

一、积极刑法观

2019～2020年国内期刊上发表的犯罪学论文中有关积极刑法观的专门探讨并不多,但是很有代表性。如付立庆撰文直接对积极刑法观进行倡导,积极主义刑法观又称为刑罚积极主义,其侧重于强调刑法积极介入社会生活,但并不意味着否认其他手段和政策在抗制犯罪系统中的作用。该文认为积极主义刑法观既与现代社会发展的情势变化相关联,也部分地得到了立法实践的印证,还和刑法谦抑原则不冲突。与功利主义刑法观、常识主义刑法观、民生刑法观、实质刑法观以及刑法家长主义等各有不同,在罪刑法定主义的总体框架下,积极主义刑法观强调尽可能实现刑法在个案处理中的妥当性、合理性,逐渐培植刑法的权威。强调刑法介入社会生活的积极作用,并不意味着主张刑法万能主义、刑法需要承认刑法和其他部门法之间的平等关系和刑法独立性思想。判断立法上的犯罪化是否“适度”需要从刑事政策上宏观把握,而判断司法上的犯罪化“适度”与否,则需要落实到阶层式犯罪成立体系各个阶层的具体解释中。同时,在处理刑法与其他部门法的关系上,应在肯定法秩序统一性的大前提下,强调刑法在判断对象和判断标准上的相对独立性。在立法技术上,要倡导“刑法参与社会治理的最优化”。[2] 张明楷则是从增设新罪的观念角度对积极刑法观表示了支持,他撰文认为,积极刑法观不是所谓激进刑法观,并非主张随意增设新罪,而是主张按照谦抑的法益保护原则增设新罪。积极刑法观的基本前提是法益保护主义,符合需要保护的法益日益增加的客观事实,也契合刑罚处

---

〔1〕 章桦:《食品安全犯罪“从严”刑事政策检讨》,载《法商研究》2020年第3期。

〔2〕 付立庆:《论积极主义刑法观》,载《政法论坛》2019年第1期。

罚的漏洞日益明显的立法现状。在当下,我国需要采取积极刑法观,需要推进犯罪化。[1] 最难能可贵的是,作为规范刑法学研究的著名学者明确主张,在推进犯罪化的过程中,立法机关应当着眼于社会的现实问题,通过犯罪学实证研究确认刑法干预的必要性。[2]

如果说积极刑法观是刑法积极主动对某一行为的介入,那么回应型治理态度应该也是积极的一种表现形式。在大数据时代个人信息的保护问题,关于刑法是否该积极介入,其原点其实在于对其治理是否应该将关注焦点从个体的权利建构转移到相关主体的治理责任,确立以责任为核心、具有整体性的个人信息问题治理模式。对此,郭春镇、马磊撰文主张,在个人信息问题的回应型治理模式下,个人信息问题治理应当分别从强调多元主体合作、加强政府的保护和监管责任、强化企业自我治理和采纳多元治理手段等路径入手,展开具体的治理实践。如进行技术治理中的匿名化探讨,以实现个人信息保护与使用的平衡;通过算法的个人信息保护与实现算法治理,使传统的"赋权"手段在赋能的同时足以保护个人的权利。[3]

2019~2020年国内期刊上发表的犯罪学论文中也有从犯罪圈划定的实践取向和学理基底考察论证反向支持积极刑法观的。付玉明、徐桢清撰文考察发现,犯罪化和犯罪圈扩张是晚近刑事立法与司法实践的重要特征。犯罪圈扩张受到传统与现实因素的多重影响,是刑法领域对于社会治理的有效回应。在界定犯罪圈时,应当坚持法治理念,发挥刑法对现实的适应性,以积极刑法观作为立法的价值取向。在实现行为规制技能的同时,注意避免刑法过度运用。在学术品性上,应当秉承法益本位立场,提升法益内涵明确性,反对法益过度精神化,进而维护罪刑法定主义和谦抑主义。犯罪圈需要接受社会治理需求和刑法基本原则的双重考察,时刻警惕刑法的泛化,并保持实践与理念的平衡。[4]

二、其他刑法观

我国刑法理论存在积极刑法观、消极刑法观与折衷刑法观的对立。但这三

---

[1] 张明楷:《增设新罪的观念——对积极刑法观的支持》,载《现代法学》2020年第5期。
[2] 张明楷:《增设新罪的观念——对积极刑法观的支持》,载《现代法学》2020年第5期。
[3] 郭春镇、马磊:《大数据时代个人信息问题的回应型治理》,载《法制与社会发展》2020年第2期。
[4] 付玉明、徐桢清:《犯罪圈划定的实践取向与学理基底——社会治理视角下的法益观》,载《刑法论丛》2019年第1卷。

种刑法观之间到底界限在哪里,其实众说纷纭。张明楷认为,折衷刑法观的具体主张与消极刑法观并无区别,其基本观点是立法机关不应当积极地通过刑事立法增设新罪,不能扩大犯罪圈。持消极刑法观的学者所提出的近年来增设新罪的立法仅具有象征性意义,增设新罪损坏刑法的稳定性与谦抑性,违反法益保护原则,不符合大国法治的要求等观点与理由,要么不符合客观事实,要么已经落后于时代,要么只是抽象的议论,因而缺乏现实意义。[1] 但除了这三种刑法观,还有象征性刑法观、稳健型刑法观等,这些刑法观并不反对犯罪化,只是要谨慎增设新罪。如果以是否主动积极性的态度进行犯罪化来判断,的确消极刑法观、折衷刑法观和象征性刑法观、稳健型刑法观都可以视作积极刑法观的对立面,但是积极刑法观其实也主张在犯罪化过程中需要审慎,这与前述几种刑法观又是吻合的。故而,此处小节标题我们将其直接标为"其他刑法观"。

关于象征性刑法观,贾健撰文认为象征性刑法是国家为了安抚民众的不安感或为了彰显对于公共问题的姿态与价值立场等所谓的"隐性目的",而无视法益保护这一"显性目的",忽略或放弃该罪名实际实施效果的刑事立法。某罪名立法是否为象征性刑法,一方面,应审慎考察其效力,而不能仅从不完整的适用率统计或能否根治犯罪、处置犯罪等方面得出结论;另一方面,刑事立法彰显国家的价值观本是立法活动的应有之义,为了安抚民众的不安感等"潜在的目的"设定,也并非一律适当。作者认为,任何刑事立法活动本身其实都体现了国家的价值观,单纯以此为由来批评某些刑事立法系象征性刑法是有问题的,归根结底要看该立法最终是否以保护法益为目标。作者认为应该采取一些特殊的措施,如要科学立法,谨慎增设新的罪名;在刑罚配置上重视象征性的刑罚类型的适用;象征性刑法不能只满足于纸面上的象征效果,而应该落实到具体的实践中。如此,才能在保持象征性刑法功效发挥的同时,尽量平衡并缓和其对传统的自由主义刑法观念的冲击以及可能引发的对现代个人生活方式的过度干预。[2]

关于稳健型刑法观,黄云波、黄太云撰文采取稳健型刑法立法观,并对其作

---

〔1〕 张明楷:《增设新罪的观念——对积极刑法观的支持》,载《现代法学》2020 年第 5 期。

〔2〕 贾健:《象征性刑法"污名化"现象检讨——兼论象征性刑法的相对合理性》,载《法商研究》2019 年第 1 期。

了对比定义:与保守型刑法立法观不同的是,稳健型刑法立法观认可我国刑法立法需要对社会发展所产生的新需求予以及时回应,但同时主张,犯罪圈只能在引入犯罪分层制度(犯罪分层是指在刑事法上将所有犯罪按照严重程度区分为若干不同层次的表现形式)并优化犯罪附随后果的前提之下小幅“扩大”;与激进型刑法立法观的区别在于,稳健型刑法立法观反对刑法对社会生活的积极介入,认为在当前阶段,我国的刑法立法仍应对刑法的“二次规范”性质予以强调,坚持统一刑法典的立法模式。稳健型刑法立法观即是,以限制国家权力、保障公民权利为主要目标,兼顾刑法的法益保护机能,小幅“扩大”犯罪圈,以满足社会发展的新需求。[1]

〔1〕 黄云波、黄太云:《论稳健型刑法立法观》,载《中国刑事法杂志》2019年第3期。

专题七

企业(家)犯罪与腐败犯罪预防

第一节　企业(家)犯罪预防研究

一、民营企业(家)犯罪研究

(一)民营企业(家)犯罪描述

2019～2020年国内期刊上发表的犯罪学论文中有关民营企业(家)犯罪描述的主要是由北京师范大学中国企业家犯罪预防研究中心发布的2014～2018年中国企业家刑事风险分析报告和中国企业家腐败犯罪报告。有关刑事风险分析报告,主要是从犯罪行为、犯罪人和刑法适用三个方面,共设定了60余项指标,以设定的统计变量对"中国裁判文书网"中的刑事判决书和裁定书进行检索,从中筛选出符合企业家犯罪定义的案例作为分析样本,通过测量指标对案例进行逐案解析,并通过SPSS[(Statistical Product Service Solutions),即为"统计产品与服务解决方案"软件]统计软件对所有案件数据库进行统计分析。具体对2014～2018年我国企业家犯罪的总体数量与结构、犯罪企业家的身份特征、企业家犯罪的罪名分布、涉案企业家的刑事处遇进行了描述性分析。并对企业家刑事风险高发指数进行了分析,其中包括企业家刑事风险高发空间、高发环节、高频罪名,并发布和分析了2018年度企业家犯罪十大案例。[1]

〔1〕 张远煌、北京师范大学中国企业家犯罪预防研究中心、北京师范大学刑事法律科学研究院:《企业家刑事风险分析报告(2014－2018)》,载《河南警察学院学报》2019年第4期。

北京师范大学中国企业家犯罪预防研究中心发布的企业家犯罪报告是基于拓展腐败犯罪研究的视野、推动公共领域与非公领域反腐败协调发展的现实需要,为准确把握企业家腐败犯罪的现状和变化趋势,剖析企业家腐败犯罪的原因,检视现行反腐败政策,为完善反腐败立法和促进反腐败理论研究提供基本的事实参考与方向指引。同时,也是为促进本土白领犯罪理论研究、完善白领犯罪对策提供基础素材与问题指引;为适应国家治理现代化需要,推动本土性刑事合规制度的建立,形成腐败犯罪“国家—企业”合作预防的治理新格局。[1] 通过统计分析发现,企业家腐败犯罪呈现出诸多规律性事实:民营企业家腐败犯罪的增幅明显快于国有企业家的腐败犯罪;司法实践中不同身份企业家在腐败犯罪的罪名认定上不断出现交叉情形;企业家腐败犯罪的潜伏期普遍较长;腐败风险遍布于企业日常经营、财务管理、工程承包以及销售、采购等众多经营环节,等等。这提示决策机关需正确判断私营部门的腐败形势,在反腐战略上注意公共部门与私营部门的协调推进;在治理路径上强化刑事预防观念和确立刑事激励制度,充分激发企业家构建企业内部腐败防控机制的主动性与积极性,形成“国家—企业”合作预防新机制。[2]

(二)民营企业(家)犯罪预防

2019~2020年国内期刊上发表的犯罪学论文中有关民营企业(家)犯罪预防方面的成果并不多,主要包括从国家层面对民营企业家的刑事立案制度设置、从企业层面强调企业的社会责任和自我预防。

为防止民营企业家因经济纠纷被入罪,学界和最高司法机关主要关注的是如何从刑法、民法等实体法角度区分经济纠纷与刑事犯罪,刑诉学者则是从侦查、起诉和审判的角度探讨如何防止民营企业家被错捕、错诉、错判及如何通过再审程序平反冤假错案。就国家层面而言,规范对民营企业家刑事立案的制度设置也是为了更好地保护民营企业家,同时对其也是一种警示,谨防因经济纠纷而被刑事立案,要合规经营才能行稳致远。张泽涛撰文认为,对于涉民营企业家案件一般应采取“先民后刑”处理;联通公安机关与检察机关的办案网络平台,使检察机关能够及时、全面了解公安机关刑事立案信息;规范检察机关的提

[1] 张远煌等:《中国企业家腐败犯罪报告(2014-2018)》,载《犯罪研究》2020年第6期。

[2] 张远煌等:《企业家腐败犯罪报告》,载《刑法论丛》2018年第4卷。

前介入,健全对公安机关立案和侦查的同步监督机制;规范公安机关的立案裁量权,堵塞操作上的漏洞;赋予当事人尤其是犯罪嫌疑人一方的刑事立案异议权。[1]

从企业层面强调企业的社会责任和自我预防,主要是从互联网企业防范网约车杀人案件和民营企业在腐败犯罪预防领域论述。李佳撰文结合网约车杀人案件,从互联网公司的技术防范要点和企业责任应当如何履行进行论述,认为互联网企业有责任向用户提供安全的技术保障和风险的技术防范:一是产品设计要体现安全考量;二是技术防范是安全监管的必由之路。[2] 张远煌、龚红卫撰文依据北京师范大学中国企业家犯罪预防研究中心2018年发布的我国首部专业性的《企业家腐败犯罪报告》揭示的2014~2017年四个统计年度我国企业家腐败犯罪的现状与诸多规律性现象,发现我国民营企业腐败犯罪治理中,存在整体不够重视、忽视公私合作、重惩处轻预防等问题,认为倡导反腐败的国家—企业合作型预防模式有充分的理论和实践基础。民营企业腐败犯罪合作预防的最佳路径就是构建反腐败合规计划,即通过立法将"企业是否有效预防内部腐败行为"与刑事责任联系起来,作为判定企业刑事责任的要素,促使企业主动履行预防腐败的社会责任。民营企业腐败犯罪的自我预防具有多重价值,其自我预防体系可以从企业高层的重视、明确的合规政策与守则指引、健全的执行机制、完善的监督机制与反腐准则的普及五个方面构建。[3]

二、刑事合规制度研究

(一)刑事合规的基础理论研究

2019~2020年国内期刊上发表的犯罪学论文中有关刑事合规的基础理论研究并不多,虽然同时段学界继合规元年之后对刑事合规的探讨很热烈,但大多是从刑法、刑事诉讼法等规范法学角度予以讨论。

2019~2020年犯罪学领域对刑事合规基础理论的研究主要集中在对刑事合规的溯源、法理根基等方面。万方撰文考察发现,企业合规起源于美国,最初

---

〔1〕 张泽涛:《规范对民营企业家刑事立案的制度设置》,载《法学》2020年第9期。

〔2〕 李佳:《互联网公司在社会治理上的技术措施与企业责任》,载《中国检察官》2019年第2期。

〔3〕 张远煌、龚红卫:《合作预防模式下民营企业腐败犯罪的自我预防》,载《政法论丛》2019年第1期。

企业合规仅仅作为行业自律与企业自我监管举措,在政府监管与执法较为严格的行业或领域(如金融行业与反垄断领域)施行。随着美国政府监管的强化,大量的监管政策、法案与判例的确立,促使企业合规逐渐由一项行业自律与企业自我监管的举措转变为企业内部侧重威慑、预防违法犯罪行为的内控机制,并呈现出“刑事化”的发展趋势。在经济全球化与法律全球化并融发展的背景下,企业合规“刑事化”成为全球企业合规制度发展的重要趋势和立法方向。在具体实践中,各国立法与执法机关主要通过两种进路来促进企业合规的推广实施:对构建实施企业合规的企业予以刑罚奖励,对未构建实施企业合规或企业合规不完善的企业加重刑罚处罚。[1] 关于刑事合规的法理根基研究,赵炜佳撰文认为“新社会契约论”和刑法目的论是刑事合规的法理基础,国家对具备合规计划的企业减免刑罚有着正当根据。必须注重刑法的预防功能,通过设定量刑激励条款,促使企业积极进行自我治理。对尽到合规义务的企业应根据《刑法》作出非罪化或减免刑罚的优待处理,也可以依据认罪认罚从宽制度作出程序分流,减少司法资源的耗费,以国家层面的刑事合规制度推动企业自治的犯罪防控,最终发挥刑事法对民营企业发展的预防性保护功能。[2] 李本灿认为从公司刑事责任构造的角度讲,在组织体责任模式下,公司合规充当了出罪机制;代位责任模式下,合规充当了责任平衡机制,部分克服了刑罚严苛问题。从刑罚论的角度讲,公司合规是影响责任刑或预防刑的因素。从风险社会的大背景出发,单位犯罪是风险刑法的表现,预防风险的同时又制造了新的风险,刑事合规是降低企业风险的有效机制。从规制理论的角度讲,刑事合规制度是通过刑罚激励的方式对合作规制理论的积极回应,这种回应具有刑罚论上的根据。[3]

(二)刑事合规与企业犯罪预防研究

2019~2020年国内期刊上发表的犯罪学论文中有关刑事合规与企业犯罪预防的研究,主要侧重于特定所有制性质的企业刑事风险防范、特定行业领域的犯罪预防。马明亮撰文指出,作为犯罪治理方式的企业合规的理念是直接追诉并强化个人刑事责任,以合规计划为条件暂缓或放弃追诉企业。从外在运行

---

〔1〕 万方:《企业合规刑事化的发展及启示》,载《中国刑事法杂志》2019年第2期。

〔2〕 赵炜佳:《论刑事合规的发展沿革、法理基础与本土内化》,载《中国刑警学院学报》2019年第5期。

〔3〕 李本灿:《刑事合规制度的法理根基》,载《东方法学》2020年第5期。

路径来看,它是一种协商治理模式,从内在原理上则体现了特殊预防理论。为避免造成企业犯罪治理中的低能、无效甚至反法治现象,需要对其进行系统化构建。需要重新评价与重构我国企业犯罪的法律和程序,构建以合规为导向的企业刑事责任体系,将合规计划融入认罪认罚从宽制度,并附合规导向的证据法规则。企业合规正当发挥犯罪治理功能的前提是,合规计划自身必须有效,实施过程中必须体现司法公正。如此一来,企业合规方能实现从公司内部治理方式向作为一种犯罪治理方式的转变。[1] 卢勤忠撰文认为,企业的刑事合规就是要考量如何最大限度地去避免这种刑事法风险,通过各种措施来避免触犯刑法规定行为的发生。当前民营企业面临的刑事法风险主要表现在融资、出借资金、税收缴纳、公安交往、内部人员犯罪、企业产权的平等保护和刑事强制措施适用等方面,防范民营企业刑事法风险必须更新观念,树立法治理念,从完善刑事立法、公正刑事司法等角度来采取相应对策。企业刑事合规规则的实际运用,就使犯罪治理在某种程度上和某个领域中变成了国家和企业合作的模式,犯罪预防在这种合作治理的模式中,由国家责任变成了国家和企业的共同责任。企业刑事合规活动的成功实施,可使最优的犯罪预防成为可能,从而节约司法成本。[2] 陈冉撰文主张通过合规理念的引入,引导刑法治理走向"企业与国家"合作治理模式,对于当前食品以及环境领域的公害犯罪治理具有可行性和必要性。引入"刑事合规"的治理理念有利于激活企业不作为犯罪的认定,将企业过失犯罪的认定予以适度扩大,实现公害犯罪全球治理的接轨,促进企业责任与个人责任的分离,实现刑罚治理的正当性和有效性。[3] 这其实都是在强调企业合规作为企业犯罪预防的一种手段,刑法作为保障法不能缺位也不能冒进,强调国家—企业之间的合作。对此,张远煌、龚红卫撰文在倡导民营企业腐败犯罪的合作预防模式时,就曾指出,反腐败合规是新的法律全球化现象和新的社会治理工具,属于亟待发展的不同于传统刑事责任追究的前置领域,与传统刑法学研究在观念、视野和路径上有显著差异,它是需要努力开拓的具有明显学科交叉属性的新的研究领域。[4] 针对网络犯罪治理中网络平台刑事合规

---

〔1〕 马明亮:《作为犯罪治理方式的企业合规》,载《政法论坛》2020 年第 3 期。

〔2〕 卢勤忠:《民营企业的刑事合规及刑事法风险防范探析》,载《法学论坛》2020 年第 4 期。

〔3〕 陈冉:《企业公害犯罪治理的刑事合规引入》,载《法学杂志》2019 年第 11 期。

〔4〕 张远煌、龚红卫:《合作预防模式下民营企业腐败犯罪的自我预防》,载《政法论丛》2019 年第 1 期。

构建,就在于要激发出网络平台的社会责任,于冲撰文指出,刑事合规本质上体现为为预防违法犯罪行为而设置的程序规则、职责规则及技术规则,主要价值在于使公司遵守刑事实体法。在刑事合规体系下,为了实现平台合规制度的应有价值与功能,网络平台应当积极采取所有可能的、必要的和可期待的措施来识别、评估和消除网络违法犯罪风险。即通过网络平台内部制度的标准化实现法律上的具体化;在网络平台刑事合规方面设置具体制度,并设置有效的实施体系,即要有相应的防范技术措施、应急补救措施的相关义务、预案的制定和实施。[1]

第二节 腐败犯罪防控研究

一、域外腐败犯罪的治理

2019~2020年国内期刊上发表的犯罪学论文中有关域外腐败犯罪的治理研究,主要集中在公共领域内的腐败犯罪治理探讨,且主要集中于对美国腐败犯罪的治理探讨和启示借鉴。尤广宇、魏昌东撰文考察美国利益冲突型贿赂犯罪立法肇因于前置化规制公权滥用行为的需要,其犯罪化根据的实质在于,防范因公职人员的个人利益与其职务所代表的公共利益之间的冲突而造成的公共利益受到的侵害或者信赖危险。美国法典根据不同权力类型的属性不同,设定了差异化的行为模式与动因条件,设定了四种典型的行为模式。利益冲突罪的立法具有独特的抑止腐败作用,促进了刑法功能的转变,是将积极治理主义理念引入反腐立法体系的标志。利益冲突罪的最大特点在于预防腐败,该罪被吸纳到美国贿赂犯罪体系后,促使治理体系发生了由"结果本位"向"诱因本位"的转型,治理模式由"外部打击"向"内部控制"的转向。从交易禁止到利益冲突,是美国贿赂犯罪立法体系发展的基本方向。因地制宜地改造美国的利益冲突罪,通过适当增设新罪、调整罪刑结构来贯彻积极治理主义理念,将为我国反腐倡廉工作提供精良的"武器装备",更好地为中国特色腐败治理立法体系的

---

〔1〕 于冲:《网络平台刑事合规的基础、功能与路径》,载《中国刑事法杂志》2019年第6期。

发展提供制度性比对范本。[1]

关于美国控制腐败刑事法治的历程,赵赤撰文考察发现,美国控制腐败刑事法治发展的主要特点是:历经“合规先行,补强威慑”之后呈现预防与惩治齐头并进之势;犯罪圈日益扩张的同时,刑罚处罚及刑事执法日趋严厉;反腐重心由面向公职人员向面向企业即企业合规转移;量刑制度奠基于实体刑法但其实际作用却大于实体刑法。美国于反腐刑事法治中首倡“白领犯罪”这一核心概念,首定《反海外腐败法》这一反腐专门法律,首推企业合规,创新表现显著。美国控制腐败刑事法治发展对于推进我国反腐法治的核心启示有:要发挥犯罪学知识对于我国反腐刑事法治发展的基础支撑和关键性作用;要着力探索一种融合多种政策工具的综合性反腐政策;我国职务犯罪的刑罚处罚整体上看明显偏轻,未来在刑法修订时可考虑予以适当提高,至少不应减轻。[2] 美国学者撰文认为政治腐败和警察腐败是观察美国社会腐败生成机理及防治策略的重要视角。美国警察腐败行为的形态包括权力寻租、收受回扣、索贿(勒索)、摆平案件、乘机偷盗和保护非法活动等形式,从社会结构和制度环境视角看,结构性契机、“沉默蓝墙”的存在以及警察组织管控不足是警察腐败的重要原因。虽然美中两国在经济发展、政治结构和法律体系方面明显不同,但也有共同的腐败形成因素(影响因素)。降低社会对腐败的容忍程度(底线)、改变长期流传的关于腐败的叙述(话语)体系、开展积极主动的反腐执法活动和建立健全合规体系等,对于更加有效地预防和遏制腐败,都具有积极意义。[3] 针对治理警察腐败中的反腐败制度设计或者说反腐败工具,廉洁测试是其中之一。周光俊撰文对廉洁测试进行了介绍,一般意义上的廉洁测试围绕着部门选定、测试现场布置、情境控制、结果运用和第三方介入与后续救济等步骤展开。它确认并清理腐败,恢复公众信心与指导清廉政治建设的同时,也存在摧毁社会信任、制造犯罪、互相包庇、逃避责任的可能性。因而,需要从运用程序、持续时间、适用范围

---

〔1〕 尤广宇、魏昌东:《从交易禁止到利益冲突:美国贿赂犯罪立法体系的建设路径》,载《国家检察官学院学报》2019 年第 1 期。

〔2〕 赵赤:《美国控制腐败刑事法治发展的主要特点、创新要素及核心启示》,载《刑法论丛》2019 年第 1 卷。

〔3〕 [美]亨利·庞特:《美国腐败:一个犯罪学分析视角》,彭新林、胡文怡译,载《刑法论丛》2018 年第 2 卷。

等方面出发,在理论与实践两个维度上对其加以限制和约束。作为一种反腐败策略,廉洁测试已从英美法系被移植到了大陆法系,得到了广泛运用,如卧底侦查可被认为是廉洁测试的某种类型。廉洁测试在理论和实践中存在困境,但随着中国加入《联合国反腐败公约》,有必要在中国开展一定范围内的制度化的廉洁测试试点,积极推进廉洁测试在中国的适用可能,更好地服务于中国的反腐败。[1]

二、我国腐败犯罪的防控

(一)我国腐败犯罪的实证研究

2019～2020 年国内期刊上发表的犯罪学论文中有关腐败犯罪实证研究的成果主要集中于公私领域的腐败犯罪研究,包括对其主体、性别、心理等方面的实证研究。在公共领域腐败犯罪实证研究方面,金鸿浩、李凌、刘思敏撰文运用爬虫软件对"人民检察院案件信息公开网"的"法律文书公开"栏目中"起诉书"版块进行筛选,共获得公开起诉书 8133 件 10,711 人,录入 Stata 软件中借助大数据可视化工具从多维度展现和分析数据,通过统计数据重点揭示了当前贪污贿赂犯罪现象的部分规律性特征。发现对被告人被提起公诉时年龄符合正态分布,两头低、中间高,因此"腐败主体年龄的两极化"趋势不完全正确。初犯年龄与贪污罪金额存在相关关系,初犯年龄与受贿金额存在相关关系,初犯年龄与挪用公款罪金额不存在相关关系。腐败犯罪主体的职务和职业类型差异,与腐败犯罪类型、犯罪人数、犯罪次数、犯罪时间、犯罪金额等因素之间也存在显著的相关关系。[2] 张蕾蕾撰文选取近几年发生在北京市的 36 起基层自治组织干部职务犯罪案例,深入分析案件发生的原因、过程和主体,试图探索基层自治组织干部职务犯罪的规律性,认为基层自治组织人员职务犯罪既是一种特殊的主体犯罪,也是一种在国家行政权力下放和国家开展经济建设过程中相伴而生的犯罪,但是如何在发挥村民自治制度优越性的前提下,进一步完善村民自治制度,使该制度以及其他相关制度的运用契合国家治理的需要和基层群众的需

---

[1] 周光俊:《国外警察反腐中的廉洁测试及启示》,载《中国人民公安大学学报(社会科学版)》2019 年第 3 期。

[2] 金鸿浩、李凌、刘思敏:《我国贪污贿赂犯罪主体特征的"大数据画像"研究——基于 8133 份公开起诉书的大数据分析》,载《犯罪研究》2020 年第 1 期。

求,如在让农村基层群众享受到国家经济建设成果的同时,提高他们对国家补偿、社会保障的公平感受等,这些问题亟待继续探讨。[1] 金鸿浩、李凌撰文对2016年全国检察机关公开的贪污贿赂罪起诉书进行实证分析,基于网络爬虫软件获取到9238个案例。基于9238个贪污贿赂犯罪案例的实证研究发现,在控制其他变量的前提下,性别因素不会影响腐败金额,但对贪污犯罪女性犯罪嫌疑人会显著增加其犯罪次数,对受贿犯罪女性犯罪嫌疑人会显著减少其受贿次数;同时还发现对女性犯罪嫌疑人更容易使用非逮捕措施。对此,应当从中立视角看待性别对腐败犯罪的客观影响,在反腐倡廉建设中不应当对女性干部有所"疏漏",对男女腐败犯罪行为应平等使用强制措施,加强女性职务犯罪特征研究,以提升腐败惩治和预防的针对性和有效性。[2]

黄瑞、范路明、朱海燕撰文采用心理健康测查表(PHI)对云南省某监狱150名在押职务犯进行调查,从学历、原判刑期、已服刑期和捕前职务级别等方面分析职务犯心理健康的特点。结果发现:(1)职务犯PHI测量结构在躯体化、抑郁等因子分数均显著高于常模($ps < 0.001$),在焦虑、病态人格、疑心、脱离现实、兴奋状态等因子分数均显著低于常模($ps < 0.001$)。(2)不同原判刑期的职务犯只在躯体化因子上的得分差异显著($F = 3.230, p < 0.05$),其中10年以下组显著低于15年以上组($p = 0.013$)。(3)不同已服刑期的职务犯只在躯体化因子的差异达到显著水平($F = 6.789, p < 0.01$),其中3年以下组显著低于3年到6年组($p = 0.005$)和6年以上组($p = 0.002$)。(4)不同学历和不同捕前职务的职务犯在各因子上的得分均未有显著差异。总体上,职务犯心理健康问题突出表现在躯体化和抑郁,但心理健康水平较普通犯罪人员偏高。[3] 在私营领域腐败犯罪实证研究方面,除了前述北京师范大学中国企业家犯罪预防研究中心每年发布的企业家刑事风险分析报告中有专门针对民营企业腐败犯罪的实证分析以外,2019~2020年于海生撰文以2017~2018年上海地区发生的部分职务侵占案件为例,发现目前上海市的职务侵占案件主要发生在中小微企业内部,以基层管理人员和基层业务员为案件高发群体,虽然犯罪的发生具备一定的隐

---

[1] 张蕾蕾:《北京基层自治组织干部职务犯罪之实证研究——以2009~2015年36件村干部职务犯罪案例为研究样本》,载《刑法论丛》2018年第2卷。

[2] 金鸿浩、李凌:《腐败犯罪的性别差异性实证研究》,载《山东警察学院学报》2020年第1期。

[3] 黄瑞、范路明、朱海燕:《职务犯的心理健康状况分析》,载《中国监狱学刊》2020年第2期。

秘性,但侦查难度普遍不大。这也意味着,其犯罪预防控制的难度降低。针对当前发生的职务侵占犯罪,部分基层工作人员心理失衡,公司财产易受侵害,缺少完善的外部监督是其高发的主要原因。据此认为应当在企业内部建立完善的财务制度,以减少犯罪机会,同时加强价值观引导,形成良好的企业文化氛围。[1]

(二)我国腐败犯罪的预防与应对

2019~2020年国内期刊上发表的犯罪学论文中有关腐败犯罪的预防与应对,既有宏观层面的论述,也有微观层面的论述;既有对公共领域腐败犯罪的防控探讨,也有对非公领域腐败犯罪的应对策略。张旭、杨丰一撰文从法治反腐的角度,突出应从理顺法治与反腐的关系、完善党纪与国法的衔接、健全治腐机构与机制的设计、确立预防与惩治并重的体系四个方面破解法治反腐所面临的问题与挑战,进而推进反腐败斗争走向决定性胜利。[2] 张兆松撰文认为近年来腐败行为入罪的比例越来越低,腐败犯罪轻刑化现象更加严重,其原因是立法不完善,犯罪构成过于严格,执法不严,放纵犯罪。刑罚惩治力度的不断减弱,影响"不敢腐"效应的形成,影响特殊预防的效果。鉴于此,要继续推进腐败犯罪立法,着力解决贪贿犯罪构成过于严格的问题;加大腐败犯罪查处力度,提高定罪处罚比例,实现量刑结构合理化;加强对监察委员会的监督,防止选择性执法。[3] 李綦通撰文认为,应该以犯罪学理论当中的威慑理论、社会解组理论以及亚文化理论关于犯罪原因和犯罪治理对策的观点解读当前我国腐败犯罪治理的对策。当前仍然需要将威慑反腐作为首要的对策,这不仅是我国当前腐败犯罪治理形势的要求,更契合了腐败犯罪本质特征的要求。[4] 针对农村基层组织人员的腐败行为,崔维撰文以贵州省黔南布依族苗族自治州为例,发现我国惩治村两委犯罪出现空白地带。对此,统一和深化认识,严密法网、填补法律漏洞势在必行。[5] 针对农村金融机构职务犯罪的防控,原军撰文分析农村金融机

〔1〕 于海生:《职务侵占类犯罪生成机制及其情境预防》,载《犯罪研究》2020年第1期。

〔2〕 张旭、杨丰一:《新时代腐败犯罪的法治防控研究》,载《法学杂志》2019年第9期。

〔3〕 张兆松:《当前我国惩治腐败犯罪面临的挑战和应对》,载《河南警察学院学报》2020年第5期。

〔4〕 李綦通:《我国当前的腐败犯罪治理目标的犯罪学理论解读》,载《警学研究》2019年第3期。

〔5〕 崔维:《农村基层组织人员贪污与职务侵占行为之认定——以贵州省黔南布依族苗族自治州为例》,载《江苏警官学院学报》2020年第2期。

构职务犯罪高发原因是多方面的:从涉案主体层面来看,涉案人员法制观念淡薄,职业道德素质低下;从农村金融机构自身来看,内部管理宽松软,考核机制不合理,稽核检查落实不到位;从外部监管来看,行业监管体制长期没有理顺,缺乏有效监管,公安经侦部门的基础防控工作也没有得到有效开展;从社会经济层面来看,经济形势的下行也在一定程度上催生了案件的频发。对此,农村金融机构应当健全招录制度和培训机制,加强风控管理,完善内控机制;改革考核管理制度,健全内部激励和约束机制;改变经营理念,实现稳健经营;健全监督体系,同时加强内、外部审计力度;上级机构应强化管理力度,理顺行业监管体制,实施"穿透式"监管;公安经侦部门应该优化经侦警务力量,加强经侦信息化工作,实施部门联动,构建起防控聚合性工作机制,从根本上控制职务犯罪的发生。[1] 而职务犯罪的侦破问题直接影响对其追责,影响有效发挥出刑罚预防的威慑效力。丰叶撰文主张合理运用大数据分析技术通过对海量数据进行筛选、汇总、提炼、形成结论并作为证据在职务犯罪案件监察调查、审查起诉、审判中使用,缓解职务犯罪案件"口供中心主义"的调查习惯对被调查人权利造成的威胁。[2] 针对事故型渎职犯罪黑数的防治,金泽刚、刘鹏撰文主张借助刑罚规范论思维和情境犯罪预防思维进行防控,刑罚规范论预防犯罪具有向后性,而情景预防则主张犯罪预防前置,两者作用正向互补,有助于规范公权力正当行使,督促国家机关工作人员认真履行职责,从而协同预防事故型渎职犯罪隐数的发生和增长。[3]

〔1〕 原军:《农村金融机构职务犯罪原因及防控对策》,载《山东警察学院学报》2020 年第 5 期。
〔2〕 丰叶:《职务犯罪大数据证据研究》,载《科技与法律》2020 年第 1 期。
〔3〕 金泽刚、刘鹏:《论事故型渎职犯罪的隐数与防治思维》,载《河南警察学院学报》2020 年第 6 期。

专题八

女性犯罪与女性保护研究

第一节 女性犯罪研究

一、受虐妇女犯罪相关问题研究

2019～2020 年国内期刊发表的犯罪学论文中有关受虐妇女犯罪的研究，主要对恶逆变行为的刑事定性问题、矫治路径进行了探讨，前一问题的探讨所运用的研究方法主要是实证研究方法，因而将其归入犯罪学论文之中。

有关受虐妇女恶逆变行为主要是对受虐妇女杀夫行为的分析，关于其是否构成防御性紧急避险，隗佳撰文持赞成态度，认为紧急避险的正当化根据，不应采取功利主义的法益权衡说，而应采取社会团结义务说。即仅在理性人自愿负担的社会团结义务的限度以内才能成立违法阻却事由，因侵害生命的避险行为超出了社会团结义务的限度而无法得以正当化，但可能成立以无期待可能性为基础的责任阻却性紧急避险，这与我国《刑法》第 21 条的规定并不矛盾。因而在此类案件中，虽然因不存在“正在进行”的不法侵害而不能适用正当防卫，但针对危险引发者的防卫行为则可以运用其他紧急权资源。[1] 李波阳、贾敏撰文通过对某省女子监狱受虐妇女杀夫案中的 24 起典型案件进行统计分析，发现受虐妇女杀夫案的特点是：犯罪人中农村妇女所占比重高；犯罪人平均学历较

---

〔1〕 隗佳：《责任阻却性紧急避险的厘清与适用——以受虐妇女杀夫案为视角》，载《法学家》2020 年第 1 期。

低,多数无业;受虐妇女有着双重身份;犯罪人遭受暴力的形式多样、程度严重,持续时间较长;受虐妇女身心受创,内心极度恐惧;主观恶性小,社会危害性不大。通过对其所受刑罚进行考察发现:存在整体量刑过重、刑期差异较大、假释较少等突出问题。此类案件通常以故意杀人罪量刑,没有充分考虑妇女受虐事实,显然与罪责刑相适应原则不符,也没有很好地践行刑法谦抑性原则。通过分析当前量刑中存在的问题,提出应适当考虑被害人过错及受虐妇女综合征表现,正确认定正当防卫,进一步明确量刑起点和基准刑,贯彻认罪认罚从宽制度,公正合理量刑,促进社会和谐稳定。〔1〕 关于"受虐妇女杀夫"类案件的量刑考察,程朝阳、高鑫撰文以"家庭暴力""故意杀人"等为关键词在中国裁判文书网检索2014 年至2018 年因家庭暴力引发的已决刑事案件,重点将因家庭暴力杀死施暴丈夫的案件作为研究对象。发现在对"受虐妇女杀夫"类案件定罪量刑过程中,不同法院的法官会得出不同的判断,导致量刑结果不同。有无自首情节、有无被害人亲属谅解、有无未成年子女、妇女的期待可能性等因素,都在不同程度上影响着最后的量刑。同时,在此类案件中,受虐杀夫的妇女具有受害人与加害人双重身份,也使判决过程充满了情理与法理的冲突。所有这些都要求法官在定罪量刑时应当尽力在人文关怀与避免"以暴制暴"之间寻求适当平衡,使最终的判决结果既有原则又不乏温度。〔2〕

对在家暴中发生恶逆变的妇女,能否以"受虐妇女综合征"为理由为其行为辩护?姜敏、谷雨撰文专门对此进行了域外考察,认为"受虐妇女综合征"是指会造成妇女"陷入心理麻痹并且丧失任何措施以提高或改善其近况之能力"的综合征。它由"暴力循环"和"习得无助"两部分组成。它作为一种心理学理论,主要用来分析受虐妇女在遭受家庭虐待期间的一系列心理状态,在美国司法实践中作为一种出罪事由而存在,辩护律师利用该理论支持受虐妇女的杀夫行为构成正当防卫,也可以此主张精神障碍辩护事由。但由于精神抗辩事由的消极意义,美国多将其作为证据支持自我防卫辩护事由。而我国司法实践在面对受虐妇女杀夫案时,法官以"没有法律依据"为由,否认律师提出的"受虐妇女

〔1〕 李波阳、贾敏:《对家暴受虐妇女杀夫案件量刑的实证分析——以某省女子监狱24 起案例为样本》,载《犯罪研究》2019 年第5 期。

〔2〕 程朝阳、高鑫:《对"受虐妇女杀夫"类案件的法理分析——以2014 - 2018 年典型案例为样本》,载《山东警察学院学报》2019 年第5 期。

综合征”的辩护理由,甚至仅把受虐妇女的客观事实作为酌定量刑情节,且量刑总体过重。因此,我国司法对受虐妇女杀夫案的判决,严重损害了受虐妇女的合法权益。应借鉴美国“受虐妇女综合征”司法适用的合理之处,完善我国的刑事立法与司法,从而使受虐妇女得到公平、合理的判决结果。“受虐妇女综合征”的适用,体现了对受虐妇女即防卫者予以保护的立场,其隐含地体现了由国家作为超越个人自我目的的存在价值观,转变到以个人生存与幸福为最高目标的价值观,也就是从国家主义到个人主义的转换。[1] 魏书豪以北大法宝上2017年四川省高级人民法院二审李某杀夫案为切入点,对受虐妇女杀夫案件进行专门研究。司法实务中,法官在审理该类案件时往往按照故意犯罪处理,受虐情节只是在量刑上稍作考虑,结果造成同案不同判的困境。受虐妇女对于施暴人正在进行的家暴虐待行为进行反抗自然构成正当防卫,这点毋庸置疑。问题在于受虐妇女在家暴前或家暴后进行反抗的行为如何处置则在理论界产生较大争议,我国能否引进“受虐妇女综合征”作为受虐妇女正当防卫的辩护理由?对此,国外已有引用“受虐妇女综合征”作为受虐妇女成立正当防卫的先例,1987年其作为证据已在加拿大的司法实务中使用,代表案例是Lavallee案。我国虽然与外国法律文化背景不同,但现有法律制度可以为引进“受虐妇女综合征”提供生存空间。基于我国宽严相济的刑事政策,我们应该按照对待未成年犯这样的处理方式(通常未成年犯如果其所在社区的调查员能够提交报告来证明是由于家庭及社会的原因导致未成年人犯罪的话,那么该未成年犯就会被法院从轻或减轻处罚)来合理地对待受虐妇女杀夫的案件。[2]

关于受家暴妇女发生犯罪行为之后的矫治问题,王丽艳、周明明撰文通过对云南省小龙潭监狱正在服刑的受家暴女犯采用问卷调查、访谈、症状自评量表(SCL-90)的方法进行研究,以进一步阐述家庭暴力与创伤后压力障碍之间的相关程度。结果发现长期遭受家暴的女犯创伤后压力障碍症状集中表现为认知错误、情绪不健康、人际关系不和谐。据此认为对这类女犯进行创伤后压力障碍的恰当干预是非常必要的,在干预过程中需要重置角色、找准靶目标、因人施治。受家暴女犯创伤压力障碍的疗愈中要注重三个步骤:一是要正确认识

[1] 姜敏、谷雨:《“受虐妇女综合征”:概念、体系地位与启示》,载《刑法论丛》2019年第3卷。
[2] 魏书豪:《家庭暴力下受虐妇女犯罪行为研究》,载《犯罪与改造研究》2020年第6期。

过去;二是要认清自身;三是要激发这类女犯实现自我转变的意志和具体方法引导。[1]

二、女性犯罪的原因分析与防控

2019 ~ 2020 年国内期刊发表的犯罪学论文中有关女性犯罪的原因分析与防控研究中,既有对社会结构及变迁等深层次原因的触及,也有对女性邪教犯罪和毒品犯罪等具体类型的综合原因具象化分析。

对社会结构及变迁等深层次原因的触及与分析方面,以对民国时期上海女性犯罪的画像为例,杨庆武、曾贝撰文通过对诸如司法统计、社会调查及女监档案等史料的发掘,从犯罪种类、年龄、职业、婚姻状况、教育程度、籍贯等方面进行必要的数据统计分析,从而获得关于民国时期上海城市辖区内女性犯罪的全新认知。发现民国时期上海地区的女性犯罪在犯罪类型方面主要以经济性犯罪为主,严重暴力性犯罪总量较少,烟毒类犯罪在不同时期,在女性犯罪中均最为突出的一项类型。数据表明,经济穷困并非女性犯罪的主要动因,反而是其不良嗜好起到了主导性作用。某一犯罪行为的发生,有时并非某种单一因素所驱使,甚而并非长期预谋所致,有时亦系因某种“情景力量”所左右,具有一定的偶发性,因而,对于女性犯罪的认识,应结合实际背景,因事、因时、因人而论,似乎更为契合实际,从而避免出现化约性的统一论倾向。[2] 同样以社会变迁为视角,陈萌、杨学慧撰文结合 Y 市 2003 年至 2018 年女性犯罪相关数据,对女性犯罪问题进行探讨。该文对女性犯罪人数的变化趋势、犯罪类型分布及变化、犯罪的年龄及变化、受教育程度分布等进行了梳理分析,从社会角色变迁、社会阶层分化、社会规范失灵、社会流动加速、社会亚文化传播等对女性犯罪原因进行解读,提出要从加强价值引导、政策治理、城市融合、社会亚文化治理等方面对女性犯罪加以控制。[3]

对女性犯罪的具体类型的综合原因分析方面,揭亚雄、佘杰新撰文通过 OpenLaw 裁判文书网检索了 3485 个女性毒品犯罪案件,又根据不同地区毒品

---

〔1〕 王丽艳、周明明:《受家暴女犯创伤后压力障碍矫治方式初探》,载《中国监狱学刊》2020 年第 4 期。

〔2〕 杨庆武、曾贝:《都市之恶:民国时期上海女性犯罪问题述论》,载《犯罪研究》2019 年第 6 期。

〔3〕 陈萌、杨学慧:《社会变迁理论视角下的女性犯罪研究》,载《犯罪与改造研究》2019 年第 10 期。

犯罪严重情况，使用分层抽样的方法从案例总量中抽取1000个案例、共1100名女性涉毒罪犯进行研究，运用"统计产品与服务解决方案"（SPSS数据分析系统）中的描述分析法和交叉制表对1100个样本单位的职业、年龄、文化程度、共同犯罪情况、犯罪前科、吸毒情况、累犯与再犯等变量进行统计分析发现，女性毒品犯罪高发，且呈现出累犯、再犯、前科人员占比大等特征，这归因于女性对新型毒品危害性认识不足、女性社会角色不利以及犯罪打击效果不佳等因素。基于此，提出应不断加强增强毒品常识的宣传和教育，减少女性社会角色冲突，提升女性毒品犯罪的侦防能力，从而遏制女性毒品犯罪内外部因素，实现从事后单一打击向事前积极预防转变。[1] 吴宗宪、李易尚撰文以在我国S省女子监狱服刑的160名女性邪教犯罪人为调查对象，运用文献调查、问卷调查、反贪等方法，进一步探究女性邪教犯罪的形成机制，阐明女性一步步走向邪教犯罪道路的整个过程，为防止女性受到邪教侵害、科学制定邪教犯罪的防治对策提供理论支持。该文将女性邪教犯罪定义为女性邪教成员组织、利用邪教组织所实施的违反刑法、具有社会危害性、应受刑罚处罚的行为。研究发现，女性邪教犯罪的形成包括女性加入邪教组织和实施相应的犯罪行为两个步骤。犯罪人因认知、人格存在缺陷而成为邪教易感人群，并在不良社会环境下被蒙蔽加入邪教组织，因此她们也是邪教的受害者。成为邪教信徒后，她们在精神控制和群体压力作用下逐渐丧失自我、形成对邪教的狂热信仰，继而受教主操控实施各种犯罪行为，而这也是由邪教反政府、反社会、反人类本质决定的。因此，防止女性加入邪教组织是第一道也是最重要的一道防线。一方面，应通过加强宗教和反邪教宣传教育、提高女性受教育水平、帮助女性树立正确的价值观念等提高她们对邪教的辨别力和抵抗力。另一方面，由于犯罪的产生有深刻的社会原因，对女性邪教犯罪的治理应与目前我国推进的国家治理体系和治理能力现代化建设紧密结合，将其作为社会治理的重要组成部分。通过加大邪教违法犯罪打击力度、加强宗教事务管理、丰富农村文化生活、完善社会保障体系、加强基层反邪教防控体系建设等措施不断提高治理邪教的能力和水平，铲除邪教及邪教犯罪滋生蔓延的土壤，营造全社会反邪教的浓厚氛围。而对已发现的女性

---

[1] 揭亚雄、佘杰新：《女性毒品犯罪之基本状况及治理路径——基于1000个案例之实证研究》，载《中国人民公安大学学报（自然科学版）》2019年第4期。

邪教成员进行及时干预是第二道防线。应大力加强教育转化工作队伍建设,充分采取心理矫治、思想教育、家庭帮教、社会救助等综合措施帮助女性邪教成员认清邪教本质、实现思想转化、重塑良好人格、回归正常社会生活。同时加强跟踪帮教、扶智扶贫,以防止其再次痴迷邪教或再次实施违法犯罪行为。[1]

三、女性犯罪人的矫治

对女性犯罪人进行矫治和矫正,先要掌握其犯罪特点。关于女性犯罪的特点,连春亮 2017 年对某省女子监狱的女性罪犯进行统计调查和问卷调查获得相应数据,对比 1990 年至 1992 年河南省中心组参与司法部“当代女性犯罪与改造研究”课题的调查研究工作获得的 20 世纪 80 年代女性犯罪数据,发现我国女性犯罪和 20 世纪 80 年代相比,不仅在犯罪类型、年龄结构、文化知识结构、捕前职业结构和刑期结构等方面都发生了较大变化,而且在犯罪形态上呈现出许多新特点,主要表现为:犯罪类型以财产型犯罪为主,新型犯罪增势明显;中年女性犯罪从业人员犯罪占据主导地位;文化知识的结构层次大幅提升;女性犯罪的绝对数急剧增加;涉性和涉毒犯罪增长较快等。[2]

对于女性犯罪人的矫正,要实现精准矫正,并通过整合监狱矫正资源涉社会政策资源实现更好的矫正质量,需要通过犯罪行为追究行为背后的犯罪人格,以犯因作为标准对罪犯进行分类,从而准确凸显了矫正的“靶点”。周折撰文根据访谈中获取的真实女性犯罪案例进行质性分析发现,行为类型化的罪犯分类方式仅以犯罪性质为分类工具,就将犯因大相径庭的罪犯归为一类,再根据这种粗疏的罪犯“画像”制定矫正方案,最终分类“标签”的错误导致了矫正的失焦,因未真正触及犯罪人格,从而限制了矫正质量的提升。[3] 而当前女犯及其改造效果呈现新特点:一是女犯文化与职业背景差异大;二是女犯易受他人影响,参与团伙犯罪较多;三是女犯情感依赖重、改造效果受情绪影响大;四是女犯重新犯罪以涉毒、诈骗类罪犯居多。陈珏撰文认为,探索有效的女犯改

---

〔1〕 吴宗宪、李易尚:《当前我国女性邪教犯罪原因分析——以 S 省女子监狱 160 名女性邪教犯罪人调查为基础》,载《法学论坛》2020 年第 5 期。

〔2〕 连春亮:《论女性犯罪的新特点》,载《山东警察学院学报》2019 年第 2 期。

〔3〕 周折:《矫正视野下的罪犯分类:从犯罪类型到犯因——以女性犯罪为视角》,载《犯罪研究》2020 年第 3 期。

造体系成为重要课题，该文建议吸收“枫桥经验”等传统劳动改造经验的精髓，结合女性犯罪的特点，建立包含亲情协同、社区协同、帮教协同的多维协同教育体系是女犯改造和再犯预防的新路径。[1]

关于女性犯罪人的监狱矫治和预防再犯问题，四川省监狱管理局课题组以1999～2019年S省监狱关押的女性罪犯数据为样本进行统计分析，就总量变化、捕前年龄、捕前文化程度、捕前身份、原判刑期、犯罪类型等问题开展调研，综合运用比较研究、归纳剖析等方法，对S省监狱女犯的总体情况和结构变化情况进行描述分析。溯源变化产生的根源性问题，即从女性角色冲突、女性结构流动、女性就业环境剖析女性犯罪总量增长迅猛的原因；从社会经济发展、社会治理成效、专项政策打击层面溯源女性犯罪类型变化显著的原因；从女性犯罪类型选择和犯罪年龄方面分析女性犯群体特征变化的原因。剖析监狱工作面临的困境，即现有的关押设计容量难以适应女犯增长需要；单一的戒备等级规划难以匹配女犯“三分”工作需要；同质的教育改造模式难以满足女犯特点的矫正需要；脱轨的劳动改造工作难以满足女犯回归需要；泛化的监管改造措施难以回应女犯的特殊诉求；失衡的一线警囚比例难以实现监管安全需要。据此，提出了科学的矫治实践路径：一是聚焦底线安全，科学规划女子监狱建设；二是聚焦刑罚目的，强化公正文明执法；三是聚焦改造宗旨，构建针对女犯特点的矫正体系；四是聚焦权利保障，完善女犯特殊诉求关怀机制。[2] 王新兰、陆丹华、鲁雅琴、陈倩撰文以浙江省第二女子监狱为例对罪犯心理矫治在修心教育中的地位与功能进行初步梳理，旨在为女性罪犯修心教育工作提供参考。监狱的心理矫治工作与传统的改造手段虽有交叉互融等复杂动态联系，也需要相对独立的施展空间。心理评估技术在维护监狱安全稳定中的应用：一是通过心理健康调查活动，落实罪犯全员评估；二是针对入监一年以上的罪犯开展中期评估，或者根据改造需要开展即时评估，有助于科学认识罪犯改造的过程，也是及时调整罪犯矫治措施的前提；三是开展罪犯危险性评估工作。罪犯心理矫治在提高罪犯改造质量中的应用：要以满足罪犯改造需求为导向，深化罪犯心理矫

〔1〕 陈珏：《多维协同教育体系下的女犯改造与再犯罪预防——传统监管改造经验的借鉴与发展》，载《犯罪研究》2019年第2期。

〔2〕 四川省监狱管理局课题组、陈志林：《监狱女犯构成及改造问题研究——以S省为例》，载《犯罪研究》2020年第4期。

治工作;引入社会资源,提升罪犯心理矫治质量;加强罪犯心理矫治团队建设,提高团队执行效能。[1] 针对女性犯罪人的特质,尤其是在情感和情绪上的敏感性,对其矫治方案应不同于男性犯罪人。对此,周折撰文基于8省(区、市)20所监狱的不完全调查,发现有些女犯会将自己所在监区称为“我家”。而在上海、江苏、湖北、四川等几所南方女监里,女犯们极少如此称呼。可见将监区称为“我家”这一“家之拟制”大体呈现由北向南使用习惯逐步淡化的趋势。“家之拟制”现象之所以出现地域专属性,是由不同的地域文化造成,其背后的性别心理特征和女监管理风格则南北无明显差异。“家之拟制”现象可资利用之处在监管和教育两方面均有体现。但同时,它作为一种监狱亚文化,其背后女犯的强烈情感需求也可能会对监狱管理造成不良影响。一是女犯对监区尤其是管教民警个人的情感联结如果过于强烈,容易造成身份意识的严重淡化;二是女犯的强烈情感需求虽然是一种性情流露,但很多时候也带有较强功利色彩,借此拉进和民警的关系,以伺投机;三是有可能影响监狱的正常工作部署。基于此,作者考虑从三个方面加以应对:一是加强管理,对民警队伍进行针对性业务培训;二是认真研究狱内轮岗制度和罪犯回避制度,探索适合女监的工作流动机制;三是加大亲情帮教力度。[2] 同时,如何在女性犯罪人矫治中实现预防其再犯,周折撰文认为以资源理论可解读大部分女性犯罪,即认为女性在受教育程度、职业阶层和收入等资源占有方面处于相对劣势地位,或者未能充分利用这些资源,造成“资源失灵”,从而导致女性被迫选择非制度性方式去解决矛盾,继而导致犯罪。因此,女犯矫治应采取“赋能型”矫治方式,除了要传授知识,也要教授知识持续扩容的办法,更要通过政治教育、文化教育和法治教育,帮助女犯建立正向的性别价值观,包括扭转消极的政治观念和性别文化,树立法治观念和法律信仰,增强女犯的资源占有能力和资源利用能力,以预防重新犯罪。要推行赋能型矫治,需破除两个认识障碍,以获得充分的行刑资源。[3] 国际社会已对要给予女性犯罪问题更多关注,并促进女犯的社会再融入这一问题达成共识。《曼谷规则》是女犯待遇相关国际规范和标准的一个重大里程碑。

---

〔1〕 王新兰、陆丹华、鲁雅琴、陈倩:《女性罪犯修心教育中的心理矫治探讨——以浙江省第二女子监狱为例》,载《犯罪与改造研究》2019年第4期。

〔2〕 周折:《女犯的情感需求及转寄——从“家之拟制”说起》,载《犯罪与改造研究》2019年第9期。

〔3〕 周折:《资源理论视角下的女性犯罪及矫治》,载《犯罪与改造研究》2020年第12期。

该规则承认女犯的特定状况和需求，并将这些需求放在了与男犯需求同等重要的位置。根据《曼谷规则》精神和女犯再融入社会的国际实践，葛向伟撰文认为中国女犯再融入措施应考虑如下方面：一是完善女犯的非监禁刑制度，为女犯开发监禁替代措施；二是完善女犯的监管制度，规定与她们的需要、特点相适应的制度、方法和措施；三是完善女犯的心理矫治相关制度；四是完善女犯释放后的帮扶制度，为女刑释人员提供充分的后续帮扶服务，促使她们顺利重新融入社会。〔1〕 国外许多对罪犯的研究显示，低共情可能也是导致犯罪的重要原因之一。李方洲撰文通过对江苏省某女子监狱随机发放问卷进行调查，对抽样的180名女性服刑人员，发放中文版《人际反应指针量表》（IRI－C）调查其共情水平，结果显示，女性服刑人员共情水平总体较好。中年、涉毒类、离异或丧偶、前科次数较高等女性服刑人员群体的共情能力在某些维度较低，需要在教育矫正工作中加强对这些女犯的共情力训练。〔2〕 女性犯罪人的矫治中也要注意对其负面情绪的关注，一般紧张理论（GST）是最常被测试的犯罪学理论之一。为探讨紧张和负面情绪对中国监禁妇女犯罪水平的影响，孙懿贤、陆海山、吴瑜宁、林文旭撰文以我国四所监狱335名在押女性为研究对象，发现压力变量、身体虐待和歧视对女性服刑人员犯罪水平有正向影响，而消极情绪与女性服刑人员犯罪水平无显著相关。两个控制变量，即目前的犯罪年龄和受教育程度，是预测女性犯罪的指标，其中较年轻和受教育程度较低的女性犯罪更严重。该研究的发现对政策有一些启示：一是政府机构必须加强对遭受身体虐待和性别歧视的妇女的保护；二是该研究的发现支持了教育预防犯罪的古老智慧，因此，地方政府和学校应该尽最大努力来防止年轻的女学生，特别是那些学习成绩差和家庭背景不好的女学生辍学。与家长和学生生活中其他重要人士合作，确保对青少年和年轻女性提供足够的帮助和监督，并为那些接受大学教育的人提供职业培训，这些都是防止他们过早离开学校的措施，能够有效保护包括妇女在内的社会弱势群体的权益，是建立一个和谐、安全的社会的第一步。〔3〕

〔1〕 葛向伟：《国外女犯的社会再融入措施研究》，载《中国监狱学刊》2020年第2期。

〔2〕 李方洲：《女性服刑人员共情现状分析研究》，载《中国监狱学刊》2020年第4期。

〔3〕 孙懿贤、陆海山、吴瑜宁、林文旭：《紧张、负面情绪和中国被监禁妇女的犯罪水平》，吴一澜译，载《警学研究》2020年第2期。

第二节 女性保护研究

一、家庭安全保护

2019～2020年国内期刊发表的犯罪学论文中有关女性家庭安全保护研究方面,主要是针对家庭暴力和家事犯罪中被害人的角度进行探讨。李洪祥撰文以搜集到法院经审理认为已经构成家庭暴力的36,687件案例为对象,认为鉴于家庭自治的局限性和私权与公共利益保护的迫切需要,国家干预家庭暴力有其必要性和正当性。国家干预家庭暴力必须保证婚姻家庭内部规则的有效运行,应当秉承切忌法律万能论、尊重家庭自治和适当注意的基本原则,其具体干预方式包括但不限于维持家庭内部秩序、建立家庭自治的约束机制和适当增加强制性措施等。作为国家干预家庭暴力的典型例证,《反家庭暴力法》必须尊重家庭内部规则,建立家庭自治的约束机制,确保国家干预家庭暴力的适时性和有限性,这是《反家庭暴力法》有效运行的基本途径。[1] 在犯罪学场景,与家庭相关的犯罪现象丛生。诸如不断发生在家庭成员之间的"灭门"惨案,农村未成年人、留守妇女犯罪现象,留守儿童、流动儿童、留守妇女被害现象,因感情出轨或者家庭暴力而引发的恶性事件,发生在保姆与雇主之间的犯罪事件等。在漫长的传统宗法社会中,家事犯罪因为与国事犯罪之间相互关联使二者在刑制上几乎一样严厉。张训撰文通过对古今亲属相奸、亲属相盗等几种典型家事犯罪的立法体例与案例的比较分析得知,现代刑制与传统刑制之间既有融通也有相悖之处。当前诸多家事犯罪现象已然为犯罪学带来了足够的经验素材,使得在刑法学中构建家事犯罪理论具有了现实意义。面对家事犯罪,现代刑法应当从传统刑制的影响中抽身出来,既要防止家长权对刑罚权的挤占,也要审慎运用刑法,以防其对家庭伦理秩序造成不可修复的冲击。[2]

---

〔1〕 李洪祥:《国家干预家庭暴力的限度研究》,载《法学论坛》2020年第2期。

〔2〕 张训:《家事犯罪理论的初步构设——基于家庭安全的需要》,载《河南财经政法大学学报》2019年第4期。

二、人身权益保护

2019～2020年国内期刊发表的犯罪学论文中有关女性人身权益保护的研究成果并不多，主要是从女性被害人和婚姻型拐卖妇女案进行切入分析。有学者通过对中国裁判文书网中600份涉及女性被害人的判决书样本的梳理可以发现：在犯罪主体方面，存在犯罪主体多样化、反侦查意识高、利用网络犯罪突出等问题；从被害人角度看，被害人日趋年轻化、残障女性更容易受侵犯、被害人报案的情况较少、被害人选定的"人缘性"等问题比较突出；从犯罪发生的时空条件看，夏季犯罪高发、西南地区跨国买卖妇女犯罪活动猖獗。若试图有效应对这些问题，需要增强女性的维权意识；完善社会"防卫者"建设并强化被害女性的诉讼支持力度；此外，应充分发挥妇联和社区组织的作用，以加大保障女性合法权益的力度。[1] 庄嘉、赵嘉炜撰文对婚姻型拐卖越南妇女犯罪进行研究，发现从拐卖国内妇女到拐卖越南妇女，表象背后的逻辑都基本一致：解决贫困农村大龄男性的娶妻生子问题。由于农村适婚男女比例严重失衡，从周边相对贫困的越南、缅甸、柬埔寨等邻国娶妻成为这些农村剩男解决婚姻问题的首选。婚姻型拐卖越南妇女犯罪的需求端有着巨大的市场，供应端有着大量的非法入境越南妇女，具备合适的犯罪目标，具备犯罪动机的犯罪人经过理性选择、综合考量，收买及贩卖的管控程度之后，连接源头人贩子、居间人贩子及最终收买者，完成婚姻型拐卖越南妇女的整个犯罪活动。[2] 对此，邱格屏也撰文通过在中国裁判文书网上进行高级检索，以"拐卖妇女罪"和"越南"为关键词，获得时间跨度在2010～2018年的判决书117份，通过研读获得有效案例77例。以此为研究样本对这些"越南新娘"即所有被人贩子拐卖到中国后，与收买她们的人结婚生子的越南女性，无论她们是自愿还是非自愿的身份及其特征、丈夫及其家庭、犯罪的"媒婆"进行逐一分析。发现"越南新娘"的犯罪链条上，一端拴着主观上或客观上无知的越南女性，另一端则拴着娶妻心切的中国农村贫困男青年。越南妇女之所以被拐卖到中国大地上成为"越南新娘"，很大程度上是她们自愿到中国来生活或工作，否则，人贩子漏洞百出的贩卖过程不会轻易完成。

---

〔1〕 李勇：《从600份判决书看我国侵害妇女权益犯罪的问题与应对》，载《犯罪研究》2020年第4期。

〔2〕 庄嘉、赵嘉炜：《婚姻型拐卖越南妇女犯罪原因分析》，载《警学研究》2020年第3期。

而收买“越南新娘”的家庭则是倾全家之力为在当地婚姻市场上失去竞争力的男性家庭成员完成人生的重大目标。因此,对拐卖越南女性的犯罪活动治理远不止“打击”拐卖行为、惩罚人贩子那么简单,整个供应链上既牵涉对人贩子的打击,更需要加强对供方市场和买方市场进行深层次的社会治理。[1]

---

〔1〕 邱格屏:《被拐来的“越南新娘”——犯罪学的分析》,载《警学研究》2020 年第 3 期。

专题九

自杀行为研究

第一节　自杀行为的基础理论研究

一、自杀关联行为的相关研究

自杀关联行为包括自杀参与行为、安乐死和尊严死以及阻止他人自杀的行为。2019～2020年国内期刊上发表的犯罪学论文中也有从事实角度对自杀关联行为进行规范评价的。如蒋太珂撰文主张在评价自杀参与行为性质时，传统的两项原则即故意杀人行为仅限于正犯行为、故意杀人的行为对象是他人的生命仍应被坚持。从人格主义法益观的视角看，自杀剥夺了继续形成中的人格的生命，故而属于剥夺"他人"生命的行为；基于共犯从属性原则，自杀参与行为也构成故意杀人罪；参与他人自杀行为的不法较轻和存在共犯量刑的特殊规定，是自杀参与行为得以减免处罚的根据；安乐死和尊严死存在被正当化的余地；阻止他人自杀的行为不是正当防卫而应是紧急避险。[1] 再如刘建利撰文对为了抵抗死亡的被管理化，拒绝过剩的人工延命治疗，停止针对已经没有康复希望且临近死期的患者所进行的延命治疗，容许患者自然地迎接死亡的行为也即尊严死的刑法边界进行了论述，考察尊严死的合法化理论，各国判例采取的模式不同，美国采取的是"自己决定模式"，英国采取的是"最佳利益判断模式"，

---

〔1〕 蒋太珂：《人格主义法益观视角下自杀关联行为的评价》，载《现代法学》2019年第2期。

法国采取的是“治疗义务的界限模式”,日本判例采取的是“自己决定模式”,但其行政机构采取的是“程序保障模式”。该文认为,尊严死行为可评价为作为,也可评价为不作为。各种模式各有利弊,“自己决定模式”过于硬直,“最佳利益判断模式”的判断标准比较模糊,“治疗义务的界限模式”能够适用的场合比较有限,“程序保障模式”回避了本质问题的判断。尊严死行为的容许根据及范围应当通过“正当治疗行为论”予以判断。尊严死行为只要符合医学的适用性、医术的正当性以及患者的知情同意这三个合法化,就是“正当治疗行为”,能阻却违法性实现正当化。〔1〕中西传统文化均反对率性自杀,自杀违反生命至上的伦理道德,就社会整体角度而言,也并非没有造成任何的法益侵害。那么,自杀行为与自杀参与行为到底有没有刑事可罚性?朱彦撰文从考察司法案例以及相关司法解释出发,发现自杀参与行为的可罚性是无可规避的现实话题,刑法对自杀行为的定性关系着教唆、帮助自杀行为的认定,现有的“自杀合法说”以及“法外空间说”均不能为刑法处罚自杀参与行为提供理论依据。对自杀行为的违法性诠释需要诉诸“规范违反说”背后的伦理基础。自杀的非理性因素决定了法律家长主义介入的合理性,这也是刑法可以对自杀行为进行否定评价的法律基础。主张自杀合法者推崇自我决定的自由,系个人本位主义的体现;而反对者则从社会整体角度论证法律否定性评价的必要性,其中一个很重要的理论支撑就是法律家长主义。然而,法律家长主义应当以普遍的公众意志为依据,并且应当限制在极为个别的领域内,即法律家长主义限制的是自我决定者本人的处分自由,应以善良风俗与处分的严重程度作为限制的依据。从“违法连带性”的法理来看,自杀参与行为正是借助自杀行为本身的违法性得以处罚,但自杀行为因其自身的特殊性而未达到刑事可罚之“量”,从而不可罚。〔2〕还有针对自杀事件中起哄闹事这一关联行为的法律性质认定,祝睿撰文基于对经验素材的分析发现,自杀事件中的起哄闹事行为按照行为损害的利益内容不同可分为期待型、谣言型和阻碍型三种,主要可能损害自杀者的人格尊严法益、自杀现场作为“原有功能场所”以及作为“救援场所”的双重公共秩序法益、自杀救援

---

〔1〕 刘建利:《尊严死行为的刑法边界》,载《法学》2019 年第 9 期。

〔2〕 朱彦:《自杀行为“违法性”的双向证成——兼论自杀参与行为的刑事可罚性》,载《法学》2019 年第 2 期。

人员的履行职务法益。从法律解释的社会目的方面考虑,不应认定起哄闹事行为损害了自杀者的生命法益。对自杀事件中起哄闹事行为基于《治安管理处罚法》的解释,它可能违反《治安管理处罚法》第 23 条第 2 款、第 42 条第 2 项、第 50 条第 1 款第 2 项至第 4 项,在对自杀事件中的起哄闹事侵犯的法益有更明确的规范的情况下,应适用更明确的规范,不宜将其认定为《治安管理处罚法》第 26 条第 4 项规定的寻衅滋事行为,应谨慎并限缩"口袋法"的适用。[1]

二、自杀行为的影响因素分析

2019～2020 年国内期刊上发表的犯罪学论文中有关自杀行为的影响因素分析和防控研究较为分散,主要是对不同自杀主体进行分别分析和研究。

针对戒毒人员的自杀行为,邓平撰文在浙江省某戒毒所随机抽取戒毒人员 116 名作为样本,就戒毒人员的抑郁状况和自杀态度的相关性进行了问卷测试。该问卷从对自杀行为性质的认识、对自杀者的态度、对自杀者家属的态度、对安乐死的态度等四个维度考察被试者对自杀的态度。通过对相关数据进行 SPSS 分析发现:一是在戒毒人员群体中,23.6% 的戒毒人员存在抑郁问题;二是强制隔离戒毒次数多的戒毒人员的抑郁程度要高于次数少的戒毒人员;三是吸食传统毒品的戒毒人员的抑郁程度要显著高于吸食新型毒品的戒毒人员;四是不同强制隔离次数的戒毒人员对自杀行为的认识态度是不一样的;五是吸食毒品类型不同,对自杀行为的认识也是不一样的;六是戒毒人员抑郁状况与对自杀行为的认识之间是有密切联系的。[2]

针对在押罪犯的自杀行为,甘肃省平凉监狱课题组通过调研甘肃省某监狱及其他单位近年来发生的罪犯自杀实践,从人口学因素、刑罚学因素、家庭因素、身心因素等四个方面专门设计了"罪犯自杀因素评估调查问卷",发现家庭方面的原因是罪犯自杀的重要因素,遭遇家庭重大变故或是受到家人的歧视和抛弃往往会成为其自杀的危险因素;也有罪犯自杀的外部诱因,会导致报复性自杀、求助性自杀、威胁性自杀。罪犯自杀会经历一个反复的思想斗争过程,体

---

〔1〕 祝睿:《自杀事件中起哄闹事行为的法律性质——基于对〈治安管理处罚法〉的解释》,载《甘肃政法学院学报》2019 年第 3 期。

〔2〕 邓平:《戒毒人员的抑郁状况和自杀态度的正相关性》,载《犯罪与改造研究》2020 年第 7 期。

现为情绪平静——激烈斗争——恢复平静的阶段性特征。针对此,本研究提出了相应的预防罪犯自杀对策,按照"信息及时、研判准确,帮教有力、转化有效,措施严密、控制到位"的方法防范罪犯自杀,具体体现为:完善风险评估机制,从找准"人"上下功夫,注重罪犯负面信息采集研判,控制自杀诱因;发挥教育治本作用,强化危机干预功能,要发挥心理危机干预作用,提高罪犯心理免疫力,发挥文化教育熏陶作用,转移罪犯负面情绪;强化民警的责任意识,严密防范管控措施。[1] 方扬松撰文以浙江省某监狱的问卷和案例为样本,对罪犯自杀的因素、原因和防止对策进行研究。发现抑郁是罪犯自杀的导火索,更深层次的原因还需要从罪犯特殊的身份、监禁环境、社会家庭等诸方面分析,如负罪感、失望感、挫折感、偏执型人格、精神无所寄托、身体疾病等都可能引发罪犯自杀。针对此,提出预防处置罪犯自杀的对策,一是要纠正对罪犯自杀预防工作的错误观念和认识;二是日常注重对自杀危险罪犯的排查;三是要善于分析罪犯自杀的先兆;四是努力消除罪犯自杀时机和条件;五是加强对罪犯的教育矫治;六是建立预防危机干预机构,开设自杀求助热线电话等。[2] 李季洲、刘汝星、邱强撰文以对四川省某监狱进行罪犯危险性评估为切入点,发现有50.94%的罪犯有自杀倾向。通过分析相关数据发现,这些有自杀倾向的罪犯主要因抗拒改造、寻求关注、惩罚赎罪、个人偏执病痛缠身、社交剥离等引起。在总结自杀倾向罪犯矫治规律基础上制定矫治模板,并根据实际情况进行适度调整,探索罪犯个别化矫治路径,发现可以通过矫治预警、矫治目标、矫治步骤、问题与解决多个程序步骤进行不断优化。具体应该聚焦精准,优化预警机制;着眼成效,拓展矫治思路;对标科学,探索理论模型。[3] 谢琴红、杜妍、刘宁、杨波为了探讨儿童期虐待对服刑人员攻击、自杀意念的影响以及自我控制在其中的中介作用,以365名男性服刑人员为研究对象,采用攻击问卷、自杀意念评定量表、自我控制量表、儿童期虐待问卷进行调查,发现儿童期虐待与自我控制、自杀意念和攻击量表的得分均存在显著正相关($p<0.01$),自我控制得分与自杀和攻击之间也显著相关($p<0.01$);自我控制在儿童期虐待与攻击行为之间起着完全中介

---

〔1〕 甘肃省平凉监狱课题组:《罪犯自杀因素的探析及对策》,载《犯罪与改造研究》2019年第8期。

〔2〕 方扬松:《罪犯自杀的调查与防治对策——以浙江省某监狱为例》,载《犯罪与改造研究》2019年第9期。

〔3〕 李季洲、刘汝星、邱强:《自杀倾向类罪犯的个别化矫治》,载《犯罪与改造研究》2019年第4期。

的作用,而在儿童期虐待与自杀意念之间,起着部分中介的作用。从中得出结论,即服刑人员儿童期虐待经历会对其攻击水平和自杀意念有着显著的预测作用,自我控制在儿童期虐待与攻击、自杀的关系中起着中介作用,可基于个体儿童期受虐待经历和自我控制能力进行干预以降低其自杀和攻击水平。[1]

针对养老机构老年人自杀行为,朱婷婷、徐慧兰撰文通过在电子数据库中检索相关文献10篇,共计2628名老人被纳入研究对象,发现自杀意念在5.6%到53.5%之间,合并发生率为21.0%(95%CI:14.3%~27.6%)。亚组分析结果显示,年龄在80岁及以上的丧偶女性的自杀意念发生率较高。最终得出结论:养老机构内老人自杀意念的发生率处于较高水平,需引起公共卫生等相关部门的重视,进一步研究其影响因素及干预措施。[2]

针对一般主体的自杀行为,杨丽、李慧、洪世瑾、王丽莉撰文梳理了自杀尝试者注意偏向的研究方式及研究现状,具体来说自杀尝试者注意偏向的研究范式分为自杀Stroop范式、点探测范式。既往研究虽然发现自杀尝试者对自杀/死亡相关词汇产生了特定的注意偏向,但也有研究结果与之相矛盾。当前,自杀尝试者的注意偏向研究虽然取得了一定进展,但仍处于初步阶段,还有很多问题亟待解决,该文提出以下三个未来可能的研究方向供参考:一是拓展研究范围,未来的研究可以考察自我相关性对自杀尝试者注意偏向的影响;二是探索加工机制,未来的研究可以采用眼动追踪技术探讨自杀尝试者对自杀/死亡相关信息的注意模式;三是理论的整合创新,在机制方面的研究,当前的单一理论不足以解释在实验中出现的各种结果,需要广大研究者对现有自杀相关理论进行整合和创新。[3] 刘慧瀛、王婉撰文为了探讨自闭特质、人际关系问题、冲动性和自杀意念的关系,选取了河南省某高校7052名本科生和研究生完成自闭谱系商数问卷(AQ)、Barrat冲动量表(BIS)、青少年生活实践量表(ASLEC)中的人际关系问题分量表和症状自评量表(SCL-90)中的自杀意念条目。结果发现:自闭特质既可以直接正向预测自杀意念,又可以通过人际关系问题的中

---

〔1〕 谢琴红、杜妍、刘宁、杨波:《服刑人员儿童期虐待对攻击和自杀意念的影响:自我控制的中介作用》,载《中国临床心理学杂志》2020年第2期。

〔2〕 朱婷婷、徐慧兰:《养老机构老人自杀意念发生率的meta分析》(英文),载《中国临床心理学杂志》2019年第6期。

〔3〕 杨丽、李慧、洪世瑾、王丽莉:《自杀尝试者的注意偏向》,载《中国临床心理学杂志》2020年第5期。

介作用间接预测自杀意念;冲动性既调节了自闭特质对自杀意念的直接作用,又调节了自闭特质通过人际关系问题对自杀意念的中介作用。具体而言,冲动性水平越高,自闭特质和人际关系问题对自杀意念的预测作用越强。根据研究结果得出结论:自闭特质与自杀意念之间存在有调节的中介效应,人际关系问题是二者关系的中介因素,而冲动性加剧自闭特质和人际关系问题对自杀意念的影响。[1]

第二节 青少年自杀行为研究

一、青少年自杀意念的关联因素分析

在此处,我们将青少年年龄范围限定为未满18周岁,而不是扩展至25周岁。2019~2020年国内期刊上发表的犯罪学论文中有关此处限定年龄段的青少年自杀意念的关联因素分析,主要集中在对中学生这一主体范畴自杀行为的研究。

史滋福、谢云天撰文采用戴维斯在线认知量表、自杀意念自评量表、UCLA孤独感量表以及领悟社会支持量表,对江西赣州九所公立学校三个年级的1311名初中生进行测查,探讨问题性网络使用对初中生自杀意念的影响及作用机制。结果发现:(1)问题性网络使用对初中生的孤独感和自杀意念都有显著的正向预测作用;(2)孤独感在问题性网络使用与初中生自杀意念之间起着部分中介作用;(3)孤独感和自杀意念的关系(中介效应的后半段路径)受领悟社会支持的调节,即孤独感对自杀意念的影响随着领悟社会支持的增强而减弱。因此,问题性网络使用和初中生自杀意念之间存在孤独感的中介作用和领悟社会支持的调节作用。该研究不仅丰富了以往有关青少年自杀意念的研究,为预防和干预青少年自杀提供了理论指导,还验证了生物生态学理论,进一步表明了

---

〔1〕 刘慧瀛、王婉:《自闭特质对自杀意念的影响:有调节的中介模型》,载《中国临床心理学杂志》2020年第6期。

网络生态子系统和个体之间复杂的交互关系及其对个体心理、行为产生的影响。[1] 为考察青少年对身体的满意度和自杀意念的关系，探讨自尊是否在青少年身体不满意和自杀意念的关系中起中介作用，以及这个过程是否受到友谊质量的调节作用，余思、刘勤学撰文对来自湖北、安徽、河南、吉林四省六所高中的802名高一学生采用身体不满意量表、自尊量表和友谊质量量表进行调查，结果显示：(1)身体不满意对自杀意念具有显著的正向预测作用；(2)自尊在身体不满意和自杀意念的关系中起部分中介作用；(3)友谊质量在对身体不满意通过自尊影响自杀意念的中介模型后半段起调节作用，即在友谊质量较低的青少年中，自尊对自杀意念的影响更大。据此得出结论：青少年身体不满意和自杀意念之间存在有调节的中介效应。[2] 同时，为考察父母忽视对青少年自杀意念的影响及其作用机制，这两名作者以班级为单位采用整群抽样的方法从全国七个省份选取八所中学的初二学生作为研究对象，采用父母忽视量表、自尊量表、希望量表和自杀意念量表对845名研究对象进行调查，结果发现：(1)父母忽视、自尊、希望和自杀意念两两之间存在显著相关，且父母忽视对自杀意念具有显著的正向预测作用；(2)自尊和希望在父母忽视与自杀意念的关系中起部分中介作用。具体而言，父母忽视通过三条路径影响自杀意念：一是自尊的单独中介作用；二是希望的单独中介作用；三是自尊—希望的链式中介作用。该研究揭示了父母忽视与青少年自杀意念的关系及其作用机制，对预防以及减少青少年自杀行为具有一定的现实意义。[3] 为了探究儿童心理虐待与忽视和自杀意念的关系，应对方式的中介作用以及友谊质量的调节作用，周菡、余思、刘勤学、张微撰文选取全国8个城市(云南、安徽、江西、湖南、河南、天津、福建、山西)9所中学的1041名初一学生，由经过问卷施测培训的主试对其进行问卷调查，收回988份有效问卷，结果发现：(1)儿童心理虐待与忽视正向预测自杀意念；(2)应对方式是儿童心理虐待与忽视和自杀意念的中介变量；(3)儿童心理虐

---

〔1〕 史滋福、谢云天：《问题性网络使用对初中生自杀意念的影响：一个有调节的中介模型》，载《心理发展与教育》2019年第5期。

〔2〕 余思、刘勤学：《青少年身体不满意与自杀意念的关系：一个有调节的中介模型》，载《心理发展与教育》2019年第4期。

〔3〕 余思、刘勤学：《父母忽视对青少年自杀意念的影响：自尊和希望的中介作用》，载《心理发展与教育》2020年第3期。

待与忽视对自杀意念的直接效应受到友谊质量的调节,直接效应在友谊质量低的青少年中更显著;(4)儿童心理虐待与忽视对自杀意念的间接效应后半段受到友谊质量的调节,友谊质量高的青少年的自杀意念水平更低。据此得出结论:儿童心理虐待与忽视和自杀意念之间是有调节的中介关系,儿童心理虐待与忽视通过应对方式影响自杀意念,友谊质量在直接路径和间接路径中起调节作用。[1] 为了探讨心理虐待与忽视对自杀性自伤行为的影响以及经验回避的中介作用和认知融合的调节作用,林丽华、甘明星、郭治斌、张本钰、江琴撰文采用青少年自我伤害问卷、儿童心理虐待与忽视量表、接纳与行动问卷、认知融合量表对2065名中学生进行测量,收回有效问卷1959份。结果发现:(1)儿童心理虐待与忽视、非自杀性自伤行为、经验回避、认知融合两两之间均呈显著正相关;(2)儿童心理虐待与忽视可以直接预测非自杀性自伤行为,也可以通过经验回避对非自杀性自伤行为产生间接作用;(3)经验回避对非自杀性自伤行为的影响受认知融合的调节。由此得出结论,即经验回避是儿童心理虐待与忽视和非自杀性自伤行为之间的中介变量;认知融合在此过程中起到催化剂的作用。[2]

二、大学生自杀行为的影响因素分析

2019~2020年国内期刊上发表的犯罪学论文中有关大学生自杀行为的影响因素分析也并不多,但是较具代表性,且对实践中公众所关注的热点事件如网络欺凌经历与其关系有一些研究。辛素飞、时蒙、张夫伟撰文以纵向的时间史为轴,采用横断历史的元分析方法来探究我国大学生自杀态度随年代的变化趋势,具体以2002~2015年32,349名大学生为被试对象,检索中国知网和万方等数据库,选取以自杀态度问卷(SAQ)测量大学生自杀态度的41篇文献,采用一般元分析的方式考察自杀态度得分的性别差异。结果发现:我国大学生自杀态度总分和"对安乐死的态度"因子的得分与年代呈显著正相关;男生对"自杀行为性质的认识"和"对安乐死的态度"因子与年代呈显著正相关,女生自杀态

---

〔1〕 周菡、余思、刘勤学、张微:《儿童心理虐待与忽视和自杀意念的关系:有调节的中介模型》,载《心理科学》2019年第2期。

〔2〕 林丽华、甘明星、郭治斌、张本钰、江琴:《心理虐待与忽视对青少年非自杀性自伤行为的影响:有调节的中介效应》,载《中国临床心理学杂志》2020年第6期。

度总分和“对自杀行为性质的认识”因子与年代呈显著正相关，但所有因子得分的性别差异无统计学意义。由此得出结论：近14年来大学生对自杀行为性质的反对程度增强，但不存在明显的性别差异。[1] 为探讨睡眠障碍与抑郁症状在大学生网络受欺凌经历与自杀行为间的链式中介作用，石绪亮、朱亚、张耀倩、王硕、齐冰撰文采用随机整群抽样方法，选取广东省某高校的3755名大学生作为研究对象，采用课题组编制的《大学生心理健康状况调查问卷》调查大学生的网络受欺凌经历、睡眠障碍、抑郁症状和自杀行为。结果发现：(1)大学生的网络受欺凌经历、睡眠障碍、抑郁症状和自杀行为之间显著相关。(2)在控制性别、身体健康状况和饮酒频率后，大学生的网络受欺凌经历对自杀行为的直接预测效应显著；睡眠障碍和抑郁症状分别在网络受欺凌经历与自杀行为间起中介作用；同时，睡眠障碍和抑郁症状在网络受欺凌经历与自杀行为间起链式中介作用。由此得出结论：网络受欺凌经历除了可以直接影响大学生自杀行为外，还可以通过睡眠障碍和抑郁症状的链式中介作用间接影响大学生的自杀行为。[2] 为了探讨歧视知觉、残疾态度、惧怕否定评价对残疾大学生自杀意念的影响，范志光、李菲撰文采用残疾人歧视知觉问卷、自杀意念量表、世界卫生组织残疾态度量表、惧怕否定评价问卷对686名残疾大学生进行调查，结果发现：(1)歧视知觉、惧怕否定评价与自杀意念显著正相关，残疾态度与自杀意念显著负相关；(2)歧视知觉显著正向预测残疾大学生自杀意念，且残疾态度在其中起中介作用；(3)惧怕否定评价能调节残疾态度与自杀意念的关系，相对于低惧怕否定评价大学生，残疾态度对高惧怕否定评价大学生自杀意念的负向预测作用更大。由此得出结论：歧视知觉通过残疾态度影响自杀意念，并且惧怕否定评价调节了后半段路径。[3]

---

[1] 辛素飞、时蒙、张夫伟：《中国大学生自杀态度变迁的横断历史研究》，载《中国临床心理学杂志》2019年第2期。

[2] 石绪亮、朱亚、张耀倩、王硕、齐冰：《大学生网络受欺凌经历与自杀行为的关系：睡眠障碍与抑郁症状的链式中介作用》，载《中国临床心理学杂志》2020年第6期。

[3] 范志光、李菲：《歧视知觉对残疾大学生自杀意念的影响：有调节的中介模型》，载《中国临床心理学杂志》2020年第6期。

专题十

暴力犯罪防控研究

第一节　个体暴力犯罪研究

一、个体暴力犯罪的成因分析

2019～2020年国内期刊发表的有关犯罪学论文中，关于个体暴力犯罪的研究并不是很多，但是具有典型性，主要集中在对个体暴力犯罪的类型化和成因分析研究、犯罪规律研究以及专门的心理成因分析等方面。

有关个体暴力犯罪的类型化和成因分析研究主要关注实践中较具有影响力的一些案件类型，如个体极端暴力犯罪、暴力伤医、极端恶性案件、孤狼式多重杀人案件等。首先，对于个体极端暴力犯罪的犯罪学定义，倪强撰文收集整理了福建省6起典型个案的调查报告以及全国近年来的100余起案例素材，采用实地访谈、典型研究、资料分析等研究方法，发现个人极端暴力犯罪的频发趋势已然形成，其暴戾之气折射出社会人心的剧烈冲突，其本质上不是个体暴力犯罪问题，而是由社会矛盾冲突产生的犯罪变种；其戕害无辜群众的生命权益也只是表象，根本上则是企图损害党和政府的治理威信。[1] 马路瑶撰文对97个暴力伤医犯罪案件的刑事裁判文书进行数据分析，发现暴力伤医犯罪的发生受个体因素、环境因素和情境因素的影响。其中个体因素包括犯罪主体性别、

[1] 倪强：《个人极端暴力犯罪特点及对策探析——以推进专项综治工作为视角》，载《中国人民公安大学学报（社会科学版）》2020年第4期。

年龄、受教育程度、职业状况和共情能力；环境因素包括气候状况、医疗技术和社会经济发展状况、医患之间缺乏有效沟通导致的信任缺失情况等；情景因素主要包括犯罪目标（为患者提供医疗服务的工作人员、负责处理医患纠纷和宣布诊疗结果的管理人员、劝阻患方实施暴力伤医行为或者进行“医闹”的工作人员）具有易被害性、犯罪场所的安全防范水平低。[1] 王飞通过网络检索，对2000年以来见诸报端的161例个人极端暴力犯罪案件进行分析发现，15例个人极端暴力犯罪具有一个共同之处，即作案人均利用其从事的职业对作案对象实施极端暴力犯罪。对这15例职业领域内个人极端暴力犯罪案件进行分析发现，职业领域内个人极端暴力犯罪具有作案直接、诱因简单、施暴行为征兆性弱、作案对象无辜被害、作案危害后果严重等特点。职业领域内个人极端暴力犯罪暴露出对极端人员监测难度大、极端人员作案模仿性强、被害人防控意识与能力弱、应急快反协同处置较迟滞等社会安全隐患。[2] 王燕飞撰文对2018年9月12日晚7时35分，湖南省衡阳市衡东县发生的一起恶性案件进行犯罪学分析，发现“9·12”恶性案件案犯阳某云的基本情况如婚姻（有过三段婚姻）、工作与经济来源（没有固定职业，后来在贵州开采金矿积累了一定财富，近年来主要依靠放贷收取利息）、遵纪守法（是一个“累犯”）上均显示特殊，案件发生有着社会方面的客观因素与加害人主观的因素。案发处置的机制是稳固的，然而，留下的检视空间很大，犯罪人行为受家庭堡垒破坏、人生屡屡受挫等因素影响；在社会环境层面，阳某云所生活的周围社会存在各种阴影及对其成长不利的负面影响，如民间非法借贷、毒品交易、打牌赌博等。在国家对策层面反思，涉及刑事司法是否制造了犯罪，犯罪的预防（特殊对象的重点“智慧”预防问题）与处置反应是否促进犯罪性的发展问题。总之，这一案件暴露了个体、家庭、社会、国家反应机制存在的部分问题，以及我国犯罪学研究对现实问题关注的有待提高，应以此案为契机引起犯罪学界更加重视，积极促进学术对话。[3] 张馨培、马振超撰文对个人极端暴力事件进行犯罪学分析。该论文梳理出2018

---

〔1〕 马路瑶：《暴力伤医犯罪的成因与防控对策——以97个暴力伤医犯罪相关刑事裁判文书为研究对象》，载《犯罪研究》2020年第2期。

〔2〕 王飞：《职业领域内个人极端暴力犯罪分析——以15起案件为例》，载《山东警察学院学报》2020年第4期。

〔3〕 王燕飞：《“9·12”恶性案件的犯罪学检视》，载《犯罪研究》2019年第6期。

年11起典型事件,分析个人极端暴力事件的原因主要包括社会因素、“原型”因素、互联网因素三个方面,具有危害公共安全、引发社会危机、导致民粹主义泛滥、对维稳工作提出挑战的消极社会影响。[1]

有关个体暴力犯罪的犯罪规律研究,曾赟撰文采取分层抽样方法选取自1980年至2016年孤狼式多重杀人犯罪案例136件,通过实证研究发现了孤狼式多重杀人犯罪的规律。在厘清孤狼式多重杀人、系列杀人和特大杀人相关概念基础上,深入分析了孤狼式多重杀人犯罪现场、犯罪行为和杀人凶犯三方面的规律。首先,从犯罪现场痕迹状况、犯罪地理状况、尸体处置和被害人状况四方面分析孤狼式多重杀人犯罪现场的内在规律;其次,从目的行为、动机行为、手段行为和标记行为分析孤狼式多重杀人犯罪行为规律;最后,从个体生理、社会和生平境遇三方面考量杀人凶犯的生理—社会状况规律。通过分析该类犯罪现象内在规律,可以从案件侦破源头上,为有效防止错案的发生提供正确的案例指引;也能从犯罪发生机制层面,为有效防控孤狼式多重杀人犯罪提供合理的案例依据。[2] 冯文刚、鞠一铭、闫琰撰文对网约车在提供载客服务过程中,因司机与乘客之间出现冲突所导致的犯罪即网约车车内暴力犯罪进行特征和规律分析,认为该类型的个体暴力犯罪主要包括肢体、语言上的暴力,继而由此引发的后续暴力升级。该文分析了此类案件的主体特征、时空特征、犯罪诱因等,具体为:其犯罪案件类型以抢劫和故意伤害案件为主,还包括抢夺、寻衅滋事、强奸和杀人案件等;犯罪主体上,30%为司机,其余为乘客;犯罪时间上,以夏季和夜间为高峰;犯罪空间上,经济发达地区发案率较高;其犯罪诱因可分为七大类,且与网约车犯罪环境的封闭性、移动性和随机性相关。[3]

有关个体暴力犯罪的心理成因分析研究如下:郭风娇撰文对无差别杀人案件的犯罪心理进行探究,所谓无差别杀人是指并无犯罪组织依托的行为人,出于较为明显的社会不满情绪,针对不特定的被害对象,采取具有较大杀伤力的手段,肆意杀害无辜他人,造成一定社会恐慌的刑事违法行为。相较于一般杀人案件,挫折是引发无差别杀人的特殊犯罪心理,较常见的挫折类型主要有情

[1] 张馨培、马振超:《社会稳定视角下个人极端暴力事件问题探析》,载《警学研究》2019年第6期。

[2] 曾赟:《孤狼式多重杀人犯罪规律实证研究》,载《政法论丛》2019年第1期。

[3] 冯文刚、鞠一铭、闫琰:《情景预防理论视角下的网约车车内暴力犯罪预防》,载《中国人民公安大学学报(社会科学版)》2020年第3期。

感需求受挫、工作以及经济压力挫折、政府司法机关行为引发的挫折、个人权益受侵害引发的挫折等。由于无差别杀人者情绪反应消极、具有严重的他责倾向，导致他们在相同情境下受挫感更强、更容易实施攻击行为，进行泛化报复。无差别杀人针对无辜之人实施犯罪，属于攻击中的特殊类型，即转向攻击，这与无差别杀人者道德感低下和严重的自毁情结有关。无差别杀人案件中被害人往往是无辜的弱势群体，这种试图引发社会轰动的攻击方式主要由犯罪人的懦夫心态所决定。[1] 高旭、李晓临、黄雅静撰文从宏观角度考察，认为人类文明之所以会进入风险社会，隐性暴力是一个重要的中介变量。隐性暴力是指尚未被人类意识捕捉并具有一定毁灭性的攻击性行为。隐性暴力起源于同一性及其物化效应，越来越多的人难以顺利建构出必要的自我同一性。隐性暴力的在场与西方文明根深蒂固的形式对立观紧密相关。任何时候，理性都没有资格去否定心性的灵动性。心性对于每一个人而言有着特定的生命价值。只有学会尊重心性，向他者开放，人类才有机会逐步获得自我拯救的正能量，共建人类命运共同体。[2]

二、个体暴力犯罪的预防研究

有关个体暴力犯罪的预防既包括事前、事中预防，也包括事后的预防。其中，事后对个体暴力犯罪行为人进行追责认定也是事后刑罚预防的一种。陈伟、张学文撰文对已通过刑事司法解释续造的方式进入规范表达之中的“软暴力”进行了事实层面和规范层面的研究，认为事实层面上，“软暴力”表现为借助“暴力暗示”或“组织暗示”来展示自身的犯罪能力以实现非法目的（其中“暴力暗示”包括利用在先的暴力经历，暗示在后的暴力可能，不具有当下的暴力行为；“组织暗示”包括黑社会已然控制力的变现和恶势力既有影响力的假借，如仪式化的行为、符号化的形象、程式化的举止等），即通过“恐惧”的心理特点而对他人形成强制作用。但就规范层面而言，“暴力性”或“组织性”却并非软暴力的必要条件，而是软暴力刑事可罚性大小的参考依据。软暴力作为一种违法

〔1〕 郭风娇：《无差别杀人案件的犯罪心理探究——基于76起案例的分析》，载《犯罪研究》2020年第1期。

〔2〕 高旭、李晓临、黄雅静：《隐性暴力的心理源：同一性及其物化总趋势》，载《江苏警官学院学报》2019年第3期。

犯罪手段,本身并不是任何具有犯罪的构成要件,故其入罪仍应遵循构成要件的符合性判断,不能肆意泛化内涵或虚化外延,应通过司法适用的规范和自由裁量的平衡实现"软暴力"的正确认定。[1]

有关个体暴力犯罪事前、事中预防的则主要是针对不同类型的个体暴力犯罪分别给出防控对策。针对个人极端暴力犯罪,张应立撰文以"枫桥经验"为防控思路,认为我国个人极端暴力犯罪发案数量明显增加,这在很大程度上是由经济发展和社会转型所导致的社会矛盾多发、积累和激化造成的。新时代"枫桥经验"是基层社会治理的成功经验,我们需要借鉴"枫桥经验"做好个人极端暴力犯罪的预防工作,树立"一个理念",提高"一个认识",打造"一支队伍",明确"一个责任",建立"一个团队",健全"两个机制"。[2] 倪强撰文主张应当从犯罪预防学视角界定其犯罪概念,通过研究主体特征、生成模式来提炼其犯罪特性,以找准高危人群的排查漏洞和管控短板;各环节防控工作要针对关键问题精确施策,应该客观制定排查甄别高危人员的标准,规范精神卫生部门对列管对象的心理援助工作,规制公安机关立线侦控预备犯罪的启动条件,要向社会公众明示如何行使无限防卫权制止现行犯罪,并要尽快研制发案后的舆情管控标准;进而,应尽快建立健全个人极端重点人员的大数据情报信息平台、分级分类管控责任制和强制性心理干预机制。[3] 冯文刚、鞠一铭、闫琰撰文基于情境预防理论,认为网约车车内暴力犯罪的预防体系应包括以下方面:增设司机心理检查制度、建立健全司机保护体系、推行乘客信用机制、加强车内监控措施、畅通车内外沟通途径、推进政企信息共享、隐藏目标信息、建立分级保护机制、认定乘客不良行为、提高司机服务意识、加强法规建设、设置车内环境。[4] 马路瑶撰文认为对暴力伤医犯罪进行防控,应当加强法治教育,减少犯罪动机;推进医疗卫生体制改革,从根源化解医患矛盾;提高医疗卫生机构工作人员的自我保护意识和能力,降低自身被害性;加大医疗卫生机构安全防范力度,减少

〔1〕 陈伟、张学文:《"软暴力"的事实判断与规范调适》,载《甘肃政法学院学报》2020 年第 4 期。

〔2〕 张应立:《个人极端暴力犯罪预防研究——以"枫桥经验"为视角》,载《山东警察学院学报》2019 年第 2 期。

〔3〕 倪强:《个人极端暴力犯罪特点及对策探析——以推进专项综治工作为视角》,载《中国人民公安大学学报(社会科学版)》2020 年第 4 期。

〔4〕 冯文刚、鞠一铭、闫琰:《情景预防理论视角下的网约车车内暴力犯罪预防》,载《中国人民公安大学学报(社会科学版)》2020 年第 3 期。

暴力伤医犯罪可能性。从源头上减少暴力伤医犯罪的社会政策,往往难以立竿见影,需要配合情境预防措施来进行防控,如医疗机构工作人员应提高自我保护意识和能力,降低自身被害性。医疗卫生机构可以通过推广"安检"、设置"一键报警"装置和在高危地点安装摄像头,降低患方在医疗卫生机构中实施暴力伤医犯罪的可能性。[1] 郭风娇撰文认为,对无差别杀人案件的预防可以从短期预防和长期预防两方面进行。短期预警系统设立应当从"特殊"人员监控和重点场所监控两方面着手,长期预警系统的核心措施在于完善心理疏导机制,需要家庭环境、法制、媒体等社会综合力量的参与。[2] 张馨培、马振超撰文认为防范、应对个人极端暴力事件,政府要以人为本、信息公开、提高基层官员素质、维护法治权威;社会应该应当充分发挥社会组织的效能;同时公安机关应当转变态度提高警惕、加强情报信息的搜集和分析、加大网络媒体监管和惩处力度、完善社会治安动态防控机制。[3] 王飞撰文认为,针对职业领域内个人极端暴力犯罪,亟须从健全职业领域检测干预机制(构建从业人员犯罪风险测评机制、建立重点从业人员追踪矫治机制)、阻断极端人员作案学习渠道[改进官方(警情)通报行文规范、涤清暴力犯罪网络环境]、提升被害人防控意识与能力、加强应急快反协同处置建设等方面着手,科学设计与有效落实职业领域内个人极端暴力犯罪防控策略。[4]

第二节　群体性暴力犯罪研究

群体性事件中的暴力犯罪与群体性暴力犯罪并不相同,后者更注重暴力犯罪的多人特征,前者注重暴力犯罪的发案原因。严格来说,近年来我国有关两者的暴力犯罪都很少。2019～2020 年国内期刊发表的有关犯罪学论文中有关

---

〔1〕 马路瑶:《暴力伤医犯罪的成因与防控对策——以 97 个暴力伤医犯罪相关刑事裁判文书为研究对象》,载《犯罪研究》2020 年第 2 期。

〔2〕 郭风娇:《无差别杀人案件的犯罪心理探究——基于 76 起案例的分析》,载《犯罪研究》2020 年第 1 期。

〔3〕 张馨培、马振超:《社会稳定视角下个人极端暴力事件问题探析》,载《警学研究》2019 年第 6 期。

〔4〕 王飞:《职业领域内个人极端暴力犯罪分析——以 15 起案件为例》,载《山东警察学院学报》2020 年第 4 期。

群体性暴力犯罪研究也鲜有,仅有一篇是关于监狱发生行凶伤害性突发事件的分析。陈加养撰文指出,狱内行凶伤害突发事件具有复杂性和反复性、报复性和极端性、时段性和突发性、隐蔽性和高智商化、纠合性和集团性特点。之所以发生罪犯行凶伤害突发事件,其犯罪主体恶习深、心理存在缺陷是根本原因;矛盾冲突是行凶伤害突发事件的主要诱因;客观上监狱法律法规滞后,一定程度上影响监狱安全工作;部分民警规范执法理念意识淡薄是直接因素。关于狱内行凶伤害事件的防控措施主要有:一是健全和完善监狱法律法规体系;二是以人为本,强化监狱民警的危机意识;三是利用信息化,主动出击,建立预警机制;四是采取全方位一体化的安全防控手段(充分发挥安全防控中人力、实体、技术防控三大手段的作用、从重点罪犯防控入手、加强对重点时间空间的防控)。[1]

〔1〕 陈加养:《狱内行凶伤害性突发事件防控研究》,载《犯罪与改造研究》2019 年第 3 期。

专题十一

裁判、监禁与矫治研究

第一节 裁判制度

一、刑事裁判文书的风格塑造

有关刑事裁判文书的说理表达方式,需从风格视角来观察,这样有助于人们跳出形式逻辑的桎梏,重新认识其独特的修辞意义。王聪撰文从C市中级人民法院2017年结案的22,525份裁判文书中随机抽取100份裁判文书,通过对其说理风格进行分析,发现这些判决说理均呈现出大陆法系判决说理风格的典型样貌,只有一份判决书捎带道德劝诫风格,一份判决书援引了社会主义核心价值观。我国司法判决说理的新风格之所以萌芽,具有深层的社会原因和制度原因,但其发展又受到现实环境、科层体制、司法习性等因素的制约。[1] 杨彩霞、张立波撰文通过对2014~2019年融入社会主义核心价值观的刑事裁判文书分析发现,当前的司法现状是援引数量从2016年起大幅增长,内容指向上积极引用,案由上涉及六大方面,罪名涉及21个。社会主义核心价值观融入刑事裁判已经成为中国司法的特色内涵之一,展现出多方面的积极意义,已经成为刑事政策的文化基础,它为刑事裁判文书提供说理依据,促进刑事司法裁判语

〔1〕 王聪:《我国司法判决说理修辞风格的塑造及其限度——基于相关裁判文书的经验分析》,载《法制与社会发展》2019年第3期。

言通俗化,增强刑事司法裁判社会认同。[1]

因此,尽管在当下的司法实践中,新风格判决尚显稀缺,但随着内外部激励条件的变化和经验的积累,法官适当运用修辞来改善说理风格,仍将是一个趋势。关于如何进一步完善社会主义核心价值观融入刑事司法裁判,王聪在文中提出从听众需求的角度审视,判决说理风格的修辞是一把"双刃剑",在制定法语境下,法官对判决新风格的追求应该持审慎态度,遵循表达正义的基本要求和说理的"奥卡姆剃刀"原理。面对听众对裁判结果公正性的渴求,法官在塑造判决风格的"事理、法理、情理、文理"四个维度时,必须把握说理的修辞限度,以法理为尺度,通过理性的法律论证,提升判决说理的质量品位,提高裁判的正当性。即法官在说理论证时,首先必须遵循通行惯例所要求的结构形式安排和以法理为尺度的内在约束,然后才能追求表达的灵活性,并考虑社会对这种新风格的容忍度。[2] 杨彩霞、张立波在文中提出了五大具体对策,一是提高社会主义核心价值观内容引用的准确性;二是增强社会主义核心价值观裁判说理的论证性;三是把握社会主义核心价值观适用顺序的次序性;四是丰富社会主义核心价值观融入进路的多样性,在"本院认为"部分通过定性、回应、定量方式融入核心价值观,在"尾部部分"防止裁判依据道德化;五是加强社会主义核心价值观案例指导的引领性。最终,将中国最大的情理与法理结合于裁判文书之中,体现出中国特色司法的创新,切实发挥出社会主义核心价值观的实际效能。[3]

二、量刑规范与影响因素分析

2019~2020年国内期刊发表的犯罪学论文中有关量刑规范与影响因素的分析,主要集中在两个方面:一是司法大数据的运用;二是量刑标准的构建。

(一)司法大数据的运用

与传统司法信息化相比,司法大数据与人工智能技术的应用呈现出数据前

---

〔1〕 杨彩霞、张立波:《社会主义核心价值观融入刑事裁判文书的适用研究——基于2014-2019年刑事裁判文书的实证分析》,载《法律适用》2020年第16期。

〔2〕 王聪:《我国司法判决说理修辞风格的塑造及其限度——基于相关裁判文书的经验分析》,载《法制与社会发展》2019年第3期。

〔3〕 杨彩霞、张立波:《社会主义核心价值观融入刑事裁判文书的适用研究——基于2014-2019年刑事裁判文书的实证分析》,载《法律适用》2020年第16期。

置性、算法依赖性、自我适应性与领域限定性的技术特征以及范围全面性、功能根本性、地位关键性与态度开放性的时代特征。目前，国外大数据技术在犯罪侦查、司法量刑等实务运用方面十分活跃，主要集中在网络毒品犯罪侦查、量刑差异分析、文章作者识别以及量刑指导等方面。为了有效防范司法大数据与司法场景特性的融合交叠可能诱发司法固有属性被消解、法官主体地位被削弱、司法改革目标被替代和司法改革结果失控等风险，王禄生撰文指出，在司法大数据与人工智能技术应用中必须遵循以保障司法固有属性为终极目标、以强化法官主体地位为根本出发点、以工具主义为功能定位、以比例原则推动审慎创新的伦理规范。技术伦理与技术发展之间将在相互调试中逐步达到融洽状态。当然，伦理只是规制司法大数据与人工智能技术应用的一种方式而不是全部，其作用的发挥还有待于其他规制措施的协同推动。[1] 大数据时代，法院判决书作为典型的非结构化数据，利用其获得有价值的预测或趋势信息，已成为今年来的热门议题。舒洪水撰文以中国裁判文书网毒品判决书为文本挖掘对象，利用 TF－IDF[（Term Frequency/Inverse Document Frequency），即为字词频率/逆向文件频率，该技术为关键字词权重分析，是一种用于信息检索与文本挖掘常用的加权技术，属于统计方法的一种]、N－Gram[是大词汇连续语音识别中常用的一种语言模型，就中文而言，我们称为汉语语言模型（Chinese Language Model，CLM），它属于中文断词技术中非词库法的代表方法]、关联性分析及 CRISP－DM[（CRoss Industry Standard Process for Data Mining），即为跨产业数据挖掘标准流程]等技术方法，对 388 份判决书进行自动化分类及数据化转换，并利用统计线性回归方法，实时分析法院判决数据，建构出量刑预测模型。经评估后发现，本研究所提出的判决分类及量刑预测模型均有良好的预测能力。该文建议参照美国建立量刑指导罚则，设立司法量刑机构，委托学术研究机构运用大数据技术分析法院判决书，计算出各类犯罪量刑预测模型，制定量刑标准，规范法院对于相似案件的刑期计算标准，真正实现量刑均衡，确保罪刑相适应原则的正确实施，营造公正、透明、可预期的法治环境。[2]

---

〔1〕 王禄生：《司法大数据与人工智能技术应用的风险及伦理规制》，载《法商研究》2019 年第 2 期。
〔2〕 舒洪水：《司法大数据文本挖掘与量刑预测模型的研究》，载《法学》2020 年第 7 期。

(二)量刑标准的构建

2019～2020年国内犯罪学论文中有关量刑标准检视与构建方面,有一个共同点就是都以实证研究为方法,其中既有对刑事样本的量化研究,也有对个案的质性研究。汪雪城撰文对防卫限度判断标准进行司法检视,以“中国裁判文书网”作为数据库,检索有效样本750个(其中正当防卫样本18个,防卫过当样本732个),经过考察样本发现,司法实践在判断防卫限度时标准不一,主要采用以“明显超过必要限度”“造成重大损害”为基准的二元构成条件和以“明显超过必要限度”为基准的一元构成条件。在界定重大损害时,仅将人身损害作为评价指标,并且普遍以“相当于一人重伤”作为认定起点。在评价必要限度时,倾向于关注个别要素,欠缺综合考量和情境判断,更强调防卫者将损害结果控制在最低程度。针对司法实践中的认知偏差,应当确立以并列说为基础的二元构成条件,同时把防卫限度分解为行为限度和结果限度,防卫过当必须是行为和结果双重过当。在评价结果限度时,财产损失应纳入考量范畴,轻伤在一定条件下也能成立重大损害。行为限度的评价基准当采用必需说,并且要坚持综合考量原则,以“防卫人所属的一般人”进行事前判断。[1] 王越撰文通过对北大法意案例数据库1996年至2017年10月以前网上全部可查的故意伤害罪383,678个裁判文书筛查,将样本限定在2014年以后犯故意伤害罪未造成死亡结果并被判处有期徒刑的案件,共计303,256个。经统计分析发现,故意伤害罪有期徒刑的裁量具有高度规范性,实务中法官的量刑方法遵循了“三步骤”方法的理论内核,量刑起点和基准刑的确定与规范规定保持了高度一致,仅少部分情节的适用与规范略有冲突。严密的规范体系、法官规避决策风险的需求和实务与规范的双向契合为高度规范性的实现提供了前提、动力和实现路径。但在规范未必正确的前提下,高度规范化的量刑反而可能造成错误的重复和经验的萎缩。基于目前的高规范性水平,下一阶段的量刑改革应及时转向,从形式合法的规范化转向实质正当的规范化,建立量刑正当性评价体系;从机械的规范化转向能动的规范化,明确、维持和强化规范与经验并重的双重规则体系。对2014年至2017年样本分别进行回归分析发现,自2014年以来统一标准对故

---

[1] 汪雪城:《防卫限度判断标准的司法检视与理论反思——基于750个刑事样本的实证考察》,载《法学家》2019年第6期。

意伤害罪有期徒刑刑期的解释率并未因改革力度的加大而连年增长，而是维持在一个较为稳定的水平。在继续要求法官关注量刑规范化的同时，改革本身也应审慎自省，及时将工作重心从专注量刑均衡转向兼顾实质公正，具体应从形式合法的规范化转向实质正当的规范化、从机械的规范化转向能动的规范化。在重塑量刑规范化改革的宏观逻辑过程中，可以借助第三方正当性评价标准，维持规范与经验的平衡和张力，在高度规范量刑的基础上尽可能地接近高度公正的量刑。[1] 王复春撰文通过对威科先行（Wolters Kluwer）案例库中2014年度生效的以故意杀人罪判处死刑的共计1126份裁判文书进行实证分析，发现当前死缓限制减刑的裁量既不是以死刑立即执行为起点的减法机制，也不是以一般死缓为起点的加法机制。是否对被告人限制减刑，既与预防刑情节有关，也与责任刑情节有关，仅以人身危险性约束法官死刑裁量的理论不具有现实基础。运用应然刑量综合评估体系能够发现个案中"犯罪情节等情况"的实际作用力。司法实务中对故意杀人罪死缓限制减刑的裁量基本符合罪刑均衡的要求。死缓限制减刑具有"加重生刑、减少死刑"的制度功效，但仅在立法层面得以显现，在司法层面尚未有效发挥。刑事指导案例4号、12号在司法实务中的指导效果较差，有必要扩充新型情节组合模式下的指导案例。研究发现，应当以关键情节为核心，建构故意杀人不同情形组合下死缓限制减刑的裁判规则。[2]

针对整体司法裁判中的量刑影响因素，文姬撰文认为，我国《关于常见犯罪的量刑指导意见》（已废止）规定的基准刑调节方法中的调节程式和调节幅度模式均存在一定的缺陷。调节程式中，复合模式（对于修正量刑情节，采取"部分连乘、部分相加减"的调节程式）的连乘法，使基准刑处于不停变动中，隔断了一般量刑情节对基准刑的直接作用，弱化了"修正构成情节"的减轻幅度。调节幅度模式中，"比例固定"模式的调节比例固定，但其调节数值却随着量刑起点和刑罚增量的变动而变动。复合模式和"比例固定"模式是否与司法实践中的量刑规律一致，需要通过实证研究予以论证。该文通过盗窃罪的司法数据进行实证研究，发现调节程式中复合模式并不比单一模式优越，所以应当排除复合模

---

〔1〕 王越：《量刑规范性水平的实证检验：以故意伤害罪为例的分析》，载《法学家》2020年第6期。

〔2〕 王复春：《故意杀人罪死缓限制减刑的适用状况实证研究》，载《法学家》2020年第6期。

式的适用,而选择单一模式。同样,盗窃罪的司法数据证实,调节幅度模式中,纯粹的"比例固定"模式不可能实现;"部分比例固定、部分数值固定"的"准比例固定"模式已经取代了纯粹的"比例固定"模式;"准比例固定"模式和"数值固定"模式应当处于并存状态。[1] 梁文彩撰文以中国裁判文书网中2014年全国范围内的全部敲诈勒索罪判决书为样本来源,对预交罚金的量刑问题进行实证研究。经过筛选处理,最终纳入数据库的判决书总量为3147份,被告人总量为5360人。通过对这些样本的实证研究发现,预交罚金会对被告人的量刑产生从宽处罚的效果。这种从宽体现在具有预交罚金情节的被告人更可能被判处较轻的刑种、较短的刑期以及适用缓刑。预交罚金不仅违背无罪推定原则和基本的形式逻辑,更会对被告人造成明显的不公,建议最高司法机关明确禁止在判决宣告前预交罚金。[2] 张鹭、侯明明撰文则从个案进行质性分析,以张某某案这一典型的复仇型个案为样本进行实证分析,看到该个案中作为隐性社会结构的复仇文化下的共情效应,与作为显性法律结构的私力公权化了的制度性惩罚具有冲突的一面。但是由于定罪构造上的超稳定结构、司法者社会效应的考量、前案与后案之间不具有法定结构上的因果关系以及最高刑罚与罪行之间并非一一对应的可视化配置关系等原因,隐性社会结构对司法裁判所产生的影响仍然是有限的,其对于法律事实的认定、法律的适用以及量刑裁量的影响都是辅助性的,而非运作性依据。但是,私暴力复仇的悲剧也呈现出值得现代法律结构、司法系统进行反思的一面,需要调和三者之间的冲突,促进司法与社会的融洽相处。就方法论而言,以一种现实主义的立场来研究司法个案,并非一定得出法律规范在司法裁判中处于边缘地位的结论,在特定的案件结构下,经验性的研究恰恰有时可以为法官的规范选择、规范约束提供社会科学的知识支撑。[3]

---

〔1〕 文姬:《基准刑调节方法实证研究》,载《法学》2020年第2期。

〔2〕 梁文彩:《关于"预交罚金"对量刑影响的实证研究》,载《江苏警官学院学报》2020年第1期。

〔3〕 张鹭、侯明明:《案中隐性社会结构对司法裁判的影响及其调和——以张扣扣案为素材的实证分析》,载《甘肃政法学院学报》2020年第2期。

第二节　监禁制度

一、对监禁刑的反思与分析

世界各国的人口监禁率存在较大差别。为了验证造成这种差别的客观原因，刘崇亮撰文运用犯罪学、刑罚学与行刑学的基本原理，以二十国集团（G20）1990～2014年的人口监禁率与这些国家的同期10多项反映非刑罚性因素与刑罚性因素的数据样本进行纵向和横向的相关性分析。结果发现，经验法则上总结出的因素在经过横向与纵向的分析之后，有的能够证实，有的则无法证实。在归因的过程中发现犯罪规律的流变、刑量的客观定在与背后的非理性、行政权的被动等有关犯罪人口规模的理论图景，表明监禁人口规模控制具有复杂性。因此，当刑罚执行担当起制刑与量刑的有力的制约机制、监狱成为犯罪人口规模的有力控制武器时，它不仅应当成为调节犯罪气候的"安全阀"，还应当成为刑罚结构的"参照系"。如我国的刑罚权在一体化的运行机制中，在面对服刑人口监禁率日益受到非犯罪式人为"制造"的背景下，行刑权应当反过来制约制刑与量刑权，以提高刑罚的实际效益。[1] 2011年以来，我国刑事立法对刑罚结构做了适度调整，2016年最高人民法院通过司法解释大幅压缩减刑规模，两者叠加导致监禁刑总体明显趋重。廖斌、何显兵撰文考察监狱实践，发现长期监禁刑实际服刑期限延长，监狱老龄化现象日趋凸显。对此，该文认为监狱因应刑罚结构调整的变化，一方面应充分发挥减刑假释制度的功能，以消除监狱人口过度膨胀的弊端；另一方面应加速推进监狱管理科学化、社会化、人道化，以化解罪犯抵触情绪、维护监管秩序。[2]

二、对终身监禁制度的审视

终身监禁制度是《刑法修正案（九）》增设的一项新制度。从规范内涵来

---

〔1〕 刘崇亮：《刑事一体化视野下对人口监禁率的归因解析》，载《上海政法学院学报（法治论丛）》2019年第3期。

〔2〕 廖斌、何显兵：《监禁刑总体趋重对监狱行刑的影响及对策》，载《法学杂志》2019年第5期。

看,我国的终身监禁不是独立的刑种,而是针对特重大贪污受贿犯罪死缓创设的死缓执行方式,其实质是特重大贪污受贿犯罪死缓犯依法减为无期徒刑后,不得再对其进行减刑、假释。“不得减刑、假释”的刚性设计,使终身监禁治理腐败的政策宣示功能得到了彰显,但激励性的缺失和必要性的不足,又使其面临正当性的责难。2019～2020 年国内犯罪学论文中仍有对该制度进行正当性检讨和立法反思的,并且在罪刑法定原则下提出了相应的司法适用限缩路径。

吴玉萍撰文认为,在刑罚正当化根据的几种代表性观点中,由于优先理论的刑法正当化要素全部具备,妥善处理了报应与预防的关系且一体化模式与分阶段模式协调一致,因而适宜于作为分析终身监禁正当性的理论根据。以优先理论之报应检讨终身监禁的正当性,终身监禁是绝对报应刑的产物且不能实现罪刑均衡,将其适用于贪污受贿犯罪更是导致了罪刑失衡,因而终身监禁不具备报应的正义性;以优先理论之特殊预防检讨终身监禁的正当性,终身监禁不具备报应的正义性;以优先理论之特殊预防检讨终身监禁的正当性,终身监禁通过永久剥夺犯罪能力实现了消极的特殊预防,但实现消极的特殊预防并不依赖永久剥夺犯罪能力,并且,终身监禁因不能实现积极的特殊预防导致行刑陷入困境,因而终身监禁不能实现特殊预防;以优先理论之一般预防检讨终身监禁的正当性,终身监禁侵犯了人的尊严,是重刑主义的体现,因而不能实现一般预防。总之,终身监禁不具有正当性。检讨终身监禁的正当性,为我国终身监禁未来的立法抉择提供了指引。[1]

张永强撰文认为,终身监禁并不具备替代死刑立即执行、限制和废止死刑以及防止服刑期过短的功能,其与死刑一样,都是残酷、不人道的,不符合刑罚轻缓化的时代潮流。无论是作为当前的死缓执行方式,还是未来的具体刑种,终身监禁都难以承受死刑废除之重。我国刑罚不存在“生刑过轻”的问题,死刑废止的症结也不在于有无终身监禁,即使全面废止死刑,我国的刑罚体系仍然是重刑体系,没有可供终身监禁等替代植入的空间。对于域外国家和地区废止死刑过程中建构替代刑的做法,需要理性看待,不能盲目照搬,尤其是需要分析域外国家和地区在废除死刑时建构替代刑的具体原因。在我国未来刑法立法中,不能将终身监禁改造成具体的刑种,更不能将其作为死刑改革中废止死刑

---

〔1〕 吴玉萍:《终身监禁正当性之检讨》,载《法学》2020 年第 10 期。

的替代刑，否则是与废止死刑的初衷和刑罚轻缓化现代潮流相违背的。与其让终身监禁承受死刑废止这一无法承受之重，不如让其回归作为死缓执行方式的本位，在优化死缓执行方面发挥应有的效能。[1] 对此，也有不同观点的，认为我国刑法增设终身监禁，不仅与我国高效反腐的刑事政策相契合，而且与限制、废除死刑的发展趋势相协调。刘霜通过对2015年8月至2020年7月我国适用终身监禁的9例案件的质性分析，引发如下思考：终身监禁司法适用效率为何低下；条款的威慑宣誓价值是否高于法律适用价值；终身监禁的立法初衷与司法适用现实之间是否存在不协调；终身监禁未来命运何去何从。司法机关在适用终身监禁时应秉承严格审慎理念，限缩适用，谨慎判定。提倡终身监禁应当限缩适用，这既是刑法教义学的基本要求，也符合宽严相济的刑事政策。由终身监禁的司法限缩适用引发新的路径倡导，即在我国刑事立法扩张已成定势的情况下，与其一味否定批判立法，不如在刑法立法扩张与司法限缩适用之间寻求平衡。从钳制刑事立法转向司法层面的严格适用，以消解立法功能扩张带来过度侵犯法益的危险。[2]

第三节　矫治与矫正

一、刑事执行中的疑难问题与破解

2019～2020年国内期刊发表的犯罪学论文中有关刑事执行中的疑难问题与破解方面，主要集中在执行力的影响机理和治理路径、执行后冤假错案的救济和刑罚执行后的前科报告制度三个方面。

首先，针对执行力的影响机理和治理路径，李声高撰文从拒执罪的司法适用空间切入，反思终本适用阻碍拒执罪程序根由及方式改变的消极影响。该文认为破解执行难的司法程序设计，需要反思执行救济中民刑交叉程序治理中的问题，即要综合考虑终本程序与拒执罪的管辖利益、诉讼价值和证明责任的分

---

〔1〕 张永强：《终身监禁死刑替代功能的立法反思》，载《现代法学》2020年第2期。

〔2〕 刘霜：《终身监禁制度的司法限缩及其路径——以2015－2020年已决案例为样本的分析》，载《法学》2020年第12期。

配。终本程序可以是执行程序退出的重要机制,也可以成为破解执行难的改革在形式上的缓冲策略,却不应当截断拒执罪的救济路径。文中提出要在程序回转立法释明、执行利益价值归位和证明责任特殊处理的基础上,实现终本程序与拒执罪诉讼程序并行互补救济路径的合理格局。[1] 季金华撰文从宏观上分析司法执行力的文化影响机理,认为司法执行力深受文化心理的影响,信任心理是司法裁判顺利执行的前提,畏惧心理是司法裁判能够执行的基础,逃避心理是司法裁判难以执行的消极因素,对抗心理是司法裁判执行受阻的直接动因;司法执行力深受文化观念的影响,当事人、社会公众、法官、执行人员对司法过程、司法结果的文化认识是左右执行程序、影响司法执行效果的重要文化要素;司法执行力受文化意识的影响,当事人的自觉执行意识是司法执行取得理想效果的文化动因,执行人员的能动执行意识是执行高效原则的必然要求,其他机关协助执行的文化意识是司法执行顺利开展的有力保障。司法执行方面的文化意识是社会主体对司法现象和司法问题产生相对理性化的认识,其中当事人的契约意识是司法执行取得理想效果的文化动因,执行人员的能动执行意识是执行高效原则的必然要求,协助执行的文化意识是司法执行顺利开展的有力保障。[2]

其次,在执行后冤假错案的救济问题上,陆永棣撰文从死刑冤案着手,认为死刑冤案难以发现与纠正的根源在于,程序推进过快使发现冤情的时间之窗不易开启;作为救济手段的申诉信访制度非但未能筛选、甄别,反而容易湮灭冤案;受理审查机构不够中立、超脱;错案追责中的主体泛化和实体结果导向加剧纠错阻力;死刑冤案本身疑难复杂,查清事实不易,又因立法上有关再审标准规定不清故提起再审困难。对此,破解死刑冤案发现与纠正难题的路径在于,充分保障死刑复核时间,延长核准后的交付执行时限,并由司法行政部门统一行刑;改革现行死刑判决的申诉信访处理模式,由检察机关统一异地受理审查;减刑假释与“认罪服法”脱钩,保障罪犯的正当申诉权利;准确把握再审立案与改判的证明标准,放宽再审准入标准;重视舆情,对公众反响大、可能有冤的案件

---

〔1〕 李声高:《执行难的民刑交叉治理路径反思——以终本程序与拒执罪关系为切入点》,载《法学评论》2019 年第 2 期。

〔2〕 季金华:《司法执行力的文化影响机理探析》,载《北方法学》2020 年第 5 期。

应及时审查;强化以国家赔偿为主的错案责任体系,减少纠错阻力。[1] 李敏撰文从重大冤错案着手(2014年至2019年6月,全国法院依法纠正聂某斌案等重大冤错案42件63人),对已经纠正的重大典型冤错案件进行类型化分析,主要有以下六种不同类型的冤错案件,即缺乏客观的在场证明证据的冤错案件、第一发现者成为被告人的冤错案件、家庭内部成员被作为犯罪嫌疑人的冤错案件、毒杀纵火等事件中的冤错案件、有利害关系的证人证言导致的冤错案件、没有确定被害人的冤错案件,以此作为主要风险点预防今后同类冤错案件的发生。[2]

最后,在刑罚执行后的前科报告制度上,叶小琴撰文介绍了美国雇员案,该案完全呈现了涉外劳动纠纷中劳动者履行前科报告义务与劳动合同效力的关系。根据我国《宪法》第42条规定的公民就业权利,国家应创造就业条件帮助具有犯罪记录者实现社会融入,因此对《刑法》第100条劳动者前科报告义务条款进行体系解释的结论为,公民求职时不应具有普遍性的前科报告义务。结合劳动合同法的如实说明义务理解前科报告的范围,其应仅包括与录用条件、工作内容直接相关的罪行;同时外国劳动者也无须报告仅相当于我国违法行为的违警罪等或仅受保安处分的记录。而且《刑法》第100条属于管理性强行规范,劳动者隐瞒前科导致其不符合录用条件或者不胜任相关岗位时才能认定劳动合同无效。[3]

二、社区矫正制度的理论与实践

2019~2020年国内期刊发表的犯罪学论文中,有关社区矫正制度的探讨既有对域外相关制度的理论借鉴,也有对本土实践的探索。

在对域外相关制度的理论引介方面,江山河撰文对美国社区矫正发展的阶段进行考察,发现其是一个不断尝试的过程,经历了康复性矫正阶段、公正型矫正阶段、循证矫正阶段。其经验可以为中国完善社区矫正制度提供借鉴。中国的社区矫正主要由政府主导和驱动,具有全社会动员的特征,也面临一系列需

[1] 陆永棣:《死刑冤案发现与纠正的难题及其破解》,载《法商研究》2019年第4期。
[2] 李敏:《重大冤错案件的成因、类型及风险分析》,载《法律适用》2020年第4期。
[3] 叶小琴:《公民就业权视域下劳动者前科报告义务的体系解释——以美国雇员案犯罪记录争议为切入》,载《法学评论》2019年第2期。

要解决的问题。将来,中国的社区矫正必然向专业化方向发展,需要加强社区矫正的立法和制度化,还要对社区矫正的过程及结果继续科学评估,提升社区矫正的有效性。重新犯罪率与个人及社区经济和就业状况密切相关,在社区矫正过程中,应防止因个人经济状况恶化而重新犯罪。[1]

在对社区矫正制度的本土实践探索方面,张丹丹、路茗涵、王卫红撰文运用扎根理论,在文献查阅和田野调查的基础上编写访谈稿,抽取重庆市某区社区矫正人员20人访谈,将访谈稿转录后筛出15份,运用Nvivo11软件分析,以探究社区矫正人员心理需求。结果发现社区矫正人员的心理需求包括三大类属:接纳现实,维护自我形象,恢复和重建;三大需求具有心理过程上的阶段性,并在回归社会和心理健康水平上有递进关系;针对社区矫正人员及其家人、社区矫正工作人员、社区矫正心理工作者,提出"明白事、悦纳人、好发展"的建议。由此得出有中国特色的社矫人员心理需求理论。[2] 刘政撰文对我国社区矫正制度的功能进行反思,认为我国社区矫正实践虽已取得良好的法律效果与社会效果,但同时也存在某些亟待修补的法律性缺陷和制度性弊端。其中牵动全局的一个突出问题就是,由于社区矫正刑罚本质偏离引发的惩罚功能缺失和惩罚机制弱化现象,正在从相当程度上掣肘社区矫正的刑罚执行能力和刑罚执行效果。针对这些存在的问题,重塑社区矫正惩罚功能(完善和规范风险评估制度、创新和开发项目管理制度)和重构社区矫正惩罚机制(改革和完善循证矫正制度、创新和推进累进处遇制度)已经成为我国改革完善社区矫正制度的应然选择和必要路径。[3]

连春亮撰文指出,我国社区矫正制度在实践中存在"内卷化"现象,即存在目标偏移、自我固化、功能定势的"内卷化"特质,表现为社区矫正制度模板复制、社区矫正工作的自我退化、体制机制内在结构弱质平衡等问题,分析其成因,认为包括外源性因素和内源性因素两个方面:外源性因素主要在于没有制度强制性创制的顶层设计;内源性因素主要是没有传统的社区矫正文化作为支

[1] 江山河:《美国社区矫正的起源、发展、现状及对中国的启示》,载《青少年犯罪问题》2019年第2期。

[2] 张丹丹、路茗涵、王卫红:《社区矫正人员的心理需求理论——基于扎根理论》,载《心理科学》2019年第1期。

[3] 刘政:《社区矫正的惩罚功能重塑与惩罚机制重构》,载《法学论坛》2019年第6期。

撑。破解社区矫正制度“内卷化”问题，需要以社区矫正立法精神为目标，以国家治理现代化为指引，以风险管理和控制为手段，以社区矫正文化为支撑，建构社区矫正话语体系新范式，实现社区矫正制度的优化与超越。[1] 康姣、张昱撰文从宏观上考察我国社区矫正中政社关系，认为政府主导、社会组织参与下的政社合作模式成为主流。社区矫正的政策演进、双重属性、实践任务，都内在要求政社共生式合作。然而，因囿于价值取向、思想观念、权责界限等多重张力，政社合作在社区矫正实践中呈现为依附式合作关系。因此，基于社区矫正任务、犯罪矫正专业共识、合作双方相互承认和法律规范，建构共生性契约团结关系，是对社区矫正实践中政社关系的结构性调整，以实现共生式合作的内涵式发展，解决依附式合作的现实困境，提升社区矫正效果，深化司法制度改革和促进社会治理创新。建立司法行政部门和社会工作组织的契约团结关系，将是我国社区矫正中政社合作关系从单向依赖向双向互动、从行政指令向契约团结的有效转型。[2]

金碧华撰文从微观层面对社区矫正假释人员回归社会的障碍进行分析，认为其回归社会面临着制度、文化、市场、社会交往、心理五个方面的障碍。为消除假释人员社会歧视偏见，恢复其社会功能，帮助其顺利回归社会和融入社会，应从制度建构、文化包容、行动嵌入、能力建设四个方面确立假释人员回归社会和融入社会的基本策略。在理论上需要重新建构社区矫正假释人员回归社会再社会化理论体系，注入回归社会学的内涵和要素；现实生活中，需要我们坚持犯罪学的社会学解释和犯罪与控制犯罪的社会学解释，了解和掌握社区矫正假释人员的生活世界和行动策略，关注社区矫正假释人员回归社会的现实图景和障碍表现。[3] 但未丽撰文从中观层面对农村社区矫正实践进行考察，通过对S省Z县王镇的社区矫正工作进行实践调查发现，在农村地区，规则意识缺乏和从众心理导致矫正对象认罪悔罪难，尤以群体性犯罪和故意伤害罪最难；传统乡土社会的风俗礼仪、价值观和荣辱观因受市场经济冲击出现波动，但乡土感情和乡里乡亲的关系纽带一定程度上还存在，这种局面对矫正对象再社会化既

---

〔1〕 连春亮：《我国社区矫正制度的“内卷化”及其破解之道》，载《犯罪研究》2020年第6期。

〔2〕 康姣、张昱：《共生性契约团结：社区矫正实践中政社合作新方向》，载《中国人民公安大学学报（社会科学版）》2020年第4期。

〔3〕 金碧华：《社区矫正假释人员回归社会的障碍分析及破解策略》，载《犯罪研究》2020年第3期。

有正向促进又有负面阻碍;农村年轻人受享乐主义和城市消费观影响,物质要求提高,但受教育程度低、谋生能力有限,实施侵财犯罪较多,对此类欲望型犯罪人进行矫正的难度大;与具有监禁矫正和审前羁押经历的矫正对象相比,未被羁押过的缓刑对象接受矫正态度相对消极。农村社区矫正的执行应针对上述突出问题,积极探索有针对性的矫正措施,从而提升矫正质量和特殊预防效果。为此,作者提出了四点建议:一是客观评价矫正对象的认罪悔罪问题;二是有针对性地开展对欲望性犯罪人的矫正;三是合理利用农村地区人情纽带对矫正的影响;四是关于无羁押经历矫正对象的管理问题,可采取组织矫正对象到当地监狱参观和接受教育的做法,提前让其身临其境地感受“收监”之后失去人身自由的生活和处境。[1]

三、监狱矫正中的探索与实践

2019~2020 年国内期刊发表的犯罪学论文中,有关监狱矫正中的相关理论和实践探索主要集中在对罪犯监狱矫正的理论与实践探索、监狱矫治模式探讨以及预防再犯的探讨。

在罪犯监狱矫正的相关理论探讨上,有一个亮点就是对循证矫正的关注。康姣撰文指出,我国监狱于 2012 年引入“循证矫正”的概念和方法,并于 2013 年在全国 9 个监狱试点循证矫正。循证矫正本土实践问题,其实就是在中国情境下如何理解和应用西方循证矫正的问题。循证矫正虽有不同界说,但都可归根于回应“矫正无效”并围绕“有效矫正”展开。回应“矫正无效”是循证矫正出现的直接原因,而“有效矫正”诉求下矫正使命、社会问题和工具性因素的交互作用是循证矫正生成的根本原因。西方兴起了以矫正项目为主要形式的循证矫正,获得普遍认可和广泛应用。中国在学习、借鉴西方循证矫正的基础上开启了本土循证矫正探索,取得了有益成果。然而,对有效矫正探索的过程中,应注重控制再犯风险带来的一些认识上的误区和问题。因此需要进一步探索本土循证矫正,对判定矫正是否有效的问题进行再思考。[2] 谢晓燕、周勇撰文以

[1] 但未丽:《犯罪学视野中的农村社区矫正问题与出路——基于农村社区王镇的实证研究》,载《公安学研究》2020 年第 3 期。

[2] 康姣:《循证矫正的生成根据及其本土实践再思考——基于“有效矫正”的诉求》,载《中国人民公安大学学报(社会科学版)》2019 年第 6 期。

2012年6月至2018年6月中国知网、维普网多收录的164篇循证矫正文献为研究对象，依据文献计量学原理，对中国循证矫正研究和应用的进展进行总结分析。其发现：我国循证矫正研究在文献数量上趋于平稳；相关发文主力军较为集中；相关研究者广泛，但核心队伍仍需扩大；国内循证矫正论文来源较为集中；相关理论研究注重“本土化”；相关应用研究有待进一步拓展；需提高循证矫正论文质量。[1] 可见，循证矫正是矫正系统遵循现有最佳证据（观念、方法、手段、措施等）对罪犯实施评估、分类、管理和教育活动的总称，在我国理论与实务界已经引起了广泛关注。

近年来在监狱矫正中有关心理矫治问题也备受理论界与实务界关注，范明撰文对所在监狱近200名罪犯进行了性心理状态调研，对长刑犯性心理问题现状进行了描述，分析其心理特性和产生原因，并提出长刑犯性心理矫治的相关建议，即组建专职心理矫治民警队伍；拓宽技能学习渠道，培养积极健康生活情趣；科学设置女警岗位，充分发挥女警优势；加大监管力度，一旦发现，及时制止，分类隔离。同时就日常工作中应注意的问题进行了提示，一是要尊重罪犯的正常权利，不嘲笑不歧视；二是引入社会帮扶机制，增加社会关注度；三是提升民警心理素养，打造高素质队伍。[2] 何启龙撰文对心理矫治的具体疗法进行了介绍，该文对国外引进的沙盘游戏疗法进行了专门探讨，即在咨询者的陪伴下，来访者从玩具中自由挑选玩具，利用盛有细沙的特制箱子进行自我表现的一种心理疗法，它是一种适用广泛的心理分析技术。该文通过实践经验总结发现，文化水平较低的、性格内向的、有重大挫折创伤之类罪犯使用沙盘游戏疗法效果较好。要发挥好沙盘游戏法在罪犯心理矫治上的积极作用，作者建议“打造一支队伍，搭建一个平台，构建一套体系”，司法部监狱管理局或各省监狱管理局可加强沙盘游戏治疗师的培训，建立一个官方或非官方的监狱沙盘游戏治疗协会。[3]

蔡小松撰文对监狱室内空间安全风险差异进行了考察，该论文以作者收集的G省部分案例及公开的网络查询收集整理的共18起暴力侵害监狱工作人员

---

〔1〕 谢晓燕、周勇：《2012－2018年中国循证矫正文献分析》，载《犯罪与改造研究》2019年第1期。

〔2〕 范明：《长刑犯性心理矫治有效性对策研究》，载《犯罪与改造研究》2019年第11期。

〔3〕 何启龙：《探析沙盘游戏疗法在罪犯心理矫治中的运用》，载《中国监狱学刊》2020年第2期。

案件为样本,统计分析发现,监狱室内空间暴力侵害监狱工作人员案件、罪犯自杀案件、罪犯间暴力侵害事件在空间分布上存在差异。暴力侵害监狱工作人员案件(含预谋)主要集中在监舍办公室、车间执勤点附近、劳动现场、车间办公室等空间;罪犯自杀在监狱监舍空间相对比较集中,主要是监舍及其辅助空间(罪犯使用部分);罪犯之间暴力侵害事件主要集中在劳动车间空间工位附近,其次是监舍、车间厕所等空间。监狱室内空间还存在复合危险空间。罪犯之间暴力伤害存在"罪犯密集空间偏好",罪犯自杀存在"管控虚弱空间偏好",暴力侵害监狱工作人员存在"封闭、半封闭小空间偏好"。在监狱室内空间安全对策上,应加强监狱室内空间安全理论建设、划分并标识监狱室内空间、培养监狱人民警察空间安全意识、加强监狱室内空间管控。[1]

针对如何在监狱改造中探索一套针对暴力犯的心理矫正手段,通过系统地运用心理学的理论和方法技术,矫正与改造暴力犯的不良心理结构与人格缺陷这一现实问题,刘毅、丁强、何煊撰文将传统认知疗法(以美国、加拿大为代表的西方先进国家采用的主流技术)与近年来兴起的叙事方法相结合,试图探索一种提高暴力犯冲动性情绪自我控制能力的技术,为我国监狱的罪犯心理矫治与教育改造实践提供启发。叙事疗法较之认知疗法,其特点在于它摆脱了传统将个体看作问题的治疗观念,通过个体叙说自己的故事、将问题外化等方法,使个体在心理与行为问题的改变中变得更自主、更有动力,提升个体在改变中的主动性。[2]

在监狱矫治模式探讨上,王超撰文对中国法网上的163例我国监狱教育矫治罪犯的典型案例进行数据挖掘和统计分析,描述罪犯的性别、年龄、文化程度等人口学特征,分析我国监狱教育矫治罪犯的模式特征及矫治效能问题。结果发现:监狱矫治罪犯在年龄、顽危犯、法制教育、管控措施、心理措施等维度上存在统计学上的显著性差异;我国的监禁矫治措施对某些罪犯具有较好效能。这表明我国监狱矫治罪犯工作已形成具有中国特色的罪犯教育矫治模式且已在各监狱扩展开来,心理矫治措施已在较多监狱推广使用并取得了较好效能。基

---

〔1〕 蔡小松:《监狱室内空间安全风险差异实证研究——以监舍空间、劳动车间空间为例》,载《犯罪研究》2019年第4期。

〔2〕 刘毅、丁强、何煊:《暴力犯冲动性情绪自我控制的干预及其效果——一种叙事认知的方法》,载《犯罪与改造研究》2019年第6期。

于此,为提高我国监狱教育矫治罪犯的效能,还需要从以下几方面进行改进:一是我国传统矫治方法与措施的调整与优化;二是心理矫治措施应强调因人施矫和突出实效;三是对顽危犯的矫治方法和措施上的改进;四是提高假释在激励罪犯改恶向善中的作用;五是进一步重视罪犯的顺利回归社会效能;六是进一步规范监狱上报教育矫治案例的内容和程序。[1]

在通过监狱矫治预防再犯的探讨上,马臣文、易永卿撰文通过对 9 省市 40 所监狱进行随机抽样调查,以调查问卷和个案深度访谈的形式,分析我国特定时段押犯构成特征,即经济发达地区以外来人口犯罪为主、以边缘人口犯罪为主、以低文化人口犯罪为主、以低收入人口犯罪为主。由监狱押犯构成特征反观犯罪原因和重新犯罪防控对策,是我国社会转型时期预防和控制犯罪与重新犯罪的重要应对。基于我国 20 世纪 90 年代以来逐步呈现出监狱押犯为社会底层人群这一特征,我国对犯罪和重新犯罪的社会防控也应予以适当调整,当前从完善社会保障、强化社会支持、提高社会管理水平等层面入手,可以实现"最好的社会政策就是最好的刑事政策"的理论要求和现实需求。[2] 张桂荣撰文对英国罪犯教育与再犯关系的实证研究做了分析,发现实证数据表明接受教育的罪犯其释放后的再犯率更低,同时在就业以及继续教育方面也具有显著优势。该研究方法和结论对完善我国罪犯教育效果评价制度具有积极的借鉴意义。一是充分认识罪犯教育对降低再犯的重要影响;二是建立专门的罪犯教育效果评价制度;三是制定罪犯教育效果评估方法,提高效果评价的科学性;四是加强我国罪犯教育效果评价的理论研究和实践探索,为促进我国罪犯教育效果评价的科学化提供理论支持。[3]

---

〔1〕 王超:《我国监狱罪犯矫治模式及效能问题实证研究——以 163 例 12348 中国法网监狱矫治个案为例分析》,载《警学研究》2019 年第 6 期。

〔2〕 马臣文、易永卿:《我国押犯构成变迁视角下重新犯罪社会防控刍议》,载《山东警察学院学报》2019 年第 1 期。

〔3〕 张桂荣:《英国罪犯教育与再犯关系的实证分析及思考》,载《犯罪与改造研究》2020 年第 11 期。

专题十二

国外犯罪学理论、本土犯罪学思想对当今犯罪学研究的启示

第一节 国外犯罪学理论的引介及启示

一、国外犯罪解释理论的引介及启示

2019～2020 年在国内期刊发表的犯罪学论文中有关国外犯罪学理论的引介并不少，其中既有基础理论的引介，也有应用理论的推荐；既有解释现象的犯罪理论，也有治理问题的犯罪理论；既有理论溯源及推演的介绍与描述，也有理论应用的启示与发展。

在犯罪学相关理论的介绍与应用方面，李苏雄撰文对通过环境设计预防犯罪理论（CPTED 理论）进行引介，该理论主张犯罪行为是人在有利于学习犯罪的环境中学习掌握，故应当对环境中刺激犯罪的因素进行改变，通过环境设计改变环境中的有利于犯罪的因素，从而使社会的秩序变得良好，以此来减少犯罪或者通过建筑的设计规划增加居民的安全感，使居民有归属感，进而当犯罪发生时能够及时制止并干预。该理论以其治标优于治本的理念和在犯罪治理中取得的显著成效引起了广泛关注。该文以 CPTED 理论为视角对边缘社区犯罪的空间环境因素进行分析，发现由空间环境因素引发的犯罪实施难度低、犯罪实施风险小以及边缘社区空间环境因素对潜在犯罪人的刺激是边缘社区犯罪发生的主要原因。因此，在边缘社区犯罪空间环境治理上，应从提高犯罪实

施的难度、增加犯罪实施的风险、减少空间环境条件对潜在犯罪人的刺激入手。此外，在边缘社区犯罪治理的过程中，应当意识到CPTED理论只是一个辅助手段，只有关注犯罪的深层原因，才能从根源上解决犯罪问题。[1]

张婧撰文对生命历程理论（也称犯罪发展理论）进行介绍，该理论发现行为的持续性与否和犯罪行为出现初期的严重程度和年龄密切相关，儿童时期的行为失调越严重，成人后适应社会的可能性就越弱；在儿童早期发生偏差行为，很可能一直持续到成人以后。该文指出该理论对我国青少年再犯研究的启示有四：一是要关注青少年犯罪发展的延续性和关联性；二是要关注青少年犯罪发展的稳定性和可变性；三是要关注青少年犯罪发展的微系统——家庭、同伴的作用；四是要关注刑罚的功能和限制。该理论对我国少年刑事司法政策的借鉴体现为：一是以人身危险性评估为基准建构少年矫正制度；二是健全完善非刑罚化处遇措施；三是推进未成年犯社会支持体系建设。[2] 杨学锋撰文对差别强制、社会支持及其整合理论进行引介，该文认为西方犯罪学中的"差别强制与社会支持理论"有效地整合了"强制"与"社会支持"两大主题，其中涵盖了紧张理论、学习理论、社会纽带理论、自我控制理论、控制平衡理论、结构马克思主义理论、标签理论、社会支持理论等。差别强制与社会支持理论的全模型认为，不一致的强制或社会支持易于引起行为人在愤怒情感、自我控制、社会纽带等方面的反应，进而易于导致慢性犯罪行为。西方犯罪学实证研究为差别强制与社会支持理论提供了微观层面的经验支持，然而，宏观层面的实证检验尚处于相对空白状态。基于差别强制与社会支持理论的基本假设和经验研究，扭转弥漫于刑事司法体系乃至整个社会的强制观念，为已然或潜在犯罪人增加有效的、一致的亲社会支持，既可以显著有效地预防犯罪，也可以为建设一个更具支持性的良性社会奠定基础。社会问题视角在西方犯罪社会学领域内是一个基本共识，但是在公共观念以及具体的刑事司法实践中，个体责任视角仍旧长期占据着主导地位。[3]

有关犯罪学理论的发展与启示方面，熊贵彬撰文对理论性不强但简便易操

---

〔1〕 李苏雄：《CPTED理论在边缘社区犯罪治理中的应用与启示》，载《北京警察学院学报》2020年第2期。

〔2〕 张婧：《犯罪发展理论对我国青少年再犯防控的启示》，载《犯罪与改造研究》2019年第9期。

〔3〕 杨学锋：《差别强制、社会支持及其整合理论之引介》，载《公安学研究》2020年第1期。

作的日常生活犯罪学进行了介绍,该文认为在理想型的综合管理专业人员严重不足的情况下,日常生活犯罪学可以成为一种次优性的选择。如在循证矫正和破窗理论导致的“社区警务”、犯罪机会控制策略等问题上,日常生活犯罪学并没有什么理论上的突出创新,甚至可以说是旧犯罪学理论的拼凑。[1] 杨学锋撰文对情境行动理论进行了介绍,该理论作为西方犯罪学在2000年以来理论整合的最新成果之一,经历了理论完善与实证检验的良性相长过程。情境行动理论将犯罪定义为“违反了刑事法律所体现的某种道德规则的行动”,它所提出的“情境模型”“认知—选择过程模型”“社会模型”等不但成功地整合了有关犯罪行为的“环境导向解释”与“行为人导向解释”,而且探索性地整合了微观层次上的犯罪发生机制与宏观层次上的社会结构、社会过程理论等,它试图挖掘“原因的原因”,更加重视宏观的政治、经济、文化背景及其演变过程对于社会涌现、个人涌现、社会选择、个人选择的影响。在犯罪学“西学东渐”的整体趋势之下,系统地梳理情境行动理论的基本命题及实证研究,将有助于更新本土学界对于西方犯罪学理论成长过程的认知,进而有助于本土犯罪学的学科建设与发展。[2] 张乐宁、张晓东、姚钱仕撰文尝试以控制两个变量的方式来研究和介绍布雷斯怀特的重新融合与羞辱论,这两个变量分别是父母和同辈对越轨行为的反对(羞辱)和对越轨者的宽恕(重新融合)。该研究通过结合父母和同龄人对越轨者的越轨行为表现出的反对即宽恕的形式,来把握重新融合羞辱理论。通过研究国家青少年调查收集的前两组数据发现,当其他重要变量的影响保持不变时,父母的重新融合与羞辱或同辈的重新融合与羞辱同时存在时对引发掠夺性越轨没有影响。但这两组数据却显示:当父母的宽恕和同辈的羞辱单独出现时,对于诱发掠夺性越轨都有显著消极作用。相比之下,同辈宽恕在第一组数据中对诱发掠夺性越轨表现出明显的积极作用。这些发现为布雷斯怀特理论中的一些内容提供了支撑,但并没有支持其关键的假设,即重新融合羞辱理论是诱发掠夺性越轨的一个重要影响因素。[3] 这是以实证形式批判性引介国外犯罪学理论的例证。

---

〔1〕 熊贵彬:《日常生活犯罪学的兴起》,载《犯罪与改造研究》2020年第5期。

〔2〕 杨学锋:《情境行动理论的成长》,载《公安学研究》2019年第2期。

〔3〕 张乐宁、张晓东、姚钱仕:《重新融合羞辱理论:对掠夺性越轨的影响》,载《警学研究》2019年第3期。

二、国外刑事司法理论的引介及启示

2019～2020年在国内期刊发表的犯罪学论文中有关国外刑事司法理论的引介，主要包括对刑事司法测量和刑事政策的考察。

有关刑事司法测量问题，杨学锋撰文对西方犯罪学领域内的最新版本控制理论即自我控制理论实证检验中最常用的自我控制量具Grasmick量表进行引介，该文认为Grasmick量表作为态度测量法的量具得到了最为广泛的应用。然而，该量表的标准化过程并未完成，特别是在中国地区的犯罪学研究中仍处于几乎空白的状态。同时该文基于中国西南地区某市的两个强制戒毒所中的强制戒毒者样本，通过信度分析、探索性因子分析等统计方法发现Grasmick量表在总体上具有可以接受的测量学性质，但是Rasch模型分析表明其中的六道题目在不同性别群体中具有显著的功能差异。对修订版Grasmick量表的验证性因子分析表明二阶单因子模型具有最佳的拟合度；在此模型下，自我控制理论的性别差异假设得到了更加切实的证据支持。[1] 在刑事司法测量中，犯罪统计范式与数据为学者们提供了检验犯罪学理论的实证数据与客观事实依据。许博洋、杨学锋通过对中美两国的犯罪统计标准进行辨析，掌握了中国公检法机关的犯罪统计结构与美国官方UCR等项目的犯罪统计分类方法；通过将两国过去20年官方犯罪统计数据的汇总与分类，分别对杀人、强奸、抢劫、盗窃案件的犯罪数量、发案率以及变化趋势等方面进行比较研究，分析两国同类犯罪之不同现状，从而把握中美犯罪统计标准与数据的变迁脉络。总体来说，美国的杀人、强奸、抢劫、盗窃案件发案率远高于中国，这也证实了中国的社会治安秩序远比美国更加稳定和安全，民众暴露于犯罪的危险程度也显著低于美国。[2]

有关国外刑事司法制度的威慑效应和刑事政策的考察，杨学锋撰文系统梳理了有关刑事司法威慑效应的理论发展脉络，以及犯罪社会学、犯罪经济学、犯罪心理学等分支学科对于其中的核心假设的实证检验历程，以期改变既往关于刑事司法的威慑效应局限于有无的问题的话语方式，转向更深层次的关于程序

---

〔1〕 杨学锋：《自我控制理论中的Grasmick量表之标准化及性别差异研究》，载《刑法论丛》2018年第3卷。

〔2〕 许博洋、杨学锋：《中美两国犯罪统计差异之比较研究——以近20年官方犯罪统计数据为分析对象》，载《北京警察学院学报》2019年第1期。

和机制的问题的探讨，从而促进未来的研究去深入探索威慑效应的方向或程度差异的原因和机制，进而促进我国刑事司法政策的科学化、理性化。结果发现，无论是总量分析还是认知威慑研究，刑事司法措施的确定性具有相对更加显著而稳健的威慑效应；而单纯地提高严厉性则有可能走向威慑效应的反面；扩展研究通常更加支持非正式威慑模型。西方犯罪学对于威慑效应的论证与实证既为本土学术界提供了充分的借鉴，也有助于本土犯罪学的社会科学化。[1]

梁坤、田艳丽翻译荷兰作者马克·格伦惠森的论文对刑事被害人的国际政策进行考察，该文以 1985 年联合国《关于公正对待犯罪和滥用权力的被害人的基本原则宣言》为开端，论述了联合国成员国和欧洲的实施状况都不容乐观。2001 年，欧盟通过了一套于刑事司法系统中保障被害人最低权利的《框架决定》(一份具有法律效力的文件)。不过，2004 年和 2009 年的评估报告均显示：没有哪一个成员国是完全遵守其规定的。文章提出，在采用具有强制效力的法律文件对被害人的权利加以更大程度的保护之后，随之而来的结果则是成员国更不愿意予以遵从。那么，强有力的法律文件是否是最为有效的办法？“硬法”是否总是比“软法”更为有效？最近，随着被害人权利的保护不断走向深入，负责刑事司法系统运行的部分官员却出现了“被害人疲劳”的现象。但不可否认，在过去的大约 30 年间，我们在犯罪被害人保护方面的工作取得了巨大进步。[2]

关于国外刑事司法政策的引介，葛磊考察美国两极化行政政策，即对严重的犯罪人处罚更加严厉、对轻微的犯罪人处罚更加轻缓。发现其背后是一整套完整而精密的犯罪控制策略体系。美国两极化刑事政策是围绕规训策略的社会化逐步形成的，这套策略体系的内在逻辑是对有限的刑罚资源进行开源节流，国家利用社会公众的“集体被害人”心态，联合社会力量共同治理犯罪，一方面，通过社区矫正所承载的社会化规训策略，将矫治资源有选择地倾注在有挽救价值的部分犯罪人身上，同时以情境预防为主线的社会控制策略维护社会的安全；另一方面，通过长期监禁刑所承载的隔离策略将不具备校正价值的人以最小代价排除出社会，从而形成了两极化刑事政策中互相补充和替代的严厉层

---

〔1〕 杨学锋：《刑事司法的威慑效应：西方犯罪学的论证与实证》，载《刑法论丛》2019 年第 2 卷。

〔2〕 [荷]马克·格伦惠森：《与犯罪被害人相关的国际政策的发展》，梁坤、田艳丽译，载《刑法论丛》2018 年第 1 卷。

面和宽松层面。当代美国的犯罪控制策略体系自20世纪90年代中期以来取得了良好的犯罪控制效果，有很多地方值得我国借鉴。一是可以打通社会各部门的界限，合理规划情境预防措施的实施；二是可以大力借鉴美国以"问题为导向"的社区警务模式，从消除城乡接合部等警力薄弱、安防设施较少的区域的无序和混乱现象入手，将可能引发犯罪的各种问题纳入警察活动的视野；三是在各社区特别是警力难以深入，情境预防硬件设施难以架设的偏远地区和广大农村，还可以借鉴美国的"邻里守望"计划。[1] 在刑事司法制度的选择方面，王华伟撰文以轻微犯分流出罪制度为对象从比较法的视角对国外的相关制度进行考察，发现德国程序法的路径虽然被司法实务所青睐，但是面临着法律适用标准不一、裁量权异化等一系列正当性危机。通过对程序法路径的反思，实体法路径试图从刑事违法性的实质程度性要求来分流轻微违法犯罪，但是这种模式也面临着制度操作层面的难题。部门法路径则主要是针对商店盗窃等特定情形，希望实现从刑事处罚向民事赔偿的转换，但是因缺乏牢靠的理论基础而没有得到主流认同。据此，认为在我国现有的法治语境下，仍然应当坚持以实体法路径为主体的轻微犯出罪模式，同时适度吸收程序法路径作为补充，以此为基础重新评估罪量立法模式的相对合理性，实现轻罪体系的本土化建构。[2]

第二节　本土犯罪学思想的形成与拓展

一、本土犯罪治理思想的总结

2019~2020年在国内期刊发表的犯罪学论文中有关本土犯罪治理思想的总结主要包括对古代犯罪学思想的归纳、基层社会治理思想的总结、现代社会犯罪防控思想的汇集。

有关古代犯罪学思想的归纳，陈玺撰文对唐代赎法体系进行考察，发现其由律、令、典、敕等多元法律渊源构成，形成"长行之法"（律令体系）与"权宜之

〔1〕 葛磊：《当代美国犯罪控制策略体系及其借鉴——两极化刑事政策解构》，载《中外法学》2020年第1期。

〔2〕 王华伟：《轻微犯分流出罪的比较考察与制度选择》，载《环球法律评论》2019年第1期。

法”(诏敕体系)相互为用的赎法格局。经过司法实践的不断厘定与整合,唐代赎法在纳赎范围、适用原则、纳赎方式、赎金归属等方面取得一定突破,可以为当代刑事政策与刑罚体系的完善提供重要历史借鉴;在立法理念、刑罚适用、和解规则等诸多层面,可以为当代刑事和解制度的完善提供理论支撑与学术滋养。如立足宽严相济刑事政策,依据客观形势变化,适时调整赎刑适用范围并创制纳钱赎罪规则的因时制宜立法理念;以赎刑适用为核心,有效沟通经济、民事、刑事等相关规则的跨域造法理念;通过典制、诏敕大幅限制特权阶层纳赎用荫的公正司法理念;细化过失纳赎、疑罪纳赎规则所彰显的宽仁慎行理念;关怀弱势群体,调整残障人士纳赎范围,体现矜恤幼弱理念;构建二元赎金归属制度,实现扶弱济贫,促进社会和谐理念等。[1] 杨扬撰文对明代对图赖现象的法律规制进行考察,发现明代在律典体系中对图赖与诬告的具体表现方面予以明确,其中图赖词意从社会层面的图谋诬赖,发展为法律层面的身尸图赖,亦即由广泛的并不需要尸体媒介产生的社会行为,发展成为须有尸体媒介产生命案方能进行图赖的法律行为。这是口语表达向专业术语变化的社会行为,也是传统社会图赖行为由日常话语转变为法律话语的渐变历程。这种历程概括而言,是一种由“现象—规范—司法实践”的动态演变。深入分析明代司法实践中对图赖现象的裁断过程,也许会对传统中国法律体系思维方式特征的具体表现形式有所启示。[2]

以上古代犯罪学思想都是较为具象的,2019 年姜新撰文从较为宏观的视角即传统法律文化视野纵向考察诉讼制度。该文以晚清四大奇案之一的“杨乃武与小白菜”冤案为例,分析古代错案产生的原因,包括在办案思路上奉行有罪推定、先入为主;在制度设计上行政权、司法权合一,且审级制度不合理;在证据收集时办案人员刑讯逼供、威胁诱供,忽视侦查技术;在职业伦理上司法官员草率断案、彼此袒护、伪造证据、知错不改等。分析杨乃武与小白菜冤案原因可以发现,其中既有审判观念、诉讼制度的因素,也有刑事侦查手段、勘验鉴定技术的原因;既有司法体制内部的因素,也有司法体制外的原因,如行政与司法不分、审判不独立、司法官员的选任等。当然,本案最终得以平冤昭雪,也大有可取之

---

〔1〕 陈玺:《唐代赎法规则及其当代启示》,载《法商研究》2020 年第 6 期。

〔2〕 杨扬:《从民习到官法——明代社会视野下的图赖现象》,载《交大法学》2019 年第 3 期。

处。作者指出，中国传统法律文化植根于儒家思想，在此基础上形成冤狱谴告、清官崇拜、过勿惮改、慎刑悯狱等关于审判的观念和原则，进而成为现代诉讼制度的起源。现代法治的发展离不开以史为鉴、以古为镜，剖析传统文化背景下导致审判不公的原因，从中汲取教训，对当代防范、纠正冤假错案，推进全面依法治国不无裨益。[1]

有关基层社会治理思想的总结，陈寒非、高其才撰文对新时代乡贤参与乡村治理进行研究，认为应从德才兼备、情感纽带、建设乡村以及具备民主法治精神和社会主义核心价值观四个层面界定新时代乡贤概念，以区别于传统乡贤、能人治村等村治形式。目前新乡贤来源广泛、类型多元。从各地实践来看，目前已基本形成了乡贤理（参）事会模式、乡贤个体式参与乡村治理模式、乡贤与传统治理资源相结合模式以及乡贤研究会治理模式。新乡贤具有发展经济、促进自治、推进公益、解决纠纷、助力扶贫、德治教化、践行法治等积极作用，同时也存在诸如破坏民主、功能过宽或过窄、与村"两委"关系模糊、排斥村民参与村治、缺乏生活保障等消极作用。当前应从立法引导、政策配套、村规保障及多方监督等方面规制引导新乡贤参与乡村治理。[2] 陆益龙撰文以发生在西部G省乡村的一起纠纷案为考察和分析对象，通过个案的微观分析来反观宏观，并经由理论建构来揭示一些一般性规则。该纠纷案在基层社区未得到有效调解，之后经历了镇法庭的一审判决、市中级人民法院的二审和再审、省人民检察院的抗诉和省高级人民法院终审判决，几乎用尽所有司法程序却并未解决纷争问题。这一民间纠纷解决过程折射出在乡村礼治机制和法治机制双失灵的条件下，民间纠纷会出现纠纷解决过程、目标和法律运用方式等方面的异化。乡村民间纠纷的异化体现出乡村社会法律性的二重性，亦即法律与乡村的距离虽越来越近，人们"依法纷争"越来越多，但民间纠纷也越来越难化解。应对乡村社会民间纠纷异化问题，可能需要从纠纷管理向纠纷治理、从多元化机制向共建共治机制转换，将民间纠纷管理纳入乡村社会治理的范畴，构建由社会多方力量共同参与、多种手段协同治理的基层矛盾纠纷化解机制。[3] 作为本土基层司

---

〔1〕 姜新：《传统文化视野下的刑事审判与错案防范》，载《法学杂志》2019年第12期。

〔2〕 陈寒非、高其才：《新乡贤参与乡村治理的作用分析与规制引导》，载《清华法学》2020年第4期。

〔3〕 陆益龙：《乡村民间纠纷的异化及其治理路径》，载《中国社会科学》2019年第10期。

法治理的特色经验之“枫桥经验”,充分发动群众,借助群众智慧,加强和改进基层治理,是“枫桥经验”一以贯之的核心命题。于浩撰文认为,“枫桥经验”揭示出基层司法治理依赖于弥散性治理机制,使基于法律的公私合作治理得以可能,并重在以司法活动解决基层治理难题。这种问题导向的治理思路与规范导向的司法内在规律,会在正式制度与非正式制度的交互作用,以及基层司法实验与顶层司法涉及的相互嵌入之间存在张力。因此,基层司法治理可以把程序作为吸收多元司法资源和推进普遍信任机制的竞技场,同时以司法的基层设计为抓手,协调制度设计与基层司法治理实验,推进社会综合治理的法治化转向。〔1〕冯树梁撰文以“枫桥经验”与预防犯罪的关系范畴为分析范式展开探讨,认为“枫桥经验”成功地开辟了一条中国特色预防犯罪之路,其对于基层治理、国家治理乃至全球治理均具有独特价值。一是紧紧依循相信和依靠群众、就地化解矛盾这个基本原则和规律,有效预防和减少犯罪,维护基层社会的和谐稳定;二是在相信和依靠群众、矛盾不上交、就地化解的思想指导下,枫桥人总结出了一系列看得见、摸得着、可衡量、可操作的具体措施,使犯罪的早期预防由理想变为现实,破解了一道世界性难题;三是新时代“枫桥经验”从三个方面进行战略展开,由战术价值向战略价值升华,最终将形成新时代的预防犯罪体系。〔2〕关于如何进一步发挥出“枫桥经验”的效力,李霞撰文发现新时代基层治理法治化面临诸多问题,必须保持正确的政治方向,约束和规范公权力,激发基层社会活力。在具体路径选择上,应总结提炼“枫桥经验”等基层实践探索中行之有效的好做法、好经验,发挥基层党组织的关键作用,加强基层法治机构和法治队伍建设,建立健全基层社会治理法律法规体系、考核评价体系,建立健全力量下沉的法制工作机制、促进公众有序参与的民主机制、多元化的矛盾调处化解机制。〔3〕

城市基层社会安全治理也是基层社会治理的重要组成部分。贾鼎、赵家正撰文认为当前城市基层社会安全治理的基本结构可归纳为基于机制理性的“科层制+技术治理”的构成模式。因受组织内外部多重因素影响,城市基层社会

〔1〕 于浩:《推陈出新:“枫桥经验”之于中国基层司法治理的意义》,载《法学评论》2019年第4期。

〔2〕 冯树梁:《学习“枫桥经验”探究中国特色预防犯罪之路》,载《犯罪与改造研究》2020年第2期。

〔3〕 李霞:《新时代“枫桥经验”的新实践:充分发挥法治在基层社会治理中的作用》,载《法学杂志》2019年第1期。

安全治理体系处于调适与演进的过程,存在运动式治理路径依赖、公众权利保障缺位、技术治理价值异化、公众有效参与不足等问题。解决这些问题需要以基层社会安全治理中各要素的联动与整合为突破口,寻求城市基层社会安全治理之道:一是建设常态化基层社会安全治理工作机制;二是厘清基层政府安全责任的权力边界;三是回归基层社会安全治理本位职能;四是吸纳社会力量参与平安共治。实现基层社会安全治理能力的提升,不仅要依托工具理性的完善,更需要国家公权力依法、科学、规范的行使和公民公共责任的有力担当,在国家秩序与公民自由之间寻求一种稳定平衡的结构,从而更好地促进社会稳定发展,维护社会公共安全。[1]

有关现代社会的犯罪防控思想,2018 年由张荆教授牵头组织了"中国犯罪防控 20 人论坛",2018 年度论坛中共分两个单元:2018 年大要案分析、犯罪机理与犯罪规律研究。对于 2018 年舆论热点的案件分析,从犯罪新闻传播的规律看,先是个案曝光,然后是类案挖掘和体制反思。同时,值得关注热点案件所反映出的社会负面情绪。要正视这种心态、化解这种焦虑,提高公众安全感。对于中空结构与社会失范现象,主要从明星逃税现象说起。中国传统的"中空结构"在近现代的开放、多元文化、引进商品经济的情形下"失衡",导致大范围的价值失范,是越轨和犯罪行为增多的宏观原因。对于 P2P 爆仓的人性基础分析,主要用马斯洛的任性理论反思平台创始人、公司高管和受害人的人性逻辑轨迹,及该类事件产生、发展及爆仓之间的因果联系。再就是分析米脂三中杀人案、12 岁少年弑母案给我们的警示,这两案提示我们:我国的未成年人犯罪预防的社会防卫系统是失灵的。若在少年司法的"一元化"体制下,可考虑随未成年人生理、心理变化及恶性犯罪的低龄倾向,适度修改《刑法》、降低入刑年龄;或着手建立和完善二元社会防卫体系。

两案件还提示我们需完善网络游戏的分级管理,加强精神医学等对犯罪行为的研究。在"犯罪机理与犯罪规律研究"单元,张远煌、孔一、赵军等多位犯罪学教授分别针对自己研究的领域进行了犯罪防控论述。[2] 此外,2019 年张善

---

〔1〕 贾鼎、赵家正:《调适与演进:城市基层社会安全治理的结构、问题与进路》,载《公安学研究》2020 年第 3 期。

〔2〕 张荆:《为中国犯罪防控献计献策——2018 中国犯罪防控 20 人论坛专家发言精选》,载《预防青少年犯罪研究》2019 年第 2 期。

根撰文对我国防控高利贷衍生犯罪的策略进行了论述,作者利用开放法律网(Open Law)中法院判决书系统,对2014~2016年因高利贷所衍生的犯罪进行数据统计和呈现,发现高利贷衍生犯罪可以类型化为寄生型犯罪和倒逼型犯罪。从表面上看,高利贷衍生犯罪是借贷方实现高利贷非法利益的必然手段。从本质上看,高利贷衍生犯罪与高利贷作为一种反信任机制的特质相关联。而银行信贷的身份型信用体制及当前我国社会信用危机则是导致高利贷衍生犯罪不断恶化的条件。对于高利贷衍生犯罪的治理策略有两种:一种是"西医疗法",即通过高利贷入罪,以刑罚直接打击、阻却高利贷的方式,实现其衍生犯罪的治理。另一种是"中医疗法",即通过对社会信任的恢复及对信用有效规制,以实现高利贷衍生犯罪的治理。"西医疗法"对抑制高利贷衍生的犯罪可治标,但难治本。要实现源头治理,必须重视并依赖中医疗法。具体而言,要从国家层面祛除身份信任机制,建立平等的信用分层机制;从民间借贷规制层面,重点进行信用治理,切实维护借贷双方的信赖利益;从社会信用层面,健全信用机制,提高社会主体信用。[1] 高利贷作为人类社会自古至今普遍存在的现象,对高利贷惩治的历史贯穿了法制发展的过程,是法制史与观念史从不或缺的内容。陈晓枫、周鹏撰文对高利贷治理进行了历史考察,发现在当下中国,高利贷表现为权力源主导的利益差序分配,其在经济生活领域内恣肆,并且因为刑禁的缺失而导致其彻底放纵,引发出诸多社会恶果。从世界范围来看,在绝大多数国家和历史时期,高利贷行为均会受到律典刑章的规治与制裁。高利贷入刑并不是对经济自由的破坏,而是对经济自由的保护,经济自由论者反对约束高利贷行为的言论从立论到事实,都是经不起诘问的。反思高利贷各国治理历史中的经验教训,需进一步完善恶贷立法,要构筑起中国特色社会主义高利贷治理的法律体系,一是应将高利贷行为直接纳入《刑法》罪名体系;二是兼顾现有法体系的立法方式,在刑法修订前可先行构筑行政管理法的基础,并调整和明确对借贷利率的规制标准;三是要着力从根本上解决普遍存在的中小企业和民间主体融资难、融资贵的问题。[2]

---

〔1〕 张善根:《入罪拟或信用治理:高利贷衍生犯罪的"中西"疗法》,载《法律科学(西北政法大学学报)》2019年第1期。

〔2〕 陈晓枫、周鹏:《高利贷治理之史鉴》,载《法学评论》2019年第4期。

二、我国犯罪技术治理的形成

2019～2020年在国内期刊发表的犯罪学论文中有关犯罪技术治理的探讨，主要集中在对技术治理的理论探讨、技术治理的实践运用以及法律规制等方面。

在技术治理的理论探讨方面，单勇撰文对其理论内涵和价值权衡进行了探讨。在信息文明时代，大数据等新型通用技术深刻推动了犯罪治理的变革，犯罪的技术治理模式兴起，全景式数据监控的技术治理模式即是其中之一。当前，防范技术治理异化的反思较为热烈，但这种反思离不开对技术治理理论内涵的深刻把握。在信息社会，技术治理的技术化方法和综合治理的组织化体系呈现双向"互嵌"、深度融合的治理态。这种治理态蕴含着"国家主义—数据主义—预测式治理"与"社群主义—数据正义—开放式治理"的双重理论结构，呈现出治理权力随数据监控走向集中和技术赋权助力公众参与的两个非均衡发展面向。由此，关于技术治理异化的反思可转换为技术治理非均衡发展的应对思考，这种思考既离不开集体智慧对数据监控的补充、从集中式控制向分布式治理转型、以数据开放助力公众参与技术治理，还需以数据权利保护来制衡数据监控扩张的法治屏障。[1] 他认为，技术治理具有技术赋能与技术赋权的两面性，技术赋能与技术赋权"一显一隐"的非均衡发展致使算法歧视、隐私弱化、数字鸿沟等问题趋重，加剧了社会安全防卫与个人权利保护的价值冲突。在数据主义重塑社会结构的当下，对犯罪技术治理的正当性进行反思尤为迫切。对此，有必要引入数据正义的分析视角，迈向数据控制且超越数据控制，以有限扩张、关系均衡、法律控制、技术赋权等正当性要求锚定犯罪技术治理的价值导向。这要求我们以数据权利厘定数据监控的法律边界，以算法治理打开预测性执法的技术"黑箱"，对权力外溢至平台企业开展均衡治理，以数据开放打通公众参与的数据接口。[2]

在技术治理的实践运用方面，主要是大数据可运用于犯罪预测领域。因犯罪区域差异、主客体博弈、人为和外界、定性定量混杂、影响因素多杂、模型不适

---

〔1〕 单勇：《犯罪之技术治理的理论内涵》，载《国家检察官学院学报》2020年第3期。

〔2〕 单勇：《犯罪之技术治理的价值权衡：以数据正义为视角》，载《法制与社会发展》2020年第5期。

应、数据规模小等诸多原因导致犯罪趋势研究非常困难,经实验研究用大数据人工智能介入犯罪趋势研究是有效解决方案。姜斌祥撰文以某省2016～2018年这三年的数据为基数,运用人工智能模型预测该省2019年的犯罪趋势,主要从宏观、中观以及微观三个层面研究犯罪趋势的影响因素,宏观上要关注人、自然及社会三方面,中微观上要特别关注社会心理。在数据量小、种类少、结构化数据多、存在模糊和灰色情况下采用模糊灰色小数据预测模型;而对于大范围实证研究,由于半结构化与非结构化数据多,经算法比较研究采用三维卷积神经网络深度学习算法比较适合大数据动态实时跟踪犯罪趋势预测。[1] 还有基于大数据分析的预测警务,即运用分析技术,特别是定量分析技术来提前确定警察需要介入和干预的目标,对公共安全加以更严密的保护,这可以更高效地配置警力资源,更好地预防和打击犯罪。张蓓蓓撰文认为,预测警务中对犯罪人的预测可能对个人隐私和自由造成侵犯,背离罪刑法定原则和挑战社会公平正义,故其适用范围须严格限制。受数据完备性、俄狄浦斯效应、黑盒子理论等因素影响,我们对大数据时代下犯罪预测的应用要保持审慎态度。[2] 关于人工智能进行犯罪预测的问题,胡向阳、丁寒撰文认为人工智能的深度发展推动着犯罪预测和侦查模式的变革,尽管当前犯罪预测仍存有不足之处,但通过对海量数据的清洗、挖掘,获取关联线索仍可使侦查工作摆脱碎片化数据的掣肘。人工智能技术是清洗海量数据的有效手段,数据分析与建模可以大幅提升侦查机关的办案效率。通过科学适用人工智能进行犯罪预测,对犯罪热点地区、犯罪高危人群、犯罪线索和犯罪行为进行概率预判,有利于强化侦查机关的预警能力,更好地保护人民群众的生命财产安全。[3]

另外,我国强调视频监控的犯罪预防功能,但相对弱化程序规范和公民隐私保护。金泽刚、励凯迪撰文认为,作为一种防控设施,视频监控在时空布局上能做到全时段、全方位、全天候;在防范控制上能够做到客观翔实、实时精准;在信息管理上能够做到联网传输、信息共享与海量存储;在实战应用上能够做到智能分析、自动比对、自动报警。视频监控系统的这些特点及功能,明显具有传

[1] 姜斌祥:《犯罪大数据AI模型与犯罪趋势预测研究》,载《预防青少年犯罪研究》2019年第1期。
[2] 张蓓蓓:《大数据时代下犯罪预测的应用与限制研究》,载《犯罪研究》2020年第1期。
[3] 胡向阳、丁寒:《人工智能犯罪预测》,载《中国刑警学院学报》2020年第6期。

统防控措施所不具备的优势。从最初主要应用于商业和私人领域,发展到今天侧重于公共场所,视频监控系统已成为一项常规安防手段,已然成为警方提高侦查绩效、强化犯罪预防的核心举措之一。着眼未来犯罪治理,视频监控系统需要国家科学、立体布局,加强监控资源的共享整合,提升队伍建设水平,规范工作流程和运行机制,融入高科技,使视频监控系统凸显最高技术含量。同时,规范视频监控行为,做到保护公共安全与保障公民权利的辩证统一。[1]

在技术治理运用中,要谨防对个人数据造成侵犯,需要对其进行法律规制。如人脸识别技术运用于社会安全风险防范之中,也可能给基本人权带来受侵害的风险,应该尽快厘清该技术的法律边界。许静文撰文梳理国外相应的规制路径,其中较具代表性的欧盟模式采取了数据源头严格监管的做法,美国模式则采取了自由赋予的方式。该文认为,“自治+法治”的中间道路更加适合我国国情,即在以制度刚性确保“科技向善”理念的前提下,对处理人脸识别数据的方式加以限制,同时对数据的重要方面和基本原则进行统筹规制。[2] 于浩撰文认为,我国当前有关个人数据的法律规制在实践层面面临司法适用冲突与立法表达缺位的困境,在理论层面存在个人数据权利性质争论。放眼域外针对个人数据的规制,美国较为强调数据的财产权属性而实施市场导向规制模式,欧盟则偏重个人数据的人权色彩而实施强政府干预的家长式控制模式,美欧的立法与司法实践可以从不同视角为我国提供有益的经验借鉴。为实现个人数据的公共经济价值和个人权益保障的双重平衡,需要创新规制思维,以个人数据分级分类保护为基础,采取公法与私法协调规制的路径,建立多元主体参与的法律规制体系。具体可以从以下方面着手:一是制定客观、统一、操作性强的数据安全评估办法,评估办法应当包含评估内容和评估程序两部分;二是强化“元规制”(强制性自我规制)策略,将指导性规范与行业自律相结合;三是实施适度的命令控制型规制,特定情况下选择强制义务模式;四是积极参与国际合作。[3]

---

〔1〕 金泽刚、励凯迪:《论视频监控与犯罪治理》,载《警学研究》2020年第6期。

〔2〕 许静文:《人脸识别技术与安全风险治理问题研究》,载《甘肃政法大学学报》2020年第6期。

〔3〕 于浩:《我国个人数据的法律规制——域外经验及其借鉴》,载《法商研究》2020年第6期。

三、我国犯罪学思想的拓展

(一)学科体系与理论建构

2019~2020年在国内期刊发表的犯罪学论文中,对犯罪学科体系的思考既借鉴域外做法,又立足于本国刑事一体化视角进行探究。犯罪学是以犯罪现象、被害、犯罪原因、犯罪治理等问题为探讨对象的综合型学科。侦查是实现刑法任务的重要环节,作为实现刑法目的的行为方法,侦查围绕刑法适用展开,反过来对侦查问题的研究也能丰富犯罪构成理论,推动刑事立法的发展。苏忻、刘振兴撰文提倡基于刑事一体化的视角,通过宏观观察,把侦查问题置于刑事科学领域中用普遍联系的思想观念进行通盘思考。立足以审判为中心的刑事诉讼制度改革实际,直面侦查问题研究中出现的新问题,明确提出以刑事一体化为研究方法,这样可以促进相关问题的解决。随着侦查问题越来越被犯罪学所关注,以犯罪行为为逻辑起点的其他学科会为侦查问题的研究提供更大的平台,关注侦查问题会使对群体犯罪现象的统计更加精确,而只有对犯罪现象进行科学的认知和把握,才会有高效科学的立法为认定犯罪的性质和特征提供参考,了解各种犯罪的性质和特征,才能正确开展侦查活动。[1] 在犯罪学领域,承认犯罪学是一门独立的学科已成共识,近年来还有一种观点认为,在环境犯罪学的基础上出现了犯罪研究领域的一个新学科,即犯罪科学。王瑞山撰文以伦敦学院大学的犯罪科学学科建设为例,认为犯罪科学相较于犯罪学而言,其聚焦犯罪控制而非解释犯罪,关注影响犯罪发生的情境因素而非使犯罪人产生犯罪性的心理学、生物学、社会学等方面的宏观原因,采取循证预防的方式融合了犯罪学以前不曾涉及的物理学、化学、地理学、计算机科学、城市规划等学科。因而,犯罪科学与犯罪学应当各取所长,相互补充。在我国要综合运用犯罪学和犯罪科学,加强实证研究,注重预防评估和技术伦理,走科学、法治路径。[2]

2019~2020年在国内期刊发表的犯罪学论文中,对于本国犯罪学理论的建构方面,主要体现在对域外犯罪学理论的解构与重建上。以犯罪控制形态为

---

〔1〕 苏忻、刘振兴:《侦查学、犯罪学、刑法学三者关系的梳理与探究》,载《警学研究》2020年第2期。

〔2〕 王瑞山:《犯罪科学的界定及其与犯罪学的关系——以伦敦学院大学的犯罪科学学科建设为例》,载《中国人民公安大学学报(社会科学版)》2019年第2期。

例，师索撰文认为，完整的犯罪控制体系应当由授权机制、运行机制、回馈机制构成，并由此结构性生成了犯罪控制的规范形态、现实形态与政治形态。这三种形态的集合就统一表现为犯罪控制形态。犯罪形态对犯罪控制形态具有结构塑造作用。在犯罪控制形态的结构中，执行者对控制形态有选择性的影响，三种形态权力的制衡可以保证控制系统的健康运行，形态主体之间的相互作用可以加强控制系统的政治参与，并且受控对象的权利在多级模式系统中将被更完全地保证。过去存在于各个学科的零碎犯罪学知识整体导入这种互通性的研究框架后，在相似性、互补性与启发性中形成深层结构格局。固态化内卷风险、频调化价值风险和超然化合法风险使控制系统面临挑战。犯罪控制形态研究的目的是囊括对犯罪学增量有意义的学科，并寻求这些学科的内在整合，从而通过影响研究范式、研究应用和学科整合，构建新的结构犯罪学体系。而结构犯罪学正是将犯罪学试图从刑法学中独立但又效果不佳的困境，转为犯罪学与刑法、刑事诉讼法、行政法等各类学科进行交织捆绑的新结构。只有在内部体系中不断丰富基础理论，犯罪学才可能在学科不断纵深发展中深化规范性研究，继而寻求更佳的学科地位与政治话语。[1] 这也为我国犯罪学的学科体系建设提供了新思路。

（二）研究方法与实践探索

2019～2020 年在国内期刊发表的犯罪学论文中，有关犯罪学研究方法的研究主要集中于理论探索和实践运用两个方面。

在研究方法的理论探索上，白建军撰文以刑事实证研究为例，对法学研究中的实证发现进行了深入论述。该文认为，实证发现是运用实证研究的方法，描述、解释大量事实材料背后理论与实际之间的关系。法学研究中，实证发现包括“发现什么”和“怎么发现”两个方面。前者包括发现应然与实然之间的距离、法学知识的相互印证、留得住的法学成果、法学通说的证否、法学理论的边界与局限；后者包括适合实证研究的问题、发现的工具理性、发现的程序理性、发现法律事实与法学理论的联系。实证发现蕴含着法学理论的创新，我国刑事法学研究中的实证研究推动着对犯罪定义学的创新。同时，该文认为法律实证研究只是用实证的方法研究法学，并非独立的学科，也并非与规范法学相并列。

---

〔1〕 师索：《解构犯罪控制形态：一种结构犯罪学体系的基础理论刍建》，载《刑法论丛》2020 年第 1 卷。

犯罪定义学的基本问题是,犯罪是被发现的还是被发明的,以及犯罪定义到底是犯罪现象的客观反映,还是犯罪现象的客观性以及犯罪定义者的主体性的共同反映。犯罪定义学是刑事一体化思维的必然结果。犯罪定义是主客体间不断往返交互的中介,包括主体(被)客体化和客体(被)主体化两个方向上的过程,这一解释可以说是刑法学和犯罪学之间交叉部分的一点理论创新。[1]

在犯罪学研究方法的实践运用上,主要体现在对宏观层面公民法律意识与警察信任、具体犯罪预防设计、刑事司法制度检视以及罪犯生涯中相关问题等方面的分析探讨。有关公民法律意识与警察信任之间的关系,卫莉莉撰文运用中国人民大学主持的中国综合社会调查 CGSS2010 数据,获取有效样本,在统计软件 Stata12 中完成统计分析,结果显示,公民法律意识对警察信任的影响具有多面性:警察职能认知增进对警察的信任,法律知识认知抑制对警察的信任,法律程序认知抑制对警察的信任,法律行为的两个维度都显著影响警察信任。在当前社会法治化进程中,公众整体上对警察具有较高的信任度,这种高信任度的背后,有着公众的复杂情绪。[2] 有关具体犯罪预防设计方面,刘宇、陈文静撰文从影响安全防范系统效能的五个角度,运用系统动力学(SD)相关理论,构建安全防范系统流图模型。将影响安全防范系统效能的因素分为人防、物防、技防、安全管理和应急响应,并分别提取各因素的二级影响因子,利用 Vensim_PLE 仿真软件,通过改变各个因素的投入比例,研究各因素间相互作用及反馈机制。通过模拟仿真实验得出五大因素对安防系统效能的影响排序,且在安防系统建设时应适当加强对安全管理与应急响应方面的投入与建设。[3] 王颖志、郑滋椀、李强伟撰文以道路网络为视角,并以浙江省某市 2011 ~ 2014 年盗窃案件为研究对象,利用核密度估计、基尼系数与洛伦茨曲线方法对违法犯罪案件在路网上的空间分布特征展开分析研究。结果表明:在道路网络上分布的犯罪多发点具有很强的稳定性,大量违法犯罪案件多集中于少量多发路段。通过核

[1] 白建军:《法学研究中的实证发现——以刑事实证研究为例》,载《政治与法律》2019 年第 11 期。
[2] 卫莉莉:《公民法律意识对警察信任影响之实证研究》,载《中国人民公安大学学报(社会科学版)》2019 年第 3 期。
[3] 刘宇、陈文静:《基于系统动力学的安全防范系统各影响因素研究》,载《中国人民公安大学学报(自然科学版)》2020 年第 2 期。

密度估计方法对基于路网的违法犯罪案件进行了空间可视化分析探索。[1] 以上,都将对地方安防建设和预防违法犯罪等平安建设贡献智识。有关刑事司法制度检视方面,左卫民、张潋瀚撰文以实证研究方法对我国的刑事辩护率进行了考察,具体通过对四川省 2015 ~ 2016 年五万余份上网刑事一审判决书的分析,不仅揭示了辩护率的整体情况,更展示了辩护率在法院层级、地区、审理程序、犯罪类型等方面的差异。这些差异主要由特定的法律、经济、社会等因素所决定,但尤其值得关注的是经济因素。为提升刑事程序的公正性,必须控制乃至消除经济因素对辩护率的影响,减少不适当的辩护率差异。具体的策略是继续加大国家的财政投入,将被告人的经济状况作为"应当"指定辩护的重要指标。即将被告人的经济状况作为"应当性"指定辩护的适用标准,在当下具有紧迫性和可操作性。具体而言就是要将调查被告人的经济状况作为一项常规工作,可以按照各地的具体情况因地制宜地开展调查工作,或者由司法机关综合考量被告人的基本情况予以认定,或者建立法律援助经济困难承诺制度。[2] 刘作凌撰文采用实证研究方法,对附条件不起诉制度的具体适用进行检视。具体通过选取长沙市区 10 名检察官作为访谈对象、对长沙市区检察院做出附条件不起诉决定的未成年人案件进行问卷调查,对被不起诉人修复效果影响因素进行检视,结果发现加害人与被害人之间如果有充分的对话与协商机会,则附条件不起诉的实践效果会更加显著,同时,附条件不起诉带来的修复式正义实践效益多体现在程序要件上,也即检察官在适用附条件不起诉决定中表现的态度。因此,有必要创造一个良好的刑事司法环境,以更关怀的态度对待不起诉人,增加其改过自新的意愿,使具有修复式正义精神的附条件不起诉充分发挥其社会综合功能。[3]

有关罪犯生涯中相关问题等方面的分析探讨,孔一撰文采用实证研究方法对罪犯生涯中的资本变化和犯罪变化进行验证和探讨。对于前者,作者采用分层抽样(以监所为单位)和简单随机抽样(随机抽出不少于 3 名的占所在监所

---

〔1〕 王颖志、郑滋椀、李强伟:《基于道路网络的违法犯罪空间分布特性研究——以浙江省某市为例》,载《中国人民公安大学学报(自然科学版)》2020 年第 2 期。

〔2〕 左卫民、张潋瀚:《刑事辩护率:差异化及其经济因素分析——以四川省 2015 - 2016 年一审判决书为样本》,载《法学研究》2019 年第 3 期。

〔3〕 刘作凌:《附条件不起诉处分对象修复效果影响因子实证分析》,载《犯罪研究》2019 年第 2 期。

“七进宫”罪犯总数的至少 1/4 的罪犯)方法选取了 J 省监狱在押的 59 名 7 次以上被国家严厉制裁(包括监狱服刑、社区矫正、劳动教养)的罪犯作为研究对象。以犯罪生涯为时间轴,对生涯犯罪人历次受刑前后家庭关系、住所和房产、职业技能和就业状况、经济收入和主要开支、社会交往、兴趣爱好和闲暇时间的变化利用 SPSS for Win 软件统计分析发现:在生涯犯罪人犯罪生涯持续过程中,一般社会资本下降,专业犯罪资本上升。随着犯罪和处罚次数的增加,来自正常社会的合法资源和机会急剧减少;与此相反的是,生涯犯罪人与灰色圈子和犯罪群体的相互认同逐步加强,违法犯罪机会和资源日益增加。一般社会资本的下降,使他们没有“向上”流动资源;专业犯罪资本的上升,使他们有更大的“向外”(越轨世界)流动机会。总体而言,生涯犯罪人因为越来越缺乏合法资本,只能不断“向下”流动,止于“身死”或“重生”。[1] 对于后者,作者通过对 59 名“七进宫”罪犯数据的统计分析发现,生涯犯罪人在屡次被抓前的犯罪变化虽不规则,但有一定的趋势性:作案次数增加,再犯间隔缩短,犯罪“专业”程度提高,犯罪严重程度小幅度波动,犯罪被逐步合理化,犯罪的生活贡献度日益增强,犯罪应有的认同危机被不断消解。也就是说,从犯罪性质看(定质标准),犯罪没有升级;而从犯罪数量看(定量标准),犯罪有升级。同时,作为生活来源和生活方式的犯罪呈现出持续“职业化”的特征。当生涯犯罪人以犯罪为业时,他们有与普通从业者类似的境遇,所不同的是:他们通过外在的不断总结犯罪经验、提高犯罪技巧、控制犯罪后果以逃避打击,通过内在的持续建构犯罪亚文化以抵制主流文化困扰。[2]

---

〔1〕 孔一:《犯罪生涯持续中的资本变化》,载《中国人民公安大学学报(社会科学版)》2019 年第 1 期。

〔2〕 孔一:《犯罪生涯持续中的职业化和犯罪升级问题实证研究》,载《中国人民公安大学学报(社会科学版)》2020 年第 1 期。